中国社会科学院创新工程学术出版资助项目

马克思主义专题研究文丛

马克思主义文艺理论研究

（第3辑·2013）

陆建德 ● 主编

中国社会科学出版社

图书在版编目（CIP）数据

马克思主义文艺理论研究（第3辑·2013）/陆建德主编.—北京：中国社会科学出版社，2014.6
ISBN 978 – 7 – 5161 – 4735 – 1

Ⅰ.①马… Ⅱ.①陆… Ⅲ.①马克思主义理论—文艺理论—理论研究
Ⅳ.①A811.691

中国版本图书馆 CIP 数据核字（2014）第 200825 号

出 版 人	赵剑英	
责任编辑	姜阿平	
责任校对	韩天炜	
责任印制	李 建	

出　　版	
社　　址	北京鼓楼西大街甲 158 号（邮编100720）
网　　址	http：//www. csspw. cn
	中文域名：中国社科网　　010 – 64070619
发 行 部	010 – 84083685
门 市 部	010 – 84029450
经　　销	新华书店及其他书店

印刷装订	北京一二零一印刷厂
版　　次	2014 年 6 月第 1 版
印　　次	2014 年 6 月第 1 次印刷

开　　本	710×1000　1/16
印　　张	27.75
插　　页	2
字　　数	463 千字
定　　价	75.00 元

《马克思主义文艺理论研究》编委会

前　　言

以毛泽东、邓小平、江泽民为核心的党的三代领导集体和以胡锦涛同志为总书记的党中央始终高度重视党的理论工作，重视全党对马克思主义理论的学习和研究工作。

2004 年 1 月，《中共中央关于进一步繁荣发展哲学社会科学的意见》下发，并决定实施马克思主义理论研究和建设工程。

为贯彻落实党中央关于把中国社会科学院努力建设成为马克思主义坚强阵地、党和国家的思想库智囊团、哲学社会科学的最高殿堂的要求，中国社会科学院采取了一系列重要措施。2009 年初决定把加强马克思主义理论学科建设与理论研究作为一项重要工作来抓，并成立中国社会科学院马克思主义理论学科建设与理论研究工作领导小组。领导小组成立后，一方面注重抓好马克思主义理论学科组织机构的建设，设立马克思主义理论类别的研究室和中心等；同时又注重马克思主义基础理论研究。

为了推进马克思主义基础理论研究，决定从 2011 年开始编辑出版《马克思主义专题研究文丛》，每年收录全国范围内相关学科领域具有代表性的文章。

中国社会科学院马克思主义理论学科建设
与理论研究工作领导小组
2011 年 9 月

目　录

马克思主义文艺理论的中国化与当代性问题研究

马克思主义文艺理论专题研究

马克思主义经典作家文艺思想研究

马克思主义与传统文化研究

国外马克思主义文艺理论研究

马克思主义文艺理论的中国化
与当代性问题研究

认真学习马克思主义,
为社会主义文化大发展大繁荣作贡献

——在纪念毛泽东同志《在延安文艺座谈会上的讲话》70 周年会议上的讲话

李慎明

同志们:

大家好!

今年是毛泽东同志《在延安文艺座谈会上的讲话》发表 70 周年,也是党的十七届六中全会在去年通过的《关于深化文化体制改革,推动社会主义文化大发展大繁荣若干重大问题的决定》实施的重要一年。在我院文学、哲学学部大力支持下,我院文学研究所、中国特色社会主义理论体系研究中心承办召开的这次全国性的"纪念《在延安文艺座谈会上的讲话》发表 70 周年学术研讨会",是一件很重要并很有意义的事情。

1942 年 5 月,为解决中国无产阶级文艺发展道路上遇到的理论和实践问题,中共中央邀请在延安的作家、艺术家举行座谈会。毛泽东同志分别于 5 月 2 日和 23 日两次到会发表讲话,就一系列带有根本性的文艺理论问题和文艺政策阐述了意见。1943 年 10 月 19 日,《解放日报》以《在延安文艺座谈会上的讲话》(以下简称《讲话》)为题正式发表了毛泽东同志的这两次谈话。《讲话》总结了"五四"以后我国革命文艺运动的历史经验和阐明的基本文艺思想,对于当时渴望取得新民主主义革命胜利的中国人民而言,是非常及时的理论指导。许多作家正是在《讲话》精神的指引下,坚持文艺为人民大众、为工农兵服务的正确方向,走向农村,深入抗战第一线,创作出了一大批适应抗战需要、深受广大群众欢迎的优秀文艺作品,在文艺的民族化、大众化等方面取得了前所未有的成就。《讲话》的发表,标志着我国新文学与工农兵群众相结合的文艺新时期的真正到来。

《讲话》论述了许多关于文艺理论的基本问题，是迄今为止当之无愧的马克思主义文艺思想中国化的经典文本，我这里不作全面论述，只想就文艺工作者学习马克思主义基本理论谈一点浅显的看法。

毛泽东同志在《讲话》中明确指出："马克思列宁主义是一切革命者都应该学习的科学，文艺工作者不能是例外。"[1] 以邓小平、江泽民同志为核心的党中央和以胡锦涛同志为总书记的党中央也多次强调文艺工作者要认真学习马克思主义。在全党全国深入学习贯彻党的十七届六中全会决定、推动社会主义文化大发展大繁荣之时，我们认真领会 70 年前毛泽东同志关于文艺工作者要认真学习马克思主义的相关论述，具有强烈的现实意义。

一 认真学习马克思主义，是坚持我国文艺的社会主义性质和方向的需要

马克思主义作为无产阶级的科学世界观，是我们党制定路线、方针、政策的理论基础，当然也是建设有中国特色社会主义宏伟大业有机组成部分的社会主义文艺工作的路线、方针、政策的理论基础。我国文艺的社会主义性质深深扎根在我国社会主义的实践之中，是在马克思主义指导文艺实践的过程中得到形成和巩固的。坚持文艺社会主义性质和方向的过程，同时也是广大文艺工作者认真学习马克思主义，廓清文艺工作中重大思想理论是非的过程。

比如文艺同政治的关系，主要涉及文艺为什么人的根本的问题，涉及文艺工作者要不要做"人类灵魂工程师"，坚持"弘扬主旋律"和文艺的社会功能的问题。文艺的一个基本特点是通过形象，通过美感和怡情悦性的作用，来实现认识和教育的社会功能。狭隘地把艺术这种丰富、广阔和有自身特点的社会现象仅仅理解为只是直接实现党的政治任务的工具，显然是有害的。正因如此，在党的十一届三中全会后，我们党不再使用文艺从属于政治的口号。但是，在阶级和有阶级的社会里，我们也决不能把文艺理解成为与政治、意识形态绝缘的"纯艺术"。所谓"饥者歌其食，劳者歌其事"，所谓"诗言志"，所谓"经国之大业，不朽之盛事"，都显示

---

① 《毛泽东选集》第 3 卷，人民出版社 1991 年版，第 852 页。

了中国文艺的进步传统，也揭示了文艺的固有规律。在革命战争年代，文艺工作者的文艺工作不可能"躲避政治"、"远离政治"；进入社会主义发展的新的历史时期，同样如此。这是因为：其一，每位文艺工作者既是自然人，同时又是社会人。从观察生活、素材搜集、想象构思、文体选择，直到遣词命笔，无不渗透着作者的强烈感情。其二，我国现在实行的是社会主义的市场经济，市场自身的弱点和消极方面也必然反映到文艺工作中。在有阶级存在的社会里，绝大部分的文艺作品都带有一定的阶级属性。其三，我们还面临西方国家经济、科技占优势的压力和西方意识形态的渗透，这些也必然要反映到文艺工作中来。其四，政治绝不仅限于阶级斗争，对于文艺不能脱离政治决不能作狭隘的、形而上学的理解。邓小平同志曾说过："培养社会主义新人就是政治。"文化工作对人民特别是青年的思想倾向有很大影响，对社会的安定团结有很大影响。在发展社会主义市场经济和对外开放的条件下，广大文艺工作者，应按照党中央的要求，更好地坚持"二为"方向，旗帜鲜明地反对资本主义和一切剥削阶级腐朽文化的侵蚀，旗帜鲜明地鼓舞人们为壮丽的社会主义现代化事业而奋发进取。

又如，如何正确对待外来文化。毛泽东同志在《讲话》中创造性地提出了"洋为中用"、"批判地吸收"的基本原则。邓小平、江泽民和胡锦涛同志也都坚持和发展了这一思想。与各国进行广泛的文化交流是我们对外开放的一项重要内容，把世界各国所创造的一切优秀文化成果汲取过来，熔铸于我国社会主义文艺事业之中，无疑是十分有益的。保持我国文艺的社会主义性质的民族特色与汲取世界各国的一切优秀文化成果绝不矛盾。正如鲁迅所说："虽是西洋文明罢，我们能吸收时，就是西洋文明也变成我们自己的了。好象吃牛肉一样，决不会吃了牛肉自己也即变成牛肉的。"① 但是，我们也必须清醒地认识到，除了各国文化均有先进与落后、精华与糟粕之分，西方强国，一直妄图"西化"、"分化"我们社会主义中国。它们利用我们对外开放之机，加紧各方面的渗透，而我们有的同志对此却丧失了应有的警惕，主张文化上也要无条件地与国际"接轨"，对宣扬西方资本主义价值观念及腐朽生活方式的文艺作品津津乐道地进行推介。如果照此办理，西方殖民主义文化的侵蚀就会在

---

① 《鲁迅全集》第 8 卷《集外集拾遗补编·关于知识阶级》，人民文学出版社 1981 年版。

我国长驱直入，我国文艺的社会主义性质就会发生改变，民族特色就会丧失殆尽，变成西方殖民文化的附庸，我国则最终可能变成西方强国政治、经济上的附庸。

再如，如何正确贯彻百花齐放、百家争鸣方针问题。马克思早在1842年就指出，丰富多彩的生活应当产生绚烂夺目的文化，每一滴露水在阳光下都会闪烁出无穷无尽的光彩，世界上最丰富的东西——精神的太阳，不能只有一种形式，精神上的东西不能千篇一律。马克思主义的文艺方针从来认为，在文艺工作中，必须绝对保证有个人创造性和个人爱好的广阔天地，有思想和幻想、形式和内容的广阔天地。艺术上不同的形式和风格可以自由发展。利用行政力量，强制推行一种形式和风格，禁止另一种形式和风格，只会有害于艺术的发展和繁荣。我们提倡关西大汉执铁板击铜琶高歌"大江东去"，也决不排斥婉约纤绵、缱绻低吟"杨柳岸，晓风残月"。我们要热情鼓励不同的艺术观点和流派相互了解、相互切磋，互相学习，取长补短，只有这样，我们才能真正迎来姹紫嫣红的文艺界的春天。但我们也必须看到，在贯彻"双百"方针的过程中，在文学艺术领域会有正确和先进的东西，也会有错误和落后的东西，会有真、善、美，也会有假、恶、丑。对于错误的东西，我们一定要防止"左"的错误，决不能重复过去那种简单片面、粗暴过火的所谓批判，以及残酷斗争、无情打击的处理方法，而是要进行充分的说理和实事求是的科学分析。特别是对有错误的同志，要与人为善，不能以势压人，给他们以时间认真考虑，让他们进行合情合理、澄清事实和论点的答辩，尤其要欢迎和鼓励他们进行诚恳的自我批评。有了这种自我批评就好，不要揪住不放。但是，我们坚持的"双百"方针，是一个无产阶级的方针。邓小平同志明确指出："有些人把'双百'方针理解为鸣放绝对自由，甚至只让错误的东西放，不让马克思主义争。这还叫什么百家争鸣？这就把'双百'方针这个无产阶级的马克思主义的方针，歪曲为资产阶级自由主义的方针了。"① 邓小平同志还明确指出："坚持'双百'方针也离不开批评和自我批评"，"决不能把批评看成打棍子"，② "批评的武

---

① 邓小平：《建设有中国特色的社会主义》（增订本），人民出版社1987年版，第35页。
② 邓小平：《邓小平论文艺》，人民文学出版社1989年版，第18页。

器一定不能丢"①。那种把"双百"方针同开展正常的文艺批评对立起来的思想，实质是否定马克思主义对文艺工作的指导，是否定党对文艺工作的领导，实质上也否定了"双百"方针本身。

除了上述文艺思想中一些重要的理论是非需要分清之外，文艺工作中还有不少关系，如：继承借鉴与探索创新、歌颂与揭露、社会效益与经济效益等关系都需要正确的认识和把握。对这些关系认识和把握的正确与否，都直接或间接地关联着我国文艺的社会主义性质与方向。正确认识和把握这些关系，同样需要文艺工作者加强对马克思主义的学习和掌握。

二 认真学习马克思主义，是深入群众、 认识生活，抓住事物本质的需要

这实质上涉及文艺如何为人民服务，为社会主义服务的问题。文艺工作者为什么必须深入生活、深入群众？这本来是早已解决的老问题和常识性问题。马克思主义认为，作为观念形态的文艺作品，都是一定的社会生活在人类头脑中反映的产物。推动社会和历史前进的最大力量决不是其他，只能是人民。人民生活中存在着的自然形态的、粗糙的然而也是最生动、最丰富、最基本的文学艺术原料的矿藏，是一切文艺尤其是社会主义文艺取之不尽、用之不竭的唯一的源泉。中国有出息的文艺工作者，必须长期地无条件地深入生活、深入群众、深入改革和社会主义现代化建设的第一线，去观察、体验、研究、分析一切人、一切阶级、一切生动的生活形式和改革、建设形式，去感受时代心脏的跳动，特别是普通工人、农民、知识分子和解放军战士的喜怒哀乐，才能与改革和建设事业，与广大人民群众产生强烈的共鸣，所谓的"灵感"才会在喷涌的激情中欢呼着活跃起来。通过对马克思主义的学习，真正认识了马克思主义和马克思主义文艺思想的这一基本原则，才能进一步提高深入生活、深入群众的自觉性。

社会生活的现象是纷繁复杂的，如果没有正确的世界观，就会像恩格斯所说的，连两个简单事实的联系也找不到。而要提高自己认识生活、分析生活、透过现象抓住事物本质的能力，同样需要加强对马克思主义的学

---

① 邓小平：《邓小平论文艺》，人民文学出版社 1989 年版，第 17 页。

习。这是从理论和实践上相结合的学习，所学习的马克思主义，正如毛泽东同志所说的："是要在群众生活群众斗争里实际发生作用的活的马克思主义，不是口头上的马克思主义。"① 真正具备了在实际生活中发生作用的活的马克思主义的素养，无疑会提高观察、体验、研究、认识社会生活的能力，提高艺术的表现能力，在创作的过程中，才可能做到"天机之锦用在我，剪裁妙处非刀尺"，"胸中历历著千年，笔下源源赴百川"。

代表无产阶级和广大人民群众根本利益的社会主义文艺在反映生活上的要求就是自然和真实。文艺繁荣的时代是走向客观的时代，文艺衰微的时代是走向主观的时代。我国的广大文艺工作者只有通过深入生活、深入群众，并透过现象抓住事物的本质，才能反映出比实际生活更高，更强烈，更有集中性，更典型，更理想，因此就更带普遍性的生活来，也才能按恩格斯所说："除细节的真实外，还要真实地再现典型环境中的典型人物"②。创造出血流温暖、呼之欲出的人物形象，表现时代前进的要求和历史发展的趋势，给人民以光明和信心，给人民以团结进取、奋发图强的精神。我们十分高兴地看到，近些年来，一批文艺工作者积极响应以胡锦涛同志为总书记的党中央的号召，深入工厂、农村、军营第一线，用马克思主义的立场、观点和方法认识生活，分析生活，创作出一批反映国有企业和农村改革及火热军营生活的好作品，创作出一批反映建设社会主义精神文明，坚决开展反腐败斗争等内容的好作品。这些作品写出了在发展社会主义市场经济的新形势下，人们各种观念的演进和撞击，对改革认识的不断深化和把握，无情鞭挞了拜金主义、享乐主义、个人主义和一切消极腐败现象，热情讴歌了善于驾驭商品经济大潮，"手把红旗旗不湿"，捍卫国家、民族利益，努力发展经济，造福于黎民百姓的弄潮儿，热情讴歌了爱国主义、集体主义和社会主义的崇高精神，受到了人民群众的普遍欢迎和赞扬。这也使我们看到，如果脱离生活，脱离群众，满足于在宾馆饭店里，一杯浊酒、云山雾罩侃作品，侃出的作品只能是自我的"复印"和表现，也许从一些方面表明了作者的才华，但是不会有什么生命力。有的还专门闭门追求编造离奇荒诞情节、庸俗低级情调，散布享乐颓废、悲观绝望的情绪，这都理所当然地遭到了人民群众的批评和反对。也有的地区和

---

① 《毛泽东选集》第 3 卷，人民出版社 1991 年版，第 858 页。
② 《马克思恩格斯选集》第 4 卷，人民出版社 1995 年版，第 683 页。

部门，为了能推出在上级获奖的大家气象的精品，不去引导文艺工作者认真学习马克思主义，深入生活去创造，而是开列巨额奖金去悬赏，自以为"重奖之下必有佳作"，其结果所获无几。也有的文艺工作者不畏艰苦，深入生活，收集积累了大量宝贵的生活素材，但由于缺乏马克思主义的理论素养，把握不了生活的本质，其生活素材也只能是一堆杂乱无章的部件，无力"组装"出好的作品。正反两方面的经验教训一再证明，离开了马克思主义的指导，忘记、忽略或是割断与人民大众的血肉联系，艺术生命之花就必然枯萎。

三　认真学习马克思主义，是改造世界观的需要

对文艺为什么人服务和如何服务，马克思主义文艺思想和党的文艺路线、方针、政策，从来都是明确的。但一些作家、艺术家，甚至是党员作家、艺术家为什么对党的"二为"方针表示淡漠，对文艺的社会主义方向表示淡漠，对党和人民的革命历史和他们为社会主义现代化而奋斗的英雄业绩缺少加以表现和歌颂的热忱，反而对写阴暗的、灰色的、胡编乱造、歪曲革命的历史和现实的东西，以及十分庸俗、低级乃至黄色的东西分外热心呢？对轻视实践、远离群众的创作生活洋洋自得呢？这是他们的世界观在作梗。

毛泽东同志在《讲话》中严肃指出："有许多党员，在组织上入了党，思想上并没有完全入党，甚至完全没有入党。这种思想上没有入党的人，头脑里还装着许多剥削阶级的脏东西，根本不知道什么是无产阶级思想，什么是共产主义，什么是党"，"需要展开一个无产阶级对非无产阶级的思想斗争"[①]。毛泽东同志又指出：文艺工作者一定要把立足点移过来，一定要在深入实际斗争的过程中，在学习马克思主义和学习社会的过程中，逐渐地移过来，移到无产阶级这方面来。只有这样，我们才会有真正无产阶级的文艺。时隔70年，这两段论述是否过时了呢？非但没有，读起来反而倍感亲切和深刻。毛主席所讲的立足点就是世界观。文艺工作者只有在学习马克思主义和学习社会的过程中逐步确立了无产阶级的世界观、人生观和价值观，才能够谈得上真正自觉地贯彻党的"二为"方针。只有认真学

---

① 《毛泽东选集》第3卷，人民出版社1991年版，第875页。

懂弄通马克思主义，确立无产阶级世界观，才会认清人类社会发展的必然趋势，共产主义理想和中国特色社会主义信念才能深入自己的血肉，才能在任何艰难困苦的情况下，都能对社会主义和共产主义事业忠贞不渝，也只有这样，文艺工作者才能充分发挥文学艺术自身特点，站在党的积极的革命立场上，自觉地在自己的作品中大力宣传社会主义制度的优越性，宣传马克思列宁主义、毛泽东思想和中国特色社会主义理论体系的正确性，宣传党的领导、党和人民群众团结一致的威力，宣传社会主义中国的巨大成就和无限前途，提高群众的认识，激发他们的热情，坚定他们的信心，而不是让他们灰心丧气，怀疑党的领导，动摇走社会主义道路的意志。只有认真学懂弄通马克思主义，确立了无产阶级世界观，才会真正懂得什么是高尚，什么是卑下；什么是幸福，什么是堕落；才能不被"一切向钱看"的思想牵着鼻子走，利用自己手中的笔和乐器，利用自己的歌喉充分展示自己的聪明才智，全心全意为人民大众服务。我们决不否认，在社会主义市场经济条件下，绝大多数的精神产品仍以商品的形式出现，它在一定程度上必然受到价值规律的制约。作家艺术家的劳动也是一种劳动，在其从事精神劳动的过程中，同样要消耗大量的脑力、体力以及物质材料。因此，精神产品讲求一定的经济效益是合理的、正当的。但有的文艺工作者置社会效益于不顾，只顾迎合一部分读者的低级趣味，与非法出版商勾结起来，以捞钱财，他们遭到广大人民群众的尖锐批评和强烈鄙视是理所当然的。广大人民群众对那些把社会效益放在首位，力争把最好的精神食粮奉献给人民的作家、艺术家深表尊敬之情也是理所当然的。孟夫子曰："吾善养吾浩然之气。"对社会主义文艺工作者特别是党员文艺工作者来说，"浩然之气"就是马克思主义的无产阶级的世界观。"一点浩然气，千里快哉风。"广大文艺工作者通过学习马克思主义和学习社会，树立了正确的世界观，我国的文艺工作必将进入更加绚丽多姿、盎然勃发的灿烂春天。

四　认真学习马克思主义，不断坚定对马克思主义的信仰，进一步提高历史责任感

老子说："道生一，一生二，二生三，三生万物。"随着现代科学技术的发展，当今世界和社会中的各个领域和各个学科的划分越来越细。从一定意义上讲，我们所从事的各个不同领域的工作和各个不同学科的研究，都是

"三生万物"之后的万物层面的事情。因此，不论我们从事哪项具体工作和哪门具体学科的研究，不仅需要搞清这项具体工作领域或这项具体学科的规律，而且需要思考决定这项具体工作领域或这项具体学科的规律之上的即老子所说的"一"、"二"、"三"等"中规律"，也需要搞清"中规律"之上的最高规律亦可称为"顶层规律"即老子所说的道。马克思主义揭示了人类历史发展的根本规律，这就是共产党人的"道"。只有坚定信仰马克思主义，才能自觉学习马克思主义。这就需要明白，马克思主义的基本原理和基本观点，都在直接或间接地讲述着人类历史发展的根本规律。这些基本原理和基本观点讲述的往往都是几百甚至上千上万年的事，决不能仅凭以十或数十为单位的短暂时间来评判其正确与否和功过是非。因此，我们看待事物和评价功过是非，不仅要放到一定的空间全面综合地去看，还应放到一定的时段甚至是历史的长河中去看，全面、辩证和历史地看待事物，这才是我们要坚持的马克思主义一元论和历史唯物主义的真谛。弄清了这一道理，就有助于帮助一些同志克服"马克思主义过时了"的不正确的认识。坚定了对马克思主义的信仰，才能进一步增强学习马克思主义的自觉性，才能进一步增强自己的历史责任感。任何学者其中包括文艺工作者今天的所言所著，如同任何领导干部今天的所作所为，必将接受明天历史和人民的评说。一般说来，学者的声望愈大，领导干部的职位愈高，历史和人民对其的关注程度便愈强烈、愈细微和愈深刻。"宋太祖怕史官"的道理，是任何学者和各级领导干部都应该明白的浅显道理。康德说，他敬畏的一是心中的道德律，二是浩瀚的星空。什么是星空？星空就是自身之外的客观物质世界，就是客观物质世界中自在的客观规律，而人民是历史发展的根本动力，因此，归根到底，任何学者和各级领导干部敬畏的应该是时间和实践，是历史和人民，是反映了人类历史发展规律的马克思主义。

同志们：2008 年下半年，在我院开展学习实践科学发展观活动中，院党组决定把加强马克思主义理论研究与学科建设作为一项重要工作来抓。院党组书记、院长陈奎元同志和院党组副书记、常务副院长王伟光同志对该项工作十分重视。我们要把学习马克思主义贯穿到中国社会科学院各个学科其中包括文学哲学学科的建设中来，使我们的学科建设进一步上一个新的台阶。

（原载《文学评论》2012 年第 4 期）

文学与时代精神

——毛泽东《在延安文艺座谈会上的讲话》及其历史作用

王　蒙

　　中国文学有一个悠久的传统，就是泛政治化、泛道德化、泛社会化，就是把文学，甚至也兼及其他的一些艺术，把它们当作一个社会现象来看待。曹丕就提出一个说法，叫"文章者，经国之大业，不朽之盛事"，文艺必须有益于世道人心。过去讲戏曲，叫做"不关风化体，纵好也枉然"。就是说，如果你这个戏不能影响社会的风习，不能影响人们的道德风尚，不能影响精神教化，你这个戏就失败了。还有就是"文以载道"、"诗言志"的说法。"志"指你的精神追求，你的精神取向。写诗要反映民间疾苦，古代这样的诗人当然多得很。不仅有白居易，还有柳宗元，甚至再早一些的《诗经》里也有不少民间疾苦的反映。诗人注重的不仅是民间疾苦本身，而且是通过写诗来表达自己"先天下之忧而忧，后天下之乐而乐"的情怀，表达对老百姓的关心。强调文艺作品是这种主体精神的表现，所以立志比较高，眼界比较高。古人把写文章视为人生的重要目标之一，所谓：立德立功立言。人活这一辈子最高是立德，就是能树立一种非常高尚的道德的榜样；其次是立功；第三是立言。这些东西在中国文化里都被强调到很高的程度、很重的位置。

　　但是我们又必须看到另一面。毕竟，文艺的范围非常广，有高尚的东西也有不太高尚的东西。文艺有一种杂多性，光说多样性不足以说明这种情况，它是杂多，这个"杂"没有贬义，黑格尔的命题：世界是杂多的统一。它是杂多的又是统一的。所以说，中国文学既是道德、政治、社会，又是立志、立言。但是，文学艺术又在不断地给自己开"后门"。彼此相反的意见自古就有，比如说，认为文学是风花雪月，就是给自己开的一个

"后门"，文艺也是风花雪月，写春风怎么样，秋风怎么样，夏风怎么样，然后是花，文艺能离开花吗？还有雪，比较喜欢描写雪、天气，尤其是中国文学特别喜欢写月。写月亮的诗文比写太阳的要多得多，所以 20 世纪 30 年代，有一部分左翼青年作家，发表过"不写月亮"的宣言："我们发誓，从此在我们文学作品中没有月亮。"写风花雪月，是雕虫小技。治国平天下才是大事，出将入相才是大事，对敌战斗才是大事。写点风月文章，或写首诗，那属于雕虫小技，壮夫不为。直到现在，我们的文艺，一些写杂文或者写批评文章的，也有类似的说法，说文学基本上是女性的世界，有些年轻作家也喜欢这样讲。表面上看，似乎是自贬的这些词，其实它们包含着另一方面的意思，就是给我开点"后门"。我写的这个东西，不可能跟皇帝的诏书一样，不可能跟治国纲领一样。当然，也有把文艺看得很严重的，比如说，文艺既不是风花雪月，也不是雕虫小技，而是诲淫诲盗！诲淫，是因为文艺这东西，可以接触到人性，尤其是男女之情，男女之间的关系，这不用我解释。诲盗是什么意思？因为文学中有一股子不平之气，你打开《水浒传》，用的是当时的民谣"赤日炎炎似火烧，野田禾稻半枯焦。农夫心内如汤煮，公子王孙把扇摇。"这是要煽动造反啊！还有"春种一粒粟，秋收万颗子。四海无闲田，农夫犹饿死。"这是唐朝人李绅写的诗，怨气也深了。所以说，文艺里头还包含了和我上述的第一点完全相反的内容，带有后门性，带有躲避性，甚至带有反叛性。

"五四"以后的新文学运动有一个重要特点，就是左翼的文学思潮，在文学运动乃至于在话剧、电影和音乐活动中，逐渐占据优势，许多的作家、艺术家，他们选择了对旧中国的批判和否定。先说巴金，他开始不是共产主义者。他的第一篇小说是《灭亡》，第二篇小说是《新生》，写的是煤矿工人的痛苦生活，他写的革命带有某种空想性。虽然他写的革命与共产党的革命没有太多的共同之处，但是，在抗日战争、解放战争当中，读了巴金的书就上解放区的大有人在。再说老舍，他初期对共产主义思潮有些不接受，特别是部分作品显示着他对马克思主义、对共产主义的保留色彩。老舍最有名的是《骆驼祥子》。你看了《骆驼祥子》就会得出一个结论：旧中国不革命就没有别的出路！不来一次天翻地覆的革命，这个社会就没有希望！再说冰心，冰心的父亲曾经是北洋水师及后来国民政府海军的高级军官。冰心的很多作品虽然赞美爱，但是她也有些作品写到社会黑暗的地方，对旧中国的批判同样激烈，比如她写的《去国》，写一个海归。当时的留学生，回来以后，在旧中国一点希望都没有，就又出去了。她还有一篇《到青龙桥去》，写军阀混战造成的人民苦难。

中国有一个不同于苏联的特点是，文学选择了革命，作家倾心于革命。这就出现了一个非常有趣的对比。俄国十月革命一发生，包括那些最同情革命的作家都吓坏了。几乎全部像点样的作家都跑了，高尔基也跑了。他是一个同情革命的作家，写过《母亲》。为这部小说，列宁和普列汉诺夫还发生了激烈的争论。列宁认为《母亲》是一本最合乎时宜的小说，而普列汉诺夫认为《母亲》在高尔基小说里不是最成功的。还有一个离开苏联的著名小说作家是阿·托尔斯泰，但是后来他又回来了，不但回来了，后来又最热情地歌颂斯大林。他有一部长篇小说被拍成电影，叫《彼得大帝》，暗喻今天的俄罗斯需要彼得大帝，能把国家振作起来，把俄罗斯变成一个强国。高尔基后来也回来了，他和列宁还有过一些争论。但是有些作家一辈子就选择了留居国外，像获得过诺贝尔文学奖的俄罗斯作家蒲宁，十月革命后跑到法国直至去世。中国就不一样了。1949年10月以后，很多文艺家千辛万苦回北京，有从美国回来的，有从日本回来的，有从欧洲回来的，有从香港回来的。舒乙说中国作家选择往解放后的北平走，还是跟着蒋介石政权往台湾走，大概的比例是，十分之九是选择留在新中国，十分之一跟着蒋介石走了，如去台湾的梁实秋。还有的去了香港，如写过《鬼恋》和《吉卜赛的诱惑》的作家徐舒。胡乔木当年有一个说法，他认为，中国的革命在文化上和思想上的准备比俄国的十月革命更成熟。这些说法是不是站得住，可以研究。

毛泽东在《新民主主义论》中指出，国民党对共产党实行两个围剿，一个是军事围剿，一个是文化围剿。他说军事围剿虽然导致我们丢掉了苏区的家，但结果是，中国工农红军胜利地完成了长征，到陕西建立了以延安为中心的根据地。长征的成功，就意味着国民党军事围剿的失败。至于文化围剿，还没等围剿成，那些国民党御用的文化人物自己就已经四分五裂、土崩瓦解了。

现在我就要讲1942年在延安召开的文艺座谈会。中国的作家、艺术家，选择了对旧中国的批判，那是严厉的、充满激情的批判。他们选择了革命，或是同情革命，至少是不反对革命，但同时我们还要看到另一种选择，这也是一个双向选择，革命是怎么选择文艺的？革命反过来要选择文学，它也要选择作家。在当时的中国，既有很多左翼的革命作家，也有胡适那样接受美国自由主义的学者，既有沈从文那种歌颂中国传统乡土文化的作家，也有张爱玲那种沉浸在自己的圈子里，眼看着这个社会慢慢地烂掉而不动声色的作家。我们知道，中国革命的特点和俄国十月革命不一样，它是以乡村为出发点，走的是以农村包围城市，武装夺取政权的道路。斯大林评价过中国革命的优点和特点，他认为是武装的革命反对武装的反革命，中国革命是以农民为主体的革命，这是实际情况，解放军穿的就是工农的衣服，毛泽东也是如此。中国共产党党员里面也是农民最多。斯大林对中国共产党一直抱着将信将疑的态度，他觉得不像共产党。在二战期间，美国的一个副国务卿跑到苏联向斯大林提出一个问题：你们对中国共产党人的看法如何？斯大林回答：苏共是黄油，中共是人造黄油。意思是，中国共产党不是正牌的。后来有人说，中国革命胜利以后，斯大林为此作了自我批评。

在20世纪40年代抗日战争的环境下，中国革命对文学提出了什么样的要求？它希望革命队伍中的作家，要真正投身于革命，决绝地投身于革命，毫不动摇，不怕牺牲，敢于斗争，既不要讲小资产阶级的温情，也不要讲旧中国社会那套仁义道德。革命要的是坚决遵守纪律，自觉地服从大局的这样的文艺。相反，你小资兮兮，感情卿卿，牢骚满腹，动不动还要摆出一副独立思考的样子。怎么可能呢？你独立，我这还没独立呢，怎么行？所以就出现了一些投奔革命的作家到了延安以后办壁报。壁报对解放区的各种冷言冷语，引起了延安的解放区很多老干部、老部队领导的愤慨。所以要召开延安文艺座谈会，要明确革命对文学的要求，对文学的选择要讲出来。你很难再找到第二个像延安文艺座谈会讲话那样的文件，讲得如此清晰，对实现文学的真正的革命化起到了巨大的影响作用。

那时候，常常把作家、艺术家看成小资产阶级，解放前后，就在1948年年底或1949年年初，解放区出版过一本小说。这本小说写得让人实在不敢恭维，叫《动荡的十年》。它写一个知识分子到解放区参了军，受到了各方面的教育，一开始是说风纪扣系不好，绑腿打得也不对，写的都是这些零零碎碎的事情，后来参加了土改，再后来参加了战斗，改造得还算是比较有成绩。恰在此时，他看上一位新来的女学生。这个女学生是从国统区跑来参加革命的。她打扮得很漂亮而且喜欢唱一首歌。这首歌的歌词是：从前在我少年时，鬓发未白气力壮，朝思暮想去航海，越过重洋漂大海，南海风使我忧，波浪使我愁。一听到这首歌，那位被教育改造、战争磨砺了十年的知识分子，马上全完。白改造了！他又回到十年前那种懒散的自由主义、小资产阶级情调去了。

中国革命所处的环境，就是严酷的武装斗争和大量的农民作为主体。知识分子有些东西肯定是不受欢迎的，是需要适应新的生活的，也是需要被改造的。有一部非常有名的话剧叫《霓虹灯下的哨兵》。我记得这个话剧里有一个姓林的小姐，也是一个小资产阶级，她对解放军的到来非常欢迎。她还邀请几位战士到她家去做客。那时她正在家里听舒曼的《梦幻曲》，有一个战士问道：你听的是什么？她用很嗲的声音说：《梦幻曲》。当时你就觉得这"梦幻曲"三个字所代表的那种可笑、那种幼稚、那种格格不入、那种距离革命十万八千里、那种毫无用处，让你听着感觉非常可笑。而《梦幻曲》它本身是不是这么可笑？那是另外一个问题。其实，《梦幻曲》原来不叫这个名字，它原名叫《童年》。1948年我带领中国一个电影代表团到苏联访问，那时候苏联还没有解体。我们去参加塔什干电影节，第二天一早要到苏联卫国战争时期牺牲的无名烈士墓献花圈，各国代表团都去了，当时的乌兹别克加盟共和国交响乐队和合唱团在那儿奏乐。他们演奏的就是舒曼的《童年》。苏联在这一方面，包括斯大林，思想都非常开放，苏军攻克柏林之后，斯大林在莫斯科举行盛大的交响音乐会庆祝胜利。最高统帅斯大林要求演奏贝多芬第九交响曲。你战胜的是德国，贝多芬可是德国音乐家啊。斯大林不管这个，因为没有贝多芬第九交响曲，你就出不来那个气势！而这次在无名烈士墓前，乐队演奏的，同样是德国舒曼的《童年》。

中国有中国的国情。毛泽东《在延安文艺座谈会上的讲话》（以下简称《讲话》）中，提出了一个非常重要的命题，就是文艺应该服从于革命，应该为无产阶级的政治服务。文艺应该成为团结人民、教育人民、打击敌人、消灭敌人的有力武器。他提出，我们讨论一切问题，不能从抽象的定义而只能从实际出发。现在的实际就是抗日，就是人民的抗日，这个时候，用不着争论文艺的定义，因为你争论定义，就跑到人性论去了。他提出，作家要和新的时代、新的群众相结合。毛泽东很具体地提出一个问题，我们这里有很多作家是从上海亭子间来的。一个是上海亭子间，一个是解放区，你原来熟悉的那套东西在这里根本无用武之地，因此要和新的时代、新的群众结合。他提出，生活是文艺创作的唯一源泉，其他的都是流而不是源。毛泽东还提出，要以无产阶级的面貌来改造世界，实际上涉及文艺工作者自我改造的问题。他认为，小资产阶级的知识分子灵魂里有很多不洁、肮脏的东西，而一个贫下中农虽然他脚上有牛屎，衣服上也可能有泥点子，但是人家的灵魂是干净的。他还提出文艺的政治标准与艺术标准。当然，对这些问题，人们会有不同的看法，但是，毛泽东所提出的这一系列问题和给出的一系列说法，在中国革命文艺运动当中确实充满了新意。

《讲话》发表之后，解放区掀起了秧歌运动，秧歌剧还有一批直接配合革命战争的作品。当时最有名的作品，都是讲封建地主阶级的罪恶，有三大歌剧《白毛女》《血泪仇》《赤叶河》。到解放战争当中，这些文艺作品的力量和作用就更大了。国民党士兵被俘了，国民党军队投诚或起义了，要接受共产党组织的集训，然后看三个歌剧。看完之后，底下哭声一片。这些国民党兵参军前大部分也都是贫下中农，集训完毕，他们立刻就成为了人民解放军的一员，第二天就上战场，就可以打敌人。《讲话》发表后，出现了一批直接服务于革命，直接动员人民进行革命，唤醒群众，从文艺的革命化到人民的革命化的文艺作品。这是第一个成就。第二个成就是发掘出大量民间的文艺资源。刚才说了秧歌，秧歌剧，那都是来自民间的，很多歌曲也是以民间流传的艺术为底本创作出来的，如陕西的《十二把镰刀》，山西的《妇女自由歌》。郭兰英的歌吸收了晋剧的资源，确实都是实践《讲话》精神的结果。

东北解放区也有一大批。如带有东北风格的歌曲"猪啊羊啊送到哪里去，送给那亲人八路军"。所以说，《讲话》发表以来，第一个成就是实现了文艺的革命化并通过文艺革命化实现人民思想革命化；第二个成就是大量发掘民族民间的文艺资源；第三个成就是我们的创作极大地鼓舞了民众的精神。有一个老歌唱家，一次聚会，喝了点儿酒，就拍着桌子说，中国革命是怎么胜利的？是我们给唱胜利的！你讲武器，解放军的武器哪比得上国民党的武器？国民党的弱点是——他没歌！这是文人的酒后之言，也许不足为据。1993 年我被《联合报》邀请访问台湾。接待我的是《联合报》文艺副刊部的诗人痖弦。痖弦说：跟你讲句实话，我们在台湾最大的痛苦之一是没歌唱。他说他上中学的时候去春游，刚唱一个歌，别人说不能唱不能唱，因为是冼星海的歌。那就唱个和政治没关系的"门前一道清流"。这个也不能唱，因为是贺绿汀的歌，贺绿汀曾任上海音乐学院院长，也加入了共产党。这个不能唱那个也不能唱，想来想去竟然没有一个歌能唱！我国自古有一个成语，叫"四面楚歌"，战争是怎么失败的？四面楚歌——它预示了精神的溃败。

《讲话》发表以后，在文艺创作上也有了很大的发展。我主要提两个人，就是赵树理和孙犁。赵树理的《李家庄的变迁》和《小二黑结婚》，我看了以后非常感动：世界上还有这样写小说的作家！他用农民的语言、用文盲的语言，你一念完全和老百姓的话一样。另一个是孙犁，孙犁是非常坚守艺术标准的，他能把革命的内容和独特的文体相结合。当然，躬行毛泽东《讲话》的，还不仅仅是这两位作家，还有很多人，比如陕西的柳青写的《创业史》，他也是非常努力的。赵树理开创了所谓"山药蛋派"，而孙犁的"白洋淀派"，也有一批作家活跃其中。

但是，改革开放以来，对《讲话》也有提出修正和调整的一些地方。其中比较重大而且被党中央所确认的有两处。一个就是把当时为工农兵服务的提法扩展为为人民服务，把当时为政治服务的提法扩展为为社会主义服务。这个调整是必然的，但并不是说原来说的不对，而是根据今天的形势提出的新的认识。也有提出商榷的。胡乔木在 1982 年或者 1983 年，在全国召开的思想工作会议上（当时的总书记是胡耀邦），作主旨报告。他提出，我们要坚持《讲话》的精神，但是有些具体提法可以讨论，例如把文艺作品按照政治标准与艺术标准划分是不是合适？毛泽东提出，政治上反动的作品艺术性越强就越反动，这个说法是不是站得住？胡乔木的讲话被收在《党的十一届三中全会以来重要文献汇编》中，由中央文献研究室正式出版。作为在历史上对文学的革命化提出了明确要求的《讲话》，的确发挥了重大作用。

可以说，《讲话》的发表，甚至直接影响了 1949 年之后的中国文艺生活的革命化建设。在中国共产党成为执政党以后，我们怎么样贯彻这个革命化呢？在这方面，可以说经过很多的探索，有成功的经验，也有失败的教训。拿文艺的问题来说，文艺战线上的反倾向斗争，反倾向，常常是在或"左"或"右"之间出现问题。我有一个解释，也许这和革命惯性有关，因为中国所进行的几十年的你死我活的革命和反革命的斗争，很难在革命成功之后就骤然停止下来。理论上讲，共产党已经掌握了权力，那是代表人民的政权，就应该走向以经济建设为中心了。但是革命形成的斗志昂扬、激情澎湃的那股劲儿还一时停不下来。毛泽东总结出的"阶级斗争，一抓就灵"，就是这种革命精神的体现。本来正想着打盹儿呢，一说要"斗争",这盹儿立刻就打不成了。

改革开放以来，从党明确地提出从以阶级斗争为纲到以经济建设为中心，从计划经济转为社会主义市场经济，这是政治路线的调整。与之相关的是，我们的文艺也面临着很多新的状况、新的问题，也出现了很多新的提法。过去的时代，对文艺的要求是团结人民、教育人民、打击敌人、消灭敌人。而现在提出文艺要满足人民的精神文化的需要，这是我们文化工作的出发点和落脚点。当前的文艺发展就面临各种不同的说法，比如讲满足人们精神文化的需求，而精神文化的需求是有层次的，并不能一概而论。比如说，刺激也是一种需求，休息也是一种需求，逗乐也是一种需求，放松也是一种需求，消费也是一种需求，知识的需求也是一种需求，它们之间有着很大的不同。如何满足人们的需求，如何使我们的文艺在满足人们需求的同时，能够更好地起到提升精神、引导社会的作用，是今天我们的文艺面临的一个十分重要的问题。

我们现在面对的是文艺的泛漫化，而不是高端化、精英化。因为生活的节奏、生活的追求不一样了，文艺的手段也发生了很大的变化。特别是网络的出现和传媒的发达，对人们的生活有着太大的影响和改变。过去写一个小说、发表一个小说谈何容易，从 1949 年到 1966 年"文化大革命"前的十七年，全国出版的长篇小说二百多部，平均每一年出 11 种。现在呢，平均每年出版的纸质长篇小说上千种，网上发布的长篇小说有说两千多种，也有说三千多种。现在人人都可以写作并发表自己的作品，而且写出很深刻的语言。我认识一个香港作家。他也是台湾城市大学中华文化研究所所长，他曾到北京来。一次走在街上，看到凤凰电视台关于亚洲小姐选美的广告。这个广告词是："美丽是一种责任。"他一看到，几乎晕倒。他觉得伟大的人太多，伟大的诗句也太多了——"美丽是一种责任"！他提到他的一个台湾朋友说：我决定放弃现代诗歌写作。因为我发现所有的商业广告都是现代诗体。我很佩服一个广告，并写过一篇文章，那是关于英国毛织品的广告，那情节很像一部小说："啪"——先是打出一个镜头来，写 1948 年，旧中国战争兵荒马乱。一个英国人上了轮船，临行前，他把一个英国的高级品牌的围巾扎在一个小女孩的脖子上。很快，又一个镜头，上面写着 1981 年，中国已经改革开放，那英国人已经很老了，白发苍苍，又一次来到中国。然后这边出来一个中国老太太，这两人，相互根本认不得，但是这个老太太脖子上还围着那条英国的围巾。两个人见了面，都流下了泪。这应该算是一个小说题材。但它又是那件毛织品的广告。现在，很多来自微博上的各种警句，一下子会点击超过三百万，比你的书发行量大多了！但这是文化的高端精品吗？我现在常常感到糊涂，因为我的心目中，什么人是作家？李白是作家，屈原是作家，曹雪芹是作家，你一辈子写一百万条微博，又该怎么看呢？其实，能够代表人类智慧的高端精神产品毕竟还是太少了。苏联作家爱伦堡说，在文学上，"数量"的意义非常小，一个托尔斯泰，比一千个平庸的小说家还重要。如果了解一下革命前的文学和革命成功以后的文学（用"洋"说法就是"后革命文学"），我们会看到，不管是在俄罗斯还是在中国，革命前的文学客观上起到的是酝酿革命的作用。韩愈就说过："欢愉之词难工，而穷苦之言易好。"穷愁潦倒时作诗，容易写得好。而要表达欢愉，文章反倒难写好。

俄罗斯文学的高潮是在19世纪。从小说家来说，托尔斯泰、屠格涅夫、谢德林、契诃夫、果戈理、陀思妥耶夫斯基，一直到20世纪的高尔基；从剧作家来说，奥斯特洛夫斯基，契诃夫本人也是剧作家。他们所达到的高度，是与这些作家对社会不平的呻吟和思考分不开的。"五四"时代的情况，我开始讲过，现在就不说了，单说"后革命时代"，你想要继续写这样的内容，当然可以。新中国成立以后继续写旧中国社会的不公，写黄世仁对杨白劳的压迫，照样是可以的。抗日战争、解放战争，现在都可以写。但是你对新生活的反映呢？在这个后革命时代，你想创作出像革命前的文学那样有号召力，那样煽情点火的作品，不大容易。今天的文艺，需要一种新的创作，需要一种新的体会。我在三年前的一个场合中提到，世界上有雄辩的文学，也有亲和的文学。雄辩的文学就是它憋着和人斗争，滔滔不绝，义愤填膺，势如破竹。但是，也有像泰戈尔这样的，他给人更重要的印象不是雄辩而是亲和。

总而言之，中国这样一个长期的封建社会，在进入19世纪、20世纪之后，面对西方列强，在大革命中经受洗礼，取得革命成功以后，又面对现代化和全球化的挑战，产生文化焦虑与文化尴尬，这是完全可以想象的。今天，我们面临着全面建设小康社会这样一个任务。我们积累了丰富和深刻的经验。我们的文艺也面临着许多有待于研究解决的问题。这些问题一时解决不了也不要紧，关键在于你能拿出好的、能振聋发聩、感人至深的作品来。有一天，我在手机上看到一条微博。上面说，凡是认为自己的环境不够好，所以没有写出伟大的作品来的作家，就是把他送到瑞士，他还是写不出来。我赞同这样的话，今天如果说你在文艺创作上的成就还不理想，那既不能埋怨环境也不能全怪领导，更不能责备理论家没给你提供现成的答案。全世界没有一个大作家、大艺术家、大画家、大作曲家是由于环境美好和一切问题都解决了，他才去进行创作并写出了让全人类感动的作品。恰恰相反，大艺术家往往是在人生的奋斗之中，在面临各种挑战之中，贡献出了代表人类精神高度的艺术精品。

（原载《文艺报》2012年6月1日）

原创与超越

——《在延安文艺座谈会上的讲话》的理论优势和历史价值

陆贵山

作为人民文学的旗帜和马克思主义文艺理论的经典，毛泽东同志《在延安文艺座谈会上的讲话》（以下简称《讲话》）至今仍然焕发出旺盛的理论生命力。将《讲话》放到当时世界文艺理论的宏观格局里，我们更能看清它的原创性与超越性，理解它的理论优势和历史价值，更加积极地推动马克思主义文艺理论中国化、时代化、大众化。

一 《讲话》拥有最广大最鲜明的人民性

《讲话》指出，革命文艺应当为大多数人民服务，即为工农兵服务，从而拥有最广大最鲜明的人民性。《讲话》从理论和实践的结合上指出了文艺只为少数人服务的局限性，旗帜鲜明地倡导文艺应当为大多数人服务，从而具有划时代的开创意义。

真理是具体的。只有把文艺与人民的关系放到所处的历史环境中，才能得到正确的科学的解释。当时，作为红色革命根据地的延安，开创了一个人民当家作主的新时代。人民不再处于一个被统治阶级奴役的地位，开始成为有地位的历史主体。《讲话》不是抽象、空泛地谈论人的问题，而是历史地、现实地、具体地把开始成为历史的主体和创造者的人，界定为最广大的人民群众。

马克思主义经典作家倡导文艺家"歌颂倔强的、叱咤风云的和革命的无产者"，[①] 强烈呼吁："工人阶级对他们四周的压迫环境所进行的叛逆的

---

① 《马克思恩格斯全集》第 4 卷，人民出版社 1958 年版，第 224 页。

反抗，他们为恢复自己做人的地位所做的极度的努力——半自觉的或自觉的，都属于历史，因而也应当有权在现实主义领域内要求占有一席之地"；① 列宁曾号召革命文艺应当为千千万万的劳动人民服务。《讲话》创造性地继承和发展了马克思主义经典作家主张文艺为人民服务的思想，从理论和实践的结合上，更加系统深刻地解决了大多数人民群众在文艺中的主体地位问题。《讲话》旗帜鲜明地反对统治阶级的文艺家把自己的阶级写成主人或神圣，而把人民写成奴才或暴徒，明确指出这是历史的颠倒。人民应当拥有与政治权利相适应的文艺权利，理应成为文艺的主人，主张把人民群众描写为历史的主人和历史发展的动力，实现了人民群众在文艺领域中的翻身和解放。

从全球视野看，当时尚未发现有任何一种文艺理论明确地提出文艺为大多数人服务的主张，即便是西方那些带有革命色彩的左翼的文艺理论，包括一些西方马克思主义学者，多半都是通过文艺理论表现和抒发他们所心仪的不切实际的审美幻想和精神追求。这些人的文艺理论和文艺观念实际上是不可能完全彻底为大多数人服务的。

《讲话》提出"为群众"和"如何为群众"这样两个密切联系着的基本问题，体现着宗旨和手段、目标和途径的辩证统一。无宗旨的手段和无目标的途径是盲目的，是没有意义的，而没有手段的宗旨和缺乏途径的目标是空洞的，是无法实现的。当时的历史使命和政治任务是赢得抗日战争胜利，实现民族解放。在国难深重和民族危机的历史条件下，文艺为人民服务，首先必须为人民的政治服务，不为当时赢得抗日战争胜利这个历史使命服务，便谈不上为人民服务。这不仅是具有历史合理性的，而且是完全正确的。

二 《讲话》富有改造社会和推动历史前进的变革精神

《讲话》发表前后，面对两次世界大战和不可抗拒的强大的物质力量，西方人文知识分子中的左翼和一些正直的人士对大资产阶级所主宰的世界是不满的，甚至是仇视的。他们对改善社会状态和人生状态的思考和探索是积极可贵的。但他们怯于正视残酷的现实，躲避压抑僵硬的政治体制和

---

① 《马克思恩格斯选集》第 4 卷，人民出版社 1995 年版，第 683 页。

强大的物质力量，退到他们所擅长的文化精神领域。即便是法兰克福学派的社会文化批判的理论家，虽然也表现出改革现实的介入意识和反叛姿态，但所采取的手段和所选择的途径，却无法达到革命的目标。作为书斋学者，他们都迷信精神救赎，富于浪漫情怀和审美幻想，或像本雅明那样痴情艺术的"灵韵"，迷信语言文本的阐释对现实的辐射作用；或像马尔库塞那样，沉溺于心理和生理机能研究，希望通过所谓"新感性革命"，改变社会的人生状态；或像从马克斯·韦伯妄图冲破"铁的牢笼"，到法兰克福学派的某些代表人物的形形色色的审美救赎理论，追求审美乌托邦，幻想通过审美的途径和手段，实现人的解放；或像海德格尔那样，憧憬"诗意地栖居"，等等，这些企图通过审美手段解放人的理论，其作用却是十分有限的。他们在这些领域中的学术追求往往表现为不同程度地脱离社会历史倡导人文，脱离客体夸大主体，脱离生活推崇心理，把审美纯粹化，对语言进行封闭孤立的阐释，实际上是把文艺理论和美学思想中的一些重要问题绝对化和极端化了，带有空洞抽象的性质，多半寄托于幻想，并不能切实有效地变革和改造现实生活，变革奴役和压抑人的社会制度。

与之相反，《讲话》具有自觉而强烈的变革意识，富于历史和现实的变革精神，勇于和敢于面对所属时代的社会矛盾和民族危机，采取正面积极干预和介入的姿态，开创了利用文艺变革现实、承担历史使命、推动社会进步、促进民族解放的艺术道路。《讲话》提出，文艺要使人民群众惊醒起来，感奋起来，推动人民群众走向团结和斗争，实行改变自己的环境，帮助人民群众推动历史的前进，在实践中具体地实现人的解放。《讲话》所阐发的思想，切实有效地把精神诉求转化为物质存在，通过实践和变革改变自己的环境。只有实际地改变自己的生存环境和生存状态，才能有助于改变旧的社会结构，推动历史的进步和实现人的解放。像歌剧《白毛女》这样的作品，凭借自身的思想艺术力量，切实起到了"打击敌人，消灭敌人"的作用。《讲话》中所表现出来的强烈的改造现实、社会和历史的变革意识，超越了当时流行的诸多文艺理论，极大地丰富和发展了马克思主义文艺理论。

三 《讲话》代表了先进文化和全新的价值观

《讲话》代表了先进文化，展现了全新的价值观，具体表现为：

指导思想的先进性。《讲话》倡导作家、艺术家学习马克思主义和学习社会，认为马克思列宁主义是一切文艺工作者都应该学习的科学，主张用辩证唯物论和历史唯物论的观点去观察世界、观察社会、观察文学艺术，自觉地运用中国化的马克思主义观点和方法指导文艺创作，提高文艺作品的文化思想质量。

艺术评价体系和艺术评价标准的先进性。最广大的人民性是同最深刻的社会性和政治性密切相关的，《讲话》首先提出文艺评价体系的政治标准和艺术标准。在考察政治标准时，把文艺是否有利于引导人们团结进步，是否有利于"实行改变自己的环境"和"推动历史的前进"作为评价的核心内容。《讲话》提出来的艺术评价标准"必须首先检查它们对待人民的态度如何，在历史上有无进步意义"，强调文艺应当追求比生活美更高的艺术美。这个完整的思想体现出精神实质上的互补性、一致性和先进性，成为贯穿《讲话》的一条红线，铸成了《讲话》的总体精神和思想灵魂。

创作理论的先进性。文艺创作理论与文艺批评理论是相互联系的。在《讲话》发表的前前后后，西方文艺理论包括西方马克思主义文论，文艺批评理论处于强势，文艺创作理论反而处于弱势。《讲话》却提出一整套系统的现实主义的创作理论，如创作源泉的理论、文艺典型化的理论、文艺主客体相统一的理论、文艺社会效果的理论、文艺创作道路的理论，等等，都凸显出文艺创作理论划时代的崭新面貌。特别是建设、培育和造就创作队伍和文艺大军的理论更是让人耳目一新。《讲话》强调不可做空头的文艺家，要求在思想感情上和工农大众打成一片，把了解人、熟悉人的工作当作第一位的工作，观察、体验、研究、分析一切生动的生活形式和斗争形式，破除各种错误的创作情绪，如抽象的人性论，消极的暴露论，破除灵魂深处的小资产阶级知识分子王国，转移立足点，改造主观世界，努力把自己当作人民群众的忠实的代言人。而关于加强文艺工作者的思想文化素质的论述，如必须继承一切优秀的文学艺术遗产，同时强调自主的原创性，继承和借鉴决不可以变成和替代自己的创造，反对没有出息的最害人的文学教条主义和艺术教条主义的观点，更是深邃厚重，影响深远。

价值观的先进性。人物塑造是文艺创作和文艺创作理论的核心问题。在《讲话》发表的前前后后，西方以现代派为主的文艺创作所塑造的人物形象，多半都是表现文明危机和人的异化的那些具有反叛意义的消极典型，不可能从正面揭示出先进的文化理念和全新的价值观。《讲话》旗帜鲜明地提出表现"新的人物，新的世界"，既倡导表现"新的人物，新的世界"，又主张塑造"各种各样的人物"，辩证地、完整地解决了人物塑造问题上的主导与多样的关系。"新的世界"中的"新的人物"是新的思想和思想体系与新的价值和价值体系的承担者。塑造"各种各样的人物"，可以多层面地展示各种思想倾向和价值观的共同性和差异性，但表现"新的人物"可以从正面更集中、更充分、更强烈地凸显处于主导地位的思想体系和核心价值体系。新人形象作为先进思想的代表，能够更自觉地体现对现实环境的变革意识，揭示人们推动历史前进的方向。是否表现新的人物，关系到培养和树立人们改变旧环境的变革意识，关系到社会的全面进步和人自身的全面自由发展。在新的历史时期，新的人物作为新的先进文化的主体和载体，体现社会主义核心价值体系。我们的文艺应当在塑造社会主义新人方面作出更大的努力，实现社会主义文艺的大发展、大繁荣。

（原载《求是》杂志 2012 年第 11 期）

历史意义与当代价值

——毛泽东《在延安文艺座谈会上的讲话》发表 70 周年笔谈

原编者的话：毛泽东的《在延安文艺座谈会上的讲话》是中国现当代文艺发展史上具有重大历史意义的经典文献。为纪念延安文艺座谈会召开70 周年，深入贯彻党的十七届六中全会精神，本刊邀请部分专家学者进行笔谈，重温这一经典文献，探讨它的当代价值，以期对思考我们的文化建设和发展方向有所助益。

马克思主义中国化在文艺领域的重要标志

童庆炳（北京师范大学文学院教授）

毛泽东《在延安文艺座谈会上的讲话》不是一般的文艺学著作，它产生于抗日战争延安整风这个特殊的历史时期，是当时党的整风文献之一，是马克思主义中国化的重要标志之一。

抗日战争是关乎中华民族生死存亡的一次反侵略战争。当时中国共产党与中国国民党结成抗日民族统一战线，共同抗击日本侵略者。1942 年前后，抗日战争进入相持阶段，这是一个重要的关头。党的作风搞好了，党才会有强大的力量，才能领导人民进行艰苦卓绝的斗争，最终取得抗日战争的胜利。毛泽东早就认识到，如果不能清除党内的不正之风，任其蔓延，那是很危险的。所以 1941 年党中央和毛泽东在全党开展了整风运动。毛泽东在 1941 年作了《改造我们的学习》的报告，强调党内要反对主观主义，加强调查研究，一切从实际出发。1942 年 2 月毛泽东作了《整顿党的作风》的报告，提出"反对主观主义以整顿学风，反对宗派主义以整顿党风，反对党八股以整顿文风"。同月，毛泽东又作了《反对党八股》的报告。又过了 3 个月，即 1942 年 5 月，毛泽东在深入调查和研究了延安知识分子的状况，特别是文艺工作者的状况后，又作了《在延安文艺座谈会上的讲话》（以下简称《讲话》），此时整个延安已处于整风的浓厚氛围中。

延安整风要解决什么问题呢？诚如毛泽东所说，要整顿学风、党风和文风。学风问题、党风问题和文风问题是有区别的，但又有密切联系。这三方面的不良风气都是不联系中国实际，把马克思主义当教条来搬用，给革命事业造成了重大损失。对此，毛泽东早就想找一个适当的机会来加以解决。他明确说过："马克思列宁主义的伟大力量，就在于它是和各个国家具体的革命实践相联系的。""离开中国特点来谈马克思主义，只是抽象的空洞的马克思主义"。因此，"使马克思主义在中国具体化，使之在其每一表现中带着必须有的中国的特性，即是说，按照中国的特点去应用它，成为全党亟待了解并亟须解决的问题"。

《讲话》从文艺工作问题切入，第一次系统地、完整地、具体地把马克思主义的文艺思想与中国抗日战争时期延安的文艺工作实际情况联系起来思考，明确提出并解决了文艺为工农兵服务和如何为工农兵服务的问题，使马克思主义的文艺思想带有了中国的特性，带有抗日战争时期斗争的特性。《讲话》回答了许多文艺问题，揭示了文艺理论的真知，是经得起时间和历史检验的。

但是我们又不能把《讲话》局限于文艺问题的阐释。从当时的历史语境看，它远远超越了文艺问题本身，它的主要价值是从总结"五四"以来新文学运动的经验与教训，总结"左联"时期文艺工作的经验与教训，和当时延安文艺工作者的实际出发，作出了自己独特的结论。比如，毛泽东针对延安文艺工作严重脱离抗日战争的实际，脱离人民需要的实际，脱离党的要求的实际，在《讲话》中强调文艺工作者的立场问题、态度问题、工作对象问题；强调文艺是"整个革命机器的一个组成部分，是齿轮和螺丝钉"；强调文艺是"团结人民、教育人民、打击敌人、消灭敌人的有力武器"；强调文艺工作者应与"大众的思想感情打成一片"；强调"学习马克思主义和学习社会"；强调"到火热的斗争中去"；强调"第一步需要的还不是'锦上添花'，而是'雪中送炭'"；强调"文艺是从属于政治的"，"属于一定的阶级"，"属于一定的政治路线的"，等等。毛泽东的《讲话》不单是在文艺学的知识体系内来解释他的文艺思想，而且是他的"中国的马克思主义"的一部分，是实现革命目标的整体构思的一部分，具有很强的党性内涵，有很丰厚的社会学内涵，因而是符合当时抗日战争这个第一政治的。

越是产生于历史土壤、扎根于历史土壤的著作，越具有时间所过滤的真理性。这一点是一再被实践所证明的。《讲话》正因为从中国抗日战争的实际出发，从时代的具体要求出发，所以至今仍被人们所记住。毛泽东以马克思主义为指导，紧密结合中国特定历史时期的特性，所论述的自然也就为群众所喜闻乐见，并具有特定的时代精神。因此，《讲话》成为马克思主义中国化在文艺领域的重要标志。

"为什么人的问题"仍须重视

董学文（北京大学中文系教授）

《讲话》中的许多话语，今天重新读来，依然感到精准、适用和深刻。它的历史作用和现实意义，归根结底是由其理论功绩造成的。这种功绩，可以概括为三条：一是彻底地解决了文艺工作者与人民群众结合的问题；二是高度重视创作主体的世界观和思想感情对文艺创作的功能与价值；三是创造性地揭示了文艺工作者审美情感实现的新方法和新途径。这些问题的解决在人类文艺思想史上，在马克思主义文艺思想史上，都带有原创价值。

不过，这些问题的解决须得有个前提，就是要弄清楚我们的文艺是为谁服务的？用《讲话》的说法，"为什么人的问题，是一个根本的问题，原则的问题。……这个根本问题不解决，其他许多问题也就不易解决"。对此，《讲话》给出的答案是，"无论高级的或初级的，我们的文学艺术都是为人民大众的，首先是为工农兵的"。这里的"首先"二字，既深刻又辩证，它把"为什么人的问题"中的一般与特殊、主要矛盾与次要矛盾以及矛盾主要方面等问题，都合理地解决了。《讲话》一方面讲文艺要为"中华民族的最大部分"、为"最广大的人民大众"服务；另一方面讲"首先是为工农兵的，为工农兵而创作，为工农兵所利用"。这样，就避免了片面性。

一些人反感或非议这个"首先"，多半是出于误读或曲解。试想，如果我们文艺服务的对象没有了侧重点，或者这个侧重点发生偏移，那么，我们文艺的路线势必发生改变。

当前，我们的文艺创作中存在某些精神匮乏、内容空虚、脱离生活、价值倾斜、境界低下的倾向，一些作品散发着柔软的、苍白的、浓重的商业气息。表面上看这是由文艺工作者历史意义与当代价值的素质造成的，但深究起来，无不是在文艺"为什么人的问题"上发生偏差的结果。在这类文艺作品的背后，我们是不难透视和辨析出它到底是写给谁看的，想掩饰也掩饰不住。这就是"为什么人的问题"的根本性和原则性之所在。

（原载《党的文献》2012 年第 3 期）

文学以人民为本

——70 年后重读《在延安文艺座谈会上的讲话》

冯宪光

今年是 2012 年，70 年前，在延安杨家坪，毛泽东在中共中央宣传部召开的文艺座谈会上发表了两次讲话，即 5 月 2 日所作"引言"讲话和 5 月 23 日所作"结论"讲话两部分。会后毛泽东对这两次口头讲话进行过多次反复修改。大约一年以后，在 1943 年 3 月 13 日延安《解放日报》刊登了《在延安文艺座谈会上的讲话》（以下简称《讲话》）的部分文本。又过了半年，1943 年 10 月 19 日，在纪念鲁迅逝世七周年之际，《讲话》全文才在延安《解放日报》正式发表。又经修订以后，1953 年编入《毛泽东选集》第三卷，成为流传于世的《讲话》的正式文本。

20 世纪 40 年代的一个著作，70 年以后为什么要重读，是我们今天遇到的一个问题。

70 年前，中国正值抗日战争的相持阶段，中国共产党领导八路军、新四军和其他抗日武装力量，与广大人民群众一起浴血奋战，抗击日本侵略军。当时的迫切任务是"打倒我们民族的敌人，完成民族解放的任务"①。《讲话》全文在《解放日报》公开发表之后，1943 年 11 月 7 日，中共中央宣传部发布《中央宣传部关于执行党的文艺政策的决定》，其中指出："10 月 19 日《解放日报》发表的毛泽东同志在延安文艺座谈会的讲话，规定了党对于现阶段中国文艺运动的基本方针。""全党的文艺工作者都应该研究和实行这个文件的指示，克服过去思想中工作中作品中存在的各种偏向，以便把党的方针贯彻到一切文艺部门中去，使文艺更好地服务于民

---

① 毛泽东：《在延安文艺座谈会上的讲话》，《毛泽东论文艺》，人民文学出版社 1992 年版，第 34 页。

族与人民的解放事业，并使文艺事业本身得到更好的发展。"① 历史已经向我们展示，《讲话》确实在中国人民抗日战争和其后的解放战争中，指导中国的革命文艺"服务于民族与人民的解放事业"，取得非凡成绩。当然，这一段历史以及当年中宣部的这些指示，也成为一些人判断《讲话》是"战时文艺政策"，不能运用到和平、建设时期，而今已经过时的一种依据。在一个有人主张"告别革命"的时代，这种看法显然有一定的信众。

这种观点的失误在于，没有全面和深刻地理解《讲话》的重要意义，即《讲话》不仅对中国现代革命而且对革命胜利以后中国社会主义建设都具有重大意义。

大家不要忘记，《讲话》发表的地方，不在当时中国国民政府的临时首都重庆，而是在陕甘宁边区政府的首府延安。陕甘宁边区虽然属于中华民国的一个行政区域，但是其前身是以刘志丹、吴岱峰、习仲勋等领导的西北红军成立的人民革命政权——陕甘边苏维埃政府。1934 年 11 月，陕甘边苏维埃政府成立，主席为习仲勋。1935 年 10 月，中央红军主力长征到达陕北后，建立了中华苏维埃人民共和国中央政府西北办事处，统辖陕甘苏区和陕北苏区。1937 年 9 月 6 日，根据国共两党关于国共合作的协议，中国共产党将陕甘苏区和陕北苏区一起改名为陕甘宁边区。抗日战争时期，陕甘宁边区是中共中央和中央军委所在地，是敌后抗日战争的政治指导中心和敌后抗日根据地的总后方。显然，陕甘宁边区政府一直是在中国共产党领导下的人民革命政权。这个政府与当时在重庆的国民政府是根本性质不同的两个政权。这个管辖 23 个县、150 万人口的人民革命政权，与当时国际共产主义运动所倡导的革命胜利之后建立的苏维埃政权，是一样的。20 世纪 30 年代中国共产党在江西苏区等革命根据地曾经建立过几个苏维埃政权，而陕甘宁边区苏维埃政府的建立是其杰出的代表。这是中国共产党在一个特殊时期，在特殊环境中建立的人民革命政权。中国共产党通过建设陕甘宁边区的苏维埃政权实践了在特别复杂的条件下进行政治建设、经济建设、文化建设和治国安民的若干方略。而毛泽东在 70 年前发表的《讲话》，所提出的不仅是在抗日战争这个特殊的时刻所应当执行的"战时文艺政策"，而且是在中国共产党通过革命取得政权之后，应当

---

① 中央档案馆编：《中共中央文件选集》第 14 册，中共中央党校出版社 1992 年版，第 102 页。

如何发展文学艺术的根本思想。所以，在《讲话》全文发表的第二天，1943 年 10 月 20 日，中共中央"总学委"发出《关于学习毛泽东〈在延安文艺座谈会上的讲话〉的通知》，其中说，"《解放日报》10 月 19 日发布的毛泽东同志在 1942 年延安文艺座谈会上的讲话，是中国共产党在思想建设理论建设事业上最重要的文献之一，是毛泽东同志用通俗语言所写成的马列主义中国化的教科书"[①]。

《讲话》反复提示的是文艺工作者的工作环境问题。这是毛泽东《讲话》论述的地缘政治语境。文艺作品写给谁看的问题，必须考虑社会的不同政治、经济和文化环境。毛泽东说："在陕甘宁边区，在华北华中各抗日根据地，这个问题和在国民党统治区不同，和在抗战以前的上海更不同。"[②] 来自大后方，即国民党统治区域的作家、艺术家，来到中国共产党领导的陕甘宁边区、华北华中各抗日根据地，就是来到了一个新的不同的社会环境。"到了革命根据地，就是到了中国历史几千年来未有的人民大众当权的时代。我们周围的人物，我们宣传的对象，完全不同了。过去的时代，已经一去不复返了。"[③] 这是性质不同的两个政权，这是两种不同的工作环境，这里遭遇到的是两种不同的工作对象。在这里，中国共产党所要做的文化工作、文学艺术工作就是：要在人民革命政权管辖的范围之内，实施为人民服务的文艺方针。因此，《讲话》是中国共产党在中国局部地域建立人民革命政权之后，提出的根本性、建设性的文艺方针，不是一个单纯的"战时文艺政策"。

把马克思主义作为指导思想的无产阶级革命政党的革命目标就是要建立一个人民当家作主的国家政权。在这样的国家政治格局中，文学艺术作为意识形态的国家机器，必然要为当家作主的人民群众服务。这是马克思主义的一个根本性的文艺思想。

历史唯物主义十分重视物质生产劳动在社会中的基础地位，这就必然重视直接从事物质生产劳动的普通的工人、农民这样的劳动者，即在任何一个社会中占总人口绝大多数的人民群众在历史中的地位和作用。列宁

---

① 中央档案馆编：《中共中央文件选集》第 14 册，中共中央党校出版社 1992 年版，第 102 页。

② 毛泽东：《在延安文艺座谈会上的讲话》，《毛泽东论文艺》，人民文学出版社 1992 年版，第 37 页。

③ 同上书，第 65 页。

说，"资产阶级忘记了微不足道的任务，忘记了人民，忘记了千千万万的工人和农民，可这些工人和农民却用自己的劳动为资产阶级创造了全部的财富，并且正在为了他们所需要的像阳光和空气一样的自由而进行斗争"①。无产阶级革命的目的就是要从根本上改写人民被忘记、被抛弃的历史记录，在革命胜利之后建立的新社会中重建人民的政治、经济和文化地位。基于这样的认识，列宁在十月革命以后，就提出"艺术属于人民"的马克思主义文学观。他说："艺术是属于人民的。它必须深深地扎根于广大劳动群众中间。它必须从群众的感情、思想和愿望方面把他们团结起来并使他们得到提高。它必须唤醒群众中的艺术家并使之发展。"②列宁的思想是伟大的。但是，由于种种原因，这一思想后来没有在苏联的文艺方针政策上作为一个核心价值观被明确地提出来。而70年前，毛泽东的《讲话》则鲜明地提出，文艺"为什么人的问题，是一个根本的问题，原则的问题"③，"我们的文学艺术都是为人民群众的，首先是为工农兵服务的，为工农兵而创作，为工农兵所利用"④。在毛泽东领导下，中国共产党在自己执掌政权的延安，提出了一个无产阶级革命政党执掌政权之后的文艺方针。这是无产阶级革命政党执掌政权之后如何建设发展文学艺术的治国安民方针，在国际共产主义运动中具有重大意义。

1949年以后，中国共产党执掌了全中国的国家政权，开始了社会主义革命和建设的伟大事业。此时，在中国土地上的战火硝烟已经消散，60多年的和平建设，使战争成为遥远的记忆。而产生在决定中华民族生死存亡的大战中的《讲话》却已提出了革命政权应当如何发展文艺的方略，在战争隐退之后，依然在人民共和国发挥着巨大作用。党的历代领导人，无论是邓小平，还是江泽民、胡锦涛，都在治理国家的文学艺术事业时，反复强调要坚持毛泽东《讲话》中文艺为人民服务的基本方向。这是马克思主义的方向，是社会主义文艺的方向。我最近读到2011年10月中共十七届六中全会通过的《中共中央关于深化文化体制改革、推动社会主义文化大

---

① 《列宁全集》第11卷，人民出版社1990年版，第149页。
② 中国社会科学院文学研究所文艺理论研究室编：《列宁论文学与艺术》，人民文学出版社1983年版，第435页。
③ 毛泽东：《在延安文艺座谈会上的讲话》，《毛泽东论文艺》，人民文学出版社1992年版，第45页。
④ 同上书，第52页。

发展大繁荣若干重大问题的决定》，我认为，中央这一决定在新的时代把毛泽东《讲话》的核心价值观从文学艺术推演到整个文化领域。这一点证明，《讲话》是中国共产党夺取全国政权之前，在执政之后如何治理和发展文艺事业的一个重要宣言。在中国共产党领导的中国，毛泽东的《讲话》对于包括文学艺术在内的整个文化事业的发展、繁荣，始终都有重要的指导意义。

理论界还有一个说法，说什么《讲话》里表达的毛泽东的以人民为本的思想是民粹主义。这是一个十分荒唐的说辞。毛泽东关于文艺为人民服务的论断，从理论渊源上来自列宁。毛泽东说，"我们的文艺是为什么人的？这个问题，本来是马克思主义者特别是列宁早已解决了的"①。无论是1905 年的《党的组织和党的出版物》中说的社会主义者的自由的写作应当"为千千万万劳动人民，为这些国家的精华、国家的力量、国家的未来服务"②，还是 1922 年与蔡特金讲"艺术是属于人民的"，列宁所使用的人民这个概念，都是指称千百万工人、农民等劳动大众和愿意拥护无产阶级革命和苏维埃政权的普通人。这与俄国 19 世纪的民粹主义笼统地把没有掌握国家政权的人作为人民，特别是把资产阶级自由派作为人民中坚是有本质区别的。

马克思主义有与民粹主义不同的人民概念。在马克思主义的奠基人那里，他们在很多著作里主要研究资本主义社会的存在状况、运行机制、危机根源和用另一种社会方式取代资本主义社会的可能性和前景，因此着重论述工人阶级的历史作用，坚持用阶级性来划分社会的人群，相对而言较少使用"人民"这个词语，但是绝不是反对使用"人民"这个具有鲜明的革命色彩的概念。马克思曾经集中地阐述了报刊出版物的人民性问题。他在《第六届莱茵省议会的辩论》的第一篇文章中，提出了新闻出版的自由究竟是特权阶层的自由，还是人民应该享有的权利的问题，认为自由报刊应该具有人民性，代表人民的观点，他说，"人民历来就是什么样的作者'够资格'和什么样的作者'不够资格'的唯一判断者"③。他还说，"哲

---

①　毛泽东：《在延安文艺座谈会上的讲话》，《毛泽东论文艺》，人民文学出版社 1992 年版，第 41 页。

②　中国社会科学院文学研究所文艺理论研究室编：《列宁论文学与艺术》，人民文学出版社 1983 年版，第 71 页。

③　《马克思恩格斯全集》第 1 卷（上），人民出版社 1995 年版，第 195—196 页。

学家并不像蘑菇那样是从地里冒出来的，他们是自己的时代、自己的人民的产物，人民的最美好、最珍贵、最隐蔽的精髓都汇集在哲学思想里。正是那种用工人的双手建筑铁路的精神，在哲学家的头脑中建立哲学体系"①。工人用双手建筑铁路的精神就是人民的精神，它是时代精神的精华。

而民粹主义（Populism）是 19 世纪在俄国兴起的一股社会思潮，极端强调平民群众的价值和理想，把平民化作为所有政治运动和政治制度合法性的最终来源。民粹主义的平民概念没有阶级观念，没有阶级区分。列宁在批判民粹主义而提倡马克思主义的人民观时指出："马克思使用'人民'一语时，并没有用它来抹杀各个阶级之间的差别，而是用它来概括那些能够把革命进行到底的一定的成分。"② 在社会主义革命中，无产阶级是主力军，但是即使在资本主义经济充分发展的国家，无产阶级革命没有广大劳动群众的积极参与，无产阶级单独进行革命是不可能的。无产阶级应该与农民结成工农联盟，联合一切反对资本主义制度的广大群众，才能取得革命的胜利。马克思和列宁在使用人民概念时，就是指的工人、农民和其他"能够把革命进行到底的一定的成分"，指的是以工农劳动群众为主体的社会基本成员。把马克思主义的人民观与民粹主义的人民观等同起来是根本错误的。

以工农联盟为基础的广大人民群众是社会主义革命和建设的主体的观点是历史唯物主义的重要思想。列宁是民粹主义的坚决反对者，毛泽东根据列宁的文学人民性原则，提出了文艺为人民服务的以人民为本位的文学观，怎么成为了民粹主义呢？

这些似是而非的议论丝毫无损毛泽东《讲话》的光辉。20 年前，胡乔木在改革开放的新时期说，"《讲话》的根本精神，不但在历史上起了重大的作用，指导了抗日战争后期到新中国成立期间解放区的文学创作和建国以后文学事业的发展，而且我们在今后任何时候都必须坚持。《讲话》主要有这样两个基本点：一是文艺与生活的关系，二是文艺与人民的关系，在这两个基本点上，《讲话》的原则是不可动摇的"③。我认为，胡乔

---

① 《马克思恩格斯全集》第 1 卷（上），人民出版社 1995 年版，第 219—220 页。
② 《列宁全集》第 11 卷，人民出版社 1990 年版，第 117 页。
③ 《胡乔木回忆毛泽东》，人民出版社 1994 年版，第 269 页。

木讲的《讲话》的两个基本点十分精辟。这是我们在 2012 年，以及今年以后还要重读毛泽东《讲话》的理由。本文仅就胡乔木讲的第二个基本点，说明毛泽东的文艺以人民为本的思想不仅适用于革命战争中，而且在革命以后的建设中，依然是马克思主义关于文艺的核心价值观，反对今天重读、再读《讲话》的理由是不成立的。

（原载《当代文坛》2012 年第 3 期）

怎样看待延安《讲话》的理论遗产

丁国旗

1942 年毛泽东所作的《在延安文艺座谈会上的讲话》（以下简称《讲话》）系统阐发了关于文艺创作和文艺批评的一系列重大理论原则，为当时我国革命文艺运动的发展指明了方向。如今，70 年过去了，《讲话》的内容与精神，对于今天社会主义文艺与文化的创新与繁荣是否仍具有重要的指导作用，究竟应该如何看待延安《讲话》这笔宝贵的理论遗产，笔者将结合《讲话》的基本内容，谈谈自己的看法。

一 《讲话》是"革命文艺"的纲领与指南

对于任何一个历史文本，我们只有回到其具体的历史语境中，才能比较正确地对它作出判断与评价。《讲话》是在特殊条件下形成的，对它的理解也就必须回到它所针对的实际问题上去。毛泽东在《讲话》"引言"中谈到，邀集文艺工作者来开座谈会，"目的是要和大家交换意见，研究文艺工作和一般革命工作的关系，求得革命文艺的正确发展，求得革命文艺对其他革命工作的更好的协助，借以打倒我们民族的敌人，完成民族解放的任务"[①]，从这句带有总领作用的话中可以看到，毛泽东的延安《讲话》主要解决的是革命文艺与革命文艺工作的一系列问题。笔者统计，"革命文艺"在整个《讲话》文稿中出现 14 次，另外，"革命的文学艺术"、"革命的文学家艺术家"、"革命作家"、"党的文艺"、"党员作家"等术语也在文中多次出现。而且考虑到《讲话》有延安整风运动这一历史背景，因此，毛泽东在当时所思考的的确是文艺与革命的关系，尤其是文

[①] 《毛泽东选集》第 3 卷，人民出版社 1991 年版，第 847 页。

艺与革命形势的关系问题。这样来看,《讲话》就其本质而言,应该是"革命文艺"及"革命文艺工作"的行动指南和理论纲领,这才是比较合乎逻辑的。如果将其夸大到是一切文艺工作的行动纲领,并且可以永恒不变地指导任何时期的文艺工作,是唯一正确且放之四海而皆准的文艺理论纲领,就是不科学的,是会犯错误的。

(一)《讲话》是在马克思主义基本理论指导下形成的。马克思主义的文艺思想,对文学倾向性、文学党性、文学阶级性等比较重视,《讲话》没有脱离马克思主义文艺思想的这一基本框架,而是在当时形势下对马克思主义文艺理论的运用与发展,尤其是对列宁文艺思想的继承与发展。毛泽东《在延安文艺座谈会上的讲话》中所强调的文艺原则与列宁的是基本一致的。毛泽东对列宁文艺思想的继承,与早期党的领导人瞿秋白对列宁的文艺思想的介绍与运用直接相关。20 世纪 20 年代,瞿秋白去苏联访问过两三年,并在苏联加入了共产党,其间还两次见到列宁并与之合影,深得列宁文艺思想之真传,回国后翻译了列宁的《列甫·托尔斯泰像一面俄国革命的镜子》、《L. N. 托尔斯泰和他的时代》以及《党的组织和党的文学》(节译)等文章。20 世纪 30 年代初,瞿秋白在苏区主管文化工作时,又将列宁的思想付诸实践,提出了"话剧要大众化、通俗化,要采取多种形式为工农兵服务"的口号,这些都对毛泽东《在延安文艺座谈会上的讲话》的基本思想产生了直接的影响。罗马尼亚作家协会书记托·赛尔玛鲁在他纪念《讲话》的文章《十年以后》中就明确地指出:毛泽东同志的《讲话》"渊源于列宁、斯大林的学说","是运用马列主义文艺理论于中国具体条件的典范","是一个具有特别现实意义的丰富的经典著作"①。与列宁相比,所不同的是,毛泽东更强调文艺的"服从"与"从属"地位,更强调文艺必须"属于一定的政治路线"②,必须"服从党在一定革命时期内所规定的革命任务"③,并提出了更为系统的理论主张,这与当时党所面临的革命形势相关。当然也正是由于《讲话》系统解决了文艺在革命中的一系列关键性问题,回答了从思想观念到创作实践所遇到的各种理论难题,因此,作为用来指导无产阶级革命文艺的优秀著作,它受到了国

---

① 托·赛尔玛鲁:《十年以后》,《新华月报》1952 年第 6 期。
② 《毛泽东选集》第 3 卷,人民出版社 1991 年版,第 865 页。
③ 同上书,第 866 页。

外许多无产阶级文艺家的重视。一位印度作家谈道："我是在我的第二十六本著作出版后，才读到毛泽东的著名文章《在延安文艺座谈会上的讲话》的，我真希望我能在开始写作以前，就已读到这些关于人民作家的立场、态度和写作范围，关于内容和形式问题生动的具体的意见，在读这篇文章时，我觉得像阅读一位'朋友，哲学家和导师'向希望成为'人民的和为人民的'作家和朋友所说的一篇亲密的当面的谈话。"① 日本文艺理论家藏原惟人更深有体会地指出：《讲话》中关于深入群众的言论，"不仅是中国的，而应当说是一切国家的革命文学家、有出息的文学家的座右铭和工作指针"②。从这些观点，可以看出《讲话》的无产阶级文艺思想属性，而从《讲话》发表之后，无论是解放区还是国统区都出现了许多优秀的革命文艺作品的实事也可以充分证明这一点。如解放区的《小二黑结婚》《李有才板话》《吕梁英雄传》《兄妹开荒》《白毛女》《刘胡兰》《同志，你走错了路》《把眼光放远一点》《王贵与李香香》《漳河水》等，国统区的《屈原》《清明前后》《还乡记》《升官图》《虾球传》《山野》等。

（二）《讲话》是针对当时的革命形势与文艺状况作出的正确选择。毛泽东在《讲话》"引言"中指出："在我们为中国人民解放的斗争中，有各种的战线，就中也可以说有文武两个战线，这就是文化战线和军事战线。我们要战胜敌人，首先要依靠手里拿枪的军队。但是仅仅有这种军队是不够的，我们还要有文化的军队，这是团结自己、战胜敌人必不可少的一支军队。……我们今天开会，就是要使文艺很好地成为整个革命机器的一个组成部分，作为团结人民、教育人民、打击敌人、消灭敌人的有力的武器，帮助人民同心同德地和敌人作斗争。"③ 这些是就文艺对于整个革命工作的重要意义来讲的。在"结论"中毛泽东说："小资产阶级出身的人们总是经过种种方法，也经过文学艺术的方法，顽强地表现他们自己，宣传他们自己的主张，要求人们按照小资产阶级知识分子的面貌来改造党，改造世界"④，而"文艺界中还严重地存在着作风不正的东西，同志们中间还有很多的唯心论、教条主义、空想、空谈、轻视实践、脱离群众等等的

① 农方团：《〈在延安文艺座谈会上的讲话〉的国外影响》，《广西师范学院学报》1982 年第 3 期。

② 藏原惟人：《学习〈在延安文艺座谈会上的讲话〉》，《文艺报》1957 年第 7 期。

③ 《毛泽东选集》第 3 卷，人民出版社 1991 年版，第 847—848 页。

④ 同上书，第 875 页。

缺点"①，这是就文艺被错误利用以及文艺界存在的问题来说的。对于文艺界存在的这些问题，毛泽东说，"我们的党，我们的队伍，虽然其中的大部分是纯洁的，但是为要领导革命运动更好地发展，更快地完成，就必须从思想上组织上认真地整顿一番"，"需要有一个切实的严肃的整风运动"②。从这些论述来看，延安文艺座谈会实际是毛泽东基于文艺与政治的关系，以及文艺本身也是政治斗争内容的双重考虑下召开的。有研究者即指出，"延安文艺座谈会是以毛泽东为代表的中国共产党对文艺界施行领导的必然一环，是军事斗争、政治斗争的必然延伸。依据恩格斯的历史发展'合力'说，文艺座谈会之所以会在1942年5月召开，是革命战线、整风运动、文艺界争论的'合力'使然。革命战线规定了它的方向，整风运动强化了它的目的，文艺界争论成为它解决问题的突破口"③。

（三）《讲话》确立了党对文艺工作的绝对领导，早在1936年的11月22日，毛泽东在"中国文艺协会"成立大会上的讲话中就曾说过："过去我们是有许多同志爱好文艺，但我们没有组织起来，没有专门计划的研究，进行工农大众的文艺创作，就是说我们过去是干武的。现在我们不但要武的，我们也要文的了，我们要文武双全。"④ 然而，毛泽东此时虽然认识到了"文"的重要性，但党的文艺政策与文艺方针却一直没有真正制定与落实。随着抗日战争的爆发，越来越多的革命文艺工作者来到延安和其他抗日根据地，党对文艺工作的领导也越发显得重要。毛泽东认为，"到了根据地，并不是说就已经和根据地的人民群众完全结合了"⑤。那应该怎么做呢？有哪些问题需要解决呢？毛泽东认为应该解决的问题有"文艺工作者的立场问题，态度问题，工作对象问题，工作问题和学习问题"⑥。其实对于知识分子出身的文艺工作者，要使自己的作品为群众所欢迎，最本质的问题就是"把自己的思想感情来一个变化，来一番改造"⑦。由此来看，知识分子的思想改造也是《讲话》力图解决的一个重要问题，即通过

---

① 《毛泽东选集》第3卷，人民出版社1991年版，第875页。
② 同上。
③ 刘忠：《"延安文艺座谈会"召开原因考辨》，《社会科学战线》2008年第9期。
④ 毛泽东：《在中国文艺协会成立大会上的讲话》，《毛泽东文艺论集》，中央文献出版社2002年版，第3页。
⑤ 《毛泽东选集》第3卷，人民出版社1991年版，第848页。
⑥ 同上。
⑦ 同上书，第851页。

对知识分子的思想改造，最终使文学艺术工作同党所领导的民族解放运动结合起来，使文艺工作者也成为拿着武器的战士，只是这个武器不是枪杆子而是笔杆子。正如《鲁迅艺术学院院歌》所唱的那样："我们是艺术工作者，我们是抗日的战士，用艺术做我们的武器，为打倒日本帝国主义，为争取中国解放独立，奋斗到底！学习，学习，再学习，理论和实践密切联系，一切服从神圣的抗战，把握着艺术的武器。这就是我们的歌声，唱吧，唱吧，高声地唱吧，我们是抗日的战士，我们是艺术工作者。"① 由此，我们可以看到，如果说1927年秋收起义后对军队的"三湾改编"确立了党对军队的绝对领导，那么延安文艺座谈会的召开以及《讲话》的发表，可以说是确立了党对文艺工作的绝对领导。这不仅表现在文艺工作者们在思想上经过斗争达到了统一，而且在行动上与组织上也达到了过去从未有过的统一。

当然，《讲话》作为革命文艺的行动指南，并不是从天上掉下来的，而是在继承"五四"以后革命文艺的丰富传统与经验的基础上发展出来的。"从延安文艺的性质看，它是对"五四"开创的新民主主义文艺和党领导的左翼文艺运动的继承，同时又是江西、陕北苏区文艺的继续"②。"五四"时期对封建帝王文学的批判、对"平民文学"的提倡，20年代早期共产党人建立无产阶级文学的主张、对"革命文学"建设的讨论，30年代左翼文学运动关于文艺通俗化、大众化等的讨论，以及工农兵通讯员运动、街头文学运动等实践活动，江西苏区党领导文艺工作的实际经验，以及陕北苏区曾经开展的群众性文艺活动等，所有这些都为确立《讲话》的基本文艺精神提供了坚实的前提条件。

二　《讲话》对无产阶级文艺的理论定位

人们一般认为，无论艺术创作还是艺术批评，应该是一件自由的工作，这不仅需要有自由的创作环境，更要求尊重作家的独立人格，给作家一种无所拘束的自由心态，因为只有在创作者追寻情感的逻辑，获得精神自由的情况下，才能真正创作出高质量的艺术作品。在许多艺术家看来，

① 王培元：《延安鲁艺风云录》，广西师范大学出版社2004年版，第7—8页。
② 艾克恩：《延安文艺史》，河北教育出版社2009年版，第12页。

也只有这样，才能表达他们对于社会人生的真实看法。其实延安文艺座谈会召开前，许多艺术家也正是这样认为的。如，1941 年 4 月丁玲在《我们需要杂文》一文中写道："即使在进步的地方，有了初步的民主，然而这里仍需要监督、督促。"她认为，学习鲁迅，"最好学习他的坚定的永远的面向真理，为真理而敢说，不怕一切。我们这时代还需要杂文，我们不要放弃这一武器，举起它，杂文是不会死的"①。艾青在《了解作家，尊重作家》中说："作家并不是百灵鸟，也不是专门唱歌娱乐人的歌妓。他的竭尽心血的作品，是通过他的心的搏动而完成的。他不能欺瞒他的感情去写一篇东西，他只知道根据自己的世界观去看事物，去描写事物，去批判事物。在他创作的时候，就只求忠实于他的情感，因为不这样，他的作品就成了虚伪的，没有生命的。"② 他认为，"只有给艺术创作以自由独立的精神，艺术才能对社会改革的事业起推进的作用"③。一向比较独立的非党作家萧军，在延安文艺座谈会上的第一发言内容就是："红莲、白藕、绿叶是一家；儒家、道家、释家也是一家；党内人士、非党人士、进步人士是一家；政治、军事、文艺也是一家。虽说是一家，但它们的辈分是平等的，谁也不能领导谁……"④ 这些延安时期有较大影响的作家们的观点，代表了当时延安文艺工作者中很大一部分人的思想与看法，这其实也是延安《讲话》发生的历史条件之一。毛泽东指出："我们是马克思主义者，马克思主义叫我们看问题不要从抽象的定义出发，而要从客观存在的事实出发，从分析这些事实中找出方针、政策、办法来……现在的事实是什么呢？事实就是：中国的已经进行了五年的抗日战争；全世界的反法西斯战争；中国大地主大资产阶级在抗日战争中的动摇和对于人民的高压政策；'五四'以来的革命文艺运动——这个运动在二十三年中对于革命的伟大贡献以及它的许多缺点；八路军新四军的抗日民主根据地，在这些根据地里面大批文艺工作者和八路军新四军以及工人农民的结合；根据地的文艺工作者和国民党统治区的文艺工作者的环境和任务的区别；目前在延安和各抗日根据地的文艺工作中已经发生的争论问题。——这些就是实际存在

---

① 刘增杰：《抗日战争时期延安及各抗日民主根据地文学运动资料》（上），山西人民出版社 1983 年版，第 4 页。
② 海涛、金汉：《艾青专集》，江苏人民出版社 1982 年版，第 324—325 页。
③ 同上书，第 325 页。
④ 朱鸿召：《延安文艺座谈会上的激烈争论》，《百年潮》2007 年第 12 期。

的不可否认的事实，我们就要在这些事实的基础上考虑我们的问题。"① 为此，《讲话》也就有针对性地对这些事实所反映出来的问题给出了"结论"。具体来说，《讲话》主要明确了以下几方面的内容。

第一，关于文艺的服务对象与服务方法问题。毛泽东通过对抗日根据地文艺工作的具体分析认为，这一好像应该早已解决的问题并没有得到很好的解决，仍需要再讲。他从现阶段的中国新文化"是无产阶级领导的人民大众的反帝反封建的文化"这一性质入手，分析了当时最广大的人民是"工人、农民、兵士和城市小资产阶级"②，因此他提出，文艺必须站在无产阶级的立场上而不是小资产阶级的立场上，要为这四种人服务。他批评了小资产阶级知识分子脱离群众生活与情感、轻视工农兵的错误倾向，强调真正的马克思主义"是要在群众生活群众斗争里实际发生作用的活的马克思主义"③。其实 1935 年毛泽东在纪念"五四运动"20 周年的《五四运动》一文中已经比较明确地提到了这一问题，他说："知识分子如果不和工农民众相结合，则将一事无成。革命的或不革命的或反革命的知识分子的最后的分界，看其是否愿意并且实行和工农民众相结合。"④ 接下来，就是文艺为工农兵服务的方法问题，即是提高还是普及的问题。毛泽东认为，无论提高还是普及，都是为工农兵的，所以就要"先有一个学习工农兵的任务"⑤，就"必须到群众中去，必须长期地无条件地全心全意地到工农兵群众中去，到火热的斗争中去，到唯一的最广大最丰富的源泉中去"⑥，因为这才"是一切文学艺术的取之不尽、用之不竭的唯一的源泉。这是唯一的源泉，因为只能有这样的源泉，此外不能有第二个源泉"⑦。关于普及与提高的关系，毛泽东认为，当时"普及工作的任务更为迫切"，但并不是不要提高，因为"广大群众的文化水平也是在不断地提高着"⑧。一句话，文艺工作要一切围绕群众的实际来开展，一切为了群众，并且在这一过程中的首要任务是普及群众的文化水平。

---

① 《毛泽东选集》第 3 卷，人民出版社 1991 年版，第 853 页。
② 同上书，第 858 页。
③ 同上书，第 859 页。
④ 《毛泽东选集》第 2 卷，人民出版社 1991 年版，第 559 页。
⑤ 《毛泽东选集》第 3 卷，人民出版社 1991 年版，第 859 页。
⑥ 同上书，第 860—861 页。
⑦ 同上书，第 860 页。
⑧ 同上书，第 862 页。

　　第二，关于文艺与政治的关系问题，这是延安《讲话》解决的一个重要问题。为了更加准确地对文艺工作及文艺工作者有一个定位，毛泽东在"结论（三）"中对此进行了专门讨论。他认为，"一切文化或文学艺术都是属于一定的阶级，属于一定的政治路线的"①。"无产阶级的文学艺术是无产阶级整个革命事业的一部分，如同列宁所说，是整个革命机器中的'齿轮和螺丝钉'"②。因此，"党的文艺工作，在党的整个革命工作中的位置，是确定了的，摆好了的；是服从党在一定革命时期内所规定的革命任务的"。他提出"文艺是从属于政治的"③，但他同时指出，"我们所说的文艺服从于政治，这政治是指阶级的政治、群众的政治，不是所谓少数政治家的政治"④。在他看来，对于当时的情况来说，"中国政治的第一个根本问题是抗日"⑤。从毛泽东的这些论断中，我们可以非常明确地看到，他的思想深受列宁文艺思想的影响，并有了一定的发展。早在20世纪20年代，瞿秋白在译介列宁有关托尔斯泰的文章的译后"注释"中就认为："关于艺术的问题，以及关于道德等的问题，列宁是从无产阶级的利益的观点上来观察的。只要无产阶级还没有解放自己，因此也还没有解放一切劳动者，而脱离剥削者的压迫，那末，无产阶级每一步的行动都应当服从阶级斗争的利益。"⑥他还把列宁《党的组织和党的文学》（今译《党的组织和党的出版物》）中有关文学的阶级属性、文学服务的对象以及文学的"党性"原则的文字译介了出来。他说：列宁认为"文学应该成为党的，……社会主义的无产阶级应当提出党的文学的原则，发展这个原则，而尽可能的在完全的整个方式里去实行这个原则"，"这党的文学的原则是什么呢？对于社会主义的无产阶级，文学的事情不但不能够是个人或是小集团的赚钱的工具，而且一般地不能够是个人的，与无产阶级的总事业无关的事情。打倒无党的文学家！打倒文学家的超人！文学的事情应当成为无产阶级总事业的一部分，成为一个统一的伟大的社会民主主义机械的'齿轮和螺丝钉'，这机械是由全体工人阶级的整个觉悟的先锋队所推动

---

① 《毛泽东选集》第3卷，人民出版社1991年版，第865页。
② 同上书，第865—866页。
③ 同上书，第866页。
④ 同上。
⑤ 同上书，第867页。
⑥ 鲁迅：《海上述林》（上卷），瞿秋白译，四川人民出版社1983年版，第235页。

的"①。这是迄今所知较早译介列宁《党的组织和党的出版物》的文字，这就意味着列宁"党的文学"的主张至少在这一阶段已开始在中国知识界得到传播。列宁"党的文学"的思想，也直接影响了毛泽东延安《讲话》的相关论述，只是毛泽东立足于中国实际，作了许多新的阐发，给出了更为鲜明的答案。

第三，关于文艺批评的标准与方法问题。毛泽东说，"文艺批评有两个标准，一个是政治标准，一个是艺术标准"②。在处理这两个标准的关系时，毛泽东提出的要求是，"政治和艺术的统一，内容和形式的统一，革命的政治内容和尽可能完美的艺术形式的统一"③。但这一系列的统一关系的提出是有前提的，即在毛泽东看来，由于"任何阶级社会中的任何阶级，总是以政治标准放在第一位，以艺术标准放在第二位的"④，因此，在新民主主义革命阶段，就应该遵循政治第一的标准。就当时延安的状况来说，毛泽东认为，忽视艺术倾向的虽然有，但更成为问题的，他以为还是在政治方面，"有些同志缺乏基本的政治常识，所以发生了各种糊涂观念"⑤。他一一列举了"人性论"、"文艺的基本出发点是爱"、"从来文艺的任务就在于暴露"、"还是杂文时代"等八个错误的文艺观点为例子，并一一进行了分析与批驳。当然他也并非不重视艺术性，因为"缺乏艺术性的艺术品，无论政治上怎样进步，也是没有力量的"⑥，显然，他对于艺术性的强调也是以它在多大程度上能推动政治进步为衡量标准的。毛泽东关于艺术批评标准的论述是非常深刻的，其影响也比较大。1973年，美国威恩州立大学梅·所罗门教授在编辑《马克思主义与艺术》一书时，就以《文学与革命》为题，摘录了《讲话》中有关"文艺批评"的部分，并认为毛泽东的观点"在民族解放革命斗争时期"是"在对艺术的运用上一个不可避免的、必要的阶段"⑦。

除去以上内容外，在《讲话》中实际还涉及革命知识分子的身份定位、文艺工作者创作的机制与形式等问题，这里不再具体说明。总之，

---

① 鲁迅：《海上述林》（上卷），瞿秋白译，四川人民出版社1983年版，第236—237页。
② 《毛泽东选集》第3卷，人民出版社1991年版，第868页。
③ 同上书，第869—870页。
④ 《毛泽东选集》第3卷，人民出版社1991年版，第869页。
⑤ 同上书，第870页。
⑥ 同上。
⑦ ［美］梅·所罗门：《马克思主义与艺术》，文化艺术出版社1989年版，第255页。

《讲话》非常系统地对整个艺术家的文艺创作活动作出了比较明确的规定，以后艺术家们只要按照《讲话》的规定程序去做，或者再有所发挥，就"一定能够改造自己和自己作品的面貌，一定能够创造出许多为人民大众所热烈欢迎的优秀的作品，一定能够把革命根据地的文艺运动和全中国的文艺运动推进到一个光辉的新阶段"①。难怪有专家指出，"延安文艺座谈会是我党历史上召开的首次关于文艺问题的专业会议，是党指导文艺运动的新形式"②。《讲话》在国内外所引起的巨大反响，也充分说明了，这是一个既有理论深度，在实践上又有操作性的马克思主义理论的经典文本。它的发表，开创了中国革命文艺的新时代。

三　对《讲话》的分析与评价

今天以回溯的视角来看，以1942年《在延安文艺座谈会上的讲话》为标志所形成的毛泽东文艺理论思想从20世纪40年代开始，一直延续到"文化大革命"结束，上至文艺界领导，下至文艺工作者，一直把它当成是放之四海而皆准的理论，奉若"圣经"。虽然这期间经历了一些曲折与斗争，但它的影响与地位却由于与国家意识形态的亲密关系，一直都没有发生根本性改变，甚至还得到了不断的强化和巩固。笔者认为，对《讲话》定位不当，是新中国成立后我党在文艺问题上犯下了一系列错误的主要原因。

由于过分强调文艺从属于政治这一基本观点，加上新中国成立以后，国民对个人权威的崇拜，以及主流意识形态又把"人民民主专政"思想不知不觉地与《讲话》的文艺思想与文艺实践结合起来，从而给我国文学艺术事业带来了很大的危害。新中国成立后"十七年"以及"文化大革命"十年，政治主导下的马克思主义文艺思想代表了我国马克思主义文艺思想发展的基本状况。这种状况不仅体现在毛泽东撰写或改定的许多"按语"、"社论"和文件中，同时也体现在党的其他领导人的发言，以及当时文化界的领导特别是周扬等人的文艺思想中。50年代出现了诸如对电影《武训传》的批判、对萧也牧等的创作的批判、对俞平伯《红楼梦研究》和胡适

---

① 《毛泽东选集》第3卷，人民出版社1991年版，第877页。
② 同上书，第17页。

的批判、对胡风集团的批判、对丁玲/陈企霞反党集团的批判等，都是这一问题的显性表现。由于政治权力的介入，许多文艺问题都成了"政治问题"，致使"左"的文艺路线得以大行其道。1966 年 2 月，江青等人召开了所谓部队文艺工作座谈会并整理出《林彪同志委托江青同志召开的部队文艺工作座谈会纪要》一文（简称《纪要》），将这种极"左"文艺思潮更是推向了高潮。《纪要》提出的"文艺黑线专政"论，将新中国成立后文艺界的工作概括为"资产阶级的文艺思想、现代修正主义的文艺思想"的具体表现，把其具体化为"黑八论"，完全否定了新中国成立后文艺界的工作。此外，他们还提出了一个极"左"的"三突出"原则，以强调文艺的政治属性。1972 年，"四人帮"更是把"三突出"拔高为"无产阶级文艺创作的根本原则"、"进行社会主义文艺创作必须遵循的坚定不移的原则"，是"实践塑造无产阶级英雄典型这一社会主义文艺根本任务的有力保证"①。"三突出"的原则和方法违背了马克思主义文艺"典型"观的基本理论，也从根本上违背了《讲话》的精神实质，它真正成了毛泽东当年所批评的"少数政治家的政治"工具。"文化大革命"十年，马克思主义文艺理论的基本立场、方法、传统已荡然无存，对《讲话》原则的错误使用，给正确的文艺观点、正常的文艺探讨带来了致命的打击与破坏。

　　1942 年的《讲话》曾经为中国人民的抗日战争与解放战争的最后胜利作出过巨大的贡献，而新中国成立后文艺界所出现的斗争与争论，以及"文化大革命"时期极"左"文艺路线的大行其道，与新中国成立后对毛泽东与《讲话》思想的迷信直接相关，是不能正确认识《讲话》的历史地位与价值的必然结果。今天重读《讲话》，我们会发现《讲话》的"革命文艺"基本特征决定了它实际上只是一个历史阶段的文艺政策文本，它更多地适用于被压迫民族在实现民族独立与民族解放的革命实践中。另外，《讲话》虽然是一个关于文艺问题的论著，但实际上它更应该是革命工作者掌握的一种世界观和方法论。1942 年 10 月，当时的中央总学委在学习《讲话》的通知中，对此有明确的阐述，通知认为："（《讲话》）是中国共产党在思想建设理论建设的事业上最重要的文献之一，是毛泽东同志用通俗语言所写成的马列主义中国化的教科书。此文件决不是单纯的文艺理论问题，而是马列主义普遍真理的具体化，是每个共产党员对待任何事物应

---

① 小峦：《坚定不移，破浪前进》，《人民戏剧》1976 年第 1 期。

具有的阶级立场，与解决任何问题应具有的辩证唯物主义历史唯物主义思想的典型示范。"① 抗战时期，广大的文艺工作者正是确立了《讲话》的立场，拥有了辩证唯物主义历史唯物主义的思想方法，才在《讲话》精神的指引下，坚持文艺为人民大众、为工农兵服务的方向，走向农村，深入抗战第一线，创作出了一大批适应抗战需要、深受广大群众欢迎的优秀文艺作品，切实实现了服务于"抗日"这一政治要求。

《讲话》具有鲜明的时代特色，它符合中国当时的国情与形势。《讲话》是一个具体的、历史的文本，《讲话》并没有要求所有的作家，而是对革命的作家、革命的文艺提出了具体要求。它是延安文艺工作者进行思想整风的基本内容，是为"完成民族解放的任务"而存在的，这是延安时代一切工作必须服务的中心，也是文艺工作责无旁贷的义务。因此，对他们而言，"为工农兵服务"、"歌颂而非暴露"、"普及而非提高"、"政治标准第一，艺术标准第二"，等等，也就自然是分内之事了。今天时代变了，社会的主要矛盾已经不再是过去的民族矛盾与阶级矛盾，而是人民不断增长的物质文化需求与社会经济发展相对滞后的矛盾，因此，我们需要集中精力于社会主义的经济建设与文化建设上。工作的重心发生了变化，服务的重心当然也就要发生变化。十几亿人的文化需要是多方面的，这就要求我们的文艺工作者的服务能力与水平也要随之提高，要通过不断创造多样的文化与艺术，满足人们的审美需求。虽然 1978 年党的十一届三中全会已经清理了过去"以阶级斗争为纲"的极"左"路线，并最终废止了"文艺为政治服务"、"文艺从属于政治"的口号，而改为提倡"文艺为社会主义服务，为人民服务"的"二为"方针，但今天仍有很多人认不清眼前的形势，仍愿意死守在《讲话》的一些具体条条上，而不是去掌握《讲话》所提示给我们的立场、态度与方法，以历史唯物主义的态度正确对待《讲话》留给我们的理论遗产，将《讲话》的精神同今天的时代结合起来，切实推动社会主义文学艺术的繁荣与发展。

当然，时代变了并不意味着《讲话》的所有论断都是过时的，这也是本文的一个基本立场。实际上今天重读《讲话》，我们会发现其中的许多论述对于当下的文艺创作与理论问题都还是适用的，对今天的文艺工作还

---

① 《中央总学委关于学习毛泽东〈在延安文艺座谈会上的讲话〉的通知》，《解放日报》1943 年 10 月 22 日。

是有启发的。如，今天的文艺工作在服务对象与服务方法上确实存在着脱离群众的严重问题，今天的文艺批评在具体的批评标准上也是比较模糊的，文艺的过度娱乐化与对经济利益的过度追求也正侵蚀着文艺与文艺工作者所应有的担当与责任，所有这些，都值得今天的文艺理论家们认真地思考与重视。

[原载《湖北大学学报》（哲学社会科学版）2012 年第 4 期]

马克思主义与中国新文艺

张　炯

一

文学艺术不仅满足人们的审美需求，还能够帮助人们认识世界和历史，优化自己的思想情感，提升自己的精神境界。它既是民族文化的重要载体，也是传播民族文化的有力传媒。在历史进入全球化的现代社会中，它已成为社会精神文明的重要标志和国家软实力的重要组成部分。文艺如何发展绝非小问题，而是关系民族命运和国家前途的大问题。

还在 19 世纪末、20 世纪初，梁启超、黄遵宪、夏曾佑等发动"文界革命"、"诗界革命"和"小说界革命"，就源于认识到文学艺术对国家民族命运的巨大意义。梁启超在《小说与群治之关系》一文中便指出，"欲新一国之民，不可不先新一国之小说。故欲新道德必新小说，欲新宗教必新小说，欲新政治必新小说，欲新风俗必新小说，欲新学艺必新小说，乃至欲新人心，欲新人格，必新小说。何以故？小说有不可思议之力支配人道故。"当时的维新派堪称新文艺的先驱。但真正的新文艺则崛起于"五四"新文化运动之中。

中国新文艺迄今已有九十余年的历史。它的诞生与马克思主义在中国的传播差不多同时。梁启超、孙中山早年接触过马克思主义，但到了 1917 年俄国发生革命，工农掌握了政权，震动了全世界，这才使中国的知识分子认识到马克思主义的重要性。李大钊不但在《新青年》上连续发文介绍十月革命和马克思主义，还与邓中夏等在北京大学率先成立了马克思主义研究会。《新青年》是当时新文化运动的主要阵地，而信奉马克思主义的共产主义学说的陈独秀和李大钊则是新文化运动的最激进的旗手。他们和马克思主义研究会中的先进分子积极筹备了中国共产党的成立，并成为党的初期主要领导人。这样，随着"五四"新文化运动和新文艺的发展，各种思潮和文艺现象纷至沓来，都为中国共产党人提出需要面对的如何以马克思主义指导中国革命和中国新文化新文艺的问题。而马克思主义文艺理论在中国的发展，又与中国共产党所领导的新文化新文艺的实践分不开。即马克思主义文艺理论在指导相关实践的同时，必然要从实践的经验教训中去升华和发展自己的理论思想。马克思主义不仅为中国开辟了从民主革命到社会主义革命与建设的胜利道路，也为中国新文艺的发展提供了理论的指导，并赋予新文艺以新的思想艺术境界，新的世界观、人生观、价值观和文艺观。

从 1921 年至今，中国革命的发展差不多经历了三个三十年。前三十年，中国共产党人夺取政权，逐步形成毛泽东思想，实现民主革命的胜利；中间的三十年在毛泽东思想及其后来"左"倾路线的引导下对社会主义革命和建设进行了探索，奠定了社会主义制度和工业化基础，也产生过严重的曲折；后三十年则在邓小平理论的指导下实行改革开放，进行了中国特色社会主义现代化的建设，在国家实力的各个方面均取得举世瞩目的成就。中国新文艺在上述三个不同阶段表现出不同的历史风貌和发展状态。中国共产党的文艺理论思想在马克思主义与中国革命文艺实践的结合下，也大体经历了上述三个历史阶段，并在对文艺发展规律不断深化认识的基础上，开拓文艺繁荣发展的广阔道路。

二

第一个三十年中，中国共产党于深化文艺规律认识的过程中，使文艺为新民主主义革命事业作出有力的贡献，并形成了中国化的马克思主义文艺理论——毛泽东文艺思想。

文化和文艺的领导权问题，文艺与革命的关系问题，是中国共产党登上历史舞台就需要解决的首要问题。要实现领导权，并使文艺为革命事业服务，必然要提出相应的文艺理论，并团结和建构强有力的文艺队伍，展示文艺创作的新成绩。

中国共产党成立后，对资产阶级性质的民主革命是否应该由无产阶级来领导的问题，曾经有过争论。随着革命的进展，以毛泽东为代表的、主张应由无产阶级来领导的意见，在大革命失败后便为全党所接受。而实际上，新文化新文艺一诞生，信奉共产主义的知识分子就在其中起着重要的领导作用。

中国共产党一经成立，新文艺已如火如荼而且趋向复杂多元。政治上的民主主义、自由主义、基尔特社会主义和无政府主义等各种思潮相互激荡。文艺上唯美主义、现实主义、浪漫主义、现代主义等艺术主张纷纷登台。西方哲人从柏拉图到尼采、马克思、弗洛伊德、杜威的学说，都冲击中国的思想文化界。当时信奉共产主义的知识分子和信奉西方自由主义的知识分子以及思想摇摆的小资产阶级知识分子都在推进新文艺中产生自己的影响。正在争夺中国革命领导权的共产党人当然也要争夺新文化新文艺的领导权。为实现这种领导权，当时就必须按照马克思主义的世界观、人生观和价值观来阐明新文艺应朝何种历史方向发展，文艺到底为什么人，它与革命、与现实生活有什么关系等重大理论问题。

中国共产党的首任总书记陈独秀还是激进的民主主义者时，就在《文学革命论》中提出"三大主义"："曰推倒雕琢的阿谀的贵族文学，建设平易的抒情的国民文学；曰推倒陈腐的铺张的古典文学，建设新鲜的立诚的写实文学；曰推倒迂晦的艰涩的山林文学，建设明了的通俗的生活文学。"对于陈独秀的"国民文学"思想，后来毛泽东在《湘江评论》发表文章表述为"平民文艺"。前此中国文学的主流多为贵族和士大夫的文学。因此，"国民文学"和"平民文艺"主张的提出，不能不有划时代的意义。中国共产党成立后，邓中夏在 1923 年更提出三条主张：即诗歌必须"多做能表现民族伟大精神的作品"，"多作描写社会实际生活的作品"，"新诗人须从事革命的实际活动"。他说："如果你是坐在深阁安乐椅上做革命的诗歌，无论你的作品、辞藻是如何华美，意思是如何正确，句调是如何铿锵，人家知道你是一个空喊革命而不去实行的人，那就对于你的作品也不受什么深刻地感动了。"① 这实际上就提出了文艺必须反映现实并与革命紧密联系的理论主张。早期就加入共产党的茅盾，是文学研究会的发起人之一和主将。他在《文学与人生》和《什么是文学——我对于现代文坛的感想》两文中不但提倡"为人生的文学"，而且具体讲到因人种、环境、时代与作家人格的不同，文学所写人生也有所差异。他批判传统的

---

① 邓中夏：《贡献于新诗人之前》，《中国青年》1923 年第 10 期。

"文以载道"说和"游戏说",批判"名士派"和"颓废派"的文学。他从唯物主义的反映论出发,明确提出,"商人工人都可以做文学家","革命的人,一定做革命的文学"。他还明确地说:"我们决然反对那些全然脱离人生的而且滥调的中国式唯美的文学作品。我们相信文学不仅是供给烦闷的人们去解闷,逃避现实的人们去陶醉;文学是有激励人心的积极性的。尤其在我们这时代,我们希望文学能够担当唤醒民众而给他们力量的重大责任。"① 因创作《女神》而盛誉诗坛的郭沫若,以提倡自我表现和唯美主义、浪漫主义开始,随着中国大革命的发展,他不但加入中国共产党,还急剧地转为革命文学的激进宣传者。在《革命与文学》一文中,也明确认为当今存在"革命文学与反革命文学"。他以欧洲新兴的社会主义文艺为鉴,更进一步号召作家"应该到兵间去,民间去,工厂间去,革命的漩涡中去"。并说:"我们所要求的文学是表同情于无产阶级的社会主义的写实主义的文学。"他不仅提到社会主义的写实主义,而且明确地提出了文艺必须深入工农兵生活的口号。

文艺必须面向平民、面向现实、面向革命,这就是早期中国共产党人的理论回答。它实际指明文艺发展的新的历史方向。这对当时新旧文艺并陈的文坛,无异石破天惊,振聋发聩,乃至被视为过激的"异端"。自然,这种回答是从马克思主义既要为解放全人类而奋斗,又要对现实社会做阶级分析的基本立场和观点出发的。前此,从马克思到列宁在这些问题上都已有基本论述,虽然他们有关文艺问题的言论,当时并未都翻译到我国来。

20 世纪 20 年代是中国民主革命浪潮高涨的年代。鉴于代表军阀和洋奴买办势力的北洋政府的反动嘴脸日益暴露,身居南方的孙中山在李大钊等的协助下毅然实行联俄、联共、联合工农的政策,实现国民党和共产党的第一次合作,酝酿北伐的大革命。但 1925 年孙中山的去世和国民党右派的后来叛变革命、屠杀共产党人,激起共产党人发动秋收起义和"八一"南昌起义,开始了革命与反革命尖锐斗争的十年内战时期。系列的革命浪潮自然促进了革命文学的兴起。在我国新文学从文学革命到革命文学的转变过程中,中国共产党人在文艺理论重大问题上所作的阐述,无疑对后来的文学发展产生了重大的影响。

---

① 茅盾:《大转变时期何时来呢》,《文学周报》1923 年第 103 期。

当时的中国文坛上，革命文学如异军突起，涌现了大批的作品。革命文学的积极提倡者蒋光慈的《少年漂泊者》《短裤党》《咆哮了的土地》便是激励许多青年走向革命的著名小说。丁玲从写《梦珂》《莎菲女士的日记》到转向写《韦护》和《一九三〇年春上海》等革命倾向的作品，也显然受到革命文学主张的影响。殷夫（白莽）等人的诗歌，柔石、胡也频等人的小说，都为初期革命文学增添了耀目的亮色。

革命文学倡导过程中，发生了后期"创造社"和新成立的"太阳社"同人与鲁迅、茅盾的论争。它反映了革命文学发动者营垒中的"左派幼稚病"思潮和宗派主义倾向。而这场论争却促使鲁迅认真阅读和翻译了许多马克思主义的书籍，使他更坚定地站到马克思主义的革命立场上来。鲁迅和茅盾都是新文学的奠基者。鲁迅以《呐喊》和《彷徨》开拓了新文学的现实主义道路，而茅盾先以现实主义理论，后又以《幻灭》《动摇》《追求》三部曲为大革命留下现实主义的写照。在 1928 年左右围绕革命文学的论争中，鲁迅在《文艺与革命》、茅盾在《从牯岭到东京》等文中实际还提出了革命文学发展必须很好解决的另一些重要问题，如正确认识文艺的特性与本质，避免"标语口号"式的创作问题，革命文学与小资产阶级的关系问题，语言的大众化和欧化问题等。但这些问题的进一步解决则是在左翼作家联盟成立以后。

1930 年 3 月 2 日中国左翼作家联盟的成立，无疑标志着我国无产阶级革命文学走上新的发展阶段。这个联盟是在中国共产党人的主导下，联合鲁迅等党外作家成立的。左联在自己的纲领中宣布，将马克思主义的艺术理论和批评理论作为自己的工作指针，还指出，"我们的理论要指出运动之正确的方向，并使之发展。常常提出中心的问题而加以解决，加紧具体的作品批评，同时不要忘记学术的研究，加强对过去艺术的批判工作，介绍国际无产阶级艺术的成果，而建设艺术理论。"左联标志着革命文艺队伍的聚集，并意味着革命文艺统一战线的形成和很大程度上克服了前此革命文学论争中狭隘团体主义的排他倾向。同时，左翼作家内部和左翼与新月派、第三种人等的论争中，又提出了文艺理论的系列新问题。例如，文艺自由的问题，文艺与政治的关系问题，民族化大众化问题，文艺与人性、阶级性的关系问题，现实主义问题等。诸多问题的核心都涉及关于文艺本质特性的认识。这些问题的讨论，势必推进人们对马克思主义文艺理论的理解。

与"新月派"以梁实秋为代表的争论是围绕文学与人性、阶级性的关系问题展开的。"新月派"反对无产阶级文学,认为文学是超阶级的,只表现所谓"人性"。而且认为文学是天才的产物,永远与大多数人"无缘"。这种论调自然受到左翼作家的反击。鲁迅就明确指出,"文学不借人,也无以表示'性',一用人,而且还在阶级社会里,即断不能免掉所属的阶级性,无需加以'束缚',实乃出于必然。"①鲁迅否定抽象的不变的"人性",认为人性是发展的,在阶级社会中,人性必然带有阶级性。无疑,鲁迅的观点是合乎辩证唯物史观的。

左翼作家与胡秋原、苏汶的论争起因于他们主张"自由人"的、非政治的"完全站在客观的立场"的文学。在当时革命与反革命尖锐对立的情势下,这种企图脱离两军对垒而"自由"的文学口号,实际上不利于无产阶级革命文学的发展。它受到左翼的批评也是必然的。文学能否和应否脱离政治而自由的问题,实际就是文艺与政治的关系问题。从文学史上看,这种关系自然相当复杂。但在阶级斗争激烈的时期,文艺与政治存在紧密的关系正是合乎规律的普遍现象。

革命文学要面向大众,就需要大众接受。因此,大众化问题的提出也势所必然。当时瞿秋白、郭沫若、郑伯奇、茅盾、周扬等所探讨的"普罗大众文艺"的建设问题,从文学语言的层面提出"大众语",意在使当时还不够通俗的和欧化的白话文更能为群众所接受。他们的主张虽曾受到"语言是上层建筑"、"语言有阶级性"的错误观点的影响。但要求白话文更多汲取群众生动活泼的丰富口语,从文学大众化的视角,又确有其必要。至于整个文学语言应在现有白话的基础上进一步从传统文言、外来语言和民间丰富口语汲取有益的养分以丰富和发展自己,则是通过讨论后所逐步达成的共识。虽然,在当时大部分作家均与群众隔绝的情况下,大众化问题的实际解决并不可能。

避免文学的标语、口号化,重视文学应有的特性,在提倡革命文学不久即被提出。鲁迅针对其时确实存在的忽视文艺特性的倾向,指出,"我以为一切文艺固是宣传,而一切宣传却并非全是文艺","革命之所以于口

---

① 鲁迅:《"硬译"与"文学的阶级性"》,《鲁迅全集》第 4 卷,人民文学出版社 1958 年版,第 164 页。

号，标语，布告，电报，教科书……之外，要用文艺者，就因为它是文艺"①。这使文艺特质的问题得到进一步的讨论。事实上，文艺的意识形态性、文艺与现实生活、文艺与政治的关系都涉及文艺的特质。而左联成立后所组织的对马克思主义文艺理论书籍的翻译，如鲁迅翻译的普列汉诺夫的《艺术论》、《没有地址的信》，冯雪峰翻译的卢那察尔斯基的《艺术之社会的基础》、普列汉诺夫的《艺术与社会生活》，还有瞿秋白编译的马克思主义论文集《现实》和列宁论托尔斯泰的文章等，都产生了广泛的影响，有助于人们从辩证唯物主义和历史唯物主义的原理进一步认识文艺是通过艺术形象反映社会生活，表现思想和情感并反作用于社会，因而它属于一定社会经济基础的上层建筑意识形态的特性。而现实主义则是从马克思、恩格斯到列宁都一再论述的重要问题。20 世纪 20 年代末因翻译日本左翼理论家藏原惟人的"无产阶级写实主义"和"新写实主义"，后来又引进苏联"拉普"（俄罗斯无产阶级革命作家联合会）的"唯物辩证法的创作方法"，从而在我国文坛也产生了各种各样的现实主义观点。后来，周扬介绍苏联作家协会第一次代表大会所提出的"社会主义现实主义"的新口号，包括他所概括的社会主义现实主义的三大特征：在现实的发展运动中认识与反映现实、创造典型环境中的典型性格、为大众的文学等，对人们更为正确地理解马克思主义世界观与艺术创作方法的关系方面，起到了纠偏的有益的作用。上述翻译和引进对于我国革命文艺界更深入地推进对于文艺本质的更全面的认识，都有着明显的重要意义。

在中国共产党当时的"左"倾思想中，有一时期把小资产阶级视为"危险的敌人"。从 20 世纪 20 年代起，马克思主义文艺理论在我国的传播和实践过程中，"拉普"的左倾幼稚病和庸俗社会学的重要表现除了否定传统，要在平地上建设无产阶级的新文化外，还有对"同路人"打击的理论，即所谓"没有同路人，只有同盟者或者敌人"。他们甚至批判高尔基和马雅可夫斯基。这些关门主义、宗派主义的观点不仅影响到我国"创造社"、"太阳社"对鲁迅等人的批评，在与胡秋原和"第三种人"的论争中，也仍然流露出来。当时中国共产党领导人之一的张闻天便化名"歌特"，发表《文艺战线上的关门主义》一文，对左翼作家中的策略上的宗派主义和理论上的机械主义进行纠偏，指出左翼不应排斥"自由人"和

---

① 鲁迅：《文艺与革命》，《鲁迅全集》第 4 卷，人民文学出版社 1958 年版，第 68 页。

"第三种人"，而应团结他们，这样才能壮大革命文艺统一战线。上述不利于团结更多的作家加入文艺统一战线的倾向，到后来中共中央提出抗日民族统一战线的口号后，才有更显著的纠正。因而左联存在期间，其内部的宗派之争仍然没有能够完全克服。既存在党内冯雪峰作为中央代表来到上海后与夏衍、周扬、阳翰笙等人的矛盾，还存在周扬等与鲁迅、胡风等党外马克思主义者的矛盾。后来还引发了"国防文学"与"民族革命战争的大众文学"两个口号之争。在当时与中央联系不畅的情况下，周扬等从共产国际季米特洛夫的报告的启发中提出"国防文学"的口号，与鲁迅等提出的"民族革命战争的大众文学"的口号，都从当时反对日本侵略的立场出发，精神上是一致的，后来都得到毛泽东的肯定。左翼时期国统区的革命文艺运动与当时中央苏区的工农文艺运动，构成中国 20 世纪 30 年代新文艺发展的崭新景观。尽管当时也存在有自由主义的各种派别的文艺。但左翼文艺与国民党当局所倡导的"党治文学"和"三民主义文艺"、"民族主义文艺"相对抗，成为揭露蒋介石倒行逆施统治的匕首和投枪，鼓舞革命人民起来斗争的战鼓与号角。这时期鲁迅所写的杂文，茅盾、丁玲、张天翼、艾芜、沙汀、萧红、萧军等的小说，田汉、阳翰笙、夏衍等的戏剧、电影，中国诗歌会和臧克家、艾青等的诗歌，都显示了左翼文艺的实际成绩和广泛的影响。它成为当时世界范围内"红色三十年代"左翼文艺运动的重要一部分。

左翼时期鲁迅、瞿秋白、冯雪峰等除了翻译马克思主义文艺理论著作外，他们对马克思主义文艺理论与中国文艺实践的结合上，阐述了许多正确的意见。鲁迅不仅在文艺与革命、文艺与政治、文学中的人性与阶级性、文艺创作与文艺批评等问题上发表了精到的见解，他对中外文化遗产的批判继承方面所阐述的"拿来主义"也很精彩！他指出"采用外国的良规，加以发挥，使我们的作品更加丰满，是一条路；择取中国的遗产，融合新机，使将来的作品别开生面也是一条路。"① 他认为，继承和采用旧形式"必有所删除，既有删除，必有所增益，这结果是新形式的出现，也就是变革"。又说："这些采取，并非断片的古董的杂陈，必须熔化于新作品中……恰如吃用牛羊，弃去蹄毛，留其精粹，以滋养及发达新的生体，决

---

① 鲁迅：《且介亭杂文·〈木刻记程〉小引》，《鲁迅全集》第 6 卷，人民文学出版社 1958 年版，第 39 页。

不因此就会'类乎'牛羊的。"① 这些意见都是十分正确的。瞿秋白曾担任党的主要领导人，执行过"左"倾路线。1931—1933 年他参加左联的领导。1932 年瞿秋白编译的《现实》一书中除介绍马克思主义的文艺论著外，他还写有《马克思恩格斯和文学上的现实主义》《恩格斯和文学上的机械论》《社会主义的早期同路人——女作家哈克纳斯》等论文，宣传马克思主义的文艺思想。瞿秋白是文艺大众化运动的首倡者之一，对这些问题的理论思考比较深入。他在《普罗大众文艺的现实问题》一文中指出，"革命的文艺，向着大众去"，关键是作家要"去观察、了解，经验工人和贫民的生活和斗争，真正能够同着他们一块儿感觉到另外一个新天地。"他一再提倡以现实主义来克服当时流行的"革命的浪漫蒂克"倾向和空洞浮泛的文风。尽管瞿秋白的文艺理论与批评也带有当时难免的某些"左"的倾向，但他的理论更有系统性和指导意义。冯雪峰从 1930 年到1933 年担任左翼文化运动的领导人，后参加红军长征，1936 年又以中共中央特派员身份回上海主管文化和文艺工作。早在 1928 年冯雪峰发表《革命与知识阶级》一文就不赞同创造社、太阳社批判鲁迅和新文学的传统，认为现阶段仍是民主革命，反封建的任务尚未完成。他一直坚持认为无论革命文学，还是同路人都仍然担负"五四"以来的反封建的任务。这使他在政治上比较宽容，在对"第三种人"和"自由人"的批判中，他也提醒要注意要防止机械论和关门主义。但在实际文艺批评中，他受过"唯物辩证法的创作方法"观点的影响。其他如周扬、胡风等在传播马克思主义文艺理论观点方面，也都作出过不同的贡献。

三

　　从抗日战争爆发到 1949 年人民解放战争的胜利，是马克思主义指导中国文艺发展的一个重要的时期。其标志性的理论成果是产生了毛泽东文艺思想。

　　1937 年抗日战争爆发前夕，中共中央就提出建立抗日民族统一战线的号召，实现了共产党和国民党的第二次合作。左联解散，大批左联成员在

---

　　① 鲁迅：《且介亭杂文·〈论旧形式的采用〉》，《鲁迅全集》第 6 卷，人民文学出版社 1958年版，第 19 页。

抗战高潮中都先后奔赴前线，投身战地服务团和各种文艺演出队，以自己新的作品呼唤全民抗战。1938年3月在共产党员作家阳翰笙等多方协商下，中华全国文艺界抗敌协会在武汉成立，实现了国民党、共产党等各党派和前此不同文艺社团的作家的广泛团结，并推举国民党人邵力子为主席，选出郭沫若、丁玲、老舍、胡风、巴金、朱自清、田汉、郁达夫、胡秋原、陈西滢、张恨水、茅盾、夏衍、张道藩等45人为理事，周恩来到会讲话，勉励和支持这种团结。当时的国民政府军事委员会政治部以陈诚为主任，周恩来为副主任，并任命郭沫若为主管文艺的第三厅负责人，使得大批左翼文艺工作者得以进入第三厅所属单位工作。武汉失守后，革命文艺工作者大批奔赴延安和共产党领导的抗日民主根据地。留在国民党统治区的则先后在桂林、重庆等地形成文艺活动的中心。而1941年皖南事变后，国民党掀起反共高潮，国统区革命文艺工作者多受波及。除留在原地坚持斗争的外，更多的人奔赴了延安等抗日民主根据地。1942年5月延安文艺座谈会的召开和毛泽东的《在延安文艺座谈会上的讲话》的发表，则体现了中国共产党人把马克思主义文艺理论与中国革命文艺实践相结合达到了一个新阶段，也达到马克思主义文艺理论发展的新阶段。

1939年毛泽东发表的《新民主主义论》不但提出中国共产党的新民主主义革命的纲领，而且对"五四"新文化和新文艺运动以来的历史作出了科学的总结。他指出，"在'五四'以后，中国产生了完全崭新的文化生力军，这就是中国共产党人所领导的共产主义的文化思想，即共产主义的宇宙观和社会革命论。……这个文化生力军，就以新的装束和新的武器，联合一切可能的同盟军，摆开了自己的阵势，向着帝国主义和封建主义文化展开了英勇的进攻。这支生力军在社会科学领域和文学艺术领域中，不论在哲学方面，在经济学方面，在政治学方面，在军事学方面，在历史学方面，在文学方面，在艺术方面（又不论是戏剧，是电影，是音乐，是雕刻，是绘画），都有了极大的发展。二十年来，这个文化新军的锋芒所向，从思想到形式（文字等），无不起极大的革命。其声势之浩大，威力之猛烈，简直是所向无敌的。其动员之广大，超过中国任何历史时代。"

延安文艺座谈会召开前，毛泽东就对文艺问题作了许多调查和研究，征求和听取了延安文艺界许多人士的意见。《在延安文艺座谈会上的讲话》不但回应了当时延安文艺界所出现的各种问题，实际上也是对"五四"以来，特别是中国共产党成立以来有关革命文艺论争所涉及的主要问题的重要总结。它以回答文艺为什么人和如何为的问题为中心，展开了对于文艺的审美特性，文艺与社会生活，文艺与政治和革命，文艺与广大人民群众，文艺的世界观与创作方法，文艺的革命内容与完美形式，文艺创作中的人性与阶级性，文艺的歌颂与暴露，文艺发展中的继承、借鉴与创新，文艺的提高与普及，文艺批评的重要性与批评标准，文艺的统一战线等问题，都作了深刻的辩证的论述。毛泽东从马克思主义的基本原理出发，指出，文艺必须为最广大的人民，包括广大的小资产阶级劳动群众和知识分子服务，"首先是为工农兵服务，为工农兵而创作，为工农兵所利用"；"现今世界上一切文化或文学艺术都从属于一定的阶级一定的政治路线"，文艺能够"起伟大作用于政治"；革命需要有文化的军队，文艺也可以成为"团结人民、教育人民、打击敌人、消灭敌人的有力的武器"；"一切文艺都是社会生活在人们头脑中反映的产物，革命的文艺是人民生活在革命作家头脑中反映的产物"；只有现实生活才是文艺"取之不尽用之不竭的唯一的源泉"；文艺的美之所以区别于现实的美，是因为它"更高、更强烈、更有集中性，更典型、更理想、更有普遍性"；对中外文艺遗产都要采取批判地继承和借鉴的态度，但是"继承和借鉴不可以变成替代自己的创造"；文艺应从人民的基础提高，并向人民普及；文艺工作者应该与时代和人民群众相结合，深入群众的生活与斗争，转变自己的立场和感情，要"用辩证唯物论和历史唯物论的观点去观察世界，观察社会，观察文学艺术，并不是要我们在文学艺术作品中写哲学讲义。马克思主义只能包括而不能代替文艺创作中的现实主义"；文艺的革命的政治内容应该与完美的艺术形式相统一，没有完美艺术形式的作品，即使政治内容再革命也是没有感染人的力量的；在阶级社会中只有带阶级性的人性，没有超阶级的抽象的人性；在抗日文艺统一战线的建立上，应该从抗日、民主、艺术方法和作风等不同层面的目标上去团结尽可能多的人，坚持既团结又批评、斗争的方针；文艺批评应该发展，"我们的批评，也应该容许各种各色艺术品的自由竞争，"并"按照艺术科学的标准给以正确的批判"，等等。尽管毛泽东是在革命战争年代的特殊环境中论述文艺，过于强调文艺从属于政治、从属于党在一定时期的革命任务等的提法，并非适用于一切年代，但《讲话》所阐述的基本思想还是符合文艺的普遍规律的。它是共产党夺取部分地区政权后对于文艺问题第一次作出最系统最全面的论述，它也是毛泽东所提出的"全心全意为人民服务"的新人生观在文艺领域予以坚决贯彻的表现。《讲话》的影响不仅深入抗日民主根据地，而且后来扩及全国和国外。在它的指导下，当时各抗日民主根据地和后来的解放区的文艺都有蓬勃的发展，涌现了赵树理的《小二黑结婚》《李有才板话》《李家庄的变迁》、贺敬之、丁毅的《白毛女》、李季的《王贵和李香香》、周立波的《暴风骤雨》、丁玲的《太阳照在桑干河上》等大量的为人民群众所喜闻乐见的作品，而且国统区的革命的进步的作家受其影响也创作了许多好的作品。像茅盾的《霜叶红于二月花》《清明前后》、老舍的《四世同堂》、巴金的《寒夜》、曹禺的《日出》、陈白尘的《升官图》等。

周扬在 20 世纪 40 年代编选的《马克思主义与文艺》一书辑录了马克思、恩格斯、列宁、斯大林、毛泽东、鲁迅等的文艺理论观点，对传播马克思主义文艺思想起了重要的作用。

在这时期，围绕胡风文艺思想曾展开过两次争论。一次在重庆，一次在香港。这两次争论不仅影响当时，还影响到新中国建立后对胡风展开大规模的批判和错误的处理。而论争的实质都涉及如何认识和对待毛泽东文艺思想。

胡风曾参加过日本共产党。20 世纪 30 年代初回国后又参加领导过左翼作家联盟，与鲁迅比较接近，与周扬、冯雪峰等虽都宣传马克思主义的文艺思想，彼此却已有观点的歧异。从 30 年代到 40 年代，胡风是活跃于我国文坛的重要的马克思主义的文艺理论家，也是著名的诗人和文学活动家，曾主编过《七月》、《希望》杂志和《七月》文丛，团结和培养过许多青年作者。毛泽东的《在延安文艺座谈会上的讲话》发表后，他也表示过拥护并宣传过。他完全赞同文艺应为无产阶级革命服务，并与周扬等一起批判过朱光潜的文艺思想。但他由于身处国统区，又处于脱党状态，对《讲话》的理解不免有所隔阂，他的文艺思想也曾受过柏格森的生命哲学、卢卡奇的现实主义理论的影响。在主体与客体的关系上，他偏于从创作主体的"自我扩张"来解释"艺术创造的源泉"。因而他的一些文艺观点就被视为带有唯心主义的成分。特别是他关于"生活就在足下"，"哪里有生活，哪里就有诗"，现实主义必须发扬"主观战斗精神"，"通过主观拥抱客观"，劳动人民都有"精神奴役的创伤"等观点，虽均不无它的道理，毕竟与毛泽东的《讲话》精神有异。1945 年根据当时在重庆中共中央南方局负责的周恩来关于要帮助胡风的指示，从延安被派往重庆文艺界工作的胡乔木、何其芳以及黄药眠等便开展了对胡风有关文艺观点的批评，包括批评了舒芜的文章《论主观》。其后，1948 年，由于胡风没有改变自己的观点，邵荃麟、林默涵、胡绳等在香港的《大众文艺丛刊》上对胡风又再次开展了批评。胡风又写了《论现实主义的路》为自己辩护并进行反批评。他们的批评和反批评的文章反映了马克思主义文艺理论界的观点分歧，也反映了左翼文艺队伍中仍然存在的宗派主义影响。冯雪峰在《什么是艺术力及其他》和《论民主革命的文艺运动》两文中表达的观点与胡风比较接近。但对胡风的这两次批评都仍然贯彻了统一战线内部从团结的愿望出发，经过批评，达到新的团结的方式。其后，胡风经东北解放区，还是来到北平参加了全国革命文艺队伍大聚合的第一次文学艺术工作者代表大会。

四

　　经过三年人民解放战争，新中国成立前夕，在北平召开的全国第一次文学艺术工作者代表大会不仅实现了解放区和国统区革命的和进步的作家队伍的会师，而且明确以毛泽东文艺思想作为新中国文艺的指针。新中国的成立标志我国从民主革命向社会主义的过渡，也标志着我国从半封建半殖民地社会变革为人民当家、独立自主的、以建设社会主义现代化为目标的新社会。从 1949 年 10 月 1 日到 1978 年 12 月党的十一届三中全会召开，在这三十年间我国社会主义建设，包括文艺创作都有很大的成绩，也有严重的挫折。这期间毛泽东文艺思想有了新的发展，却日益走向"左"倾。但在新中国成立初的十七年与"文化大革命"的十余年又有所差异。

　　新中国成立初十七年我国面临国内外严酷的斗争形势，台湾地区尚未解放，两岸关系高度紧张，外国帝国主义对我进行封锁。我国经历了土地改革和抗美援朝战争，自 1953 年起，实施社会主义过渡时期总路线，对工业、农业、手工业和资本主义工商业实现社会主义改造，并实施社会主义工业化建设的五年计划。当时，如何团结和改造全国文艺界，繁荣文艺，使之更好地为党在那时的政治任务服务，为社会主义革命和建设服务，这不能不成为新中国文艺最大的实践课题。它涉及对旧社会艺人的团结和改造，也涉及所有文艺工作者的世界观、人生观、价值观和文艺观如何适应新的形势，还涉及对整个文艺领导、文艺生产与消费体制的改造。鉴于毛泽东当时提出"学习苏联"的口号，文艺体制的改造完全移植自苏联，如建立各级作家协会和国家出版社等，有中国特色的则是成立了全国文联和通过学习、通过批评与自我批评，对文艺工作者进行思想的教育与改造。而文艺创作发展中还提出了写什么和怎么写等实际问题，以及文艺作为上层建筑意识形态怎么适应社会经济基础的变革等问题。这期间，西方现代主义文艺思潮被视为"资产阶级颓废派"一概受到批判。

还在民主革命时期，毛泽东在《新民主主义论》中根据历史唯物主义关于经济基础与上层建筑意识形态的学说，提出上层建筑意识形态不但要适应经济基础，还可以和应该超前的观点，坚持在民主革命时期必须宣传共产主义的意识形态，以为将来的社会主义革命做思想的准备。这一观点贯穿于他后来的文艺思想和社会革命理论中。关于经济基础，他还主张生产关系可以超越生产力发展，他不同意刘少奇的"新民主主义阶段"论，主张新中国成立后即过渡到社会主义革命，在经济的各个领域实现全民所有制和集体所有制。

新中国成立后，为解决文艺实践面临的系列新问题，毛泽东文艺思想有了新的发展，如提出戏曲改革的"百花齐放，推陈出新"的方针，在《与音乐工作者的谈话》中提出"洋为中用，古为今用"的指导思想，在《关于正确处理人民内部矛盾的问题》中除提出要区分敌我与人民内部两种不同性质的矛盾，用"团结——批评——团结"的办法解决人民内部矛盾，还提出繁荣和发展文艺的"百花齐放，百家争鸣"的方针，认为："艺术上不同的形式和风格可以自由发展，科学上不同的学派可以自由争论"。这都是符合社会和文艺发展规律的十分正确的理论主张。而受毛泽东直接关心和干预的对电影《武训传》、对《红楼梦》研究，对胡风文艺思想、对所谓"右派"言论、"右倾机会主义"和"修正主义"言论，以及对电影《北国江南》、京剧《海瑞罢官》等的批判，乃至发动了后来长达十年之久的"文化大革命"，要求"斗私批修"，实行"两个彻底决裂"，提出所谓"无产阶级专政下的继续革命"，将传统文化和文艺一概当作"封资修黑货"予以打倒，等等，则表现了毛泽东日益"左"倾冒进的思想。由于遵循他的"左"倾思想，多次混淆敌我矛盾，使文艺界许多人受到不该受到的处理和伤害。胡风及其朋友从文艺思想被批判到升级为所谓"反革命阴谋集团"，就是突出的例子。将善意向党提批评意见的大批知识分子一概打成"反党反社会主义的右派分子"，又是个例子。毛泽东还主张实行大跃进、人民公社化，表现出急于过渡到共产主义等急躁冒进的主观唯意志论，这与他对上层建筑意识形态改造中的"左倾"观点是相关联的，也与他对社会主义时期阶级斗争形势的错误估计与判断相关联。尽管周恩来、刘少奇、邓小平等对毛泽东的错误有所抵制，但由于毛泽东的崇高威望，这些抵制都没有效用。相反，其间暴露的分歧反导致"文化大革命"初期刘少奇和邓小平被迅速打倒。

从50年代到60年代文艺理论问题的讨论中，对艺术创作方法在提倡"社会主义现实主义"或"革命现实主义和革命浪漫主义相结合"的同时却排斥其他，并批判了秦兆阳的"现实主义广阔道路"论和邵荃麟的"现实主义深化"论；对文艺题材的表现上在提倡"重大题材"的同时却多年忽视题材的多样性；在正确提倡英雄人物形象塑造的同时却错误地批判"中间人物"论；在主张文学艺术描写人时应表现阶级性，却不承认也存在共同的人性，把人道主义一概冠为"资产阶级的人道主义"，甚至斥为"反革命修正主义思想"（如对具有真知灼见的钱谷融的著名论文《论文学是人学》的批判）。这都不同程度地体现了当时对马克思主义文艺理论认识上的片面性和"左"倾的弊病。其时负责领导全国文艺工作的周扬既是毛泽东文艺思想的积极贯彻者，又对毛泽东的某些"左"倾思想有所抵制。如他反对文艺只表现"十七年的社会主义建设"，曾组织力量草拟更好地反映文艺规律的"文艺八条"和"文艺十条"，还执笔撰写《人民日报》社论《为最广大的人民群众服务》等。正是在上述社会革命理论和文艺思想理论复杂变动的过程中，新中国文艺既经历了十七年初步繁荣和曲折，也经历了"文化大革命"中的凋零和荒芜。

就总体而论，新中国成立初十七年间文艺的成绩，包括文艺理论发展的成绩都不容低估。毛泽东所发动的多次批判运动尽管存在"左"倾的错误，而同时也有助于马克思主义观点的传播。如在文艺领域坚持历史唯物主义，反对历史唯心主义；坚持辩证唯物主义的反映论，坚持社会生活是文艺创作的唯一源泉；坚持文艺与政治的密切联系，坚持文艺为最广大的人民群众服务等观点。对防止文艺创作的概念化公式化问题、文艺的特性与本质问题、现实主义与典型创造问题、革命现实主义和革命浪漫主义相结合问题、历史剧创作问题等也展开较有成效的讨论，并在积极促进文艺理论的建设，编写高校文艺理论教材等方面引进苏联已有的成果，逐步使之中国化等方面，也产生国内学者若干自己的著作。1958年，周扬还提出了建设中国特色马克思主义文艺理论的号召。60年代，在他主持下，由蔡仪、叶以群分别主编的《文学概论》和《文学基本原理》就是当时试图运用马克思主义观点建构有中国特色文学理论体系的代表性著作。何其芳的《战斗的胜利的二十年》、林默涵的《更高地举起毛泽东文艺思想的旗帜》等文都在阐释毛泽东文艺思想，总结文艺实践中的经验教训，比较深入地也比较正确地论述了文艺发展所提出的重要理论问题方面作出自己的努力，尽管也仍然不同程度地受到过"左"倾思想的一定影响。而文学创作方面成果更为显著。如涌现了郭小川、贺敬之、闻捷、李季、公刘、李瑛等许多著名的诗人激情洋溢的战歌和颂歌及内容厚重、风格新颖的被称为"红色经典"的系列长篇小说，包括孙犁的《风云初记》、赵树理的《三里湾》、杜鹏程的《保卫延安》、吴强的《红日》、杨沫的《青春之歌》、曲波的《林海雪原》、周立波的《山乡巨变》、柳青的《创业史》、罗广斌、杨益言的《红岩》等，都产生于这一时期；戏剧方面如胡可的《战斗里成长》、陈其通的《万水千山》、老舍的《龙须沟》和《茶馆》、郭沫若的《蔡文姬》、田汉的《关汉卿》、曹禺的《胆剑篇》等话剧；新编戏曲《白蛇传》《十五贯》《梁山伯与祝英台》；歌剧《草原之歌》《洪湖赤卫队》《江姐》《刘三姐》；电影《董存瑞》《党的女儿》《林则徐》《革命家庭》等佳作也产生于这十七年间。大多数作品不仅在文学史上开拓了新的题材和主题，表现了新的人物和新的世界，塑造了从个人主义转向共产主义、集体主义的新的英雄形象，而且在民族形式和语言的民族化大众化方面都创造了新的成绩。对广大读者和观众新的世界观、人生观、价值观的形成，产生了广泛而深远的影响。

至于林彪委托江青召开的《部队文艺工作座谈会纪要》和中共中央代表"文化大革命"纲领的《五·一六通知》先后经过毛泽东修改后被陆续颁布，则集中体现了毛泽东后期的"左"倾思想与路线。他所发动的"文化大革命"使我国社会主义建设受到严重的挫折和伤害，造成国民经济几临崩溃的边缘。"文化大革命"中江青之流所鼓噪的全盘否定前此革命文艺成就的"文艺黑线专政"论、"空白论"和以"革命样板戏"为起始的"新纪元论"，更颠倒是非，混淆黑白，重复和超越了当年"拉普派"的错误，愈发造成革命文艺的灾难，导致"文化大革命"十年之间文坛的一片荒芜。只有极少数作家依照自己的信念坚持创作，产生有《闪闪的红星》《万山红遍》《春潮急》等少量较好的作品。"文化大革命"中被吹捧的"革命样板戏"如《红灯记》《沙家浜》《智取威虎山》《奇袭白虎团》《白毛女》《红色娘子军》等虽经过进一步的加工，其原著实际都创作于新中国成立初的十七年。

五

　　1978 年 12 月中国共产党十一届三中全会的召开，肇始以邓小平理论为指导的建设中国特色社会主义的新三十年。这三十年，中国共产党经历了邓小平、江泽民、胡锦涛三届领导核心对于社会主义建设理论的坚持和发展，包括文艺理论的与时俱进，更深刻和全面地阐明文艺的本质与规律，从而为我国社会主义建设和文艺事业开拓了新的局面和广阔的道路。

　　邓小平根据历史的经验与教训，从"文化大革命"结束后的实际出发，主张放弃以阶级斗争为纲，转向以经济建设为中心，坚持四项基本原则，解放思想，改革开放，实事求是，政治上坚持共产党领导下与民主党派长期共存，相互监督，民主协商，发展不断完善的人民民主制度；经济上坚持公有制为主体，允许多种所有制存在和发展，从计划经济转向社会主义市场经济的体制；思想文化上坚持马克思主义的指导，坚持社会主义精神文明建设，容许文化的多元；在发展目标上允许一部分人、一部分地区先富起来，而长远目标则是实现共同富裕。在邓小平领导下，经过胡耀邦等的努力，还为过去被错误处理而受冤屈的各种干部和人员平了反，恢复了他们的工作，包括所谓"胡风集团"和"右派分子"，从而扩大了社会的团结面。后来，江泽民又提出了"三个代表"理论和文艺要"弘扬主旋律，提倡多样化"的方针，胡锦涛则提出以人为本的科学发展观与和谐社会的建设以及确立社会主义的核心价值观。从而使新的三十年产生了深刻的翻天覆地的变化，我国在社会主义政治、经济、文化、社会建设各方面均取得前所未有的举世瞩目的成就。我国文学艺术在邓小平等新的领导人的思想理论指导下，也取得很大的成绩和持续的繁荣。

　　改革开放的新时期我国面对的是全球趋向经济一体化、政治多极化、文化多元化的新时代，也是由于高科技的发达而使文化和文学艺术空前频繁交流的时代。我国文艺面临的现实任务是如何迅速改变"文化大革命"所造成的文艺荒芜的局面，使文艺合乎规律地走向新的繁荣并走向现代世界的前列。要实现这样的任务，无疑十分艰巨！

　　邓小平首先在思想文化上、理论上实行拨乱反正，领导了批判"文化大革命"中所奉行的极"左"路线和后来的"两个凡是"的思想，开展了关于"实践是检验真理的唯一标准"的讨论。他在《在中国文学艺术工作者第四次代表大会上的祝词》中坚持毛泽东文艺思想的基本原理,坚持文艺为最广大的人民服务,为社会主义服务的方向,重申了"百花齐放,百家争鸣","洋为中用,古为今用","推陈出新"的文艺方针。但他又以极大的理论魄力,放弃"文艺从属于政治"的提法,指出这样的提法"利少害多"。① 他在《祝词》中认为,"作家艺术家写什么和怎样写,应由作家艺术家自己在实践中去解决,不要横加干涉"。这就实际宣布了"创作自由"。他要求党按照文艺规律加强和改善对文艺的领导,同时,他又号召作家艺术家"成为名副其实的人类灵魂工程师",与人民群众"保持血肉联系","自觉地在人民的生活中汲取题材、主题、情节、语言、诗情和画意,用人民创造历史的奋发精神来哺育自己"。并要求文艺塑造社会主义新人,"要批判剥削阶级思想和小生产守旧狭隘心理的影响,批判无政府主义、极端个人主义,克服官僚主义。要恢复和发扬我们党和人民的革命传统,培养和树立优良的道德风尚,为建设高度发展的社会主义精神文明做出积极的贡献"。② 这就为我国社会主义文艺的发展拓展了更广阔的道路。

在拨乱反正,解放思想的浪潮中,遵循邓小平理论,我国文艺界不仅为过去被"四人帮"错误批判的所谓"黑八论",包括"文艺黑线"论、"写真实"论、"现实主义广阔道路"论、"现实主义深化"论、"时代精神汇合"论、"反'题材决定'"论、"中间人物"论、"离经叛道"论等平了反,还先后对文艺特征和形象思维问题,现实主义和典型问题,人性、人道主义问题,主体性与客体性的关系问题,现代主义文艺思潮及其创作表现问题,人文精神问题,古典文论的现代转化问题,文艺学向审美文化拓展的问题,西方马克思主义文论问题等展开了广泛的讨论。通过讨论,大多学者都努力辩证地去理解相关的问题,也深化了对有关问题的认识。这时期学术界和翻译界也大力加强对马克思主义文艺理论的研究和翻译,出版了大批新的著作。包括重新依据德文本翻译了马克思恩格斯的全集,出版了多种研究马克思主义经典作家文艺论著的著作和研究毛泽东文艺思想、邓小平文艺理论的著作。如陆梅林编选的《马克思恩格斯论文学与艺术》,

---

① 邓小平:《目前的形势与任务》,《邓小平文选》第 2 卷,人民出版社 1983 年版,第 220 页。

② 邓小平:《在中国文学艺术工作者第四次代表大会上的祝词》,《邓小平文选》第 2 卷,人民出版社 1983 年版,第 181 页。

李准、丁振海主编的《毛泽东文艺思想全书》以及中国社会科学院文学研究所、中国作家协会先后编选的《周恩来论文艺》《邓小平论文学艺术》和中国作家协会、中央编译局编的《马克思、恩格斯、列宁、斯大林论文艺》等。上述工作对于文艺界正确地认识马克思主义经典作家的思想体系，从而指导自己的工作，产生了良好的作用。关于建构当代中国的马克思主义文艺理论体系的问题，在这时期得到许多学者的关注，也展开过讨论。或主张这个体系应包括文艺社会学、文艺心理学和文艺语言学，或认为它应该反映文艺的本质规律、发展规律、结构规律、创作规律和接受规律。而大多学者都认同应汲取我国古代文论和外国文论的精华，并总结我国特色的文艺实践，在此基础上以马克思主义为指导，去建构新的理论体系。21世纪中央实施的马克思主义研究和建设工程中所定的，由数十位专家共同完成的文艺理论教材的编写和出版，对马克思主义文艺理论的发展，对文艺的本质与功能，文艺的历史发展规律，文艺的创作和接受规律，文艺与现代市场经济和科技网络的关系等都作了与时俱进的论述，可以说是这时期体现当代中国马克思主义文艺理论体系的一部具有代表性的著作。

由于这三十年，中国共产党已经形成了从实践中总结出来的反映文艺规律的理论和在这基础上制定的比较完整和正确的文艺方针政策，文艺创作真正涌现了"百花齐放，百家争鸣"的良好局面，文艺队伍不断壮大，文艺作品无论在数量和质量上都有明显的提高。仅从代表国家文学水平的长篇小说而论，前三十年的新作不过 2000 部左右，新中国成立后至 1978 年的三十年则不过 460 部，而新三十年则近两万部，并且逐年增多。20 世纪 90 年代每年不过 500—800 部。21 世纪以来每年达千部以上，2010 年则达 2000 部。可见，这时期文学艺术经历着空前的持续繁荣，可谓名家辈出，佳作如云。就文学而言，像冰心、巴金、丁玲、艾青、臧克家、刘白羽、孙犁、姚雪垠、马识途、贺敬之等年长的作家多有新作，而在人民共和国成长的作家，如李瑛、公刘、王蒙、李準、李国文、张洁、蒋子龙、冯骥才、刘心武、陈忠实、铁凝、王安忆、梁晓声、贾平凹、莫言、二月河等，都以作品的优秀和丰富，享誉于文坛。年青一代作家更难以枚举，"80 后"和"90 后"的作家也已经有许多引人注目的创作。全国各个地区和各个民族都涌现了自己的富于地方特色和民族特色的作家群，使我国文学地图得到更为平衡的五彩斑斓的改写。像蒙古族的玛拉沁夫、壮族的陆地、维吾尔族的铁衣甫江、藏族的阿来、白族的晓雪、彝族的吉狄马加、朝鲜族的金哲等大批少数民族作家都更加知名于全国文坛。这时期有大量优秀作家的诗歌、小说、散文、报告文学、戏剧和电影、电视，都荣获过全国最高文学奖——鲁迅文学奖、茅盾文学奖和骏马文学奖以及"百花奖"、"金鸡奖"等。

这三十年文艺的发展既反映了现实社会生活的巨大变化，也反映了中西文化又一次大规模撞击所带来的西方各种思潮的冲击，文艺发展本身也提出了系列的理论课题。如伤痕文学、反思文学、改革文学和寻根文学的递嬗，不仅对现实主义的真实论提出深入思考的材料，也消解了以歌颂光明为主的观点，并引发过"歌德"与"缺德"的争论；"朦胧诗"、"意识流小说"和"荒诞小说"，到"探索性戏剧"等先锋文学的出现，从而颠覆了现实主义文学的传统及其创作规则、理论根据，还点燃了关于创作主体与客体的关系、关于现代主义和后现代主义的讨论；描写性爱的作品大量问世，为研究文学与人性的关系拓展了新的领域，并凸显了文学中的道德滑坡问题；而女性主义创作的出现，非但挑战男权社会，也为研究女性文学的时代特色提供了许多新的文本；"底层文学"的崛起，吸引人们关注社会弱势群体的同时，也为现实主义的回归和深化的研究，展现了丰富的资料。而网络文学和电子传播的普及，为文艺的生产与消费展开了全新的前景，其影响之广泛和深远，也必然要波及人们对文艺与经济、与科技的关系及其发展的理论认知。凡此等等，都为马克思主义文艺理论研究提供新的课题，构成新的机遇。

当然，这一时期由于市场经济体制的建立，由于多种所有制的发展，由于改革开放后西方资本主义意识形态的渗透，社会上拜金主义、享乐主义和极端个人主义的思想在滋长，多元文化也必然导致世界观、人生观、价值观、文艺观的多元，文艺创作界也不同程度受到影响，出现了浮躁情绪和媚俗倾向，乃至产生了唯利是图的追求。这些也不能不构成对社会主义精神文明建设的严重冲击，并对马克思主义文艺理论构成一定的挑战。

六

"时运交移，质文代变"。① 这是文艺发展的普遍规律。中国新文艺历

---

① 刘勰：《文心雕龙·时序》。

史风貌的演变，当然与中国的历史巨变分不开，也与马克思主义及其文艺理论的指导和影响分不开。

九十多年来中国的新文艺在中国共产党的领导下取得了伟大的成绩，也产生许多宝贵的经验和教训，为马克思主义文艺理论的与时俱进，提供了新的机遇和资料，促使当代马克思主义文艺理论在系列重大问题上都进行多方面的思考。如文艺作为上层建筑审美意识形态与经济基础的关系，文艺与社会生活的关系，文艺与人民的关系，文艺与政治的关系，文艺与传统的关系，文艺与科学技术的关系，文艺与经济文化产业的关系，等等。这些问题的核心都涉及应如何理解文学艺术的本质规律和发展规律，如何做到社会主义文艺生态的健康体现。

第一，上层建筑意识形态是一定经济基础的反映，并反作用于一定的经济基础。但上层建筑意识形态的先进部分，又可以超越现实的经济基础，并促进现实经济基础的未来改造。这是辩证唯物史观的重要观点。但文学艺术与经济基础的关系实际上比较复杂。一是文学艺术包括许多的门类，许多的题材、主题、形式、风格，是否一切文学艺术作品都属于上层建筑意识形态，就存在不同的意见。比如说，杂技、书法、舞蹈、雕塑以及音乐中的无标题音乐、轻音乐，美术中的静物画、人体画、花鸟画、风景画，文学中的山水诗、爱情诗等不含政治、宗教、道德内涵的作品，是否也属于上层建筑意识形态呢？根据马克思关于"在不同的所有制形式上，在生存的社会条件上，耸立着由各种不同情感、幻想、思想方式和世界观构成的整个上层建筑"① 的观点，大多数学者认为，除上述部分外，总体上应视文学艺术为上层建筑意识形态。但也有人认为，文学艺术总体上都不属于上层建筑意识形态（如朱光潜先生就有这样的观点）。二是上层建筑意识形态是应与经济基础相适应，还是可以和应该超越于一定的经济基础。比如在民主革命时期和社会主义初级阶段，是否应该宣传和提倡共产主义意识形态？按照毛泽东和邓小平的观点，当然应该宣传和提倡。但也有人认为不然。改革开放以来，西方资本主义意识形态对我国的渗透有增无已，由于市场经济体制的建立和允许私营经济的发展，经济基础领域存在多种所有制，这就必然反映到意识形态上滋长了唯利是图的拜金主

① 马克思：《路易·波拿巴的雾月十八日》，《马克思恩格斯选集》第1卷，人民出版社1972年版，第629页。

义，乃至还产生了损公肥私、损人利己的极端个人主义的世界观、人生观、价值观。这种状况自然不利于未来社会主义的发展，因为社会主义不仅要走向共同富裕，并在生产力高度发展，社会财富高度涌流的未来过渡到更高级的共产主义社会去。因此，即使在社会主义的初级阶段，我们也必须超前地坚持不懈地宣传共产主义意识形态，坚持社会主义核心价值观，大力建设社会主义精神文明，批判资本主义以个人主义为核心的意识形态。这是关系国家民族前途和命运的大问题。文学艺术尽管主要功能是为了满足人们的审美需要，但由于大多数作品都具有思想政治倾向，都蕴涵哲学、道德、宗教等意识形态的内容，它总体上介于社会的上层建筑意识形态应没有异议。因此在文艺创作中歌颂什么，反对什么，揭露什么，追求什么，都不能不是社会主义文艺理论所关注的重心。邓小平要求文艺坚持为人民、为社会主义服务的方向，大力塑造社会主义新人形象，加强社会主义精神文明建设的号召，江泽民对"弘扬主旋律，提倡多样化"的号召，胡锦涛关于坚持社会主义核心价值观的号召，我以为都是基于从上层建筑意识形态既适应经济基础又应超前于经济基础，具有前瞻性的科学理解而提出的。

第二，文学艺术与现实生活的关系，实即创作主体与客体的关系。文学艺术作为观念形态，是社会存在的反映。基于这种唯物主义的观点，社会生活自然是文学艺术创作的唯一源泉。当然，如毛泽东所指出，文学艺术是社会生活在作家头脑中反映的产物。因而必然有作家作为创作主体的能动的反映作用，反映的产物不同于被反映对象本身。同一对象，如果作家艺术家的世界观、人生观、价值观、文艺观不同，思想情感不同，艺术创作方法不同，作品里反映出来的对象就不会一样。主体性还包含主体的想象力和幻想力，以及艺术思维中理性与感性的作用。现代主义主张自我表现，实际回避了自我本身也是存在的产物，其所表现的归根结底仍然源于社会生活。后现代主义者认为现实生活只是碎片，是没有深度的平面，似乎现实生活是不可认识和把握的。这种观点的错误在于，它完全忽视人类历史地形成的思维能够从感性上升到理性，正是理性的伟力，使人类能够透过无数的现象的"碎片"与"平面"而把握其中的联系、深入其中的本质。我们承认艺术思维的特性是形象思维，而形象思维并非只是形象的碎片和平面，其中也包含理性的作用。完整的主体性研究理应包括上述几个方面，而不仅仅是创作激情和主观简单地拥抱客观的问题。事实上，任何艺术创作都是主观与客观的统一，既不可能完全是"自我表现"，也不可能完全是"再现现实"。如果认为文学艺术只是社会现实生活的反映，忽视创作主体的差别性和能动作用，将文学艺术与现实生活等同，将艺术真实与生活真实等同，那就犯了机械反映论的错误，就会大大限制作家艺术家艺术创造、艺术想象与幻想的天地。如果否认现实生活是文学艺术创作的源泉，片面强调创作主体的作用，那就可能犯主观唯心主义的错误，就会造成对于作家艺术家的误导，使他们的创作思维因没有从生动活泼的、新新不已的生活得到不断补充而陷于枯萎，也限制了文学艺术创作题材、主题、形式、风格的丰富性和多样性。强调作家、艺术家应该深入人民群众的生活和斗争，"观察、体验、研究、分析一切人，一切阶级，一切群众，一切生动的生活形式和斗争形式，一切文学和艺术的原始材料，然后才有可能进入创作过程"。① 这主张并没有错。但如果忽视作家艺术家的主观能动性，忽视作家艺术家的想象力和幻想力能够弥补生活的不足，能够在非现实主义的创作中开辟广阔的艺术天地，并有可能表现理想的、未来可能会有的生活图画，那就会陷入另一个片面，从而无法解释历史上的许多创作现象，并产生独尊某一种创作方法而排斥其他创作方法的弊病。从毛泽东的"百花齐放"到江泽民的"多样化"主张，应该理解为，都是基于对文学艺术反映现实生活的无限丰富性和作家、艺术家作为创作主体的创造潜力的充分而深刻的认识基础上提出来的。

第三，文学艺术与人民保持密切的关系，既为广大人民群众而创造，也为广大人民群众所利用，这是社会发展的必然趋势，也是人民当家作主时代的必然规律。马克思主义的这一根本观点，自然也基于历史唯物主义和解放全人类的共产主义学说。否定这一观点，就是否认以人为本。认为文艺从来只为少数人的"贵族文艺"观，自然是错误的。但把为人民服务只理解成"为工农兵服务"，那也是不完全的。"人民"的概念内涵随时代的变化而变化。今天，不但知识分子已成为工人阶级的一部分，一切为社会主义建设作出不同贡献的阶级、阶层和爱国民主人士也都属于人民的范畴。作家、艺术家与人民群众的结合，深入人民群众的生活，自然也指向最广大的人民群众，更不能狭隘地理解为只与工农兵群众结合，虽然，

---

① 毛泽东：《在延安文艺座谈会上的讲话》，《毛泽东选集》第3卷，人民出版社1996年版，第862页。

与工农兵结合在任何时候都应该摆在重要的地位。文学艺术只要从人民群众的根本利益出发，表现人民群众的思想、愿望和理想、追求，即使作品没有直接描写人民群众，它也具有人民性，也应当得到人们的肯定。反之，以仇恨人民、反对人民的观念和态度去写人民，那样的作品则理所当然会被人民所唾弃。在社会主义时代，文艺为人民服务跟为社会主义服务是完全一致的。因为，社会主义体现的正是人民的根本利益。"三个代表"重要思想的提出，将先进文化与体现先进生产力、体现人民的根本利益相联系，无疑基于对社会主义文化艺术性质的深刻理解。文学艺术与人民的密切关系，还表现在随着广大人民群众文化水平和文化需求的不断提高，文学艺术也必须从数量到质量都不断提高自己，以满足人民群众的需求，更表现在要创造条件从人民群众中培养出愈来愈多的作家艺术家。共产党对于文艺的领导要体现"以人为本"，就不仅要保障文艺为人民服务、为社会主义服务的方向，还必须努力通过各种手段，使文学艺术能够满足人民群众日益增长的文化需求，并从广大人民群众中去发现、培养越来越多的文艺家。文艺与人民的密切关系，是社会主义时代文艺的重要本质的体现，是当代马克思主义文艺理论必须予以深刻认识和阐述的基本理论问题，也是被中国共产党历代领导人所不断重申的理论问题。

第四，文艺与政治的关系问题也是马克思主义文艺理论最为关注的基本问题之一。政治是管理众人之事，是经济利益的集中表现，也是阶级斗争的重要表现形式。人们任何时代总都生活于一定的经济和政治关系之中，总会产生反映自身经济利益和政治观点的政治立场与倾向，并或浓或淡地渗透于自己的思想情感。作家、艺术家也不例外。这种思想情感也总会自觉不自觉地表现于他们的创作中，从而也使作品带有或浓或淡的政治倾向和色彩。通过人们的阅读和观览，作品的政治倾向和情感色彩就会传达给他们。而在阶级斗争、政治利益尖锐冲突的时期，优秀的文艺作品中的政治倾向和情感便更鲜明与强烈地感染读者观众，激起他们的共鸣和认同，鼓舞他们起来站在同一立场上去投入社会的斗争。文艺反作用于政治，乃至产生伟大作用于政治，这在历史上是常见的现象，它反映了文艺本身的深刻的规律。这也是所有政治家和政党都不能不关心文艺并力图把文艺纳入为其政治服务的缘故，也是文艺不可能脱离政治的缘故。但我们又要看到，并非一切文艺作品都有政治内容，都只能为一定的阶级服务。例如花鸟画、山水画或某些爱情诗就不一定有政治内容，常常能为不同时代不同阶级阶层的人们所欣赏、所接受，这也是事实。因而，要求一切文艺都为一定阶级、阶层的政治服务，显然是不完全合理的，也是不利于文艺题材、主题、形式、风格多样化和繁荣的。文艺与政治结盟，可能使文艺创作走向概念化、公式化和标语、口号化，从而丧失艺术的应有魅力。这自然是不可取的。但也可能因为作家、艺术家十分重视文艺的特性，能够将鲜明的政治内容与完美的艺术形式相结合、相统一，从而使作品既具艺术魅力，又有进步的政治内涵和倾向，乃至使自己的作品更加伟大，更加崇高。这也是为历史上从屈原的《离骚》到鲁迅的《狂人日记》《阿Q正传》《祝福》等所证明了的。因而，笼统地反对文艺与政治结盟，笼统地提倡文艺疏离和脱离政治，那也是片面的。在这个问题上，邓小平在讲到基于"利少害多"而不再提"文艺从属于政治"时，又指出"文艺是不可能脱离政治的"。① 从中正是可以见出他对文艺与政治的关系问题的深刻的辩证的认识。

第五，文艺与传统的关系如何认识，同样是马克思主义文艺理论必须重视的课题。从鲁迅到毛泽东，都主张对于我国固有的传统和外国创造的经验，我们都应批判地继承和借鉴，努力做到"古为今用，洋为中用"，"推陈出新"。对传统经验采取虚无主义的全盘否定的态度，或是对传统经验采取顶礼膜拜、全盘肯定的态度，都是违反马克思主义的唯物辩证法的。继承与借鉴，目的在于创新。文学艺术的生命也在于创新。只是模仿和重复前人的题材、主题、形式、风格的作品是没有生命力的。古人所指出的"文贵创新"，乃是文艺发展的千古不易的一条重要的规律。对传统有无继承和借鉴，正如毛泽东所指出，"这里有文野之分，粗细之分，高低之分，快慢之分"。② 自然，创新中并非一切新的都是好的。只有站在前人肩膀上继续前进的创新才真正具有历史发展的意义，才会在文学艺术的发展史上留下进步的不朽影响。因而，不断开拓新的题材、新的主题、新的形式、新的风格，就不能不为历代作家艺术家所不懈地追求。在这个问题上，一味反传统，或一味迷古崇洋，都会损害文艺有价值的创新。现代主义和后现代主义都曾标榜反传统，实际上它们的创作也并没有完全脱离

---

① 邓小平：《目前的形势和任务》，《邓小平文选》第2卷，人民出版社1983年版，第220页。

② 毛泽东：《在延安文艺座谈会上的讲话》，《毛泽东选集》第3卷，人民出版社1991年版，第862页。

传统的影响。在继承传统和借鉴外国的过程中，难免会产生矫枉过正的情况，如"五四"新文化新文艺刚刚诞生，为了使新的东西站住脚，对旧的文学艺术、对传统的"国学"采取激烈的否定态度，提出了打倒旧文学、打倒"孔家店"的口号。这在当时，实有它的必要。因为，不"过正"就往往难以"矫枉"。但这种情况，毕竟很快就得到纠正。20世纪30年代鲁迅的主张和态度就是证明。毛泽东在《新民主主义论》和《在延安文艺座谈会上的讲话》在这个问题上的主张与鲁迅完全一致。"文化大革命"中，江青之流提出的"空白论"和"新纪元论"，又重复了一次全盘否定传统的错误。然而，他们所推崇的"革命样板戏"，却又从传统和外国吸收了许多东西。不独"样板戏"的基础创自"文化大革命"之前，将交响乐引进《沙家浜》、将芭蕾舞引进《白毛女》和《红色娘子军》，正说明不管如何创新，也难以摆脱对传统必须有所继承，对外国经验也必须有所借鉴的规律，即"古为今用，洋为中用"，"推陈出新"的规律。

　　第六，文艺与现代科学技术的关系，应该也成为当今马克思主义文艺理论必须关注的问题。它不但涉及文艺的创作，还涉及文艺的传播与接受。以文学而言，人类就经历了口头传播时代和纸质文字传播时代，今天随着电了排版，随着电脑、电视、电子书和网络、手机、光盘的发展，已进入电子和光子传播时代。科学技术的进步，必然会给文学的生产与消费都带来新的前景。电子时代文学的生产和消费，已经并将继续产生种种新的变化。不仅引发文学生产力的飞跃发展，也使文学传播力获得飞跃的发展。前面说到，1919年至1949年，我国新创作的长篇小说仅2000部，而仅2010年我国新创作的长篇小说即达2000部。应该说，这正与文学进入电传时代分不开。电子时代的文学受到图像文化的冲击，它日益与电子图像相结盟，不仅与电影、电视结盟，还与电脑网络、手机和光盘制作结盟，以扩大自己的传播，从而也引起自身从内容到形式的新变，这都已成为当今文学发展的不可忽视的趋势。赋予一定的程序，电脑会绘画，会作诗，会谱写音乐的曲调，会绘制舞蹈的形象，也已成为现实。电影、电视的生产早已出现创作的团队，至今文学创作也开始出现工作室的集体分工与合作。电视连续剧《渴望》的成功就是突出的一例。凡此种种新的现象，都必然要引起文艺理论工作者的兴趣，也要求他们从理论上给予总结和回答。运用一切科学技术手段去促进文学艺术的发展，这也已成为当今世界各国发展软实力的重要选择，也必然会成为我们党领导文艺事业所必须考虑的重要问题。而超越电传的光传时代很快就会到来，从未来学的视点，它对未来文学艺术会产生怎样的影响，自然也是文艺理论工作者所不能不关注的。

第七，文艺与现代社会经济的关系，同样会影响我们对于文学艺术的本质特性的认识。文艺作品是人类精神凝结的花朵，其价值本来难以衡量。但在现代社会市场经济充分发展的历史条件下，文学艺术产品已不单纯是艺术品，它们还是具有交换价值的满足人们审美需求的商品、消费品。生产与消费是相互依存的关系，生产满足消费，消费促进生产，供与求相互依存的经济规律，已经像一只看不见的手在引导文学艺术的生产，引导作家、艺术家对作品题材、主题、形式、风格的创造和选择。这种状况与20世纪50年代到80年代有很大的不同。它为党和国家领导文艺提出新的课题、新的挑战。由于兼具审美性和商品性，文艺如今已发展为重要的文化产业，成为社会财富的重要资源，成为国家文化生产力的重要部分。文学艺术的制作、出版和传播，每年已能为国家创造数千亿元的财富，也能为作家、艺术家带来丰厚的金钱收入。这都是今天文艺理论工作者所必须加以研究的现象，并从中探讨文艺发展的历史规律。而且，这种新情况下，政治如何去领导和影响文艺，道德、宗教、美学等上层建筑意识形态如何去滋润文艺，都需要加以深入的探讨。如何挖掘和充分发挥文艺的生产力，寻求合理的生产机制与消费机制，更好地配置资金与人力，以求为国家创造更多财富，创造更强的软实力，也已成为当今党和国家领导文艺所必须考虑的重大问题。文艺社会学和文艺经济学已成为马克思主义文艺理论的新的重要学术生长点。

第八，上述问题从方方面面都补充和丰富了对文艺本质的认识。本质是关系的总和。事物的本质是多层次的。列宁曾指出，"人对事物、现象、过程等的认识是从现象到本质、从不甚深刻的本质到更深刻的本质的深化的无限过程。"[①] 审美当然是文艺作为社会意识形态特性的本质。文学艺术作品正如马克思所说是"人按照美的规律来建造"的产物[②]；也如毛泽东《在延安文艺座谈会上的讲话》所说的文艺的美比现实的美"更高，更强

---

① 列宁：《黑格尔〈逻辑学〉一书摘要》，《哲学笔记》，人民出版社1961年版，第239页。
② 马克思：《1844年经济学哲学手稿》，《马克思恩格斯全集》第42卷，人民出版社1979年版，第96页。

烈，更有集中性，更典型，更理想，因而就更有普遍性"。曾有"文学是人学"的说法。这当然从另一重要角度补充了人们对文学艺术本质的认识。但文学并非一般的人学。它有别于人类学或人的生理学、心理学与人体解剖学等关于人的其他科学。尽管人始终是文学艺术表现的中心，人的思想、情感、行为和性格，人与人的关系，人与社会和自然的关系，不断被文学艺术作品所描绘，关于人的各种科学的知识可供作家了解人的参考，但文学艺术总是从审美的视角来描绘的。这正是由文艺作为审美意识形态的特性所决定的。无视这一点，如果只从动物性、只从生理需求去表现人，就会使文艺走向歧途。文艺既然以人为主要的描写对象，对人性自应有正确的认识，从而就不能不为文艺理论所探寻。人性虽然不能完全摆脱动物性，但人作为社会的动物，是离开社会就难以存在的动物，所以马克思指出，"人的本质并不是单个人所固有的抽象物，在其现实性上，它是一切社会关系的总和"。① 他认为人性是历史地形成的。故而他还指出"首先要研究人的一般本性，然后要研究在每个时代历史地发生了变化的人本性"。② 文学艺术对人性的描写和表现，不但要从审美的视角，而且应该理解不存在抽象不变的人性。人性实际上是由多种关系所决定、所形成的心理意识的系统结构，特定历史时代的人性中总包含有人类、民族、阶级、阶层、党派、家族、家庭、朋友以及接触的思想材料等种种社会关系所赋予的烙印。具体的人性总是一般与个别的统一。因而在一般的共同性中总存在个别的种种差别，从而为文学艺术塑造人物形象的典型深度和鲜明个性提供现实的基础。文学艺术作为审美意识形态，它对人的描写必然要达到真善美的统一，即以真实生动的艺术形象，崇善贬恶的思想导向和令人愉悦的美感形式的统一，来满足读者和观众的审美需求。而文学艺术与现实生活、与人民群众、与社会政治和经济、与中外前人的审美创造传统所发生的关系，也展现了自己作为上层建筑意识形态的多层次的本质。正因为文学艺术本质具有多层面的丰富内涵，随着历史时代的发展和变动，文学艺术内容与形式也都必然要发展和变动。由于人的现实生活的丰富性和作家、艺术家创造潜力的无限性，以及读者和观众审美需求的多样

---

① 马克思：《关于费尔巴哈的提纲》，《马克思恩格斯选集》第 1 卷，人民出版社 1972 年版，第 18 页。

② 马克思：《资本论》，《马克思恩格斯全集》第 23 卷，人民出版社 1962 年版，第 669 页。

性，都决定文学艺术作品的题材、主题、形式、风格必然要求"百花齐放，推陈出新"，而社会经济基础和上层建筑意识形态的主导性质及其相互适应、相互矛盾的复杂性，则又要求社会主义时代的文学艺术必须正确处理与人民、与政治和经济等各方面的关系，并把"弘扬主旋律"与"提倡多样化"结合起来，坚持以马克思主义为指导的，包括中国特色社会主义共同理想、爱国主义的民族精神、改革创新的时代精神和社会主义荣辱观所共同构成的社会主义核心价值理念。从而使文艺既有良好的生态环境，又有明确的历史指向。

第九，文化艺术的领导权与统一战线是中国共产党领导革命和进行社会主义建设所必然要面对的重要问题。以社会主义、共产主义理想为目标的革命事业，包括为这个目标服务的文学艺术，没有坚强的领导和动员千百万人共同奋斗，是难以完成的。因而就产生邓小平所说的要"加强和改善党对文艺的领导"和毛泽东所说的建立文艺界的统一战线的必要性。它包括如何动员和团结广大的文艺工作者，并通过实施领导而保障文艺能够为人民为革命事业服务，也包括如何处理文艺队伍内部的各种矛盾，正确区分人民内部矛盾与敌我矛盾，妥善对待不同流派、学术观点的竞争，创造适合和促进文艺繁荣的组织体制和生态环境等。事实证明，放弃领导权，那样就难以保障文艺为人民、为社会主义服务的方向，也难以维护文艺队伍的团结。邓小平强调党必须按照文艺的规律来加强和改善对文艺的领导，"坚持正确的政治方向，从各个方面，包括物质条件方面，保证文艺工作者充分发挥自己的聪明才智"。他并指出，"文艺这种复杂的精神劳动，非常需要文艺家发挥个人的创造精神。写什么和怎样写，只能由文艺家在艺术实践中去探索和解决。在这方面，不要横加干涉"。① 领导的最大责任是通过正确的政策方针、明确的思想导向和必要的物质措施，为保证文艺发展的良好生态环境，充分调动作家、艺术家的创作积极性，并为便利他们深入人民群众的生活，感受时代前进的脉搏，保障创作的时间等提供必要的条件。文联和作家协会的最重要的作用就是团结作家艺术家并为他们服务。历史的惨痛教训说明，在文艺界也决不应轻易把人民内部矛盾混淆为敌我矛盾处理，务必保障创作自由和评论自由，对思想问题、学术

---

① 邓小平：《在中国文学艺术工作者第四次代表大会上的祝词》，《邓小平文选》第2卷，人民出版社1983年版，第185页。

问题、艺术问题，都应鼓励作家、艺术家去自由创造和自由讨论，真正贯彻"百花齐放，百家争鸣"和"推陈出新"的方针。当然，对不同的文艺作品，必须开展批评，有好说好，有坏说坏，以激浊扬清；对不同的学术见解必须开展讨论，追求真理而改正谬误。正如毛泽东所说："真的、善的、美的东西总是在同假的、恶的、丑的东西相比较而存在，相斗争而发展的。"① 无视矛盾，不分是非，不但不利于文学艺术及其理论的健康发展，也不利于激励优秀的文学艺术在相比较的竞争中脱颖而出。

我以为，这就是积九十余年之实践经验所理应获得的关于文艺基本规律和社会主义文艺规律的认识。可以说九十多年来，中国共产党的文艺政策正是根据上述文艺规律的认识深化和全面而不断作出调整，不断纠正"左"和"右"的干扰，从而促进文艺的健康发展和繁荣，使之更好地为人民，为社会主义服务。这些理论认识虽然难以涵盖当代文艺理论的全部，却相当程度上充实了当代中国马克思主义文艺理论的基本体系，并为引导我国文艺迈向未来的光明前景奠定了坚实的理论基础。

（原载《马克思主义美学研究》2012 年第 1 期）

---

① 毛泽东：《关于正确处理人民内部矛盾的问题》，《毛泽东选集》第 5 卷，人民出版社 1977 年版，第 390 页。

马克思主义文论中国形态化的
问题意识及其提问方式

党圣元

马克思主义文论中国形态化是近年来文艺理论研究中的一个前沿性的热点问题，在马克思主义文论研究领域乃至整个文艺理论研究界同行们的关注下，成为当前中国文论研究中的一个具有导向意义的重要论域，并对近年来的文艺理论批评参与社会主义核心价值体系话语建构产生了积极的引领作用。这一热点问题或曰论域的形成，原因不外有三：其一，21 世纪以来，我国文化、文艺发展过程中出现了大量新变现象，迫切需要我们从马克思主义的立场和方法出发，对之进行分析和评价，以使 21 世纪的文艺理论批评有效地参与到社会主义核心价值话语体系建构中来。这一现实需要，在相当大的程度上促进了马克思主义文论中国形态化这一论域的形成。其二，马克思主义作为一级学科的创建，尤其是马克思主义中国化作为其中的一个二级学科的创设，以及马克思主义"三化"（中国化、时代化、大众化）的提出，从学科的角度催生了这一热点问题的形成。虽然所处学科不同，但是近年来文论界对于马克思主义文论中国形态化的研究，有效地呼应、参与了马克思主义学科关于马克思主义中国化的讨论，彼此之间的互动效果是明显的。其三，马克思主义文论研究自身学术逻辑演进使然。由于社会文化语境的整体性变化，以及文艺理论批评本身观念和话语方式新变，传统的马克思主义文论研究在观念和方法两个层面受到了现实的严峻挑战，因而如何参照现实发展所需，通过思想资源和话语资源两个方面的重构，促进马克思主义文论研究的学术创新和话语转型，以便更加有效地因应现实，从而有效增进马克思主义文论对于整个文艺理论批评学科发展的引领作用的问题，便被凸显出来，这对近年来的马克思主义文论中国形态化这一热点问题的形成产生了积极的推动作用。

在讨论马克思主义中国形态化这一问题之时，我们必须注意到以下五个方面的问题，它们应该成为我们思考和实践马克思主义文论中国化的"问题意识"和提问方式，换言之它们关乎马克思主义文论中国形态化的话语体系建构的路径问题。这些问题分别是：学科间性问题、系统整合问题、问题意识重塑问题、阐释学对话问题、本土视阈与世界视阈并重问题。下面分而论之。

一

如何有效地打破马克思主义文论研究中存在的学科封闭现象，注重学科间性问题，是当前推进和深化马克思主义文论中国形态化研究所面临的一个重要问题。既然马克思主义文论中国形态化业已成为一个值得探讨的重要论域，并且考虑到马克思主义文论与作为一级学科的马克思主义学科及其下辖的二级学科"马克思主义中国化"之间的学科生态关系，以及马克思主义文论与一般文艺理论批评之间的学科生态关系，为了突出学科的对应性，并在尊重共性的前提下彰显马克思主义文论研究的学科自性和现实针对性，那么明确马克思主义文论中国化、当代形态化研究的学科边界便理所当然。因为，随着现代人文社会科学研究之学科制度化、专业化、组织化的发展，每一个学科都试图将自己与其他学科之间的差异进行界定，在差异之中界定自身以获得身份。同时，明确其学科边界也具有不言而喻的合理性和进步性，它不仅能凸显学科自身的研究范式、学术旨趣、理论视阈与价值取向，而且能使马克思主义文论中国形态化的学术研究更加条分缕析、有章可循、井然有序。但这样也易于形成学科闭守的弊端，因而走向学科间性便是一个不容忽视的问题。

所谓走向学科间性，就是要跃出自身的学科边界，融入大的学科生态之中，这里的具体所指是：一方面，其他相关学科创造的资源，所奠定的基础，所开拓的视阈，应该成为马克思主义文论中国形态化研究的学科资源；另一方面，应该将其他学科的研究方法、研究思路与研究成果引入马克思主义文论中国形态化的学术研究领域，使之成为该学科研究的突破口与润滑剂。学科交叉和跨越边界常常就是思想激发之所，当代文化研究的跨学科性以及后理论时代的理论话语的形态具有很多启发，如约翰·菲斯克说的："在学术界，新的和批判性的思维方式常常产生在交叉学科中，因为它们发展在传统学科的荒芜的边沿，这样就避免了其限制和权威。打破学科边界就拆解了权威，因为权威安全地行使在学科界限之内，避免调整和变化。边界的圣洁对于学科和权力极其重要。"① 跨学科或学科间性之所以必要的根据在于，现实生活不是分门别类地存在的，而是互相联系地作为一个整体存在的，分门别类的研究有助于专门化，但又极大地局限了研究者的思路和方法。文化研究的崛起，就是因为借鉴沟通了社会学、文化学、历史学、文学等领域的方法而又超越其上，构造了新的知识领域和问题论域，从而开启了一种新的学术思潮。后理论时代的文学文化理论更是如此，比如福柯的权力知识的理论，本身来自福柯的历史学研究，但又不同于传统的历史研究主题和方法，在今天讲述哲学、美学、文论时，福柯的这种无法归类的思想形态都必须卷入。在讲述后现代文论时，主体性的消退，反理性主义，语言哲学，视觉文化，等等，这些必须讲述的主题超越了传统文论的读者、世界、作家、作品等维度，从这一意义上来说，文学理论已经哲学化，美学化，文化理论化了。学科交叉和学科边界的模糊是知识创新的契机，也是中国马克思主义文论形态中国化研究学术创新中值得参鉴的经验之一。

马克思主义文论的中国形态化，实际上是一个伴随着当下中国经济社会和思想文化的发展而行进的过程。作为当下中国国家意识形态创新性建构的一个有机组成部分，马克思主义文论中国形态化建设，是在中国经济崛起后对文化崛起的渴望与布局所提出的文化主张的一部分。在马克思主义文论中国形态化建设中，发挥马克思主义立场，方法和价值取向的优势，超越学科界限，吸纳各种思想资源，在各种思想文化和文论资源的碰撞、对话中，自由地生产和创造，在多样的思想的相互碰撞、相互有效、相互比勘的过程之中，以现实的需要为取舍标准，有选择地吸收借鉴，并且注重总结、提炼、系统建构，马克思主义文论中国形态化的创造路径才是可行的。所谓学科间性，其实就是话语间性，就是通过各种话语、各种学科之间的交错共存碰撞出新知和新见。马克思、恩格斯本人对马克思主义的革命性非常明了，马克思主义是吸收和改造了人类两千多年来的思想中的一切有价值的东西，它"不崇拜任何东西，按其本性来说，它是批判

---

① ［美］约翰·菲斯克：《权力运作，权力操演》，香港维索出版社1993年版，第65页。

的和革命的。"① 因此，在以当下中国的思想文化发展建构之现实需要为总
目标的前提之下，充分吸收利用包括文艺思想学说在内的中国传统思想文
化、西方传统的和当代的人文思想、西方马克思主义，甚至于中西宗教文
化的各种资源，在综合融通基础之上进行创新性的阐释和建构，从而推动
中国化的、当代形态化的思想内涵丰厚、价值指向明确、阐释功能强大、
现实品格突出的当代中国马克思主义文论话语体系的建设，这正是强调马
克思主义文论中国形态化建构过程中打破学科封闭、注重学科间性之意图
所在。

<h2 style="text-align:center">二</h2>

在以往的马列文论研究中，往往程度不等地存在由于过于固守学科或
专业樊篱而导致的单向度割裂现象，这里所谓的单向度割裂，是指仅仅根
据传统的文艺学自身的知识和话语需要，对作为一个有机整体的马克思主
义经典文本的内容进行裁割性的、过滤性的选取，严重者甚至使其话语碎
片化，这种情况是非常不利于马克思主义文论研究的学术创新和中国形态
化的。而在笔者看来，马克思主义文论研究中的这种单向度割裂的缺憾主
要表现为：

第一，把马克思主义文论本身"单向度割裂"。主要体现为：1. 马克
思主义文论与马克思主义其他方面的内容之间的割裂；2. 马克思主义文论
的立场和结论与方法之间的割裂；3. 马克思主义文论的理论功能与政治功
能之间的割裂，其表现是，要么强调马克思主义结论的优先性，要么强调
马克思主义方法的至上性，要么强调功能的至高性，或强调马克思主义政
治功能的无上性，等等。以致得出马克思主义文论中国形态化（包括当代
形态化）不需要经典马克思主义的结论，只需其方法论或者批判功能，或
者相反；或者认为无须马克思主义的理论功能，只需其政治功能（抑或相
反）等异常偏颇的结论。

马克思主义文论包括两个方面，首先是哲学观、方法论和价值观；其
次是经典中的美学、文论思想。前者指的是历史唯物主义和辩证法、历史
意识和审美意识的统一、逻辑和历史的统一等。这些是马克思主义哲学的

---

① 《马克思恩格斯全集》第 23 卷，人民出版社 1972 年版，第 24 页。

部分，不直接涉及文论，但对文论研究具有指导意义。马克思主义是工人阶级为了改变世界的政治斗争的武器，世界观和方法论是马克思主义哲学的核心部分。方法论、历史观、价值观等在马克思主义文论建设中应是一个完整体。马克思主义哲学的方法和基本观点，如辩证唯物主义和历史唯物主义、实践观、人的历史能动性、人的自由解放等都是文学研究的基本观点和方法。马克思主义研究各个领域的割裂导致了视野闭塞和学科壁垒，比如，在当代中国的马克思主义哲学研究界，借助现代西方哲学发掘马克思主义的存在论维度已经成为研究中的一个重要主题，而马克思主义与儒学的会通问题也成为当前哲学和国学研究中的一个受到普遍关注的问题，但基于单向度的割裂，当代中国的文论研究界，尤其是马列文论研究界，对此关注甚少，甚至所知甚少。

第二，对马克思主义中国化、当代形态化的理论成果不能达到圆照性的通观，而是各自为政，分割而治。虽然学界对马克思主义中国化、当代形态化的几大理论成果在学理上具有一脉相承性已达成共识，但从整体上对几大理论成果予以把握和进行研究的成果则相对缺乏，以致整体性的研究不足，政治、经济、哲学、文论和美学、宗教等互相割裂，甚少往来。事实上，在当前建设中国化、当代形态化的马克思主义文论体系过程中，除了对于马克思主义的哲学、经济、政治、文化、文艺、宗教、伦理等内容，从大学科的眼光出发加以系统整合，以及坚持马克思主义的立场、观点、方法、功能相互统一的科学性外，尤其迫切需要对于从 1949 年前的革命战争年代中形成的以毛泽东《在延安文艺座谈会上的讲话》为标志的中国化马克思主义文艺理论，到邓小平改革开放时期的文化、文艺思想和政策，再到江泽民和胡锦涛的文化建设时期的思想，从其历史演变，其各自的特殊性和理论所指，其对文学艺术创作和理论批判的指导意义以及历史经验教训等，进行具有宏阔的历史眼光和深度学理的历史性的反思和分析阐述，以及进行体系性、谱系化的整合。而现代中国学术史上的几大文论研究成果与马克思主义经典文论的关联，以及马克思主义文论与西方马克思主义文论的比较研究，也需要展开。

总之，当下的马克思主义文论中国形态化研究需要强化科学性与完整性意识，而要实现这一面的，题内的应有之义就是要从单向度割裂走向系统性整合，以此来克服断章取义的解读、非整体性的断裂、割裂。同时，更要注意在整体性的研究视阈中找到贯之于几大理论成果之间的理论主题、基本规律与方法论原则。因为，如果没有整体性的研究意识，就很容易使马克思主义文论中国形态化的学术定位、总体特征、体系结构，理论命题与价值评判变得遮蔽而不明。

三

其实，在学术研究之中，问题意识及提问题的能力和方式，总是优先于学科化意识的。因为单纯追求学科化，或者说学科化优先而问题意识滞后甚至付之阙如，往往会导致一种结果，就是研究者往往会被紧紧地束缚在由自身狭小学科的抽象的理论与概念所编织而成的"象牙塔"里，而陶醉于建构自己的"精致"化的学科话语，这样做无疑导致两种后果：一方面，使得复杂概念日益增多，论证日趋繁复枯燥，研究成果日趋深奥、晦涩，甚至是低水平机械的重复。反思近二十年来的马列经典文论研究，逐渐脱离中国的文化、文学现实，分析阐释能力和话语建构能力逐渐下降，正与研究中呈现出的这种学院化、经院化走向分不开。另一方面，又使得本应具有"经世致用"实践品格的中国化马克思主义文论，日益演变成远离当代社会现实的"玄学"，以致自身生机匮乏、活力缺失。因此，当下的马克思主义文论中国形态化研究，一个理当可取的方式应当是从学科划分优先走向问题意识优先。这里所谓的问题意识，就是要使从理论到理论的形上诉求，让位于现实优先的形而下关切；从思想游戏，让位于实践精神；从概念拼图，让位于问题意识；从理论世界，让位于生活世界；从学科营构，走向问题意识重塑。

我们认为，从强调理论研究和学术创新的现实品格这一点而言，马克思主义文论中国形态化即是化入中国当代的文艺文化现象的具体实践批评之中，从具体的文学、文化现象的研究中提升理论。马克思主义的问题意识，主要不是指马克思主义文论中的疑难问题，而是面对当代中国的文化、文艺思潮和文化、文艺发展状况进行提问的意识，是对当代中国的文化、文艺现象和发展经验进行批评实践时应该具有的分析和理论提炼的能力。马克思主义不仅要解释世界，这是一切哲学所具有的，更要改造世界，这是马克思主义的实践性所在。马克思主义文论中国形态化的构造是在具体介入当代文学思想和思潮的话语实践中得以实现的，而不是仅仅存在于学术史的撰写中，更不是存在于理论的推演探讨之中。马克思主义从来都是社会实践和斗争的产物，今天我们在发展中国形态化的马克思主义文论之时，要坚持其实事求是、批判精神、人民立场等核心价值。实事求是地面对当代文学、文化发展之现状和存在的新问题，以批评对话的方式，通过具有深沉的历史理性精神的思想和强大的穿透力的理论辨析，来显示马克思主义的理论超越性和优越性。所谓人民立场，即以是否满足文化民生为出发点和衡量标准，以是否有利于我国社会主义核心价值观建构和增强我国文化软实力为出发点和衡量标准，来分析和评价当前各种文化、文艺现象。在阶级斗争趋于缓和，文化建设成为主要任务的今天，马克思主义的建设性，其致力于文化建设的精神维度应该凸显出来。

在当代文化产业、文化产品的生产和评价、流通和消费中，以及图像阅读，日常生活审美化等现象的研究中，马克思主义的批判精神、人民立场、超越精神具有巨大的理论透视力，比如日常生活审美化现象，在马克思主义看来，只能是有限肯定，因为这种审美化在一定程度上肯定了人的感性物欲的合理性，但更多的应是批判意识，即这种对物的追求，并非审美形式的构造，而是新的物的奴役，新的异化形式。马克思主义反对各种异化，主张人的解放。因此，从马克思主义的立场看当代中国的日常生活审美化的争论，就不能是如某些学者那样的肯定，而是应该更多地对其持一种批判性反思之、规范之的思想和学理态度，这种批判性反思和规范的态度，并非仅仅是出于对日常生活审美化生活方式所体现出的基于消费主义的资源耗竭，更多的是基于对人的解放、对人的精神自由的人文主义坚守。因此，在思考和建构中国化、当代形态化的马克思主义文论时，如何在文化自觉、文化自信、文化自强的基础上，进一步思考能体现当代中国文化利益的美学自觉、美学自信、美学自强问题，亦是非常重要的。

任何理论的生命都来自现实，哲学都是时代的产物，对于马克思主义来说，脱离现实则可能是致命的。如黑格尔所说的，哲学都是时代的产物，它以现实为对象，"所以哲学必然与现实和经验相一致。甚至可以说，哲学与经验的一致至少可以看成是考验哲学真理的外在的试金石"。① 没有现实经验的支持，没有针对现实文化现象的提问能力以及理论提炼和超越能力，马克思主义文论就只能成为图书馆里的经卷，成为没有源头活水的故纸堆。把经典文本变成宗教式的经典，实际上扼杀了马克思主义文本的

---

① ［德］黑格尔：《小逻辑》，贺麟译，商务印书馆1980年版，第43页。

生命力。

四

倘若没有文本视阈与解释者视阈的融合，没有文本与研究者之间的解释学对话，马克思主义的历史叙事就无法进入中国的话语实践，也无法进入中华民族精神的话语空间。同时，唯有通过这种解释学对话才能解构、悬置形形色色的绝对主义、先验主义、基础主义、本本主义、原教旨主义，才能重新唤醒马克思主义经典文论的原创精神，以及让马克思主义经典文论在深度中国化的进程中不断获得一种内在超越。任何理论的生命力有赖于时代所赋予的新的意义，马克思主义的生命力表现在其方法、立场和基本观点的超越时代性上，从今天的视阈发掘并赋予马克思主义文论的当代性是更为重要的课题，这也告诉我们，从过去的一味地框定文本原意的解经式研究方式，走向所谓文本与研究者之间的解释学对话，对于马克思主义文论中国形态化研究和建构而言，确实是一个值得认真考量的问题。

马克思主义文论中国化、当代形态化，类似中国传统文论的现代转化，学界的讨论迄今仍然停留在学术史的梳理，或者停留在原则性的构造，缺乏具体的批评实践和哲学美学的开拓。文学理论是寄生性的，文学理论自身不能产生理论，而必须借助于哲学、美学的突破和文学批评实践、文学思潮的演进。因此，时代迫切需要我们在马克思主义文论中国化、当代形态化的研究与建构的过程之中，提出符合时代需要的马克思主义哲学和美学命题，比如从现代存在论和生命美学的角度重新认识马克思主义的存在观和《巴黎手稿》中的生命美学思想；从后殖民理论的底层概念，重新思考马克思主义的人民性概念，从毛泽东的与工农兵相结合的思想，发展马克思主义文论的大众性原则，并且充分关注当代中国的农民工以及其他社会草根阶层的文化民生和文化权益问题；从马克思提出的“代表”这一概念，以及斯皮瓦克为代表的解构主义的语言学清理，结合毛泽东对知识分子与人民群众关系的理论，以及邓小平、江泽民等论述作家与人民大众的关系的理论，在市场经济和全球化语境中，在网络文学成为重要的文学形态的今天，重新审视作家和人民群众的关系问题，并提出新的理论命题和概念。再比如，在社会文化建设时代，美学所承担的使命不再是动员群众进行革命斗争，也不是具体指导社会美的创造，而是对人的存在状态、人类行为与自然和社会的关系予以哲学思考，其最终目的是维护人的存在的诗意状态。今天，中国马克思主义美学应该批判工具理性，批判功利主义思维，维护生态环境，关心人的灵魂的提升，重新阐释美与真、善的关系，批判商业消费主义导致的日益浅表化的审美观念，关注社会公正，维护社会和谐和自由，尊重文化生态和自然生态的多元化等。正是应该通过对这些当下中国的社会现实及其在发展中所出现的问题的理论层面的分析和评价，在重新发现、重新阐释的过程中来发展马克思主义，发展马克思主义文论话语体系。这些理论生产的原则，是在坚持马克思主义的价值立场和方法，继承马克思主义包括西方马克思主义的思想遗产，追踪性地分析中国当代的文化、文学现象，然后提出新的理论命题，这样可以使当代中国的文艺理论的思想和知识生产走向一种新的局面。那种曾经有过的匍匐在经典之下的经学诠释方式必须放弃，因为这种教条主义方法之弊端是使经典文本的视阈完全控制阐释者本身的视阈，而无视变化了的现实，忘记了现实的具体问题的解决才是赋予经典生命的最重要途径。站在今天的文化语境与经典对话，以经典的思想和方法解决现实问题，经典文本方能获得新的生命。

当代西方马克思主义研究所取得的世界性影响，如法兰克福学派、哈贝马斯、杰姆逊、威廉斯等，他们既非某个党派的领导人，也非学院性的研究者，而是资本主义社会现实的批判者。他们在参与当代社会现实的文化斗争中，在参与英国成人教育以改变工人阶级的命运的社会主义运动中，催生了威廉斯的文化唯物主义和英国文化研究的学术思潮。当代中国的马克思主义文论建设，必须见证中国的现实，对于当前中国现实中所存在的文化矛盾和文化差异，我们要以马克思主义的价值取向和立场，来深刻地辨析之，并且提出解决之策。经典马克思主义的产生是对资本主义社会现实批判分析的结果，社会现实是任何一种理论体系之"源"，所有的思想资源则是"流"。现实在理论的创造中始终应该放置在第一位，反思几十年来马列文论研究曾经走过的弯路，就是因为没有站在马克思主义的立场和方法上，来真实地观察、审视现实，而只是教条化地应用一些经典文句，编织一套说教式的话语，来传达一些指令式的、布道式的东西。如果以抽象的理论为先，就会始终纠缠于诸如西马非马、正统与异端等争论的泥沼之中而难以自拔，而且这种争论还带有特定意识形态时期的政治化的烙印，仿佛判断对方为非马，自己就站在政治正确的制高点上。殊不知，这种运思方式往往会置自己于极端政治意识形态的宰制之下，而政治无意识曾经正是牵制过中国马克思主义文论研究的最大思想和学术障碍。需要明白的是，无论命名为何种理论，是否包含有智慧才是最重要的；理论是否有生命力，是否对现实具有阐释效力，才是理论是否有效的唯一准则，否则就是教条式的死的文本。在这个意义上，我们不反对马克思主义与其他理论的结合，比如弗洛姆把精神分析与马克思主义结合，戈德曼的结构主义的马克思主义，中国当代美学界的马克思主义与海德格尔的结合，新近国学研究中所探讨的马克思主义与国学之会通问题，以及新近宗教理论研究界关于马克思主义与宗教文化之间的兼容关系问题的思考，等等。问题的关键在于，这种结合或会通或兼容，是否能够带来理论的创新，是否能够扩大理论的阐释向度，是否提供了思想的智慧，对于美学和文艺学问题是否提供了新的问题意识和新的论域，以及是否可以增强理论的穿透力。在马克思主义文论建设中，视阈融合不仅表现在研究者与历史性的经典文本的融合，也表现在各种理论文本，包括西方马克思主义文本与经典马克思主义文本、西方文论与马克思主义文论、中国传统文论与经典马克思主义文论等各种话语之间的碰撞和对话方面。所以，在当下中国的整体语境之中，中国化、当代形态化的马克思主义文论只有在与各种理论的碰撞中来凸显自己的优势，才能胜出，才能建构完成，而那种曾经有过的以一种话语宰制其他话语的做法，实践证明是有害于文论建设的。

五

在以往的马克思主义文论研究之中，还存在着只注重本土视阈的历时聚焦、仅固守一种本土内在视阈的倾向，而相对缺乏共时性比较的世界视阈。所以，在强调本土视阈之不可或缺的同时，更应该认识到世界视阈的至关重要，即在马克思主义文论中国化、当代形态化研究过程中，既要有一种历时性的方式来探寻马克思主义文论中国化的时代背景、历史进程、理论前提与内在机理，又要以一种共时性的方式来探究马克思主义文论中国化与马克思主义文论苏俄化、西方化之间的根本差异和共同规律，明了哪些是马克思主义文论中国化的特殊规律、哪些是"普遍规律"，明辨哪些问题可以进入马克思主义文论中国化的问题域，又有哪些异域的方法路径、经验教训可以为之所借鉴、吸收。我们有理由相信，"外在"视阈、他者视阈的引入，将有助于深化我们对于马克思主义文论中国形态化的学理认识，拓宽其研究的问题域，催生研究者的问题意识。同时，这种历时聚焦与共时比较并重的研究理路，亦将有助于我们更加深刻地认识马克思主义文论中国形态化的路径、机制与特质，并且在此基础上形成马克思主义文论中国形态化过程中"中国式提问"的基本原则。

那么，在讨论马克思主义文论中国形态化的中国式提问这一问题时，我们应该着重思考如下几个方面的问题：

1. 大胆吸收中国哲学智慧和传统文化精华。中国改革和现代化建设的伟大实践除了马克思主义的指导外，更有中国哲学和传统文化的大智慧的支持和运用，二者的成功结合构成了中国特色社会主义的实践逻辑，不理解这一点就无法完整准确地理解中国的成功经验。因此，马克思主义文论的中国式提问的基本原则之一，就是要继续大胆吸收中国哲学智慧和传统文化精华，这不仅要求中国化的马克思主义、马克思主义文论应该具有中国作风和中国气派，更为重要的是要始终突出实践逻辑，运用中国哲学和文化智慧来解决实践提出的中国问题（如传统的民本思想、经权之道、反经合道等），诸如《易经》中的辩证思维，中国传统的实践理性、生命哲学和人文精神等，我们通过寻找契合点，在特定的层面上都是可以和马克思主义实现话语会通和话语对接的。而在文论和美学研究中，传统的生命美学、语言观、象喻思维等，通过现代阐释而实现话语转化，在一定程度上也是可以沟通、丰富和发展马克思主义文论话语体系的。

2. 将当下中国社会思想、文化、文艺实践过程中的"中国经验"马克思主义哲学化。"中国经验"的提法，本身即意味着在实际上还处于探索发展的过程之中，在理论上还没有上升到"中国理论"，特别是上升到哲学的高度，具有理论和实践的双重不确定性。因此，自觉地将中国经验马克思主义哲学化是当前我们学科性研究的一个重大的问题，而始终直接面向中国经验进行哲学层面的提炼和升华，则应该是马克思主义文论中国形态化研究中提问方式转型的一项基本原则，也是其最直接的理论资源和内容。

3. 中国与世界互为方法。中国与世界互为方法的现实发展趋势为马克思主义哲学、文论研究中提问方式创新奠定了现实基础，一方面，中国经验受到西方世界的普遍关注，这使得以中国为方法看世界成为现实的可能，对于"中国问题"的理解和解决，可能为世界问题和全人类共同问题的解决提供一些共识性的东西；另一方面，中国作为发展中国家又是以世界为方法的，这就要求我们将中国问题放在世界发展的历史背景下进行思考，以世界为方法，以开放、平等的姿态学习、借鉴。在今天，全球的对话，不同文化价值体的共存是人类共同的认识。对于后发展国家来说，中西的互看，乃至东方文化体系内部如中国文化与日本、与中东伊斯兰文化的互相看视，在比较对话和交流沟通的过程中创造出文化交融的胜景，乃是当代文化在全球化时代的主题。中国当代的马克思主义文论建设就应该置入这种语境之中，在各种文化碰撞的相互吸取中发展自身。

马克思主义文论中国形态化研究在思想资源上，需要处理好的两个方面的问题是：其一，借鉴西方马克思主义、后马克思主义，以及文化马克思主义的思想和方法；其二，马克思主义文论与中国传统文论、西方文论的沟通融合。马克思主义本身就是西方传统思想乃至吸收了当时的世界文明成果的产物，在后来的发展中，马克思主义根据社会发展和社会斗争的实践，吸收了各个民族的思想成果，凝聚了具体时代的思想形态。但是，在中国当代文论研究之中，基本的学术格局仍然是几大块各自为政。人们在书写当代文论问题时，在编写教材和撰写文论史时，仍旧基本分割为文艺基本原理、古代文论、马克思主义文论、西方文论、中国现当代文论等条块来进行。这些当然是学术研究，尤其是基础研究所必需，有助于学术课题的细致推进，但所带来的负面影响也很明显，就是各个论题的分割，仿佛几大块各有自己的问题，自己的方法论，自己的范畴概念。文论研究中这几大块话语系统的融通，不仅表现为应该将马克思主义的方法和立场贯穿于各个文论研究板块之中，也表现在这几大文论话语系统之间的对话和互视，比如以马克思主义文论看视古代文论，以古代文论补偿和发展马克思主义文论，中西马克思主义文论的比较互动，以西方文论发展马克思主义文论，等等。这种互看和补充不应该是曾经有过的"左倾"时代的简单批判，而是实事求是地在学理层面的比较、融通、接受，应该把马克思主义文论的范畴和概念放置在中西文论乃至东方文论的一个平台上，互相观看，互相补充，构造一个戴维·莫利所言的交互话语的领地。马克思主义文论的生命力不是表现为霸权式的对其他文论的统摄，而是表现在其方法、立场和价值观方面，表现在其有能力吸收、同化、发展人类优秀的文明成果上。这就首先要回归马克思主义文论作为纯粹知识和理论的原本面目，在这个基础上，通过与其他知识的对话，通过互相选择、互相阐释、互相观看、互相批判的过程中，来彰显马克思主义文论的生命力，只有这样，马克思主义文论话语的阐释的有效性及其与时俱进的品格才能显示出来，否则马克思主义文论仍然只能停留在学术史之中。

回顾马克思主义文论中国化的历史，有这么几点需要引起我们的格外注意：第一，中国在 1949 年以前的马克思主义中国化，是与中国革命运动密切结合在一起的。第二，1949 年到 1978 年期间，对待马克思主义的教条化思维，给马克思主义文论研究带来了巨大伤害。第三，经典马克思主义和西方马克思主义俱来自对现实社会的批判，而非借助权力凌驾于思想学术之上。任何一种理论，只要借助于权力，成为霸权话语，就会对其他话语形成挤压，而其本身也将异化。中国曾经有过的马克思主义文论的极端政治化、庸俗化倾向便是一个沉重的历史教训。相较而言，西方马克思主义创造了突出的成就，而中国马克思主义文论在世界上尚未有独立的声音，理论建树并不多，这是值得深思的。第四，一旦马克思主义成为完全学院化的研究对象，经典文本就有可能成为没有生命力的经学对象。任何理论创造的基本点是社会现实，而不是先在的教条；思想资源一旦先于社会现实，理论的创造就无从谈起。因此，我们对于马克思主义的坚持，并非体现在恪守某些现成的僵化不变的教条和口号方面，而是以社会现实为先，与时俱进，以立场、价值、方法直面现实，洞悉奥秘，只有这样，马克思主义文论中国形态化研究中的理论创新方才可以期盼。

马克思主义是在具体的社会斗争具体语境中发展起来的，而在中国和平建设年代中曾经发生过的极端阶级斗争哲学，却导致了对于马克思主义的偏离。这就需要我们在学术史层面分析马克思主义发展中的时代性特征，以及在不同的历史阶段所面临的主要任务，通过对于各个历史阶段的具体考察，总结、提炼和发展马克思主义的基本精神，超越那些各个时代因为具体需要而附着在经典文本之上的过时了的阐释，重新回归于马克思主义文本来进行新的阐释，并且努力发掘其中的符合当下正处于和平崛起时代的中国文化建设所需的东西。马克思主义研究的学术史必须不断地重写，这不仅是指在资料的发掘、收集、整理方面的学术推进，更重要的是还要根据当今时代所需，对于马克思主义思想遗产予以重新认识。今天的视阈决定了我们如何面对遗产，学术史的重写并非重复建设，而是一种基于今天的时代和理论高度的重新发现、重新认识。学术史的重写一定要破除对于经典的膜拜式的诠释，文献史的整理是必要的，但膜拜在经典之下就缺乏今人的视阈，这是非历史主义的。今天的阐释应该是古今融合，是带着今天的问题，以今天的立场与经典的对话，从而发掘、激发经典的生命力。马克思主义文论中国形态化建构，要紧紧围绕两个重点来进行：一是马克思主义经典文论的研究，这方面除了历史资料的发掘整理之外，更重要的是能体现当代视阈、中国视阈与马克思主义经典文本视阈的充分融合的阐释。经典阐释并非是一种毫无限制的思想自由跑马，它毕竟要接受马克思主义本身结构的制约，从学理的角度来讲，这一点是不难理解的。二是中国形态化，实际上就是马克思主义与中国实践的结合。中国的实践，具体来说就是中国的政治、经济、文化、文艺现实的状况，后者不断地以新的变化向马克思主义提问，从而有效地推动着马克思主义研究的发展和学术创新。在今天的学术语境中，马克思主义文论研究不应该再以凌驾一切之上的姿态面对其他文论话语，而必须在与各种文论的对话碰撞中，在交互话语的场域中迎战各种理论的挑战。马克思曾经说，理论要彻底才能服人。所谓彻底，指的是具有穿透问题的深刻性。因此，马克思主义文论应该以其自身的思想优势，以其立场、方法的科学性优势，吸收各种思想资源，面对现实的文化、文学现象，不断地丰富自身、发展自身，这是作为当下中国文化建设之有机组成部分的马克思主义文论中国形态化建设的基本要义。

经典马克思主义具有这么几点思想优势：一是批判性，对资本主义制度和现实的异化的批判是马克思主义产生的现实依据；二是理想性，通过无产阶级解放全人类是马克思主义的理想；三是自由性，对社会正义的诉求和人类大同世界的期望是马克思主义的精神所指，马克思主义坚守人的自由和解放，反对一切形式的奴役，这是其最具有哲学性和人文性的地方；四是辩证唯物主义思想，即经济基础论，马克思主义对人类社会秘密的揭示深入到社会的经济层面并持文化附属论立场；五是强烈的实践性，马克思主义要求哲学不仅解释世界，还要改变世界；六是人民性，马克思主义是被剥夺者的、无权者的哲学，是无产阶级斗争的武器，而绝非是学院里的高头讲章；七是历史唯物主义，即宏观历史论，马克思主义把人类社会历史看作一个辩证发展的历史整体，各种文化、文艺现象从属于这一整体，文化、文艺现象完全可以通过对于这一相互联系的整体关系的分析而得到解释。因此，只要资本主义存在，只要人类社会还有阶级存在，只要还存在着不平等的社会文化现象，马克思主义就始终具有现实性，这就是当代西方各种理论，特别是批判理论把马克思主义援引为思想支撑的原因，也是中国马克思主义文论建设的思想依据。

（原载《贵州社会科学》2012 年第 9 期）

马克思主义文学批评中国形态的
历史进程

黄念然

马克思主义文学批评中国形态（以下简称"中国形态"）的建构是一个由世界性理论向民族性理论、由普遍性理论向具体性实践、由精英化理论向群众性意志转化的过程，同时，它也是中国文学理论家推动马克思主义文学批评发展的过程。从这个意义上讲，马克思主义文学批评的中国化就是马克思主义文学批评的民族化、时代化、实践化和大众化。这一建构过程包含着三个基本逻辑环节：一是探索与坚持，即通过译介与传播，去学习和掌握马克思主义文艺基本原理，用马克思主义文艺理论武装文艺工作者的头脑，并在理论探讨与文艺实践中以正确的态度加以坚持和运用。二是结合与转化，即把马克思主义文艺原理同中国文艺实践相结合，突出强调它对中国文艺的实践性和针对性，并实现理论风格的空间转换和理论应用的时间转换。三是发展与创新，即基于对文艺实践的深度追问，对文艺理论的批判性改造，不断践行文艺实践及其理论探讨的历史性反思，进行理论创新，形成中国特色、中国风格、中国气派的马克思主义文学批评。本文将以上述"四化"和"三环节"为主要线索，寻绎马克思主义文学批评中国形态建构的总体发展历史。

一 马克思主义文学批评中国形态的发生
和毛泽东文艺思想的形成

从马克思主义文艺理论传入中国到毛泽东文艺思想的形成这一历史时段是"中国形态"的萌生、发展期。其历史跨度大致为近现代之交到新中国成立。

（一）马克思主义文艺理论早期译介与传播中的选择性吸收

五四运动以来，马克思主义文艺理论在中国的早期译介和传播同留学生有着密切的关系，其主要传播途径有日、俄、西欧三条，其传播特点表现在革命性的视阈和对唯物史观的强调。这种以日、俄等译本为中介的传播由于理论来源的间接性，既使得译介与传播中的个人创造性得以发挥，也不可避免地存在对理论文本的过度诠释或误读。

五四运动前后的译介与传播较之前期有了明显的进步与提高。早期共产党人如李大钊、陈独秀、瞿秋白等在译介与传播中强调了马克思主义文艺理论的革命性和意识形态功能。一些著名文艺社团对马克思主义文艺理论的译介与传播起了推动作用。如"文学研究会"对现实主义文学理论的传播，"创造社"批评群体对马克思主义文艺理论的倡导，以及"未名社"和"太阳社"对苏俄文艺理论的译介与传播，都在这一时期起着薪火相传的作用。左翼文艺界则将译介与传播推向了一个新高潮。其突出表现是：译介与传播的重心从阐释性文本向经典性文本转移，形成了马克思主义文艺基本原理引进和革命文学实践相结合的基本译介原则，展现出从混杂走向清晰的总体发展态势。

（二）"文艺大众化"论争与马克思主义文学批评中国形态的建构

"中国形态"的建构历程同20世纪以来中国文艺界关于文艺重大问题的论争有着密切的关系。发生于20至40年代的"文艺大众化"论争充分体现了中国化的马克思主义文学批评在大众化方面的自觉追求。这种追求既体现在文艺制度的初建方面，也体现在理论探讨之中。比如，在20年代中后期，"创造社"就通过设立介绍马克思主义文艺理论基本概念与范畴的"新辞源"栏目来进行文艺大众化的启蒙，甚至在译介与传播活动中将"普罗化"制度化；而"太阳社"在其理论探讨中通过形成自己的文学理论链（如蒋光慈的"革命"的文学——"新写实主义文学"——"普罗文学大众化"）和无产阶级文学批评规范（如钱杏邨的思想内容和艺术方法"二分法"）来达到大众化、普及化的目的。30年代左翼文艺运动在文艺大众化讨论中的理论探讨呈现出从多向展开到浮现重大理论问题的发展态势，诸如瞿秋白的文艺大众化"三化"原则的主张（题材的斗争化、体裁的朴素化、作者的工农化），鲁迅对苏联"同路人"理论的选择性接受，左联在文艺大众化讨论中的身份想象（"大众写"还是"写大众"、"大众化"还是"化大众"）等，最终汇集为对新旧形式关系、大众语和通俗化等核心问题的辩论，为后来的延安文艺大众化运动的理论探讨和文艺实践奠定了基础。延安时期的诗歌大众化问题讨论以及戏剧改革和新文艺推广运动（新秧歌、新歌剧、文艺下乡）中的文艺大众化探讨，相较于左翼的文艺大众化探讨，实现了从理论话语到现实实践、从抽象的"大众"到阶级的"大众"等方面的重心转移。

（三）"民族形式"论争与马克思主义文学批评中国形态的建构

"民族形式"论争主要围绕三个层面展开，并在"中国形态"建构中取得一定实绩：

1. 文艺"民族性"的意识觉醒催生了中国形态建构过程中对文艺民族特性的思考与体认

茅盾、邓中夏、蒋光慈、鲁迅等人将"民族性"范畴引入理论探讨与文艺实践中，起了导夫先路的作用；在文艺民族性探讨向左、中、右三翼展开的过程中及其相互论战中，左翼将文艺的民族性问题同革命现实和民族性改造联系起来，一定程度上给这一问题的探讨打上了革命功利性的印记。抗战前夕中国共产党人对文艺"民族性"的体认则为后来的"民族形式"论争确立了一种文化学的思考角度，诸如艾思奇的文化遗产继承理论、何干之的民族传统文化观以及陈伯达对马列主义与中国共产党和中国民族文化传统之间"应然"关系的论述等，都是这种文化视角的突出体现。文艺民族性问题和文化民族性问题也由此有机关联起来，并为后来中国共产党人的新文化构想提供了一个从文艺入手解决文化问题的思路。

2. 核心问题的浮现

"民族形式"问题论争最终聚焦于旧文艺的新式化和新文艺的民族化、民族文艺与西洋文艺的关系、新文艺的民族形式与现实主义的关系三个核心层面，深刻表明学界对"民族形式"问题的认识得到了进一步的深化。

3. 毛泽东"民族形式"理论的成形与拓展

毛泽东1938年提出的"中国作风与中国气派"不仅具有方法论意义，也为国统区和延安根据地对"民族形式"的进一步论争给出了理论依据。1940年他在《新民主主义论》中对"民族形式"理论的进一步丰富，既实践着他的政治革命与新文化思想的结合，也使"文艺界民族形式运动"

得到进一步拓展，如周扬对民族化与文艺发展新方向的阐述，光未然对民族形式表现的剖析，郭沫若对文艺民族新形式与大众关系的论述，以及潘梓年对"大众化"与"民族化"的关系的分析等，都是毛泽东"民族形式"理论在各具体层面的展开与补充。

（四）毛泽东文艺思想的形成

作为"中国形态"建构之典范的毛泽东文艺思想，是毛泽东及其他马克思主义文艺理论家运用马克思主义的世界观和方法论考察、研究、分析文艺问题的科学体系，是马克思主义文艺理论同中国文艺实践相结合的产物。《在延安文艺座谈会上的讲话》（以下简称《讲话》）是毛泽东文艺思想形成的重要标志，其中有在时代革命和新文化构想的实践中进行文艺批评的时代创新意识，有把"为人民大众"作为其理论出发点的人民大众意识，也有大力提倡具有中国气派与中国作风的文艺批评的民族意识。从这个意义上讲，它是推动马克思主义文艺理论中国化、民族化的典范之作。同时，我们也应认识到其他马克思主义文艺理论家在毛泽东文艺思想形成过程中的重要作用。比如：瞿秋白的马克思主义文艺观及其在译介方面的巨大贡献与毛泽东文艺思想的形成有着不容忽视的联系；鲁迅对文学与政治、文学与革命、文学与人民群众的关系等问题的阐述，对文艺社会作用及文艺真实性、阶级性与人性等的剖析，都达到了那个时代马克思主义文学批评中国化的新高度，这在毛泽东的"鲁迅论"中得到了充分的肯定；冯雪峰的革命现实主义的理论建树、"鲁迅论"中的马克思主义文学批评实践、"主观力"与"人民力"的创新性以及《论民主革命的文艺运动》中的理论探索，都足以说明鲁迅在"中国形态"的建构和毛泽东文艺思想形成中的重要成就。此外，茅盾的现实主义文学理论对毛泽东的文艺源泉论的补充，张闻天的新民主主义文化建设理论（新文化四要求：民族的、民主的、科学的、大众的）对毛泽东的新文化构想的启发等，都在"中国形态"的建构史上值得书写一笔。在中国现代文艺思想史上备受争议的周扬，其文艺思想的理论品格及其与《讲话》的互动关系也值得学界进行新的开掘。而胡风的实践性文艺观及其创造性转换并不因其后来的个人悲剧而掩盖其与毛泽东文艺思想之间的内在联系，他的"主客观化合论"是对文艺创作规律的深刻揭示，他的"精神奴役创伤论"体现了对异化问题的本土探索，他的"主观战斗精神论"体现了对作家主体意识的关注，他的

"到处都有生活说"则是对毛泽东文艺源泉论在实际操作中疏漏的弥补。所有这些，都说明毛泽东文艺思想是一种创造性的集体智慧的结晶。

二 马克思主义文学批评中国形态的发展与变异

从中华人民共和国成立至"文化大革命"结束，是"中国形态"进一步发展以及在特殊历史条件下发生变异的时期。"十七年"文学批评在当代文学进程中扮演着创新"革命文艺理念"、整合中外文学资源、确立文学新秩序等方面的重要角色，其目标是建构社会主义文学理论新秩序。这一时段受苏联政治与文艺思想的影响，出现过多次思想批判运动，但在坚持和巩固马克思主义文艺理论上，其主流仍是积极的、正面的，"中国形态"的建构也仍然处于发展之中。"文化大革命"十年，由于"左倾"理论的盛行，"中国形态"的建构出现了严重的变异，产生了多种理论误区和现实灾难，其中的教训非常深刻。

（一）"十七年"文学批评：科学性、现代性理论改造与"中国形态"的巩固

"十七年"文学批评对中国本土的传统文艺批评以及五四运动以来的各种资产阶级文艺批评进行了马克思主义的批判性继承和科学化的改造，一定程度上巩固了"中国形态"。这种科学性、现代性改造主要有三条途径：一是中国共产党领导人为适应社会主义建设时期的文艺发展以及为摆脱苏联政治与文艺思想的束缚而进行的调整。比如，毛泽东在《同音乐工作者的谈话》中对"民族化"问题进行了更深入的阐述，他提出的"双百"方针不仅符合文艺发展的内在规律，更从民主性的理论高度提升了"中国形态"的理论品格，他带有鲜明方法论特色的"古为今用、推陈出新"思想既是马克思主义历史辩证法在文艺问题中的创造性运用，也为"中国形态"的建构指明了民族化的努力方向。周恩来在社会主义时期马克思主义文艺理论中国化进程中，充分考虑到文艺的固有特性和它作用于人与社会的特殊实现方式，对社会主义的文艺价值取向以及文艺的阶级性与人民性、继承性与创造性、民族性与世界性、生活真实与艺术真实、物质生产与艺术生产的关系、党对文艺工作的领导与艺术民主、作家的个人素质建设、知识分子与工人阶级的关系等诸多文艺问题作了全面的辩证的

阐述，不仅超越了单纯从社会政治的视角来要求文艺和仅从文艺本身看文艺的局限，而且在延续和加快发展马克思主义文艺理论中国化的历史进程方面作出了不可磨灭的贡献。二是当时主流文艺方针与代表人物在对毛泽东文艺思想的宣传和实践中进行马克思主义文艺基本原理同中国文艺批评实践相结合的理论探索，也在一定程度上起到了深化马克思主义文学批评中国化实践的积极作用。比如，周扬在批判修正主义和清算教条主义两条战线上"作战"时，对文艺艺术性、创作规律作了集中体认和阐发。他对形象化的强调，对艺术特殊性的重视，在克服公式化、概念化方面的努力，都有其积极的作用。何其芳坚持用历史唯物主义原则进行文学史研究，对当时流行的"厚今薄古"观念进行了反驳，他关于艺术典型问题的"典型性并不等于阶级性"的看法，他的"实践是检验一切理论的标准"的主张以及著名的"共名"说等，都使得一些重要文艺理论问题得到了进一步探索。三是那些被边缘化、处于政治斗争风口浪尖而又执著于真理的文艺理论家们在理论探讨的"破"与"立"中接续着马克思主义文学理论的血脉。就"破"而言，有胡风在其体验现实主义文艺思想中以"主观战斗精神"对流行的"主观公式主义"和"文艺宗派主义"的批判；有秦兆阳在其现实主义理论探索中对苏联的"社会主义现实主义"创作方法和"文艺从属于政治"观念合理性的质疑；有黄药眠"生活实践论"对苏联教条主义文论的批驳；也有学界"干预生活"命题对苏俄"无冲突论"的突破。就"立"而言，在文学内部规律探讨中，有巴人的"人情"论、王叔明的"人性"论、钱谷融的"文学是人学"、邵荃麟的"中间人物"论和"现实主义深化论"以及张光年的"题材多样化"论等。此外，在马克思主义美学中国化的初步尝试方面，王朝闻的马克思主义审美经验论对中国鉴赏家和艺术家美学传统的创造性继承、《新艺术创作论》对艺术辩证法的阐扬，以及《美学概论》在马克思主义美学中国化的普及方面的探索，在这一时期都是难能可贵的。

（二）政治化与马克思主义文学批评中国形态的变异

"文化大革命"是形势认识和理论追求出现严重错位的产物。"无产阶级专政下继续革命的理论"对马克思主义中国化正确方向的背离，给文艺界带来了一场浩劫，也使得马克思主义文学批评中国形态的建构发生了断裂与变异。文艺界的主流意识形态及其理论的推广与宣传者通过歪曲马克思主义文艺理论而为现实的政治斗争服务（如"部队文艺工作座谈会纪要"），不仅没有为马克思主义文学批评中国化的实践提供新的理念，反而在极"左"路线和庸俗社会学的主导下，完全歪曲和篡改了马克思主义文艺理论所强调的现实主义及其真实性原则，将文艺的政治性、功利性推到实用主义的极端。这一时段的马克思主义文学批评理论的探讨陷入了多重误区，出现了文艺性质认识中的所谓"从属论"、"服务论"、"工具论"，创作方法认识中所谓的"三突出"、"两结合"、"题材决定论"，以及文艺与生活关系认识中的所谓"唯一源泉论"、"改造先行论"。

三 新时期以来马克思主义文学批评中国形态的建构实践

新时期开始至今（指"文化大革命"结束至今）是"中国形态"建构的多元综合创新期。其中，"文化大革命"结束到 20 世纪 80 年代中期是文艺理论界的自我反思和调整期，文艺学的各种论争对于恢复马克思主义文艺学说的指导地位、重启"中国形态"建构，起了积极的推动作用。邓小平文艺思想是这一时期"中国形态"建构的创新性、典范性成果。80年代中期到 90 年代初期，"中国形态"的建构在学界的理论自主性追求中稳步前行。90 年代以来，社会文化转型语境下的"中国形态"的建构实践则具有面向当代、面向世界、注重对话、注重理论创新的鲜明时代特征。

（一）新时期以来的文艺学论争与"中国形态"的建构实践

从"文化大革命"结束到 20 世纪 80 年代中期，伴随着文艺学问题的各种论争，"中国形态"的建构在论辩中发展，其间伴随着各种对立因子的碰撞与冲突，如文艺观念的旧与新、对马克思主义理解的浅与深以及政治气候的阴与晴等，将"文化大革命"结束伊始理论界霜冻初解的历史场景一并展现了出来。文艺与政治关系作为马克思主义文学批评中最重要的问题之一，经过反复论辩，最终正式以"文艺为人民服务、为社会主义服务"取代"文艺从属于政治"、"文艺为政治服务"的口号。这次拨乱反正强调了文艺的相对独立性，对党的文艺方针作了重大调整，为"中国形态"的建构打开了思想解放的新局面。

现实主义问题论争及其相伴而生的艺术真实和艺术典型问题的论争，

强调了文艺与生活的联系及艺术真实与生活真实的区别，突出了思想性和艺术性的统一，区分了自然主义与现实主义的界限，清理了"写真实"与"写本质"的关系，开掘了艺术典型的多种内涵和基本特征，一定程度上恢复了马克思主义的现实主义文学理论的原貌。其中贡献尤大者是理论家陈涌，他以"真实性"与"倾向性"、"典型"与"阶级性"、"美学"与"历史"等核心范畴构筑其现实主义文学理论体系，注重培育理论感、历史感和艺术感"三感"的结合，始终坚持把握经典文论应回到经典作家的原著和回到对象（作品）本身。"两结合"问题论争中，王元化用感性—知性—理性三分法的哲学认识论，取代感性—理性二分法，廓清了学界对马克思"由抽象上升到具体"这一经典命题的惯性认知①，对文艺界的"抓要害"、"抓本质"、"写本质"、"三突出"等错误文艺观进行了认识结构上的纠偏。不少论争使得马克思主义文艺理论的原貌得到了不同程度的恢复与应用，比如：在"形象思维"问题论争中引入马克思主义认识论中关于"掌握世界"方式的论述，用马克思主义历史唯物论解释"共同美"的形成，用马克思主义的"美学的和历史的观点"取代"政治标准第一、艺术标准第二"的文艺批评原则，在"文学的人民性"问题的论争上打破了言"人民性"必取消"党性"原则的理论禁区，从"民主性精华"的理论高度上承认了"人民性"存在的合法性，等等。一些论争则凸显出"中国形态"建构的自觉意识。如：艺术生产与物质生产发展不平衡关系问题的论争直接同社会主义时期经济与文艺建设的现实联系起来；在从人性、人道主义的讨论到"文学是人学"命题的重新确立过程中，周扬、黄药眠、王蒙、钱谷融等学者或从理论的自我批判，或从马克思主义社会实践理论，或从创作经验的实际，或从人性共同形态与典型的关系等方面，不同程度地深化了对这一命题的本土探索。

（二）邓小平文艺思想的创新性及其对"中国形态"建构的影响

邓小平文艺思想是中国特色社会主义的文艺思想。它作为当代马克思主义和当代中国文艺实践相结合的产物，是马克思主义文艺学说和毛泽东文艺思想在新的历史条件下的继承和创新性发展。文艺学界在邓小平文艺思想指导下，深入进行"中国形态"的探索，在一些方面取得了突破性进

---

① 王元化：《论知性的分析方法》，《上海文学》1982 年第 9 期。

展：（1）在文艺与政治及社会生活关系问题上，通过纠正传统机械反映论的偏颇，深入探讨了文学主体性及艺术反映能动性问题。（2）在文艺本质问题上，吸收传统意识形态论、艺术反映论的有益成分，整合现代西方哲学、美学思想，先后提出了情感本体论、自由象征说、审美反映论、审美意识形态论等多种新学说，丰富、拓展和深化了对文艺本质的认识。（3）在文艺理论哲学基础问题上，以马克思主义的哲学反映论或辩证唯物主义的认识论为基础，深入拓展了以历史唯物主义为基础的哲学实践论的研究，一定程度上实现了文艺理论研究中实践品性的回归。（4）通过对人性、人道主义和异化问题的论争，重新确立了"文学是人学"的命题，并对马克思主义人学理论进行了补充和丰富。（5）重新探索了马克思主义倡导的"美学的观点"与"历史的观点"有机统一的理论，初步建立了"外部研究"和"内部研究"相结合的文艺理论研究格局。

（三）实践论美学的拓展与"中国形态"的建构

　　20世纪50—60年代关于"美的本质"的美学大讨论，到了80年代演化为实践论美学的独树一帜，促其蓬勃发展者当推李泽厚、朱光潜、蒋孔阳等人。李泽厚的主体性实践美学通过马克思主义的实践观改造康德的先验主体性，突出了"实践"范畴中潜含的"主体性"内涵，这对于推动美学摆脱静态的认识/反映模式，对于文艺学界突破长期以来所习惯的哲学—文艺社会学阈限，有着深远的意义。李泽厚的"积淀"说，虽然只是对"实践"范畴之于僵硬的心物、主客以及感性与理性对立的超越等问题的理论猜想，但其对康德先验认知模式、荣格原型理论、贝尔"有意味的形式"、皮亚杰的发生认识论原理和格式塔心理学的"异质同构"等西方思想资源都进行有效吸纳，并与马克思的"自然的人化"等思想相互参证，不失为一种当时高出国内同侪的本土理论创构。朱光潜之于"中国形态"建构的重要意义不仅仅在于他呼应李泽厚引用马克思实践观点的做法，将其"美是主客观统一"观点与马克思的实践论融为一体，借以形成新的实践论美学观；更在于他的自我解剖、自我批判精神和对真理永不停息的寻求，以及对马克思主义的自觉学习与不断发现。相比某个概念范畴或理论形态的建立，这种精神在未来的"中国形态"探索中更弥足珍贵。"美在创造中"是蒋孔阳自选集的书名，是其美学思想新体系的凝练，也是其学术品格与心路历程的集中体现。他的以实践论为哲学基础，创造论为核心的审美关系论，其理论创新是多方面的，诸如"美在创造中"、"美是多层累的突创"、美是"自由的形象"等多个命题的提出，不仅继承了马克思主义学术研究的历史性研究和逻辑性建构相结合的原则，更显示出历史总结和再创造的品格。

（四）理论自主性的追求与"中国形态"的建构

在理论自主性的追求中拓展马克思主义文学批评理论的深度与广度是这一时期"中国形态"建构特点。主要体现在：（1）对文艺研究方法的多元化追求。20 世纪 80 年代中期以来，各种西方现当代文艺学方法被纷纷引进本土文艺批评实践，并大致形成了科学主义和人文主义两大派别。它们对批判庸俗社会学和机械论的思维方式、推动文艺研究方法的多样化、丰富和发展马克思主义的辩证思维，起到了一定的促进作用。（2）文学的主体性论争。刘再复的文学主体论作为对"文学是人学"这一原有命题的深化努力，因其"主体"的先验给定性而陷入理论盲区，与马克思关于人的主体性发展的三大历史形态的理论也有所偏离，并由此引发了学界关于文学主体论与文学反映论的论争与冲突。它在"中国形态"建构进程中的意义就在于它引发了学界对庸俗社会学之弊端的思考和对单纯认识论文艺学的反思与批判。（3）文学"审美反映"论和"审美意识形态"论的确立。从其形成过程来看，它们是中国学者在坚持马克思主义文艺基本原理的同时，整合本土理论创造（如王国维的超功利艺术本质观、鲁迅的"不用之用"文艺本质观、朱光潜的艺术审美本质理论、蔡仪的形象反映说、李泽厚的情感表现说、王朝闻的艺术审美反映说等），又经钱中文、童庆炳、王元骧等学者通过对文学政治工具论的深入批判和对文学特殊性的深度开掘，并整合马克思主义的存在与意识的关系理论和经济基础与上层建筑的关系理论而形成的。可以说，它们既是中国当代学者的集体理论结晶，也是对马克思主义文艺理论的创造性延伸。（4）在"中国特色的文学理论"的建设性探讨中初步提出中国特色文学理论的当代形态构想。陆贵山、朱立元等人的当代马克思主义文艺学体系建构和董学文的以文学理论科学性诉求为理论支撑的建设有中国特色的马克思主义文艺学当代形态的构想，是这一时期的重要收获。

（五）社会文化转型语境下马克思主义文学批评中国形态的建构实践

20 世纪 90 年代以来，随着市场经济的开启和中国社会全面而深刻的转型，文学批评在多元化和多样化的追求中走向"众声喧哗"。"中国形态"的建构呈现出面向当代、注重比较与对话的特征。其建构实践主要体现在以下几个方面：

1. 文学"现代性"论争与"中国形态"的建构实践

20世纪90年代中国学界在文学批评领域逐渐展开"现代性"的论争，由于"现代性"话语内涵的多义指向，使得这一视阈下的文学批评实践陷入了某种困顿，但它关于中国文学现代性规范的剖析、关于中国现代化进程与文学思潮发生之间内在联系的分析，一定程度上引发了人们对马克思主义现代性理论的深度思考。它在现代性视野中进行的中国文艺思潮史研究，则是借鉴西方理论对马克思主义文艺史观的本土拓展。

2. "人文精神"大讨论与"中国形态"的建构

这场针对性明确而其内在含义却甚为模糊的讨论作为"对精神滑坡的集体抗衡"，① 主要是在精神/物质的论述结构中去质疑交换原则和消费逻辑对精神文化的压迫。钱中文的"新理性精神"论、童庆炳的"文化诗学"、鲁枢元的"生态文艺学"等，是文艺学界作为对现实人文精神之失落的回应。这其中，"新理性精神"论是马克思主义文艺理论中国化指导下构建人文精神的新尝试。"文化诗学"主张在市场化、产业化及全球化语境下通过对文学文本和文学现象的文化解析，提倡深度的精神文化，提倡人文关怀和诗意追求，是对马克思主义人文关怀的新回应。

3. "文化转向"与"中国形态"的建构

20世纪90年代以来，西方"文化研究"进入国内文学批评视野。由于马克思主义文化理论对文化研究具有深远影响，文化研究的一些重要理论框架、阐释模式乃至概念范畴都在以不同方式回归马克思。因此，探讨马克思主义文化理论的内容特点及其与文化研究的关系、探讨马克思主义文化理论与文学理论的关系、马克思主义文化理论与当代批评建设的关系、为当代文化批评寻找坚实的理论支持，一直是90年代以来学界关注的热点。其中对于"中国形态"建构具有启发意义的是：（1）一些"文化研究"学者力倡文化研究理论的本土化及中国学派的建立；（2）市场经济条件下伴随着文艺新业态的产生而兴盛的本土"文化产业"论。

---

① 罗四鸰：《对精神滑坡的集体抗衡——陈思和答关于"人文精神大讨论"的若干问题》，《文学报》2008年12月18日。

4. "理论创新"时代的"中国形态"建构

进入 21 世纪以来，在"三个代表"重要思想和科学发展观、社会主义和谐社会论的指引下，特别是在党的十七大报告明确提出要与时俱进、"不断推进马克思主义中国化"的思想激励下，文艺理论界掀起理论创新的热潮，"中国形态"的建构真正步入了一个理论活跃期。这些理论探讨呈现出多元化的探索路向：（1）开始探讨"马克思主义文艺理论中国化"这一命题的科学性和其中的"中国化"的基本含义。对中国化与民族化、大众化、时代化、实践化之间的联系和区别展开了深入的探究。（2）开始对马克思主义文学批评中国化的进程进行历史分期描述或研究，形成了"三期"说（经典著作译注期、理论体系探讨期和当代形态建构期）和"五期"说（启蒙、奠基、"十七年"、"文化大革命"、新时期）。① （3）开始总结中国化马克思主义文学批评的基本特征（如革命实践性、伦理意识形态性、整合和谐性等）。② （4）开始探讨马克思主义文学批评中国化的理论形态。如提出以马克思主义实践论哲学与人学的统一为理论基点的主体论、本体论与价值论有机统一的系统整合式批评形态。③ （5）开始探讨马克思主义文学批评中国化的基本路径。如提出"中国化"、"民族化"、"科学化"相统一的建构途径和发展道路。（6）开始总结马克思主义文学批评中国化进程中的重大环节和重要理论成果。（7）考察了中国化马克思主义文艺批评标准与方法的演变。（8）从艺术人类学视角对马克思主义文艺理论话语中国化问题作了解析、评估和展望。（9）初步分析了马克思主义文论中国化研究中的全球化语境。（10）剖析了马克思主义文艺理论中国化中存在的问题，对"去政治化"、"去意识形态化"或融合西方理论以标榜马克思主义文艺理论中国化等各种"泛马克思主义文艺理论中国化"现象进行了清理和批判。④

---

① 季水河在《回顾与前瞻：论新中国马克思主义文艺理论研究及其未来走向》（中国社会科学出版社 2009 年版）中将新中国的马克思主义文艺理论研究分为经典著作译注期（1949—1979年）、理论体系探讨期（1980—1988 年）和当代形态建构期（1989—2003 年）三个阶段。朱立元在《马克思主义文艺理论中国化研究》（经济科学出版社 2009 年版）一书中将其分为启蒙、奠基、"十七年"、"文化大革命"、新时期五个时段。

② 张玉能：《中国化马克思主义文学批评的美学特征》，《青岛科技大学学报》2010 年第 6期。

③ 赖大仁：《关于马克思主义文学批评的当代形态》，《中国人民大学学报》1999 年第 2 期。

④ 董学文：《马克思主义文艺理论中国化问题的反思》，《文艺理论与批评》2008 年第 2 期。

由上可见，马克思主义文学批评中国形态的建构是一个铢积寸累、在曲折中前行的艰难历程，是一个中国数代学人不断寻求马克思主义文学批评中国形态的内容和形式、实践形态和理论形态、政治过程和文化过程相统一和完善的动态历史过程，也是一个中国特色逐渐形成同时又伴随着中国文学批评本身"既济"（完成性）和"未济"（未完成性）相纠结的辩证发展过程。认真清理这一历史进程并提炼出切实可靠的历史经验，必将为马克思主义文学批评中国当代形态的建构提供有益的借鉴。

（原载《中国人民大学学报》2012 年第 2 期）

马克思主义文学批评的"文化转向"

张永清

作为世界性的批评主潮，马克思主义文学批评迄今已走过了 170 年的历史。作为这一潮流有机组成部分的中国马克思主义文学批评，尽管有着其自身鲜明的理论个性与批评风格，但也深受国外马克思主义文学批评的影响。在此，我们无意于马克思主义文学批评的整个历史，只关注 20 世纪 90 年代以来中国马克思主义文学批评的发展趋向。我们的基本判断是，自 20 世纪 90 年代以来，由于社会现实的巨大变革，在国外马克思主义的深刻影响下，文化转向已深植于我们的马克思主义文学批评之中，进而促生了一种新的批评形态即马克思主义的文化批评。如何理解和把握马克思主义文学批评的文化转向？本文拟从以下三个方面对此问题作相关思考与探究：第一，在马克思主义文学批评的整体格局中来审视中国当代马克思主义文学批评的基本走向；第二，文化转向的主要特征及其在批评潮流中的具体表现形式；第三，文学批评伴随文化转向而产生的一些突出问题。

一

如何从整体上来把握马克思主义文学批评的历史？文化转向在其批评的历史中又是如何发生与呈现的？正如马尔赫恩所言："'文学'和'批评'已经不再是一个稳定的研究领域和过程；至于'马克思主义'的含义则一直是 20 世纪文化中意见最为分歧的。"[①] 我们认为，英国的马尔赫恩与伊格尔顿的相关分析与阐释为我们提供了可资借鉴的理论框架与批评图

---

① ［英］弗朗西斯·马尔赫恩编：《当代马克思主义文学批评》，刘象愚等译，北京大学出版社 2002 年版，第 1 页。

式。马尔赫恩在写于 1992 年的《当代马克思主义文学批评》的导言中，运用历史的方法把 1840 年至 1990 年这 150 年的批评历史划分为三个相位，并对此作出了相应的理论阐释。首先，他对缘何运用历史的方法作了扼要说明："过去是现在的前历史，作为传统，它本身又是现在这个舞台上的演员；没有历史的理解，我们就无法解释现在，也无法评价现在提供给我们的种种选择。"① 其次，他所划分的三个不同相位分别为："古典主义的或科学社会主义的相位"，这一相位由马克思、恩格斯创立，持续到 19 世纪后半期与 20 世纪前半期。它主要由两个批评思潮组成，一个以考茨基、普列汉诺夫等为代表，他们深受 19 世纪自然科学与实证主义的影响，主要是在科学精神尤其是自然科学精神的感召下从事文学批评活动；另一个则以列宁、托洛茨基等为代表，他们主要是从革命、政治的角度从事文学批评活动，提倡一种"介入文学"。"具有自我批判的相位"兴起于 20 世纪 20 年代，在 20 世纪 30 年代中成熟和趋于多样化，此后在 20 世纪 60 年代确立了一种"非正统"的规范。这一相位主要以卢卡奇、法兰克福学派、萨特、戈德曼等为西方马克思主义代表，他们将文化和哲学问题作为批评活动的主要对象。"批判的古典主义相位"兴起于 20 世纪 60 年代早期，主要体现在文化唯物主义和反人道主义的批评潮流中，主要代表人物有威廉斯、阿尔都塞、马舍雷、伊格尔顿、詹姆逊等。在马尔赫恩看来，这一时期的批判风格对文学批评产生了尤为深刻的影响："它们在方法上是'社会学'的，'历史的'和'政治的'。……事实上，这些含义对古老的文学批评世界是致命的。就其最一致的含义来说，它们瓦解了文学这一学科赖以建立的深层分类学和标准性原理，并以这一方式——文学战斗中恰如其分的高潮——解构了文学全体的想象力。'文学'与'批评'本身受到质疑。"②

在马尔赫恩的"三分法"启示下，伊格尔顿在写于 1995 年的《马克思主义文学理论》一文中，将马克思主义文学批评分为四个基本模式，它们分别是：人类学的、政治的、意识形态的和经济的批评。从他们两人的具体论述看，马尔赫恩的第一相位大体包括了伊格尔顿的人类学和政治批

---

① ［英］弗朗西斯·马尔赫恩编：《当代马克思主义文学批评》，刘象愚等译，北京大学出版社 2002 年版，第 2 页。

② 同上书，第 16 页。

评模式，第二相位相当于意识形态批评模式，第三相位相当于经济学批评模式。如果以此来审视改革开放以来的马克思主义文学批评，我们主要受到了第二、第三相位或者是意识形态的与经济的批评模式的深刻影响。换言之，马克思主义批评的文化转向的理论资源与批评实践主要来源于以法兰克福学派和伯明翰学派为代表的西方马克思主义。从时间方面看，我们对法兰克福学派的接受大致是在20世纪80年代，而对伯明翰学派的接受则要晚些，大致在20世纪90年代。尤其是进入21世纪以来，有些学者甚至断言，马克思主义文学批评已经难以适应现实社会的需要，已经被马克思主义文化批评所取代，由此可见文化转向对马克思主义文学批评所产生的巨大影响。

二

何谓文化？为了便于说明问题，我们有必要对威廉斯的文化定义作简要描述。第一层面是文化的理想定义："就某些绝对或普遍价值而言，文化是人类完善的一种状态或过程。如果这个定义能被接受，文化分析在本质上就是对生活或作品中被认为构成一种永恒秩序、或与普遍的人类状况有永久关联的价值的发现和描写。"[1] 第二层面是文化的文献式定义："文化是知性和想象作品的整体，这些作品以不同的方式详细地记录了人类的思想和经验。从这个定义出发，文化分析是批评活动，借助这种批评活动，思想和体验的性质、语言的细节，以及它们活动的形式和惯例，都得以描写和评价。"[2] 第三层面是文化的社会定义："文化是对一种特殊生活方式的描述，这种描述不仅表现艺术和学问中的某些价值和意义，而且也表现制度和日常行为中的某些意义和价值。从这样一种定义出发，文化分析就是阐明一种特殊生活方式、一种特殊文化隐含或外显的意义和价值。"[3] 伊格尔顿在《文化的观念》中将其概括为作为乌托邦的文化、作为艺术创造的文化、作为生活方式的文化。尽管可以将文化的历史远溯至柏拉图，我们在此只关注文化与马克思主义传统的关系。我们认为，文化

---

① [英] 雷蒙·威廉斯：《文化分析》，赵国新译，载罗钢、刘象愚主编《文化研究读本》，中国社会科学出版社2000年版，第125页。

② 同上。

③ 同上书，第125—126页。

在马克思主义尤其是西方马克思主义的传统中占据着极其重要的位置，有的学者甚至将其命名为"文化马克思主义"。对于文化马克思主义而言，文化之所以"既是至关重要的，又是明显次要的"①，是源于它在整个人类社会生活中所处的位置与所承担的功能以及与政治、经济等其他要素之间的复杂关联性，"一方面是对马克思主义经济决定论的拒绝，文化主义者认为社会过程是经济、政治、文化复杂决定的结果，其中没有任何一个决定因素居于首要地位；另一方面，他们更广义地看待文化——整体的生活方式，从这点出发，文化就是社会过程本身，是经济和政治的组成部分……他们给予文化和艺术以绝对优先的地位，因为这种实践与整体的人类生活是紧密相关的，并且因为文化设施和体制在人们生活中起着越来越重要的作用。"②

整体看来，西方马克思主义有两次十分显著的文化转向：第一次始于20世纪20年代，以卢卡奇的《历史与阶级意识》为肇端，以法兰克福学派为代表；第二次始于20世纪50年代中期，以理查德·霍加特《文化的用途》、雷蒙·威廉斯《文化与社会》等为重要标志，兴盛于20世纪60年代至80年代，以伯明翰学派等为代表。西方马克思主义转向文化的原因是多方面的，既与他们所处的历史背景与社会现实分不开，也与当时的政治、经济、文化等诸多因素密切相关。不过，多数研究者主要还是从政治层面来看待文化转向问题，比如，伊格尔顿认为，卢卡奇、葛兰西以及法兰克福学派等之所以未能像列宁领导的俄国革命那样导向政治实践，而是转向文化和哲学，部分原因是他们对政治不再抱幻想，以此来抵抗资本主义社会；德沃金也指出："文化马克思主义不能被孤立地考察；它必须放在英国左派危机的背景下研究，……他们试图认识战后研究的特征，重新定义社会斗争，阐明与发达资本主义社会中民主的和社会主义的政治相适应的新的抵抗形式。在这个计划中，处于核心地位的是'文化'。它一方面指示了这种政治被重新思考的领域，另一方面认识到这个领域是政治斗争的场所。"③ 一般认为，文化转向具体表现在对文化含义的争夺、文化

---

① ［英］特里·伊格尔顿：《历史中的政治、哲学、爱欲》，马海良译，中国社会科学出版社1999年版，第109页。

② ［美］丹尼斯·德沃金：《文化马克思主义在战后英国》，李丹凤译，人民出版社2008年版，第85—86页。

③ 同上书，第4—5页。

形式的历史建构以及对文化差异性的认识等方面。从某种意义上讲,"文化转向可以说是由必须面对大众文化这一复杂感受引发,这尤其适用于知识分子对他们变化着的社会地位的理解。"① 在我们看来,文化转向有如下两个显著特征:第一,对新的文化形态、文化形式的关注,无论这种关注是否定性的还是肯定性的,是颠覆性的还是建构性的;第二,这种新文化具有一种典型的现代文化与后现代文化风格,图像化、视觉化是其与传统文化的根本性差异。换言之,文化转向即文学向文化、书面文本向视觉文本、语词向图像的转变,由阅读者的语词感受向观看者的视觉快感的转变。

需要指出的是,同样是文化转向,法兰克福学派与伯明翰学派之间既存在相同性,也存在着显著的差异性。就"文化观"而言,两者的共同之处在于,都反对"正统"马克思主义对基础——上层建筑这一结构性关系的阐释,避免经典模式的经济还原论,强调文化的相对自主性。但是,两者的区别在于:他们对当代文化即文化工业或大众文化的态度、立场、价值取向迥然相异。法兰克福学派主要从精英的立场看待工业社会的大众文化即文化工业,对其持一种否定的立场,认为精英文化才是救赎与拯救的力量,才是资本主义社会的批判者,才是人类获得自由与解放的神圣力量;伯明翰学派则着力挖掘大众文化、青年亚文化等蕴含的抵抗性、颠覆性力量,因而对其更多的是肯定与认可。如果从威廉斯对文化的界定来看,法兰克福学派主要是在"理想"的层面看待文化,而文学传统则主要是在"文献"的层面理解文化,伯明翰学派则是从"社会"的层面看待文化。如果说,法兰克福学派把文化区分为精英文化与大众文化,并将两者相对立,那么,伯明翰学派则致力于消弭两者的对立,比如,威廉斯将文化分为统治的、残余的、新兴的三种文化类型,强调文化的包容性。就"文化政治"而言,两者的共同之处在于,都不再追求阶级的解放、民族的解放,而是追求一种文化的解放。两者的不同之处在于,法兰克福学派不太重视工人阶级政治、工人阶级文化,而英国的文化马克思主义则强调工人阶级政治,关注工人阶级文化。此外,两者都注重对文化与意识形态、文化与权力关系的分析与阐释,对意识形态的分析不仅关注其内容层

---

① [英]戴维·钱尼:《文化转向:当代文化史概览》,戴从容译,江苏人民出版社 2004 年版,第 97 页。

面，而且关注其形式层面。

<h1 style="text-align:center">三</h1>

鉴于国内学界已就文化转向对马克思主义文学批评的积极影响作了相当深入的理论探究，我们在此只就其消极影响即伴随而来的一些突出问题作扼要分析。

问题之一，在马克思主义文化批评与马克思主义文学批评两者之间的关系问题上，一些学者要么将两者相等同，要么将两者相对立。究竟如何理解和把握马克思主义文学批评和马克思主义文化批评两者之间的关系？正如文学批评有马克思主义传统与非马克思主义传统之分，文化批评同样也有马克思主义传统与非马克思主义传统之别。一段时期以来，学术界主要围绕文学批评和文化批评两者之间的关系展开了十分深入的理论探究，比如，一些学者认为，"文化被重新定位并以难以回避的方式有效地介入到文学研究之中，那么问题在于在具体的文学文本中采纳这种无所不包、具有异常丰富内涵的术语，又将如何进行文化批评？迄今为止对这一方式的主要批评，其一，认为这种批评过于宽泛，因而显得乏力；其二，在具体实践中这一批评具有某种简单化的倾向，即将有着独特性的文学现象等同于社会文化现象。实际上，文化批评并不是将研究对象简单地纳入某种所谓的文化视野，而是基于一种新的起点对原有学科进行不同角度的透视。"[1] "作为文化批评的文化研究不是文学批评的新上帝，文化批评成为当前文学批评的主要形态，也不是文学批评开门揖盗，而是文学和文学批评所面临的共同文化语境已经转向大众文化。"[2] 一般认为，文学批评和文化批评的主要区别在于批评对象、批评方法、批评目的的不同。从批评的对象看，文化批评是一种自觉的对抗性批评，就是"反对大写的文化。换言之，就是与那种一贯的，并仅仅与人们时而称之为'高雅文化'一致的新东西进行对抗。"[3] 具体而言，文学批评主要关注"书面文本"尤其是文学经典，文化批评则主要关注当代文化尤其是以电影、电视、广告等为

---

① 王晓路：《文化研究关键词研究》，北京大学出版社 2007 年版，第 9 页。
② 吴琪：《从文学批评传统反观文化研究和文学批评的关系》，《文艺研究》2011 年第 1 期。
③ 王晓路：《文化研究关键词研究》，北京大学出版社 2007 年版，第 346 页。

代表的视觉文化。如果前者关注的是精英的、主流的、主导的文学，后者则关注的是大众的、边缘的以及青年亚文化，等等。从批评的方法看，文化批评提倡一种跨学科的态度与研究方法、注重文化分析，它包括三个层面：首先是一种学术分析；作为表现的范式，语言研究构成了其主要的研究模式；在前两者的基础上，揭示其中所蕴含的意识形态及其表意策略，"文化研究一开始带来的并不是传统批评和批评理论中的非社会的个人主义，而是带来也许可以称之为社会学视角的发展。"① 简言之，由于文学批评与文化批评两者关注的对象不同，方法不同，批评的目的等不同，两者之间既不是一种等同关系也不是一种取代关系，不是非此即彼、截然对立，而是一种相互融合、相互促进的关系，正如一些学者所言，"在英国和德国的语境里，文学的各种形式分析与文化研究的发展之间一直存在着一种牢固的联系。像阿多诺和霍克海默以及雷蒙·威廉斯和里查德·霍加特这些人物所持有的共识是，他们对各种通俗文化形式的考察，是深刻地由对一种文学文化的迷恋而建构的。"② 从研究者的身份来看，众所周知，英美从事文化批评、文化研究的相当一部分学者都是文学学者、文学教授，写了大量的文学批评论著，比如威廉斯是英文系的戏剧教授，有《现代悲剧》、《从易卜生到布莱希特的戏剧》、《英国小说：从狄更斯到劳伦斯》等文学批评著作，詹姆逊有《萨特：一种风格的起源》、《语言的牢笼》、《马克思主义与形式》等文学批评著作。特别值得注意的是，在把握马克思主义文学批评和马克思主义文化批评的关系时，首先需要明确这是既有联系又有差异的两种批评形态。这是因为，尽管文学与文化这两个关键词的内涵与外延无疑都会随着社会历史变化而发生相应的变化，不过，无论其自身如何变化，也都有其各自的边界与限度，差异性即是其质的规定性。作为两种不同的批评形态与批评范式，除了差异性外，两者之间在理论范畴、批评方法等方面都可以相互借鉴，但是，不能够简单断言马克思主义文学批评已被文化批评所取代。我们认为，马克思主义文化批评无论多么重要，它只是马克思主义批评大家族中的一员，一方面我们不能将文学凝固化、狭隘化，无视社会的变革与新的文化形式；另一方面也不能

---

① ［英］戴维·钱尼：《文化转向：当代文化史概览》，戴从容译，江苏人民出版社2004年版，第22—23页。

② ［英］尼克·史蒂文森：《认识媒介文化》，王文斌译，商务印书馆2001年版，第92页。

完全无视文学的丰富存在，一味关注所谓的新文化，而最终失去文学与文化传统。毋庸置疑，面对新技术、新媒介、新的社会现实等的挑战，马克思主义文学批评的文化转向的最终目的是为了丰富自身、发展自身，而不是否定自身、取消自身。从批评的视角看，文学批评自身具有多维性，诸如政治之维、经济之维、道德之维、审美之维，因而文化理应成为其多维中的一个维度。当然，马克思主义文学批评自身的丰富性、多样性还有待于我们在批评理论层面加以深入挖掘，在批评实践方面作更深入的文本细读与阐发，这样才能凸显马克思主义文学批评在当代的生命力。

问题之二，马克思主义文化批评重蹈了马克思主义文学批评以往的覆辙，即把文学、文化过度政治化、过度意识形态化。如果说马克思主义文学批评曾经在一段历史时期内将文学过度政治化，那么马克思主义文化批评则在很大程度上再度把文化泛政治化、泛意识形态化。从这个意义上讲，从文学批评转向文化批评其实只是文学政治到文化政治的位移，诚如伊格尔顿所言："文化的膨胀因此是一个被世俗化了的时代历史的组成部分，正如自阿诺德以降，文学——在所有事物中——继承了沉重的伦理、意识形态乃至政治任务一样，而这些任务过去曾被委托给更为技术性或实践性的话语。"[1] 如同"文学政治"是文学批评的首要目标，"文化政治"则是文化批评的主要理论诉求之一，而所谓的"文化政治"则是指"把文化与政治结合起来的一种理论立场和批评方法，它广泛表现在各种非形式主义批评话语中。"[2] 作为抵抗诗学的文化批评力图通过文化的方式来达到某种政治的关切，从而使得文化与政治之间具有一种新的关联性："文化在政治前是犹豫不决的，它以超越日常兴趣和社会生活中对抗的价值的名义抵抗政治……然而，左派文化政治最近的发展导致了相反的方向。'文化'被理解为社会关系中意义的重要时刻，显然不再是自由传统中置于神龛中的实体，而被一般地赋予了一种相似的权威性。文化远不再受制于外在的政治考验，它本身已经是政治的了。"[3] 文化批评尤其是在葛兰西、阿尔都塞、福柯、威廉斯等理论的影响下，更多地从权力视角来审视日常生活中存在的政治关系，这样就把政治关系理解为一种权力关系，而这种政

---

[1] ［英］特里·伊格尔顿：《文化的观念》，方杰译，南京大学出版社2002年版，第33页。

[2] 汪民安主编：《文化研究关键词》，江苏人民出版社2007年版，第359页。

[3] ［英］弗朗西斯·马尔赫恩编：《当代马克思主义文学批评》，刘象愚等译，北京大学出版社2002年版，第30—31页。

治之所以能够发挥其作用，主要是通过其载体即文化才能得以实现。因此，文化批评的文化分析方法实际上是一种意识形态分析和权力透视，旨在揭示权力对日常生活的渗透以及对其的抵抗，即所谓的抵抗诗学和介入政治。问题在于，文学、文化诚然不能脱离政治，但是政治、意识形态也只能是文学、文化固有的内涵"之一"而非"唯一"，不能将两者同一化，在这一方面我们已有十分沉痛的历史教训。我们认为，无论是就人类社会生活还是就作为整体生活方式的文化而言，政治生活也只构成作为"意识形态动物"的人的社会生活的一个重要方面，"有必要坚持说，一切文化都充斥着政治价值，同时也必须坚持说，这些政治价值作为意义是文化的；因而也就更有必要理解文化与政治两者是相互不可缩减的。在'文化政治'的概念中，它们的距离越近，它们的关系就越令人忧虑。在这类概念中，隐含价值的协调，只有在文化与政治二者妥协的身份幻想中才能得以完善。"①

问题之三，马克思主义文学批评的"非文学化""非审美化"问题。伴随着文学批评、文化批评的泛政治化、泛意识形态化而来的则是批评的"非文学化""非审美化"，正如 Michael Payne 所指出的那样，文学批评、文化批评至今尚未"找到一种摆脱困境的有效方式，即总是把美感与社会责任相分离。"② 我们可以看出，相当数量的文学、文化批评都是从政治、意识形态、权力、阶级、性、性别、种族、身份等角度对文学文本或文化现象作出分析，这种分析往往导向社会学、政治学、经济学、心理学等维度，即使是对文学形式、叙事策略的细度也是从政治与意识形态的视角来切入，唯独缺少审美感知、审美分析、审美判断，文学批评、文化批评丧失了最可宝贵的精神特质与内在底蕴，丧失了其艺术感染力，而成为某种外在目的的枯燥证明。我们认为，马克思主义的文学批评、文化批评不能仅仅是政治批评、意识形态批评，更为重要的是，它首先应当是一种审美的批评、艺术的批评，缺少文学性、审美性的批评从根本上来说，只能是一种非文学性、非审美性的批评，只能是效果拙劣的批评。那么马克思主义的文学批评、文化批评是否必然就是意识形态批评、政治批评，是否必

---

① ［英］弗朗西斯·马尔赫恩编：《当代马克思主义文学批评》，刘象愚等译，北京大学出版社 2002 年版，第 32 页。

② Michael Payne："Some Version of Cultural and Critical Theory"，载王晓路等编《当代西方文化批评读本》，四川大学出版社 2004 年版，第 45 页。

然就与审美性、文学性相对立呢？从马克思、恩格斯等经典作家的批评实践看，恰恰与此相反，文学性、审美性在其批评实践中占有极其重要的位置，他们将文学的审美性与政治性等因素十分恰切地相融合，为我们树立了光辉的典范。

［原载《西北大学学报》（哲学社会科学版）2012 年第 2 期］

马克思主义文艺理论研究的
边界、问题与方法

——一个基于问题意识的历史反思和创新展望

谭好哲

最近几年，学界在回顾和总结近百年来特别是中华人民共和国成立六十年来进而改革开放三十年来中国马克思主义文艺理论研究历史进程的同时，也对 21 世纪马克思主义文艺理论研究的趋向和愿景作了许多的思考和展望，其中不少论者的前瞻性分析具有较强的实践和学理依据，给人以鼓舞和启示。但是，也有一些展望文章，学术站位较低，视野不够阔大，不能给人登高望远、豁然开朗之阅读感受。清代"性灵说"诗歌理论家袁枚曾经说过："学问之道，当识其大者。"[①] 任何学术研究都有大道理大问题与小道理小问题之分，大道理大问题管小道理小问题，治学者当先思考和解决大道理大问题。同样道理，对中国马克思主义文艺理论发展前景的分析和思考也应该先识其大者。那么，什么才是新世纪马克思主义文艺理论研究中的大问题呢？对此，无论识见如何不同，以下几个问题是必须包含其中的，这就是：第一，与马克思主义文艺理论守正创新有关的"理论边界"问题；第二，与马克思主义文艺理论中国化有关的"问题意识"或"中国问题"；第三，推进思想创新不可或缺的"研究方法"。简言之，理论边界、中国问题、研究方法，是 21 世纪中国马克思主义文艺理论研究应该加以认真对待的三个重要理论思考维度，也是有志于理论创新的研究者应该具有的三个自觉理论意识。

---

① 袁枚：《与托师健冢宰》，《小仓山房尺牍》卷三。

一

21 世纪中国马克思主义文艺理论研究，首先需要思考的是其理论边界问题。之所以首先提出这一问题，与马克思主义文艺理论的历史开放性或曰未完成性有着直接的关系。

马克思主义是发展中的科学，同样马克思主义文艺理论也处于不断生长演进的过程之中，是一个未完成的开放发展着的思想体系。自 20 世纪 80 年代以来，在如何对待马克思主义文艺理论的经典传统与当代发展的关系方面，学界基本上形成了"守正创新"或"继承发展"的共识性看法，也就是要在守持或继承马克思主义文艺理论经典传统的基础上开展理论创新，在新的历史条件下发展并创造马克思主义文艺理论的当代形态，实现马克思主义文艺理论的中国化。应该说，这样一种认识思路和理论策略，符合学术发展的规律性。但是，在实际的理论发展过程中，这样一种符合规律的理论思路和策略却并没有得到很好的贯彻和实现。原因在于，无论是对于继承还是发展马克思主义文艺理论来说，一旦进入具体理论思考和运作之中，就会有一个问题凸显出来，这就是：究竟什么是马克思主义文艺理论，什么是非马克思主义文艺理论，这个"是"与"非"的界线或曰边界究竟何在？弄清边界，是继承的前提，也是发展的基础。

历史地来看，近百年来马克思主义文艺理论在中国的传播与发展大致经历了先后两个时期。从 20 世纪 20 年代到中华人民共和国成立，是马克思主义文艺理论在中国不断传播、不断扩展影响直至占据主流地位并大致形成自己的理论边界的时期；从新中国成立后至今，是马克思主义文艺理论在中国不断巩固和强化主导地位、不断圈定和扩展理论边界的时期。马克思主义文艺理论在中国的传播并形成为主流文论话语，自然有其历史必然与理论成就，但不可否认，在这一过程中也存在一些值得引起反思的历史过失和问题。这里暂且不论前一个历史时期，仅就新中国成立以来的发展情况略作指陈。新中国成立之后，由于处于社会主义与资本主义两大阵营对峙冷战这样一种特殊的国际政治格局之下，政治上一面倒的国策选择，致使马克思主义在政治和思想文化领域取得了绝对化的统治地位。同样，马克思主义文艺理论也成为中国当代文艺理论研究唯一具有合法性的主导性或者说主宰性话语。久而久之，在现代新文艺发生之后包含各种非马克思主义理论和批评在内的多元文论研究结构系统就被单一的马克思主义文艺理论所置换了，复数的现代文艺理论研究变成了单数的马克思主义文艺理论研究。这一特定历史语境下的置换，一方面把文艺理论研究的形态和取向窄化了，窄化为马克思主义文艺理论研究单一或唯一的形态和取向；另一方面，反过来说，马克思主义文艺理论又被无限地泛化了，什么研究都戴上了"马克思主义"的帽子。时至今日，不少文艺论著，还习惯性地愿意给自己的研究加一个"马克思主义"的标签。这是一个总的情况。

如果再细加区分，20世纪50年代至今马克思主义文艺理论研究的泛化又可以分为两个不同阶段，表现为两种不同情况。从20世纪50年代至70年代，是马克思主义文艺理论固化边界的阶段，固化的初衷和目的是确立中国马克思主义文艺理论研究的新范式、新观念、新理想、新标准，并以此指导新中国的文艺实践。应该说相对于此前时期的状况而言，当时也确实在一定程度上形成了新的马克思主义文艺理论范式，即以文艺与生活的关系为基本理论架构的文艺反映论，而且这一新的理论范式在指导当时的文艺创作实践和批评方面也的确发挥过积极的作用，但令人遗憾的是，这一时期的边界固化最终的结果却是走向了僵化和教条化。在政治运动接连不断，"封（封建主义）、资（资本主义）、修（修正主义）"统统反掉，在一切古代和外来的文化都不准研究的历史语境下，从国家层面大的治国方略和意识形态选择到具体一些的文化运作和文艺理论研究，表面上看起来什么研究都戴上了"马克思主义"的帽子，但在这顶大帽子下的思想蕴涵和理论内容却是极其狭窄单薄的，所包含着的实际思想内容极其有限，而且那时对马克思主义文艺思想的确认和解释常常是经过了政治斗争需要的过滤，是经过了人为选择的，教条化、片面化屡见不鲜，有时甚至走向极度的扭曲和背离。从学术创新的角度来看那整个三十年的马克思主义文艺理论研究，除少数几个理论人物和理论文本之外，在总体上很难给予较高评价。从20世纪80年代至今，是马克思主义文艺理论扩展边界的时期，这一时期在改革开放的时代语境之下，马克思主义文艺理论研究展现出了开放性的时代特征，大胆地借鉴、汲取西方现当代非马克思主义文艺理论成果以及中外古今一切优秀的文艺理论遗产，以开放的姿态拓展马克思主义文艺理论的学术境域和话语空间，以应对急剧变化了的文艺发展现实，从而在观念的创新和体系建构方面展现出了新的气象和格局，与此同时也逐渐地改变了马克思主义文艺理论研究以往在人们印象中形成的教条化、极端政治化的僵化生硬形象，逐渐地恢复了生机和活力。然而，毋庸讳言的是，这一时期马克思主义文艺理论研究也历史地产生了一种新的倾向，就是转向了泛化。在相当多的学者那里，似乎西方现当代文艺理论的各种理论观点，诸如形式主义文论、现象学文论、存在主义文论、解释学文论、结构主义文论，以及各种形式的解构主义和后现代主义文论，什么都可以拿来补充马克思主义文艺理论，都可以与马克思主义文艺理论相嫁接。如此一来，文艺理论研究的思维空间、思想格局和学术形象的确有了新的变化，但究竟什么是马克思主义文艺理论，马克思主义文艺理论与非马克思主义文艺理论的区别何在，却弄得越来越模糊，越来越不清楚了，不少人甚至不屑于思考和谈论这种区分。这种泛化所带来的模糊认知，致使当前的学术界对于究竟哪些人算是马克思主义文艺理论研究者，哪些学术观点算是马克思主义文艺观点，都已经难于达成共识了。如果连什么是马克思主义文艺理论都说不清楚了，那还怎么讲马克思主义文艺理论的继承和创新呢？继承什么？又在什么基础上创新？

基于上述历史反思，面向未来的马克思主义文艺理论研究的确有必要重新确立"边界"意识。像任何一种理论系统一样，马克思主义文论研究的地形图或理论边界是由其基本的精神、原则和主要观念以及与这些精神、原则和观念相适应的理论关系、理论命题和概念范畴构筑起来的。所以确立马克思主义文论研究的"边界"意识，首先要强调文论研究必须回到马克思主义文论的基本精神、原则和主要观念上来。就此而言，"边界"意识也就是"主义"意识。美国学者海尔布隆纳在《马克思主义：赞成和反对》一书的导言中曾经针对有的西方学者认为各种各样的马克思主义理论没有一个共同特征的错误观念，强调指出合称为"马克思主义"的思潮是有一个可以得到"公认的共同点"的，这个共同点来源于一套能规定马克思主义思想的前提，凡是包含有这类前提的分析都可以正当地将其分类为"马克思主义的"分析。具体说，他认为马克思主义的共同特征包含了四个前提：第一是对待认识本身的辩证态度；第二是唯物主义历史观；第三是依据马克思的社会分析而得出的关于资本主义的总看法；第四是以某种形式规定的对社会主义的信奉。海尔布隆纳认为，他从四个前提所总结出的共同点，为马克思主义研究勾画出了一种能够发挥有益作用的框架结构，"它使我们能够相当准确地把理应称为马克思主义的著作与那些不应称为马克思主义的著作区分开来……此外，这种前期提的框架还提供了另一种线索，使我们了解到马克思主义何以能恢复并保持经久不衰的生命力。因为它使我们看出马克思主义能够集人类理智之大成，这就是从一种基本的哲学观出发，继而运用这种观点去解释历史，然后又分析现在，找出现存社会制度中的历史力量，最后则继续按照分析的方针，沿着固定的行动轨迹，在走向未来的方向中臻于完成"①。海尔布隆纳对于"马克思主义"的这样一个分析思路同样也适合于对马克思主义文艺理论的分析。首先，马克思主义文艺理论研究在其精神和原则上也以海尔布隆纳所分析的上述四个前提为基础，同时在体现这一共同特征的基础上，马克思主义文艺理论研究也形成了自己的一些共同性的文艺观念，如强调文艺的意识形态性质，重视文艺对社会生活的认识作用，关注文艺在社会革命与人类自由和解放中的启蒙潜能和功能，等等。如果一种文艺理论能够在某种程度上体现海尔布隆纳所分析的上述共同特征，并且认同这里所提到的这些主要文论观念，那么它自然就属于马克思主义，而如果一种文艺理论观念与上述特征和观念全然不搭界，甚至反对这些思想原则和观念，那么它就绝对不能称之为马克思主义文艺理论。就拿新时期以来关于文艺与上层建筑、与意识形态关系的争论来说，许多参与争论的学者都是承认文艺的意识形态性质的，只是对文艺与上层建筑的关系、与意识形态的关系存在着不同的理解，比如有人不同意文艺是审美意识形态的看法，甚至不同意文艺是意识形态的表述，而认为文艺是社会意识形式或意识形态的形式，是意识形态与非意识形态的结合体，诸如此类。这种不同的理解以及由此引发的争论是发生在马克思主义文艺理论研究者内部的。但若像有的人那样完全否定文艺的意识形态性质，那就很难说它是马克思主义文艺理论了。所以，马克思主义文艺理论是应该有其基本规定性的，这些基本规定性划定了马克思主义与非马克思主义的边界。强调马克思主义文艺理论研究的边界，首先针对的就是把马克思主义文艺理论弄得边际不清、模糊不定的做法。

同时也必须指出，就好像一个人的生活空间或者一个国家的国土疆界会在时间维度中发生变化一样，马克思主义文艺理论的未完成性或历史开

---

① ［美］R. L. 海尔布隆纳：《马克思主义：赞成和反对》，易克信、杜章智译，中国社会科学院情报研究所 1982 年版，第 7 页。

放性也决定了马克思主义文艺理论的边界不是凝固僵化、一成不变的，而是随着历史的发展而发展，有其不同的历史内容和创新性质的，像极"左"思潮泛滥时期那样把马克思主义文艺理论固化为几个抽象的教条和教义，基于政治斗争的需要而对其采取一种选择性认知的狭隘心态和做法也是必须摒弃的。从世界范围来看，在马克思主义文艺理论发展的不同时期不同国度，对文艺的基本性质和社会作用，已历史地形成了反映论、意识形态论、生产论、社会批判论、文化政治论等多种学说。比如，国外一本文学理论教科书的著者们就认为从文学与社会的关系上解释文学是马克思主义文学理论的总方针，为此马克思主义文学理论把文学放在社会现实这一较大的框架里加以理解，将经济基础与上层建筑的结构关系作为文学分析的主要模式，重视意识形态这个概念。不过，在这个共同的前提之下，马克思主义文学理论又呈现为诸多不同的模式，包括反映模式、生产模式、发生学模式、否定认识模式、语言中心模式，等等①。在这个一与多的统一中，马克思主义文学理论既有着与其他非马克思主义文学理论不同的精神和原则，又活跃着拓展原有理论边界的思想冲动和批评实践，从而展现出马克思主义文艺理论与批评的形态多样性与内容丰富性。应该说，新时期以来的马克思主义文艺理论研究已经对上述各种理论学说和理论模式作了不同程度上的引进和吸纳。不仅如此，对现代非马克思主义文艺理论的诸多有价值的成分，如文艺创作理论、文本结构理论、艺术接受理论等，也多有借鉴和汲取。这种引进和吸纳、借鉴和汲取，对马克思主义文艺理论的当代发展起到了丰富内容、深化内涵、拓展边界、增强活力的重要作用。如学界目前正在进行中的关于马克思主义艺术本体论思想的讨论，论争的双方都是在重新解读历史唯物主义理论基础上提出并论证自己的观点的，同时又都不同程度地批判接受了西方现代哲学和美学的某些理论成分，既是一次马克思主义文艺理论内部的争论，又显示出一定程度的开放性特点，这种争论对推进马克思主义文艺理论的发展是有益的。在21世纪，如何在坚持马克思主义文艺理论的基本精神和原则的前提下，将守护边界与拓展边界有机地统一起来，在内聚性的守持与开放性的外拓之间建立起一种既守护住"主义"又使"主义"获得新的时代内容的理论创

① 参见［英］安纳·杰弗逊、戴维·罗比等：《西方现代文学理论概述与比较》第六章，陈昭全等译，湖南文艺出版社1986年版。

新机制，依然是马克思主义文艺理论研究应该认真对待的一个重大理论与实践问题。

二

21世纪中国马克思主义文艺理论研究应该认真对待的第二个问题，就是要进一步强化学术研究的问题意识。一个时代的思想创新总是基于对时代问题的理论自觉。

当代学术大师陈寅恪先生在《陈垣〈敦煌劫余录〉序》中说："一时代之学术，必有其新材料与新问题。取用此材料，以研求问题，则为此时代学术之新潮流。治学之士，得预于此潮流者，谓之预流。其未得预者，谓之未入流。此古今学术史之通义，非彼闭门造车之徒，所能同喻者也。"① 陈寅恪先生在这里提出了学术发展的一个共同规则，即开展学术研究，必须敏锐地发现问题，从而产生学术研究的任务和目标。"问题"是真正科学的理论研究工作的起点，只有凸显问题意识，以问题为中心开展学术研究，才能推进学术的进步。一般来说，学术研究活动，其实也就是提出问题和解决问题的过程，而各门学术自身的发展，实际上也正是新旧问题交相更替的历史。所以，有没有问题意识，对学术研究来说是一个至关重要的问题。就当代马克思主义文艺理论研究的自身状况而言，在20世纪50年代至70年代的相当长的一段时期内，受极"左"政治干扰和教条主义思想观念的束缚，文艺理论研究是相当缺乏问题意识的。那时，人们一方面将马克思主义文艺理论抽象地化约为几个教条性的理论观念和范畴，另一方面又认为由政治权威和主流意识认定的马克思主义文艺理论是放之四海而皆准的真理，只要坚持这些理论观念和范畴就足以应对现实实践的需要了。研究者们没有想到，即使想到了也不敢于发现现实文艺实践过程中产生出的新的历史矛盾和问题，更不敢于去发现和指出马克思主义文艺理论研究自身存在的缺陷和问题。从学术史的角度梳理、回溯那个时期的马克思主义文艺理论研究，除了少数几个马克思主义经典文论家的注释本（包括翻译过来的注释本）和对"两种生产不平衡理论"、现实主义、悲剧等少数几个真正属于马克思主义文论研究的问题并不深入的探讨

---

① 陈寅恪：《金明馆丛稿二编》，上海古籍出版社1980年版，第236页。

之外，值得提一提的东西确实不多，可以作为成就和贡献写到马克思主义文艺理论发展史上的就更少了。新时期之后，到 20 世纪 90 年代初期，中国马克思主义文艺理论研究曾经一度进入一个较为繁荣的时期，不仅传统马克思主义文艺理论的诸多理论问题，如现实主义的真实性、典型性与倾向性的关系，悲剧问题，人道主义、异化与人的解放的关系问题，艺术生产与物质生产发展不平衡的理论，《1844 年经济学哲学手稿》中的美学思想，文艺与政治的关系，文艺与意识形态的关系，马克思的艺术生产理论，等等，在这一时期都得到了较有深度的研究，而且随着新时期文化和艺术的时代性变革所提出来的一些新的现实实践问题，诸如文艺的社会价值与商品价值的关系，大众艺术与现代媒体和文化产业的关系、当代艺术接受与消费文化的关系、全球化与民族文艺的发展，等等，也不同程度地进入了马克思主义文艺理论研究的视野。这些理论课题之所以能够进入此一时期的研究视野，并造成马克思主义文艺理论研究的繁荣和新的发展，还是在于问题意识的觉醒。

应该指出，强调马克思主义文艺理论研究要树立问题意识，这与学界普遍强调的理论联系实际或现实关怀意识，实质上是一致的。对每一个研究者来说，要进入具体的研究过程之中，必须要发现和找到属于自己的问题，从问题入手展开理论之思。但问题又是从哪里来的呢？从根本上说，学术问题虽然出自研究者的头脑，却并不是研究者个人主观意识的外化，而是来自对现实进程和矛盾的把握，或来自基于现实需求而对理论自身缺陷的反思，也就是说，学术问题的真正根源来自理论研究所面对的时代境遇。黑格尔在谈到哲学研究与时代的关系时曾经指出："每个人都是他那时代的产儿。哲学也是这样，它是被把握在思想中的它的时代。"[①] 也正是在这个意义上，马克思才明确地提出："问题就是公开的、无畏的、左右一切个人的时代声音。问题就是时代的口号，是它表现自己精神状态的最实际的呼声。"[②] 所以，说学术研究要从问题出发，实际上即是强调学术研究要关注现实、关注现实所提出来的时代需求。早在 1941 年，毛泽东就明确指出中国共产党人反对做脱离实际的空头理论家，他说："对于理论

---

① ［德］黑格尔：《法哲学原理》，范扬、张企泰译，商务印书馆 1966 年版，"序言"第 12 页。

② 《马克思恩格斯全集》第 40 卷，人民出版社 1982 年版，第 289—290 页。

脱离实际的人，提议取消他的'理论家'的资格。只有用马克思主义观点来研究实际问题、能解决实际问题的，才算实际的理论家。"① 文艺理论家，也是需要面向时代，研究实际问题，解决实际问题的。马克思主义经典文论家的许多论著，包括毛泽东的《在延安文艺座谈会上的讲话》，都是理论联系实际的经典文本。就西方马克思主义文论而言，英国伯明翰学派对文化的重新定义和对通俗文化的理论研究，法兰克福学派对资本主义文化和大众文化工业单向度性的批判，近一些如詹姆逊对后工业社会或晚期资本主义文化逻辑的分析，伊格尔顿在《文学理论导论》中对政治批评的张扬，在新近出版的《理论之后》中对各种文化理论的批评，对后文化理论时代人类依然面对的真理、道德、邪恶、死亡、宗教与革命等全球性问题的强调，都是极其富有问题意识和强烈的现实针对性的。应该说，在关注现实、呼应时代需求方面，新时期马克思主义文艺理论研究比此前的三十年要好得多。但这也只是相对而言，仔细分析起来，这一时期也还是存在许多不足和缺陷。一般来说，学术创新中的问题意识主要体现在两个方面：一是基于对现实实践的应对而产生的挫折感，也就是意识到理论不适应现实的状况而发现、纠正旧有理论的问题，改变和超越旧有理论的观念、方法、面貌和格局；二是面向现实实践本身发展中产生的新情况、新矛盾而发现、归纳和提炼问题，并将对问题的发现提升至理论思维的层面以形成新的理论观点和命题。就这两个方面而言，总体上看新时期文艺理论前一方面做得好一些，后一方面相对就差一些。新时期之初马克思主义文艺理论所研究的理论问题，大多还是来自经典马克思主义文论，20 世纪 80 年代后期以来又加上了西方马克思主义文论与美学，即使是面对纯属中国现实文艺实践中的问题，研究者往往也总是习惯于从马克思主义已有的理论库藏中寻找现成的理论武器以应对现实和解决问题，而不大善于运用马克思主义的观点和方法通过自己的研究，将相关问题提到理论思维层面上加以思考和分析，以形成自己的理论观点和理论系统。这就造成了一个极为直接的后果，就是中国马克思主义文艺理论研究的原创性成果较少；与此同时，马克思主义文艺理论的发展在总体态势上落后于文艺现实的发展，对变化中的现实文艺实践的解释和干预还不能适应时代的需求和挑战。比如说，20 世纪 90 年代中国快速融入世界经济一体化的全球化浪潮

---

① 《毛泽东文集》第 2 卷，人民出版社 1993 年版，第 374 页。

以来的发展，与新中国成立后一段时期内相对闭关锁国的发展以及80年代改革开放时期的发展，在民族的生存境遇、文化生活、价值信仰以及文学艺术的管理体制、精神追求、审美取向等方面均发生了十分巨大的变化，但是这些巨大的历史变化在文艺理论研究中并没有很好地得到体现。文艺理论应该如何在理论内容和价值取向上反映这种变化？当代理论家应该以怎样的姿态介入社会历史进程和文化审美实践？就具体问题举例来说，20世纪五六十年代反映社会新生活进程的工农兵题材文学与当下的"底层文学"写作和"打工族文学"书写有着何种不同的历史底蕴和人文情怀？新时期先锋文艺的兴起和娱乐化大潮的涌动与此前现实主义一统天下的文艺格局相较又蕴含着怎样的民族精神裂变和文艺创新契机？诸如此类的问题或是尚未进入许多研究者的视野，或是虽然有了少量的关注但还不能给人以明晰深刻的理论回应和阐释。尽管新时期马克思主义文艺理论研究较之先前取得了很大进步，产生了不少成果，尽管在当下的马克思主义文艺理论中我们可以列举出许许多多的理论观点和命题，可以研究、探讨和实际运用许许多多的观点，但是真正属于中国马克思主义文艺理论研究界所提出和创立的观点又有几个？又有多少论著能够称得上是原则性的理论研究成果呢？较起真来回答这个问题，肯定不会让人满意。即使是在进入21世纪的当下语境中，人们能够直接感受到的理论与批评现状依然是：不仅一般的文艺研究和批评大量地充斥着从西方舶来的思想观点和理论术语，而且马克思主义文艺理论研究和批评中也很少有出自中国自身文化审美实践和社会生存境遇的思想理论创新和概念术语创造，乐于取用他人现成的理论资源而不善于自我创新的旧有缺陷依然普遍存在。20世纪上半叶，中国革命的政治领袖和马克思主义思想先驱们就提出马克思主义中国化的要求。与此相应，文艺界也很早就提出了马克思主义文艺理论中国化或创建有中国特色马克思主义文艺理论的建设目标。应该说，这个目标至今尚未实现，还是新世纪学人面对的一个历史遗留任务。其实，强调马克思主义文艺理论研究的"中国化"或"中国特色"，就是要求中国的马克思主义文艺理论要从中国的文艺现实出发，应对中国文艺实践所提出的时代要求，在研究具有中国特色理论问题中创建具有中国特性的理论体系。如果不能够在提出解决具有中国性的理论问题中开展理论研究，就永远不可能形成具有原创价值的中国特色的理论体系，中国的马克思主义文艺理论研究就只能是一个马克思主义文艺理论在中国的传播问题，而不是中国的马克思主义文艺理论的创造。当今世界已进入了全球化的时代，基于资本的全球流通并借助于现代媒介而实现的文化领域的全球化交流与互动，文化和艺术创造领域的世界性与民族性、球阈性与本土性的关系以一种不同于既往的新的语境显示于理论研究工作者面前。全球化的语境，一方面将使理论研究不能不面对一些世界性范围内共同性的生存境况和理论研究主题，同时也将使一些更具有民族自身生活经验和生存体验的地方性、本土性文化问题凸显出来，成为理论研究必须直接面对的课题。这种历史语境，一方面使理论研究更易于确立一种世界性的视野，更易于融入世界范围的交往格局，同时也更需要理论研究者确立一种民族本位意识，研究民族自身的生活经验和生存体验，从中提炼出感同身受、具有民族特性的学术理论问题。不具有世界性视野的理论创造固然难以显示当今全球化的时代特征，而脱离开民族性或中国式问题的理论研究，脱离开对于民族生存境遇和文化实践的切身体验和理性思考，也难以对民族自身的社会实践、文化生活和历史走向产生切实有效的影响和作用。在中国学术界，有些人认为理论研究应该是超国界的，仅仅将眼光聚集于自己民族和国家的问题，理论的概括和提升不会具有普遍性，因而也不能成为具有世界性影响的理论成果。这种认识是存在问题的。恩格斯曾经指出："每一个时代的理论思维，从而我们时代的理论思维，都是一种历史的产物，它在不同的时代具有完全不同的形式，同时具有完全不同的内容。"① 这里所谓"历史的"产物，当然也包括处于历史之中并创造历史的民族的生活实践的特殊性，由于各民族处于不同的生存境遇之中，因而尽管有着相同的历史背景，但各民族理论研究所产生出来的问题意识，以及在此基础上理论思维的形式和内容也会是有所不同的。应该说，凡是具有严肃、认真的科学态度和一定的思想启迪价值的理论研究成果都是具有超国界性质的，而理论研究的具体动因和具体内容往往不是超国界的，反而大多是来自其自身民族的现实生存处境。比如说，没有人怀疑詹姆逊、伊格尔顿是当今时代具有全球影响的马克思主义文艺理论家，但他们的理论主要是从其自身所处的西方文化和文艺语境中生成的，而很少涉及中国和东方各国的现实状况，然而这却并不妨碍他们的理论成果跨国别超国界传播，不妨碍中国的马克思主义文艺理论研究从他们那里获得理论启示和借鉴。不仅是他

---

① 《马克思恩格斯选集》第4卷，人民出版社1995年版，第284页。

们，其他西方马克思主义文艺理论流派的理论家，甚至经典马克思主义文艺理论的代表，又有几个侧重研究过东方各国包括中国的文化和艺术问题呢？但这丝毫不妨碍其理论研究的马克思主义性质和形成世界性影响的理论普遍性。所以，中国的马克思主义文艺理论研究，也应该回到自身的现实语境，从民族自身的历史创造和历史命运中，从研究主体自身的生存体验和理性思考中感悟出、寻找到属于自己的"中国问题"。没有这样的感悟和寻找，马克思主义文艺理论的中国化或曰有中国特色的马克思主义文艺理论，换言之，中国马克思主义文艺理论研究的原创性、主体性，就永远难以建构起来。

三

21 世纪中国马克思主义文艺理论研究需要进一步加强的还有学术研究的方法意识。方法是理论创新的手段和动力，是学术真理的理性显示器。没有科学的方法就没有科学的理论，没有研究方法的新探索，也就没有思想观念的新收获。

自古至今，凡有成就的学者莫不重视方法对于学术研究的重要性。早在古罗马时期，著名文论《论崇高》的作者就指出，任何学术研究都有两个要求，一是要确定研究对象，二是要寻找和提出有助于掌握该对象的方法。德国古典哲学的集大成者黑格尔也说："当精神一走上思想的道路，不陷入虚浮，而能保持着追求真理的意志和勇气时，它可以立即发现，只有（正确的）方法才能够规范思想，指导思想去把握实质，并保持于实质中。"① 日本当代著名美学家今道友信讲到美学研究时则写道："应该怎样研究美学，进行美学思考这个问题，到头来只能直接求诸美学的方法。"从根本的意义上来说，"对方法的热情就是对学问的执著"。为什么这样说呢？这是因为，"所谓方法就是逻辑程序的体系，没有它就不会有对学问的探讨……学者对于自己设立的命题，正因为在逻辑上得到了证明，才主张它是真理。而支持这种论证的整个结构就是方法"②。像其他各家各派一

---

① ［德］黑格尔：《小逻辑》，贺麟译，商务印书馆 1980 年版，"第 2 版序言"第 5 页。
② ［日］今道友信：《美学的方法》，李心峰等译，文化艺术出版社 1990 年版，第 19—20 页。

样，马克思主义包括马克思主义文艺理论研究历来也十分注重方法问题，或者也可以说具有科学的方法论和自觉的方法意识正是马克思主义文艺理论的强项。马克思恩格斯在哲学上创立了辩证唯物主义和历史唯物主义，不仅为马克思主义的美学、文艺学和其他一切学术研究奠定了科学的世界观与方法论基础，同时也成为马克思主义的美学、文艺学和其他学术研究与非马克思主义的学术研究相互区别的重要标志。前面所引海尔布隆纳关于构成马克思主义共同特征的四个前提的分析中，对待认识本身的辩证态度和唯物主义历史观位列前两条，正说明世界观和方法论在马克思主义理论中的重要基础地位。反观马克思主义文艺理论和美学的发展历史，在 19 世纪 40—50 年代马克思恩格斯对《神圣家族》与"诗歌和散文中的德国社会主义"的批评，就历史悲剧《济金根》分别写给拉萨尔的信，19 世纪 80 年代恩格斯给敏·考茨基、玛·哈克奈斯、保·恩斯特等人的系列文艺书信，20 世纪初列宁论列夫·托尔斯泰的一系列文章和关于无产阶级新文化与新文艺创造的言论，马克思恩格斯的学生和后继者如拉法格、梅林、普列汉诺夫、葛兰西、卢卡奇等在新的历史形势下对现代文艺发展问题的探讨，以及 20 世纪 40 年代初期毛泽东在《新民主主义论》和《在延安文艺座谈会上的讲话》中对中国新文化和新文艺创造问题的论述，无不深深地刻烙着辩证唯物主义与历史唯物主义的印记，显示着马克思主义文艺理论研究的鲜明方法论特色和巨大理论生成能力。不仅如此，实际上马克思主义文艺理论史上的经典理论家，都是十分注重方法问题的。现代西方马克思主义文艺理论最重要的代表人物之一卢卡奇在《什么是正统马克思主义?》一文中甚至不无偏激地说"马克思主义问题中的正统仅仅是指方法"[1]。他在 1945 年所作的《马克思恩格斯美学论文集引言》就是按照历史唯物主义和辩证唯物主义的方法论展开对马克思主义创始人美学思想体系的研讨的，可见在其心目中方法之于学术研究的重要性。

然而，马克思主义文艺理论研究在方法论上所具有的理论优势，在新中国成立之后的理论研究中并没有得到很好的保持和发扬。在某种意义上讲，研究方法甚至成为马克思主义文艺理论研究最为薄弱的一环。新中国成立后很长一段时期内，在文艺理论与批评中，多数情况下是教条式地对待马克思主义经典文论家的思想遗产，习惯于从经典文论家那里引用既有

---

① ［匈］卢卡契：《卢卡契文选》，李鹏程编，人民出版社 2008 年版，第 2 页。

的理论观点作为自己的立论基础和权威证明，而不习惯于从马克思主义方法论原则出发，基于新的变化了的历史条件探讨新问题，提出新观点，创建新理论。许多理论研究成果和批评文章不仅不能自觉地贯彻马克思主义的方法论，而且陷入非辩证非历史的形而上学泥淖，以非科学的方法引申出错误的甚至极其荒谬的观点和结论。新时期之后，马克思主义文艺理论界不仅在观念上逐渐恢复、澄清了一些被极"左"文艺思潮搞乱了的理论观点和命题，而且也逐渐意识到了科学的研究方法的重要性，由此便有了20世纪80年代中期文艺学、美学研究"方法论"热潮的一度兴起。"方法论"热潮的兴起孕育于对文艺学研究的历史与现状的反思，有其历史的必然性与合理性。这股热潮对于新时期文艺理论的发展总体上具有建设性的正面作用。但若检索一下当时围绕方法问题发表和出版的论著，包括许多美学文艺学方法论的选本，则不难发现，当时人们感兴趣的更多是来自自然科学领域的新的科学理论和方法，如所谓"老三论"（信息论、系统论、控制论）和"新三论"（耗散结构论、协同论、突变论），此外就是西方现代哲学和美学流派与思潮，如现象学、解释学、符号学、原型批评、结构主义、接受美学等各自的理论与方法，很少有人去认真研究马克思主义文艺理论的方法论问题。在当时的一些人看来，马克思主义文艺理论的观念与体系都是大家耳熟能详的东西，没有什么新鲜感，引不起兴趣；而在另外不少人的心目中，马克思主义文艺理论不注重艺术的自身价值和审美规律，无论在观念上还是方法上都已经过时了，不值得去研究。经历了这样一个具有选择性的"方法论"热潮之后，尽管还有不少人在马克思主义文艺理论研究园地里辛勤地耕耘着，尽管马克思主义文艺理论特有的一些基本理论问题还不时引起争鸣，但理论研究尤其是以"马列文论"为基本称谓的狭义的马克思主义文艺理论研究在中国新时期文论格局中所占有的中心地位的确是越来越不稳固了，而且由于没有在方法论层面上的深入探索和理论创新，在马克思主义文论的基础上形成的特有理论命题与观点也越来越少了。在新时期前期，借助于改革开放的时代氛围和对此前马克思主义文艺理论发展之经验与教训的总结和反思，马克思主义文艺理论研究界总体上还是十分活跃的，比如对文艺与人道主义关系的讨论，对文艺与政治和文艺与上层建筑关系的争鸣，对《1844年经济学哲学手稿》中的美学观点的研究，以及审美反映论、审美意识形态论、艺术生产论等理论观点的产生，等等，基本上都是马列文论界在唱主角。但是，从 20 世纪 90 年代以来，一方面伴随着中国社会经济、政治与媒体、文化的发展演变，文艺事业在总体上是越来越发展和繁荣了，同时随着社会生活领域价值选择的多元化成为现实，文艺领域在指导思想和审美文化取向上也越来越多样化乃至多元化了；另一方面，马列文论研究的队伍却在不断缩减，马克思主义文艺理论在中国文论总体格局中的影响力日渐减弱。近二十年来，面对媒介文化和消费主义文化的崛起，日常生活的审美化以及民族文化发展的全球化语境等现实问题，学界基本上都是借用来自西方现当代包括西方马克思主义的文化与文艺美学理论资源，马克思主义文艺研究几乎没有提出自己叫得响的理论观点和命题。这种状况的发生，与马克思主义方法论的底气不足、研究方法和思想观念上的创新意识不强有着很大的关联。直至今日，尽管我们从许多人的论著之中，从各类基金的项目申请书、招标书中通常都能看到"本研究课题是以马克思主义为指导，以辩证唯物主义和历史唯物主义为研究方法论"的说明，其实多数情况不过就是说说而已，立个招牌，当个幌子，真正能够贯彻马克思主义方法论而又具有重大社会影响的文艺理论研究成果还是少见的。

　　鉴于上述状况，谈到方法问题，必须特别强调一下马克思主义方法论的两大基本原则：其一就是世界观与方法论相统一的原则。辩证唯物主义和历史唯物主义是马克思主义的世界观，也是其方法论。作为方法论，辩证唯物主义要求学术研究要在存在与意识的辩证依存关系之中，在世界物质统一性的存在图景中，从联系和发展的观点研究对象；而历史唯物主义则要求在社会存在与社会意识、经济基础与上层建筑的社会结构关系中历史地、辩证地分析和研究一切对象。不能把世界观与方法论机械地割裂开来，抽象地谈论方法，为方法而方法，这有可能使方法流入空洞的、形式化的套路和摆设。也就是说，马克思主义文艺理论研究对方法的选择和运用必须与马克思主义关于文艺的主导观念有机地统一起来。其二，就是逻辑与历史或者说是研究方法与研究对象相一致的原则。黑格尔在谈到方法问题时指出，方法可以首先表现为仅仅是认识的形式，但是这种认识的形式却不仅仅是由研究者的主观意识抽象规定的东西，在真理性的认识中，"方法就是关于逻辑内容的内在自身运动的形式的意识"[①]。这也就是说，科学的研究方法是与研究对象的内容、与对象存在的规律性的揭示密不可

---

① ［德］黑格尔：《逻辑学》（上卷），杨一之译，商务印书馆 1966 年版，第 36 页。

分的。马克思主义创始人在辩证唯物主义哲学的基础之上发挥了黑格尔的这一思想。恩格斯曾经在与黑格尔的言论类似的意思上指出,真正的科学方法是对象的"类似物"。马克思也曾在文章中明确地写道:"真理探讨本身应当是合乎真理的,合乎真理的探讨就是扩展了的真理。这种真理的各个分散环节最终都相互结合在一起。难道探讨的方式不应当随着对象改变吗?"① 黑格尔和马克思主义创始人这些关于研究方法的言论教导我们,治学的方法应该随着对象的确定而确定,应该从对象出发选择相适应的研究方法。由于人文科学的研究对象是历史的存在,所以马克思主义的研究方法强调历史与逻辑的统一,强调历史从哪里开始,逻辑就从哪里开始,这正是从对象作为历史存在的优先性地位出发的。上述两条是马克思主义方法论的基本原则,是一切学术研究都应该遵循的,马克思主义文艺理论研究亦不例外。正如卢卡契所指出的,辩证的马克思主义是正确的方法,只有这种方法才能使马克思主义的学术研究"按其创始人奠定的方向发展、扩大和深化"②。

在遵循上述两大基本原则的同时,马克思主义文艺理论还有一些更加切近文艺特性的研究方法,也应予以发扬光大。这主要有三个具体方法:一是基于历史唯物主义而形成的意识形态分析方法,这一方法要求把属于观念形态的文化和审美现象还原、置放到社会结构的总体图景中,从生产力的发展、生产方式的变革、上层建筑的变动以及与其他社会意识形态的相互联系中,分析其发生、发展的根源,蕴含着的社会内容和具有的社会功能;二是基于辩证唯物主义理论并汲取了各种现代科学(包括自然科学和社会科学)的理论和方法而历史地发展起来的辩证思维方法,这一方法反对对文艺和审美现象作孤立、片面和静止的研究,而主张从普遍联系和运动发展的观点,从整体与个别、普遍与特殊、个性与共性、运动与静止、有限与无限等的对立统一和辩证关联中分析和揭示对象的存在个性和历史蕴涵;三是基于对象感性存在特殊性之艺术的或美学的研究方法。与其他学术领域的研究对象不同,文艺理论研究的是以感性形式而存在的对象,这一对象是艺术地或审美地呈现自身并显示其不可替代的存在意义和社会价值的。我们把各种文艺视为符号化的审美形式,视文学和各种艺术

---

① 《马克思恩格斯全集》第 1 卷,人民出版社 1956 年版,第 8—9 页。
② [匈] 卢卡契:《卢卡契文选》,李鹏程编,人民出版社 2008 年版,第 2 页。

为审美的意识形态，这就要求我们不仅要关注不同艺术种类各自的特殊性，而且在研究过程中要探讨不同于其他人类活动形式和意识形态形式的特殊研究方法。马克思主义创始人把"美学和历史观点"的统一作为衡量文艺作品的最高的标准，正说明马克思主义文艺理论历来都是极为重视文艺的审美特性和美学研究方法的。可以说，意识形态分析方法、辩证思维方法以及美学研究方法是马克思主义文艺理论和美学研究的三大方法支柱，这三个具体方法是上述两大方法论原则的具体化，在马克思主义文艺理论与美学以往的研究史上已经结出了许多沉实、芬芳的理论果实。只要我们坚持马克思主义的基本方法论原则，并且坚持马克思主义文艺理论的传统精神，坚持以问题为中心、以解决现实实践问题为宗旨的学术导向，这样一些被历史证明行之有效的科学研究方法，在中国 21 世纪有民族特色的马克思主义文艺理论研究中就一定能够再现思想活力，重铸理论辉煌。

（原载《文史哲》2012 年第 5 期）

马克思主义文艺理论专题研究

马克思、恩格斯使用上层建筑概念之比较

胡为雄

马克思、恩格斯都使用过上层建筑概念，使用时赋予的喻义都有如下两类内容：（一）思想、观念；（二）政治结构、国家政权、政治形式等。但马克思曾用上层建筑喻指信用与虚拟资本，恩格斯则在本来意义上涉及军舰的上层建筑。显然，马克思、恩格斯不仅在不同的场合赋予上层建筑概念以不同喻义，他们各自赋予的喻义既有类同之处，又有较明显的差别。从数量上说，马克思对上层建筑概念的使用次数要比恩格斯多。除了和恩格斯在《德意志意识形态》、《共产党宣言》中一起使用过上层建筑概念外，马克思独自在 18 篇著作及书信中多次使用过该概念，其中 3 次用来喻指思想、观念；17 次用来喻指政治结构、国家政权、政治形式及政治行为等；8 次用来指信用与虚拟资本、汇票等。恩格斯则独自在 5 篇著作及书信中使用上层建筑概念，其中 2 次是用来喻指"法的设施和政治设施以及宗教的、哲学的和其他的观念形式所构成的"复合体，1 次是用来喻指阶级斗争的政治形式及其思想文化成果，1 次是用来喻指由哲学、宗教、艺术等组成的社会意识形式，1 次是用来喻指国家政权这种社会政治形式，1 次是说明海军军舰在本来意义上来使用。现将马克思、恩格斯使用上层建筑概念时赋予喻义的同与不同作一比较。

一 喻指思想、观念的同异

马克思、恩格斯都曾用上层建筑概念喻指思想、观念，并在合著的《德意志意识形态》中一起使用上层建筑概念来说明存在决定意识，所指的是一种"观念的上层建筑"或"思想上层建筑"。他们在该书的"费尔巴哈"章中写道："市民社会包括各个人在生产力发展的一定阶段上的一

切物质交往……市民社会这一名称始终标志着直接从生产和交往中发展起来的社会组织，这种社会组织在一切时代都构成国家的基础以及任何其他的观念的上层建筑的基础。"① 在该书第3章"圣麦克斯"中，马克思与恩格斯论及"作为资产阶级社会的社会"、私有财产这种所谓"神圣化的财产"，批评施蒂纳时又有"思想上层建筑"的用法："竞争所引起的伟大的社会变革把资产者之间的相互关系以及他们对无产者的关系变为纯粹的金钱关系，而把上述一切'神圣化的财富'变成买卖对象，并把无产者的一切自然形成的和传统的关系，例如家庭关系和政治关系，都和它们的整个思想上层建筑一起摧毁了……"②

但马克思、恩格斯各自使用上层建筑概念时所赋予的思想、观念含义有细微差别。马克思在《路易·波拿巴的雾月十八日》等著作中独自使用该概念时，虽然同样是借助它去说明社会存在决定社会意识，但赋予了更宽泛、复杂的含义。他在分析立宪共和国或议会制共和国存在时期共和党人和保皇党人之间的斗争时写道："正统王朝不过是地主世袭权力的政治表现，而七月王朝则不过是资产阶级暴发户篡夺权力的政治表现。所以，这两个集团彼此分离决不是由于什么所谓的原则，而是由于各自的物质生存条件，由于两种不同的占有形式；它们彼此分离是由于城市和农村之间的旧有的对立，由于资本和地产之间的竞争。当然，把它们同某个王朝联结起来的同时还有旧日的回忆、个人的仇怨、忧虑和希望、偏见和幻想、同情和反感、信念、信条和原则，这有谁会否认呢？在不同的占有形式上，在社会生存条件上，耸立着由各种不同的、表现独特的情感、幻想、思想方式和人生观构成的整个上层建筑。整个阶级在它的物质条件和相应的社会关系的基础上创造和构成这一切。通过传统和教育承受了这些情感和观点的个人，会以为这些情感和观点就是他的行为的真实动机和出发点……正如在日常生活中应当把一个人对自己的想法和品评同他的实际人品和实际行动区别开来一样，在历史的战斗中更应该把各个党派的言词和

① 《马克思恩格斯选集》第1卷，人民出版社1995年版，第130—131页。
② 《马克思恩格斯全集》第3卷，人民出版社1960年版，第432页。据《马克思恩格斯全集》历史考证版第2版《德意志意识形态》的编辑负责人之一、德国学者陶伯特（Inge Taubet）的考证和推测，"费尔巴哈"章中的相关文字是从"圣麦克斯"章中移植过来的，而"圣麦克斯"章似是马克思执笔，故这一概念的首次使用也是马克思。本文对此不作细究。为了研究方便，本文有时引用旧版《马克思恩格斯全集》。

幻想同它们的本来面目和实际利益区别开来，把它们对自己的看法同它们的真实本质区别开来。"① 这里，马克思首先注重的是社会物质生存条件、各阶级不同的占有形式，认为是整个阶级的物质条件和相应的社会关系的基础构成了各种意识。马克思注意到了耸立在这一基础之上的上层建筑，是由人的情感、幻想、思想方式和人生观构成的。它们具体与"旧日的回忆、个人的仇怨、忧虑和希望、偏见和幻想、同情和反感、信念、信条和原则"等相联系。总的说来，上层建筑一词在这里用来概括为利益所决定的精神因素，主要包括人的思想方式、人生观、情感及幻想等。

恩格斯在《反杜林论》中讨论历史科学中的真理问题、使用"观念上层建筑"概念时则没有包括情感、幻想等因素。他写道："在第三类科学中，即在按历史顺序和现今结果来研究人的生活条件、社会关系、法的形式和国家形式及其由哲学、宗教、艺术等等组成的观念上层建筑的历史科学中，永恒真理的情况还更糟。"② 这里，恩格斯一方面使用了"社会关系、法的形式和国家形式"等概念，同时将"观念上层建筑"与之并列。他所说的"观念上层建筑"的意思很明朗，由哲学、宗教、艺术等组成。

此外，马克思在 1862—1863 年的手稿《剩余价值理论》第 1 册第 4 章《关于生产劳动和非生产劳动》中，在批判经济学家昂利·施托尔希有关物质生产和精神生产相互关系问题的反历史态度时，在指明其荒谬说法时，思想家们从理论上构造上层建筑的角度使用了上层建筑概念，所涉及的是一个单一的精神生产过程。他写道："物质生产领域中的对立，使得由各个意识形态阶层构成的上层建筑成为必要，这些阶层的活动不管是好是坏，因为是必要的，所以总是好的。"③ 马克思的这个说明是他手稿中的全部四条说明中的一条，是就施托尔希及其他一些学者的观点作出的，主要是从精神生产的角度涉及上层建筑概念的。在《法兰西内战》初稿中，马克思论及农民时也使用了上层建筑一词，他是在社会政治观点的意义上使用的，内容较简单："另一方面，农民的劳动则是孤立的，他们的生产资料是零星分散的。在这些经济差异的基础上，作为上层建筑，形成了大量互不相同的社会政治观点。"④ 这种情况，恩格斯的论述中则没有。

---

① 《马克思恩格斯选集》第 1 卷，人民出版社 1995 年版，第 611—612 页。
② 《马克思恩格斯选集》第 3 卷，人民出版社 1995 年版，第 429 页。
③ 《马克思恩格斯全集》第 26 卷第 1 册，人民出版社 1972 年版，第 298 页。
④ 《马克思恩格斯选集》第 3 卷，人民出版社 1995 年版，第 101—102 页。

二 喻指政治结构、国家政权、政治形式等的同异

马克思和恩格斯在合著的《共产党宣言》中主要是在政治权力的意义上使用上层建筑概念。他们写道："过去的一切运动都是少数人的或者为少数人谋利益的运动。无产阶级的运动是绝大多数人的、为绝大多数人谋利益的独立的运动。无产阶级，现今社会的最下层，如果不炸毁构成官方社会的整个上层，就不能抬起头来，挺起胸来。"① 这里的"上层"主要是指资产阶级的国家政权。除此之外，马克思、恩格斯都单独使用上层建筑概念喻指政治结构、政治权力等方面的内容，但内容各有差异。在多数著作和文章中，马克思用上层建筑概念来喻指社会政治结构、国家政权或政治行为。在《"莱茵观察家"的共产主义》一文中，马克思使用上层建筑概念时赋予政治权力的意义。他嘲讽当时马格德堡的国教顾问、后来的保守党领袖之一海·瓦盖纳时这样写道："国教顾问先生肯定说：'宝座应当建立在广泛的人民的基础上；这样它才会最牢靠。'是这样，只要人民还没有把这个沉重的上层建筑从自己宽大的肩膀上用力甩到深渊里去。"② 这里，上层建筑明确地指"君主制的权力"。

马克思在《科布顿、布莱特和吉布森的失败》文中谈论英国时政，在运用上层建筑概念时其意义具体指的"内阁的擅权"。马克思评说了科布顿、布莱特和吉布森选举失败后，帕麦斯顿赢得胜利后可想而知的是内阁阵营里欢欣若狂和高呼胜利的情景。他进而写道：帕麦斯顿"这个老骗子清楚地知道，要制服一个人，即使是一个巨人，只要让他进入下院就行了，而要很快摧毁下院本身，摧毁它的基础，即有特权的选民团，摧毁它的上层建筑，即内阁的擅权……"③ 这里，内阁的擅权显然是指一种政治行为，并且相应的基础是指"有特权的选民团"。

在《马志尼和拿破仑》一文中，马克思在对马志尼的批评中有"政治上层建筑"的提法："这些人只注意国家的政治形式，而不能理解作为政

---

① 《马克思恩格斯选集》第 1 卷，人民出版社 1995 年版，第 283 页。引者按：该处原译为"上层"，《马克思恩格斯全集》第 4 卷人民出版社 1958 年版第 477 页译为"上层建筑"，德文原词为 überbau。

② 《马克思恩格斯全集》第 4 卷，人民出版社 1958 年版，第 220 页。

③ 《马克思恩格斯全集》第 16 卷，人民出版社 2007 年版，第 97 页。

治上层建筑的基础的社会组织的意义。"① 这里，"政治上层建筑"指国家的政治形式，它不是与经济基础相对应，而是与社会组织相对应。马克思同年在"纽约每日论坛报"发表的《关于俄国废除农奴制的问题》一文中，又有"国家全部上层建筑"的用法："的确，要解放被压迫阶级而不损害靠压迫它过活的阶级，而不同时摧毁建立在这种阴暗社会基础上的国家全部上层建筑，是不可能的。"② 这里，"国家全部上层建筑"意思很明确，是指维护农奴制的俄国国家政权。马克思在"新闻报"发表的时政文章《中国记事》中，再次使用政治上层建筑概念时也是指国家政权。针对中国发生的太平天国革命，马克思这样评论道："这种现象本身并不是什么特殊的东西，因为在东方各国，我们经常看到社会基础不动而夺取到政治上层建筑的人物和种族不断更迭的情形。"③

在 1861—1863 年的《政治经济学批判》手稿中，马克思在论述剩余劳动的性质时，也几次使用了上层建筑概念，说的是资本主义"社会的整个上层建筑"，即国家从事非直接生产活动的部门、行政机关等："只要存在着一些人不劳动（不直接参加使用价值的生产）而生活的社会，那么，很清楚，这个社会的整个上层建筑就把工人的剩余劳动作为生存条件。"④ "更确切的表述是：剩余劳动时间是劳动群众超出再生产他们自己的劳动能力、他们本身的存在所需要的量即超出必要劳动而劳动的时间，这一表现为剩余价值的剩余劳动时间，同时物化为剩余产品，并且这种剩余产品是除劳动阶级外的一切阶级存在的物质基础，是社会整个上层建筑存在的物质基础。"⑤ 在瑞士巴塞尔举行的国际工人协会第四次年度代表大会的报告即《总委员会关于继承权的报告》中，马克思在表明对继承权的主张时使用了"法律的上层建筑"提法，其意思是指继承权。他说："我们应当同原因而不是同结果作斗争，同经济基础而不是同它的法律的上层建筑作斗争。假定生产资料从私有财产转变为公有财产，那时继承权（既然它具有某种社会意义）就会自行消亡，因为一个人死后留下的只能是他生前所有的东西。因此我们的伟大目标应当是消灭那些使某些人生前具有攫取许

① 《马克思恩格斯全集》第 12 卷，人民出版社 1962 年版，第 450 页。

② 同上书，第 628 页。

③ 《马克思恩格斯全集》第 15 卷，人民出版社 1963 年版，第 545 页。

④ 《马克思恩格斯全集》第 47 卷，人民出版社 1979 年版，第 215 页。

⑤ 同上书，第 216 页。

多人的劳动果实的经济权力的制度。"①

马克思在《法兰西内战》二稿中使用上层建筑一词时，也赋予了政治结构的意义，具体用来指称中央集权的国家政权："无产阶级不能像统治阶级及其互相倾轧的各党各派在历次胜利的时刻所做的那样，简单地掌握现存的国家机体并运用这个现成的工具来达到自己的目的。掌握政权的第一个条件是改造传统的国家工作机器，把它作为阶级统治的工具加以摧毁……以给现代资产阶级社会提供自由发展的充分余地为任务的第一次法国革命，必须把地方的、区域的、城镇的、外省的一切封建制度堡垒扫除净尽，为中央集权的国家政权这一上层建筑准备社会基地。"② 马克思在这里不仅把国家政权纳入上层建筑，同时还从政治学角度分析了"中央集权的国家政权"这一庞大政治机器：它有常备军、等级制的官僚、警察、僧侣、法官，等等。这个国家政权"按照系统的和等级的分工原则建立"，分支庞杂，机关遍布各地。马克思这里关注的是"国家工作机器"或"政府机器"的具体结构和功能。在《法兰西内战》二稿的"结束语"中，马克思也是从国家政权的意义上使用"政治上层建筑"概念的。他说："旧式的"共和派的两个集团如果复辟侥幸成功，实际上只能恢复帝国，即恢复这些腐朽阶级的统治的最后的、不可缺少的政治形式。马克思接着指出："他们看不到，这些政治上层建筑所依据的社会机体已经消逝，这些制度只可能在如今已过时的那些条件下、在法国社会的那些过去的阶段中一度存在；法国社会现在只能容许或者是作为其腐烂状态的帝国制度，或者是作为其新生状态的劳动共和国。他们看不到，政治形式的更替只是社会本身经历的现实变化的政治表现。"③ 并且，马克思在《法兰西内战》二稿中还有一处也提及"从社会基地上清除了那些妨碍最终地建立国家上层建筑的最后的中世纪障碍"。④ 相关的这段话与正式公开发表的《法兰西内战》文字差别不大，意思也大同小异。在正式公开发表的《法兰西内战》中，马克思在作为阶级统治机器的国家政权的意义上使用上层建筑概念时是这样表述的："中央集权的国家政权连同其遍布各地的机关，即常备军、警察局、官厅、教会和法院——这些机关是按照系统的和等级的分

① 《马克思恩格斯全集》第16卷，人民出版社1964年版，第414页。
② 《马克思恩格斯选集》第3卷，人民出版社1995年版，第117页。
③ 《马克思恩格斯全集》第17卷，人民出版社1963年版，第650页。
④ 同上书，第659页。

工原则建立的——起源于专制君主制时代，当时它充当了新兴资产阶级社会反对封建制度的有力武器。但是，领主权利、地方的特权、城市和行会的垄断以及地方的法规等这一切中世纪的垃圾还阻碍着它的发展。18 世纪法国革命的大扫帚，把所有这些过去时代的残余都扫除干净，这样就从社会基地上清除了那些妨碍建立现代国家大厦这个上层建筑的最后障碍。"①马克思在这里使用的上层建筑概念，具体指法国第一帝国时期建立起来的国家政权及后来的各种政权。

马克思在致尼·弗·丹尼尔逊的信中使用上层建筑概念（1995 年版《马克思恩格斯选集》将之译为"上部结构"）时也是指资本主义政治制度。他在谈及铁路发展的作用时写道："铁路网在居主导地位的资本主义国家的出现，促使甚至迫使那些资本主义还局限在社会的少数点面上的国家在最短期间建立起它们的资本主义的上部结构，并把这种上部结构扩大到同主要生产仍以传统方式进行的社会机体的躯干完全不相称的地步。因此，毫无疑问，铁路的敷设在这些国家里加速了社会的和政治的解体……"②

相较而言，恩格斯单独用上层建筑概念喻指政治结构时仅使用过一次，其内容较简单。在《家庭、私有制和国家的起源》一书中，恩格斯在论述氏族的解体、奴隶制产生和国家的形成过程时写道："随着贸易的扩大，随着货币和货币高利贷、土地所有权和抵押的产生，财富便迅速地积聚和集中到一个人数很少的阶级手中，与此同时，大众日益贫困化，贫民的人数也日益增长。新的财富贵族，只要从一开始就恰巧不是旧的部落显贵，便把部落显贵完全排挤到后面去了（在雅典，在罗马，以及在德意志人中间）。随着这种按照财富把自由民分成各个阶级的划分，奴隶的人数特别是在希腊便大大增加起来，奴隶的强制性劳动构成了整个社会的上层建筑所赖以建立的基础。"③确切地说，恩格斯这里的"整个社会的上层建筑"是用来具体指建立在奴隶劳动基础上的奴隶制国家或国家政权机构。这在后面的一段论述中可以明确地看出来："现在产生了这样一个社会，它由于自己的全部经济生活条件而必然分裂为自由民和

① 《马克思恩格斯选集》第 3 卷，人民出版社 1995 年版，第 52 页。
② 《马克思恩格斯选集》第 4 卷，人民出版社 1995 年版，第 635 页。
③ 同上书，第 167—168 页。

奴隶，进行剥削的富人和被剥削的穷人，而这个社会不仅再也不能调和这种对立，反而必然使这些对立日益尖锐化。一个这样的社会，只能或者存在于这些阶级相互间连续不断的公开斗争中，或者存在于第三种力量的统治下，这第三种力量似乎站在相互斗争着的各阶级之上，压制它们的公开的冲突，顶多容许阶级斗争在经济领域内以所谓合法形式决出结果来。氏族制度已经过时了。它被分工及其后果即社会之分裂为阶级所炸毁。它被国家代替了。"①

三　在涉及政治权力与思想观念关系时的同异

马克思在社会政治结构、国家政权的意义上使用上层建筑概念的著作，以 1859 年的《〈政治经济学批判〉序言》影响最大。马克思使用该概念时与恩格斯一个最大的不同是，他赋予该概念的含义曾发生从思想、观念到政治结构、政治权力转变。在《〈政治经济学批判〉序言》、法文版《资本论》、正式发表的《法兰西内战》等经典著作中，马克思确定地赋予了上层建筑以"法律的政治的"结构内涵而舍去了意识的内涵。这表明，以 1859 年《〈政治经济学批判〉序言》发表为界，马克思在上层建筑内涵的赋予上发生的历史性变化和转移。

马克思在《〈政治经济学批判〉序言》中是在回顾自己研究政治经济学的历程时再次使用"上层建筑"概念的，他写道："人们在自己生活的社会生产中发生一定的、必然的、不以他们的意志为转移的关系，即同他们的物质生产力的一定发展阶段相适合的生产关系。这些生产关系的总和构成社会的经济结构，即有法律的和政治的上层建筑竖立其上并有一定的社会意识形式与之相适应的现实基础。物质生活的生产方式制约着整个社会生活、政治生活和精神生活的过程。不是人们的意识决定人们的存在，相反，是人们的社会存在决定人们的意识。"② 马克思还指出："随着经济基础的变更，全部庞大的上层建筑也或慢或快地发生变革。"③ 这里，马克思的意思十分明朗：不以人们意志为转移的生产关系的总和构成社会的经

① 《马克思恩格斯选集》第 4 卷，人民出版社 1995 年版，第 169 页。
② 《马克思恩格斯选集》第 2 卷，人民出版社 1995 年版，第 32 页。
③ 同上书，第 33 页。

济结构；在社会经济结构之上，竖立着法律的、政治的上层建筑，同时有与之相适应的社会意识形式。显然，上层建筑的含义在这里发生了根本性转移和变化。马克思在使用这一概念时已经不是用来喻指社会意识，而是用来喻指与经济结构相对称的政治结构。并且，上层建筑含义由意识的规定向政治结构的规定转移、变化后，在马克思那里不断得到强化。1872年，马克思在法文版《资本论》中更加明确地在"法律的和政治的"结构意义上使用上层建筑概念。他在《资本论》（第 1 辑）第 1 卷第 1 章第 4节《商品的拜物教性质及其秘密》的第 31 个脚注中，仍然引述了《〈政治经济学批判〉序言》中的那段话。但马克思在引用中作修改时不仅把直接引证变成间接引语，并且把"有法律的和政治的上层建筑竖立其上并有一定的社会意识形式与之相适应的现实基础"删改成"有法律的和政治的上层建筑竖立其上的现实基础"："借这个机会，我要简短地回答一下美国一家德文报纸就我的《〈政治经济学批判〉序言》（1859 年出版）对我的指责。在那本书中我曾经说过，一定的生产方式以及从这种生产方式中产生的社会关系，简言之，社会的经济结构，是有法律的和政治的上层建筑竖立其上的现实基础，物质生活的生产方式普遍支配着社会生活、政治生活和精神生活的发展。"① 马克思的这一删改把上层建筑的规定变得简单、明白，"并有一定的社会意识形式与之相适应"一语删除后，社会意识形式不再被表述为一种独立的上层建筑形式与法律的政治的上层建筑并立或外在地结成一体的东西了。这为后人们理解他的上层建筑概念意义重心的转移提供了重要文本依据。

相较而言，恩格斯使用上层建筑概念时则没有发生过这类转变。1859年，恩格斯在《人民报》发表《卡尔·马克思〈政治经济学批判〉》一文介绍马克思当年在柏林弗兰茨·敦克尔出版社出版的著作时，引用了马克思在《〈政治经济学批判〉序言》中的话："'随着经济基础的变更，全部庞大的上层建筑也或慢或快地发生变革。'"② 但恩格斯未从理论上作发挥，仅是引述而已。

在多数时候，恩格斯是把政治结构、政治权力与思想、观念并列为上层建筑。在《反杜林论》一书中，恩格斯在说明马克思的唯物主义历史观

---

① 马克思：《资本论》第 1 卷，中国社会科学出版社 1983 年版，第 61 页。
② 《马克思恩格斯选集》第 2 卷，人民出版社 1995 年版，第 38 页。

及其巨大作用时，在书的引论中写道："新的事实迫使人们对以往的全部历史作一番新的研究，结果发现：以往的全部历史，都是阶级斗争的历史；这些互相斗争的社会阶级在任何时候都是生产关系和交换关系的产物，一句话，都是自己时代的经济关系的产物；因而每一时代的社会经济结构形成现实基础，每一个历史时期的由法的设施和政治设施以及宗教的、哲学的和其他的观念形式所构成的全部上层建筑，归根到底都应由这个基础来说明。这样一来，唯心主义从它的最后的避难所即历史观中被驱逐出去了，一种唯物主义的历史观被提出来了，用人们的存在说明他们的意识，而不是像以往那样用人们的意识说明他们的存在这样一条道路已经找到了。"① 恩格斯这里有关"观念形式所构成的"上层建筑的提法与《德意志意识形态》和《路易·波拿巴的雾月十八日》中的提法大致相同，但与《〈政治经济学批判〉序言》中的提法不尽相同。从恩格斯的这段话中，尤其是从"这样一来，唯心主义从它的最后避难所即历史观中被驱逐出去了"，从而找到了用社会存在说明社会意识的道路的话中可以看出，他是从社会存在决定社会意识的原理出发来论述问题的。但恩格斯是把"宗教的、哲学的和其他观念形式"与"法的设施和政治设施"并排放在一起构成"全部上层建筑"，这就与马克思在《〈政治经济学批判〉序言》中只把"法律的和政治的上层建筑"看作竖立于社会经济结构这种现实基础之上，而把"有一定的社会意识形式"视为与之"相适应"的地位不尽一致了，因为"相适应"隐含着"决定与被决定"以及相互作用的关系。《反杜林论》中的这段话，恩格斯在《社会主义从空想到科学的发展》一文中说明唯物主义历史观时亦予使用，只是在中间插入了一句话："黑格尔把历史观从形而上学中解放了出来，使它成为辩证的，可是他的历史观本质上是唯心主义的。"②

恩格斯在致约·布洛赫的信（1890年9月21日）中也是在统指社会政治形式、法的形式和社会意识形式的基础上使用上层建筑一词的。他写道："根据唯物史观，历史过程中的决定因素归根到底是现实生活的生产和再生产。无论马克思或我都从来没有肯定过比这更多的东西。如果有人在这里加以歪曲，说经济因素是唯一决定性的因素，那么他就是把这个命

---

① 《马克思恩格斯选集》第3卷，人民出版社1995年版，第365页。
② 同上书，第739页。

题变成毫无内容的、抽象的、荒诞无稽的空话。经济状况是基础，但是对历史斗争的进程发生影响并且在许多情况下主要是决定着这一斗争的形式的，还有上层建筑的各种因素：阶级斗争的政治形式及其成果——由胜利了的阶级在获胜以后确立的宪法等等，各种法的形式以及所有这些实际斗争在参加者头脑中的反映，政治的、法律的和哲学的理论，宗教的观点以及它们向教义体系的进一步发展。"① 恩格斯在这里意在说明上层建筑对"经济因素"的反作用。他简略地提到了上层建筑的各种因素：阶级斗争的政治形式，宪法，各种法的形式，政治的、法律的和哲学的理论，宗教的观点，等等。尽管他的这种提及是随机的，因为毕竟是在写信，但是终究可以看出他对上层建筑概念的使用与马克思有差别：他把各种社会意识形式仍然并称为上层建筑"因素"。

四　喻指信贷与虚拟资本及军舰的上层建筑用法

马克思、恩格斯使用上层建筑概念最大的不同，在于马克思曾用上层建筑喻指信贷与虚拟资本。由于这方面的含义与前面两种含义没有直接关系，也从来没有引起过学界的广泛关注和争议，故只简略说明。

在《贸易和财政状况》一文中，马克思在信贷与虚拟资本的意义上使用上层建筑概念时，是从《曼彻斯特观察家》上提到的法国的许多新的股份公司切入问题的："伦敦的政府机关刊物'经济学家'写道：'在这种资本的狭小基础上利用信贷建立起来的巨大上层建筑，不能不使人担忧。例如，拥有资本 9125 万法郎的法兰西银行发行了 542589300 法郎的银行券，即超过资本 5 倍多。'"② 显然，这里引文中所谓的上层建筑是指信贷与虚拟资本，指银行券、债券类的东西。

马克思在摘录经济学家配第的《赋税论》（1667 年版）时，其笔录中的上层建筑概念之意义与货币流通量有关。他在摘录配第"关于一国所必需的流通货币量"，摘录配第在阐述地租和地租的货币表现时，认为他是以"相等的劳动"为基础。马克思摘引的配第的原话是："我断定，这一点是平衡和衡量各个价值的基础；但是在它的上层建筑和实际应用

---

① 《马克思恩格斯选集》第 4 卷，人民出版社 1995 年版，第 695—696 页。
② 《马克思恩格斯全集》第 11 卷，人民出版社 1962 年版，第 606 页。

中，我承认情况是多种多样的和错综复杂的。"① 配第原话中的"上层建筑"，大致与货币流通量有关，其平衡和衡量各个价值的基础则是相等的劳动量。配第《赋税论》中的这段话，马克思在为恩格斯写作《反杜林论》一书的第二编"政治经济学"第十章中也引述过，② 不过引用的是不同版本。马克思接下来批评了杜林对配第的价值论的轻率评价，并推重配第十分圆满的著作《货币略论》。他这里述及配第有关上层建筑的内容，与马克思在经济学手稿引用过的一样，完全属于价值论、货币论和赋税论领域。

在《政治经济学批判》手稿的第 3 篇"资本和利润"中，马克思在研究"商人资本的周转。商业利润和一般利润率"时，也使用了上层建筑概念："商人和银行家自己的资本只是据以建立起巨大的上层建筑物的基础。"③ 这里上层建筑是指会带来利润的商业资本或货币资本。

马克思在《资本论》第 3 卷第 5 篇"利润分为利息和企业主收入。生息资本"第 25 章"信用和虚拟资本"中，引用了上层建筑概念，其概念具体用来指汇票。他引述的是威·利瑟姆（约克郡的银行家）在《关于通货问题的通信》中的话："'汇票这个巨大的上层建筑，是建立在由银行券和金的总额形成的基础之上的。'"④

在《资本论》第 3 卷第 5 篇"利润分为利息和企业主收入。生息资本"第 27 章"信用在资本主义生产中的作用"中，马克思则是在信用的意义上使用上层建筑概念："一个人实际拥有的或公众认为他拥有的资本本身，只是成为信用这个上层建筑的基础。"⑤

马克思在《论蒲鲁东》一文中论及蒲鲁东主张建立无息信贷的银行并误解商品对货币的关系时，也使用了上层建筑概念。他说："蒲鲁东发明'无息信贷'和以这种信贷为基础的'人民银行'，是他在经济学上的最后的'功绩'。在我的著作《政治经济学批判》第 1 分册 1859 年柏林版（第 59—64 页）中已经证明，他的观点的理论基础产生于对资产阶级'政治经济学'的基本要素即商品对货币的关系的误解，而实际的上层建筑不

---

① 《马克思恩格斯全集》第 26 卷第 1 册，人民出版社 1995 年版，第 385 页。
② 参见《马克思恩格斯选集》第 3 卷注释 233，人民出版社 1995 年版，第 830 页。
③ 《马克思恩格斯全集》第 48 卷，人民出版社 1985 年版，第 399 页。
④ 《马克思恩格斯全集》第 46 卷，人民出版社 2003 年版，第 451 页。
⑤ 同上书，第 498 页。

过是更老得多和制定得更好得多的方案的翻版而已……但是，想把生息资本看做资本的主要形式，想把信贷制度的特殊应用，利息的表面上的废除，变为社会改造的基础，这就完全是小市民的幻想了。"① 这里的上层建筑一词，是用来说明蒲鲁东"想把信贷制度的特殊应用和利息的表面上的废除变为社会改造的基础"这种"小市民的幻想"，即发明"无息信贷"和以这种信贷为基础的"人民银行"。

恩格斯则在本来的意义上使用上层建筑概念，这种情况在马克思那里则没有过。1860 年为"美国新百科全书"撰写《海军》词条时，恩格斯这样写道："许多年来，英国巡航舰都是仿照 1782 年缴获的法国'赫柏号'巡航舰建造的。随着军舰长度的增加，舰首和舰尾的高大的上层建筑——前甲板、后甲板和中后部甲板——缩小了，因而提高了军舰的航海性能。"② 在其本义上使用上层建筑概念，仅有恩格斯这一次。本来，在德文中 überbau（上层建筑）作为不可数名词，在作动词用时有建造、重建、建立之意，还有结构、构造、布局及化合、合成等意。überbau 作为可数名词，意为上部结构、上层建筑，如船的上层建筑、甲板的上层建筑，汽车车身等。在英文和法文中，与 überbau 一词对应的词都是 superstructure，都与 überbau 一样意指上部结构或上层建筑，例如建筑物之基础上的上部结构，铁路路基上的上部建筑（如枕木、铁轨等），船尤其是甲板以上的上部结构等。从语源上看，马克思、恩格斯用上层建筑概念来喻指思想、观念和政治结构、政治权力等，完全是一种借用。当然，他们在借用这个词时将它作了全新的规定，即不是来指称实物而是借它来喻指精神和政治领域的东西；虽然它具有比喻属性，但获得了崭新的意义。

通过比较可见，马克思、恩格斯在使用上层建筑概念时赋予的喻义既有同也有异，我们既要看到其同的一面，也要看到其不同的一面；不能不加区别地用恩格斯的话来佐证马克思的观点，也不能用马克思前期著作中的论述佐证其中后期著作中的观点，更不能将其三类喻涵加以混淆并用以相互佐证，否则无法理清马克思主义理论领域中最为复杂的上层建筑概念。顺便指出，马克思在信贷与虚拟资本的意义上使用上层建筑概念，会引起国内外学术界对上层建筑定义的再思考，即不能再把上层建筑固定划

---

① 《马克思恩格斯全集》第 21 卷，人民出版社 2003 年版，第 60—61 页。
② 《马克思恩格斯全集》第 14 卷，人民出版社 1964 年版，第 386 页。

分"思想上层建筑"和"政治上层建筑",而应从语言学、解释学角度来解释马克思、恩格斯在表述自己的思想时在论著中怎样使用这一概念、赋予了它哪些意义。

[原载《清华大学学报》(哲学社会科学版) 2012 年第 4 期]

列宁与葛兰西意识形态理论比较及其启示

包 毅

由于时代背景、社会环境、生活经历和思维方式等方面的不同，葛兰西在认同列宁意识形态理论基本精神的前提下又结合新的情况作了一些"修正"。这种"修正"使得葛兰西与列宁意识形态理论之间既有相同点又包含不同之处。通过比较列宁和葛兰西的意识形态理论，对我们贯彻党的十七届六中全会精神，"加强和改进思想政治工作，牢牢把握意识形态工作主导权"，① 回应西方意识形态对马克思主义意识形态的冲击和挑战，用社会主义核心价值体系引领社会思潮，具有重要的理论和实践意义。

一 列宁与葛兰西意识形态理论的共同点

1. 批判第二国际庸俗唯物主义者的机械论观点，突出意识形态的能动作用。针对以考茨基为代表的第二国际理论家机械地理解意识形态，否认意识形态对实践的能动作用，列宁在坚持社会存在决定社会意识的基础之上，强调任何意识形态一旦产生就对社会发展具有重要的作用。俄国"社会民主党的理论学说也是完全不依赖于工人运动的自发增长而产生的，它的产生是革命的社会主义知识分子的思想发展的自然和必然的结果。"② 列宁的这段话一方面指出了俄国社会思想发展之于社会发展的独立性，另一方面则表现出了"革命的社会主义知识分子"因这一发展的超前性而具有的思想上的优越感。在列宁看来，工人运动力量的唯一的然而也是不可战

---

① 《中共中央关于深化文化体制改革推动社会主义文化大发展大繁荣若干重大问题的决定》，《人民日报》2011 年 10 月 26 日。

② 《列宁选集》第 1 卷，人民出版社 1995 年版，第 318 页。

胜的源泉，就是无产阶级在马克思主义理论指导下促进了思想的觉醒。针对以考茨基为首的机械唯物主义者企图把当时自然科学界流行的实证主义方法应用到社会科学领域，葛兰西把意识形态看作具有物质力量或某种那样的东西所具有的同样的能量。他说："物质力量是内容，而意识形态是形式，要是没有形式，物质力量在历史上就会是不可设想的。"①

俄国十月革命后，葛兰西对革命的合理性进行了辩护。他指出，"只有高度发达的理论意识和政治意识才能在整体上并在整体发展上迈向社会主义"。② 三年欧洲战争这一非正常条件"在俄国唤起了它已经唤起的那种人民的集体意志，……这种意志成为经济的动力并形成客观现实，这种客观现实存在着、运动着，并且终于像一股火山熔岩一样，能够按照人的意志所决定的那样，在任何地方、以任何方式开辟道路"。③ 由此可见，列宁和葛兰西都反对第二国际的机械论观点，重视意识形态的能动和政治导向功能。

2. 对意识形态作中性化理解。列宁在其著作中褪去了意识形态的否定性色彩，明确地把意识形态视为中性的思想体系或"非经济的上层建筑"④。在列宁看来，意识形态指的是每个阶级都有的反映其根本利益诉求的阶级意识，资产阶级有自己的意识形态，无产阶级也有自己的意识形态。意识形态本身是一个工具性概念，一般地谈论意识形态时，既不肯定它，也不否定它。意识形态是否具有科学性与其本身并无直接的关系，起决定性作用的是意识形态的理论基础及其所代表的阶级利益。资产阶级意识形态的理论基础是唯心史观，代表的是少数剥削者的利益，其对劳动者的剥削和压迫是非正义的，因此资产阶级的意识形态是非科学的。而无产阶级意识形态以唯物史观为理论基础，其立足的基础是人类的生产劳动的活动，代表的是无产阶级的根本利益，在这个基础上无产阶级意识形态获得了科学性。

葛兰西对意识形态概念也作了中性化理解。葛兰西指出："必须从历史的角度，把'观念论'作为一种上层建筑而加以分析。"⑤ 这里葛兰西

---

① [德] 葛兰西：《实践哲学》，徐崇温译，重庆出版社 1990 年版，第 64 页。
② [德] 葛兰西：《火与玫瑰》，田时纲译，人民出版社 2008 年版，第 330 页。
③ [德] 葛兰西：《葛兰西文选（1916—1935）》，人民出版社 1992 年版，第 10 页。
④ 《列宁全集》第 27 卷，人民出版社 1990 年版，第 397 页。
⑤ [德] 葛兰西：《狱中札记》，曹雷雨等译，中国社会科学出版社 2000 年版，第 291 页。

的"观念论"就是指意识形态。也即是说,在葛兰西看来,意识形态是一个特定机构的必然的思想上层建筑,这与列宁对意识形态概念的中性化理解是一致的。

二 列宁与葛兰西意识形态理论的不同点

1. 对意识形态存在领域的理解不同。在对意识形态存在领域进行界定时,葛兰西和列宁存在分歧。在列宁看来,意识形态主要存在于政治国家层面,意识形态与党性是分不开的,整个社会的意识形态分为资产阶级和无产阶级两大阵营,没有第三种类型的意识形态。无产阶级的意识形态是以历史唯物主义为基础,最突出的特性就是党性和革命性,"俄国觉悟工人的任务之一(也是他们伟大的历史功绩之一),就是要经常地、坚持不懈地反对这种轻视党性的态度",[①] 任何时候都不能模糊无产阶级的阶级意识和阶级特性。

葛兰西借鉴了卢卡奇的总体观,侧重于在市民社会领域探讨意识形态问题,把上层建筑区分为市民社会和政治国家两个不同职能的区域,政治国家主要通过军队、警察、监狱等物质机器来发挥统治或管理的职能,而市民社会则通过意识形态发挥领导权的职能。葛兰西在此基础上进行意识形态分析,强调意识形态的公共性及主要的存在场所——市民社会,而非单纯的党性(主要体现在政治领域)。

2. 对意识形态哲学基础的理解不同。列宁认为,意识形态必须建立在一定的哲学基础之上,马克思主义意识形态理论以历史唯物主义为哲学基础,历史唯物主义是科学思想中的最大成果。马克思主义产生以前的社会学和历史理论至多是积累了零散收集来的未加分析的事实,描述了历史过程的个别方面。马克思主义则指出了对各种社会经济形态的产生、发展和衰落过程进行全面而周密的研究的途径,考察了各种矛盾的趋向的总和,排除了人们选择某一主导思想或解释这个思想时的主观主义和武断态度,揭示了物质生产力的状况是所有一切思想和各种不同趋向的根源。同时,马克思主义还对历史的创造者——人民群众的动机是由什么决定的等问题作了科学回答。总之,历史唯物主义的创立从根本上克服了以往历史理论

---

① 《列宁全集》第24卷,人民出版社1990年版,第69页。

的主要缺点，实现了社会历史观的革命性变革，过去在历史观和政治观方面占支配地位的那种混乱和随意性，被一种极其完整严密的科学理论所代替。马克思以前的哲学家没有看到或没有正确回答这个问题，在社会历史观上都是唯心主义者。

在葛兰西看来，"唯物主义"一词被第二国际机械论者乃至一些唯心主义者所滥用，以致难以用确切的措辞表达其概念，加之"历史唯物主义只能是一种处于批判和论战状态的哲学，然而人们却需要一种完全定型的体系"，① 即实践哲学。葛兰西于是把实践哲学作为自己意识形态理论的基础，"只有在把实践哲学看作是一种开辟了历史新阶段的完整的、独创的哲学的时候，才能领会辩证法的基本功能和意义，实践哲学则在既超越了作为过去哲学表现的传统唯心主义和传统唯物主义，又保持了自身的重要要素的意义上，做到了这一点"。② 葛兰西强调实践哲学的一个重要原因是对布哈林机械唯物主义的否定和修正，不是像有些学者所认为的那样是为了反对列宁所谓的"唯物主义形而上学"。葛兰西认为，哲学统一的中心是实践，即人的意志与经济基础的关系。实践哲学必须同时进行两项工作："战胜形式精致的现代意识形态，以便组成自己独立的知识分子集团；教育在文化上还处于中世纪的人民大众。"③

3. 对意识形态领导权的理解不同。为了唤醒无产阶级的革命意识，列宁重视意识形态领导权对于无产阶级革命的重要性。列宁在坚持意识形态领导权时突出了政治领导权。他提出，俄国社会民主党的首要任务就是要争取政治自由，消灭一切剥削和压迫现象。为了把这场革命进行到底，无产阶级必须和农民共同行动，革命阶级不夺取政权就不可能取得胜利。要取得政治领导权，社会民主党必须立即放弃改良主义幻想，用马克思主义意识形态作为革命的武器，使一切社会党人团结起来，从革命理论中取得一切信念，运用革命理论来确定斗争方法和活动方式，争取无产阶级对其同盟者的领导，与资产阶级争夺领导地位。无产阶级夺取政治领导权后再着手开展文化工作，开展文化革命。列宁的思路是通过政治革命推翻资产阶级的统治，然后在新的上层建筑的基地上开展文化革命，夺取意识形态

---

① ［德］葛兰西：《葛兰西文选》，人民出版社 2008 年版，第 268—269 页。
② ［德］葛兰西：《实践哲学》，徐崇温译，重庆出版社 1990 年版，第 128 页。
③ ［德］葛兰西：《狱中札记》，曹雷雨等译，中国社会科学出版社 2000 年版，第 305 页。

领域的阵地。

与列宁不同，葛兰西提出在无产阶级革命过程中，掌握文化领导权起着比掌握政治领导权更加重要和根本的作用。葛兰西提出，"文化领导权"概念最重要的理论出发点是解决欧洲革命失败后马克思主义面临的危机，其政治动机则是阐明西方革命的规律和任务。对葛兰西来说，只有以新文化战胜旧文化，颠覆资产阶级的文化霸权，社会主义才能获得最广泛的社会认同。要做到这一点，就必须坚持不懈地传播新文化，不断提高人民中越来越广泛的阶层的智力水平。第二国际破产的原因就在于工人阶级运动无力抗拒资产阶级意识形态领导权的渗透。对革命政党来说，根本问题是揭露资产阶级意识形态的虚伪性，突破其话语霸权，确立无产阶级世界观，并使其渗透到被统治者的意识之中，以取代支配着他们的旧观念。只有夺取了文化领导权，西方国家无产阶级的政治革命才会取得成功。由此可见，在意识形态领导权问题上，与列宁所主张的政治领导权优先不同的是，葛兰西主张文化领导权优先，即先夺取文化领导权，在此基础上再开展争取政治领导权的斗争。

4. 对意识形态形成路径的理解不同。列宁认为，工人阶级由于长期被资产阶级控制和压迫，缺乏文化教育，时刻受到资产阶级意识形态的侵袭，因此不能自发地形成科学的意识形态，工人阶级仅凭自己的力量，只能形成经济主义意识形态。只有革命家掌握了科学的意识形态，因为他们都是有教养的知识分子，有丰富的革命实践经验，善于继承和发展有产阶级知识分子创造的哲学理论、历史理论和经济理论，能够对活动和生活的各个方面进行唯物主义的分析和评价。因此，革命家承担着把意识形态灌输到工人阶级中去的历史使命，工人阶级如果没有职业革命家的外部灌输就无法产生社会主义的意识形态。

与列宁强调意识形态理论的外部灌输不同，葛兰西认为，从外部灌输意识形态这种途径虽然会产生一定的社会效应，但不是唯一的决定性因素，"逻辑、艺术和心理的经验都是在不知不觉中获得，"① 意识形态观念的养成与整个文化传统、某种社会环境等都有着密切的联系，而不仅仅是灌输的结果。因此，葛兰西更注重无产阶级意识形态的内部生成，即可以选择另外一种思维方法，就是通过自觉的和批判的思维，以建立自己的世

---

① ［德］葛兰西：《火与玫瑰》，田时纲译，人民出版社 2008 年版，第 31 页。

界观，从而通过大脑紧张的工作，选定自己的活动范围，认真参与完成世界历史的活动，成为本身的主宰，而不再消极地驯服地等待着别人的灌输来使个人形成科学的世界观。在葛兰西看来，一个时代的意识形态不是单靠革命家的外部灌输，而是"在上层和底层之间、'普通人'和知识分子之间建立起一种意识形态上的一致性"。①

三　几点启示

1. 要以正确的态度对待马克思主义发展过程中的"异端学说"。葛兰西作为早期西方马克思主义者的代表人物，继承和发展了列宁意识形态理论的许多观点。但由于国情和生活经历等不同，葛兰西在坚持列宁意识形态理论基本精神的同时也针对西方发达国家的特殊状况提出了一些"异质性"观点，这种"异质性"观点不是对列宁意识形态理论的背离，而是结合新的时代语境的"与时俱进"。对于马克思主义理论发展过程中的"异端学说"，我们不能用"左"的思维动不动就扣"大帽子"，进行"大批判"，而应该结合其特定的时代语境进行具体问题具体分析，尤其要注重其理论观点中对马克思主义的新创造和新发展。例如，葛兰西对意识形态的公共性及主要的存在领域——市民社会的强调，对意识形态文化领导权的重视，对意识形态内部"自发"生成的论述，都是我们在意识形态建设工作中可以汲取的思想资源。总的来看，葛兰西是一位具有创造性的马克思主义理论家，与列宁一道捍卫和发展了马克思主义意识形态理论，其意识形态理论对我们贯彻党的十七届六中全会精神，推广大众文化优秀成果等都具有现实指导意义。

2. 要高度重视意识形态工作，捍卫国家意识形态安全。在对意识形态概念的理解上，列宁与葛兰西都把意识形态视为中性化概念，认识到了意识形态对于社会实践的重要性，将意识形态视为革命的武器。这提示我们：在我国社会主义现代化建设时期，除了要抓好经济建设工作，还要高度重视意识形态工作。苏东剧变以后，在西方掀起了一股新的"意识形态终结论"狂潮。"意识形态终结论"者从资本主义社会的阶级利益和国家利益出发，鼓吹西方社会的价值理念和政治模式具有普世性，而社会主义

---

① ［德］葛兰西：《狱中札记》，曹雷雨等译，中国社会科学出版社 2000 年版，第 239 页。

国家的意识形态则由于是一种具有空想色彩的乌托邦，阻碍文明的进步和社会的发展，必然走向终结。"意识形态终结论"是错误的，"意识形态不可能也没有终结，它为理解复杂的现实提供简单的模式，指示着历史的方向本身"。① 我们要重视意识形态领域面临的挑战和考验，理性地回应"意识形态终结论"，构筑起抵御西方意识形态渗透的思想防线，增强社会主义意识形态的说服力和感染力，捍卫国家意识形态安全。

3. 在坚持党对意识形态工作的领导权时，既要重视政治层面，又要重视文化层面。由于面临的情境和革命任务不同，列宁和葛兰西分别强调了意识形态领导权的政治层面和文化层面。这启示我们在推进和谐社会建设过程中首先要重视意识形态领导权的政治层面，就是要在大力发展生产力的基础上，发展社会主义民主政治，保障民众的各项民主权利，满足人民的精神生活需要，改变以往党和政府简单控制政治意识形态的方式，从维护群众根本利益和加强思想宣传工作的亲和力与吸引力的维度使群众进一步认同国家主流意识形态。西方一些经济军事强国，在推行经济军事霸权的时候，以扩散物质文化和增强文化交流为借口，积极传播他们的文化价值观念和生活方式。从 20 世纪的"和平演变"，到目前的"文化殖民主义"、"文化帝国主义"等无不如此。为此，我们要贯彻党的十七届六中全会精神，"增强国家文化软实力，弘扬中华文化，努力建设社会主义文化强国"。② 为了实现这个目标，要加强文化战略研究，积极传播先进文化，尊重群众的知情权，掌握舆论的主动权；要大力发展文化产业，建立公开、透明的文化市场准入机制，依法整治文化市场秩序和维护国家文化安全。

4. 既要重视意识形态灌输，又要重视培育群众的自我教育能力。尽管今天社会历史条件已不同于列宁的时代，但列宁倡导的意识形态灌输思想并没有过时。从无产阶级的整个群体来说，它能够自主地发展自己的政治意识，不需要从本群体之外去接受外部的灌输，但作为无产阶级的个体来说，科学的世界观是不可能不学而知、不教而会的，需要通过各种方式的灌输才能真正树立起来。如果放弃意识形态灌输，非马克思主义甚至反马

---

① 廖胜刚：《始终坚持和巩固马克思主义的指导地位——论社会主义意识形态建设的基本规律》，《吉首大学学报》（社会科学版）2006 年第 4 期。
② 《中共中央关于深化文化体制改革推动社会主义文化大发展大繁荣若干重大问题的决定》，《人民日报》2011 年 10 月 26 日。

克思主义思想就会乘虚而入。因此，我们必须坚持把意识形态灌输作为引导群众树立科学世界观的根本途径，正确利用灌输途径，广泛运用多种方法，如讨论、演讲、辩论等，同时辅之以座谈、参观、社会调查等形式，克服"单向硬灌"的弊端，不断增强意识形态教育的实效性。在新的历史条件下，我们除了要向人们灌输马克思主义意识形态理论外，同时要通过树立社会榜样、增强灌输过程中的主客体对话、构建灵活的自我教育情境等方式，培养受众的自我教育能力，使科学的意识形态得以从内部生成。具体实践中，我们应当运用恰当的方法，增强受众的自我反省能力，对自己认知方式、理解程度、思维过程等方面进行自我认识、自我评价；不断激发受众自身的积极性、主动性和创造性，从而推进自我教育活动向前发展。通过自我教育和启发，把无产阶级政党的路线、方针、政策内化为群众的价值追求，进而外化为自觉的行动。

（原载《理论探索》2012 年第 1 期）

关于浪漫主义的分歧

——马克思与拉萨尔悲剧问题论争的意识形态根源

陈奇佳

马克思、恩格斯与拉萨尔关于悲剧《弗兰茨·冯·济金根》的通信，是后人讨论马克思主义悲剧观的基础。本文所要讨论的是：马克思、恩格斯在这些通信中所表现出来的与拉萨尔的观念对立，一定程度上源于对待德国浪漫主义态度的分歧。他们关于悲剧观念的论战，其实也是一场关于浪漫主义法统价值的论战。我们如果能够意识到这一点，就能够对马克思悲剧观念在其历史语境中的深刻性有更深的理解，当然，也就有必要对这种悲剧观念作为一般美学尺度的历史限度进行反思。

一　青年马克思与浪漫派

马克思、恩格斯早年都曾受到过浪漫派很深的影响①。

按照某些学者的见解，青年马克思在其成长过程中经历过一个"浪漫主义诗人的阶段"，他们认为，马克思的精神成长过程有着浪漫主义精神的深刻烙印。② 在充分考虑到马克思个人创造性才能的前提下，我们认为，这类说法是不无道理的，以下几个方面突出地表现了马克思精神世界中的浪漫派烙印。

第一，浪漫派的宗教批判观念及方法曾对马克思产生深刻影响。

这一点在马克思和基督教信仰的关系上尤其明显。当他决定别离曾经

---

① 总的说来，恩格斯对待浪漫派的态度与马克思是非常接近的，虽然在某些具体问题方面，恩格斯也有着自己的关注重点，但这些问题与本文讨论的问题无关，在此略过不谈。

② 可参见［美］维塞尔《马克思与浪漫派的反讽——论马克思主义神话诗学的本源》，陈开华译，华东师范大学出版社 2008 年版，第 87—123 页。

的信仰，成为一个理性的无神论者时，弗·施莱格尔的反讽辩证法给了他重要的启发。他肯定浪漫派的反讽作为哲学思辨的抽象形式具有普遍的价值意义："总而言之，凡坚持内在论而反对经验个人的哲学家都会使用讥讽。"①

随着对黑格尔辩证法更为深入的学习，马克思不久即超越了对浪漫派及浪漫派反讽简单肯定的阶段。最迟至 1842 年，马克思已明确表达了他对浪漫主义的批判意识——或者说，克服了自我思想意识中的浪漫主义根基。尽管如此，浪漫派主要的思想工作之一——对宗教问题的关注与批判，仍牵动着他的心灵，他不时地尝试着回到对这些问题的讨论中去。②

在扬弃黑格尔唯心论的基础上，也是在扬弃浪漫派的宗教观念的基础上，大约在 1843 年，马克思终于明确了自己思想追求的目标和独特的思想批判方式。因是之故，《〈黑格尔法哲学批判〉导言》开头第一句话便是："就德国来说，对宗教的批判基本上已经结束；而对宗教的批判是其他一切批判的前提。"③ 尽管这句话主要是针对费尔巴哈的宗教批判来说的，但如果我们了解青年黑格尔派思想活动与浪漫派宗教观的深刻渊源关系，我们当然也就能够说：对浪漫派宗教观的批判，是马克思思想工作的必要前提；马克思自身对这一点也有着清楚的认识。

第二，马克思对国家问题的认识一开始就明确地有别于浪漫主义的国家观念。

在马克思的国家建设理想中，世俗、教权的分离是一个基本原则；而世俗力量，则应掌握在一般市民阶级而不是贵族阶级的手中。浪漫主义盛行一时的有机国家观念、唯美主义的国家观念，等等，从来没有在马克思的心上留下过有分量的痕迹——马克思似乎一开始坚持超越民族国家的立场（当然这并不意味着近代德意志国家的统一问题对马克思来说是无关紧要的小问题），坚持法国大革命所宣扬的普遍主义立场。他在《历史法学派的哲学宣言》中严厉地批判了历史法学派，认为他们的法学理论，实质上就是为容克封建贵族张目而反对法国革命的精神，就是为了证明："人们也能抛弃自由的最后束缚，即抛弃那强使人们成为合乎理性的存在物的

① 《马克思恩格斯全集》第 40 卷，人民出版社 1982 年版，第 139—140 页。
② 可参见马克思 1842 年 3 月 20 日、4 月 27 日与卢格的通信（《马克思恩格斯全集》第 47 卷，人民出版社 2004 年第 2 版，第 26—30 页）。
③ 《马克思恩格斯全集》第 3 卷，人民出版社 1995 年版，第 199 页。

束缚。"①

第三，马克思的政治经济理论和历史观与浪漫派的经济学学说也有学理上的关系。

浪漫派较早揭露了资本主义制度残酷剥削的现实及其造成的工人阶级生活的绝对贫困化。马克思首肯浪漫派这种人道主义的批判立场。但归根结底，马克思认为浪漫主义的批判是无效的，他们试图在历史上开倒车的做法无论在理论上还是在实践上均无可行性。②他辛辣地指出，浪漫主义者理想的中世纪，绝不那么符合理想——那些贵族、土地所有者对人民的剥削也绝不亚于资本家。如果说有所差别，那也是因为这些贵族老爷们还没有掌握这么有效的、刻薄的剥削方法。③

第四，马克思对浪漫派唯美的文风不抱好感，有时甚至带有一种厌恶的情绪。这种情绪突出地体现在对夏多布里昂的态度上。④马克思对夏多布里昂的这种发自肺腑的轻蔑，也许是基于对夏氏政治立场的反感：在1854年10月致恩格斯的信中，马克思主要便是在嘲弄夏氏空洞虚伪的贵族派头、陈腐落后的骑士作风、死不改悔的保王党立场、背信弃义的政客手段以及夸夸其谈的庸人见识，等等。

第五，浪漫派在许多方面取得了卓越的文化研究成果。马克思对此有着清醒的批判继承意识。他对雅各布·格林在比较语言学上取得的成就尤为推崇。但对格林等人在德国历史、神话学等方面的研究——这些对一般人来说更有影响力的工作，马克思、恩格斯却很少予以嘉许。更多的时候，马克思对浪漫派的历史、文化研究工作背后所包含的价值立场提出了批评。在与恩格斯的某次通信中他谈道："法国革命以及与之相联系的启蒙运动的第一个反作用，自然是把一切都看作中世纪的、浪漫主义的，甚至象格林这样的人也不能摆脱这种看法。"⑤

---

① 《马克思恩格斯全集》第 1 卷，人民出版社 1995 年版，第 237—238 页。

② 有关讨论可参见［德］施密特《马克思的自然概念》，欧力同等译，商务印书馆 1988 年版，第 75、166—169 页等处。

③ 马克思这方面的论说很多，《1844 年经济学哲学手稿》、《道德化的批评和批评化的道德》等文献尤其值得重视。

④ 可参见马克思 1854 年 10 月 26 日、1873 年 11 月 30 日与恩格斯的通信（《马克思恩格斯全集》第 28 卷，人民出版社 1973 年版，第 401 页；《马克思恩格斯全集》第 33 卷，人民出版社 1973 年版，第 102 页）。

⑤ 《马克思恩格斯全集》第 32 卷，人民出版社 1974 年版，第 51 页。

在以下的讨论中我们将看到，正是上文提到的第二与第三点（其实内在地还包含了第四点，即对浪漫派风格的个人美学趣味的好恶问题），构成了马克思、恩格斯与拉萨尔悲剧观念冲突的主要意识形态来源。

二 浪漫派观念与《弗兰茨·冯·济金根》

现在来看拉萨尔的悲剧《弗兰茨·冯·济金根》（以下简称《济金根》）与浪漫派观念的关系。围绕着这个剧本，马克思、恩格斯就悲剧观念与拉萨尔展开了激烈的思想交锋。而被后世建构出来的马克思主义悲剧观，其基本轮廓便来源于此。本文尝试着从浪漫主义思想影响的角度来分析：拉萨尔在《济金根》中到底试图表达什么观念，其历史来源何在？不必多说的是，这种读解只是分析马、恩与拉萨尔观念分歧的视角之一，远不能解释问题的全部。

《济金根》的主题是明确的：就是通过济金根、胡登等形象的塑造，寻找一种能够促成德意志民族完成国家统一、民族统一的民族精神——就是费希特当年在民族危亡之际，号召全德意志民族团结起来的那种精神，发自于全德意志民族的灵魂血脉、全民族甘愿团结于其麾下的那种精神。[①]

一部《济金根》，所欲表现（或说阐释）的，就是这样的一些观念："我就在闲暇之余专注地去研究那个被我一向认为必须专门加以探讨的时代，它也许是德国所经历过的最伟大的文化历史斗争的过程，即宗教改革时期：它是民族斗争最激烈的一个时代，在它那坚实、宽广的基础上，又出现了马丁·路德、乌尔利希·冯·胡登、弗兰茨·冯·济金根这样一些毫不含糊的、伟大的光辉形象。"[②] 在拉萨尔看来，正是这些人的努力，为德国确立了精神自由的特殊民族精神气质。但是，由于种种历史条件的限制，他们当时领导的革命是一场未完成的革命，并且让德意志民族为此付出了巨大的代价。[③] 拉萨尔认为，用文学的形式将之表现出来，将有极大社

---

① 可参见［德］拉萨尔《费希特的哲学和德意志民族精神的意义》，机会主义、修正主义资料选编编译组编译《拉萨尔言论》，生活·读书·新知三联书店 1976 年版，第 428—431 页。

② ［德］拉萨尔：《〈弗兰茨·冯·济金根〉原序》，《弗兰茨·冯·济金根》，叶逢植译，人民文学出版社 1976 年版，第 2—3 页。

③ 同上书，第 8—9 页。

会意义：只有文艺才具有"将文化历史过程灌进全体人民血管的力量"。①

当然，拉萨尔毕竟是受青年德意志派直接影响成长起来的人物。他虽然喜爱、赞赏早期浪漫派的许多话题，如对德意志民族精神的鼓吹、对中世纪风格的眷恋，等等，但并不是说他就有意成为一个浪漫主义者了。事实上，早期浪漫派的另一些话题，如回到教会体制中，就对他没有丝毫的影响。这一方面，他受后期浪漫派和自由主义思想的影响比较深。拉萨尔的理想国，是驱逐了天主教势力的国家。在他的心中，民族、国家的利益远远重于教派的利益。在《济金根》中，他经常痛心疾首地指责教会势力在德国统一历程中扮演了一个极不光彩的角色。

拉萨尔在《济金根》中有一个试图表现的重要元素："革命的狂热"，这也许和浪漫派的风格大有关系。拉萨尔毕生都对所谓"狂热"的话题颇为喜好。也许，这和他青少年时代深受"青年德意志派"的影响大有关系。体现在《济金根》的创作中，他试图把"狂热"表现为一种类似于命运的东西。它看不见摸不着，但在冥冥之中操控着人的行止。人以为自己在按照个体的自由意志行动，实际不能脱逃这"狂热"的命运之手。于是，一个好人，本意并不想犯下什么错误，但在实际上却不能不犯下无可救赎的"大错"和过失。

但在这里值得注意的是，当拉萨尔差不多在用浪漫派的诸多观念（主要是国家、民族的观念）架构其作品的基本世界情况时，他引入了一个所谓"狡智"的概念。他说："事实上，虽然这是理性也难以承认的，但是在构成革命的力量和热狂的思辨观念与表现上十分狡智的有限的理性之间，看起来似乎存在着某种不可解决的矛盾。"② 他的意思大致是说，历史上英雄的个人（悲剧人物）总是试图按照"狡智"的手段实现其目的，但这种手段又总是不能应付革命的狂热所提出的种种要求（革命手段和革命目的相互吻合的要求），于是大多数的革命只能归于失败，除了极少数不可以理性预测的个案之外。

"狡智"这个词来自黑格尔，但拉萨尔在这里的运用实际上与黑格尔哲学关系不大，他基本上就是按照这个词的字面意思在谈论问题。在他的

① ［德］拉萨尔：《"弗兰茨·冯·济金根"原序》，《弗兰茨·冯·济金根》，叶逢植译，人民文学出版社1976年版，第9页。

② ［德］拉萨尔：《拉萨尔致马克思，1859年5月27日》，载［苏联］里夫希茨编《马克思恩格斯论艺术》（第一册），曹葆华译，人民文学出版社1960年版，第21页。

作品中，"狡智"差不多等同于"阴谋诡计"，说得好听一点，就是"权术"的意思。

就《济金根》作品本身而论，不能说拉萨尔有力地表现了"革命的狂热"问题，更谈不上表现了"构成革命的力量和热狂的思辨观念与表现上十分狡智的有限的理性之间""不可解决的矛盾"。但有一点拉萨尔确实做到了，他始终在从"狡智"来解释济金根失败的根源。

拉萨尔在剧中对"狡智"的表现是异常单调与肤浅的。按照剧情来看，济金根的"狡智"之所以不成功，主要是因为他的一系列计谋只起到了惊醒敌人却麻痹朋友的作用。这样的"狡智"手腕，不大可能使人产生悲剧性的体验。虽然拉萨尔极不以歌德的《铁手骑士葛兹·冯·伯利欣根》为然，还嘲讽"歌德缺乏历史的感觉"[1]，但比较这两部题材、内容都相似的作品，高下之判如此明显。拉萨尔看起来的确缺乏文学创作方面的才能。

三　分歧的研究

前人早已指出，马克思、恩格斯与拉萨尔在《济金根》一剧上美学观念的差别，相当程度上源于政治立场的差别。不过，我们如更深入地了解他们意识形态分歧的根源，也许还能够从更为开放的视野中来总结他们各自意见的合理性因素。

马、恩与拉萨尔的分歧，表面上看起来是对历史发展的原动力认识上的差别造成了他们之间的激烈争论：拉萨尔对他的"济金根"一类的人物在历史上的作用抱有厚望，而认为农民战争"不是革命的；归根到底甚至是极端反动的，其反动性毫不亚于历史上的（不是我的）济金根和历史上的贵族党派"[2]；而马克思则认为，"济金根和胡登就必然要覆灭，……农民和城市革命分子的代表（特别是农民的代表）倒是应当构成十分重要的积极的背景"[3]。但实际上，他们的意见分歧较表现出来的争议要更早、更原始得多。如前所论，拉萨尔相当程度上以浪漫派的国家、民族观念作为

①　[德]拉萨尔：《拉萨尔致马克思，1859年5月27日》，载[苏联]里夫希茨编《马克思恩格斯论艺术》（第一册），曹葆华译，人民文学出版社1960年版，第56页。
②　同上书，第66页。
③　《马克思恩格斯全集》第29卷，人民出版社1972年版，第573页。

《济金根》一剧的意识形态基础，而马克思则从未对这类观念产生过真正的同情——并且，根据他的思想理论，他实际上本能地反对这种意识形态基础。这也就造成了这样的情况：在关于一切与《济金根》相关的价值判断基础上，马克思（自然包括恩格斯）与拉萨尔都是南辕北辙的，因此，马克思根本就无法进入拉萨尔苦心孤诣试图构造的审美规定情境，自然也就谈不上任何对"悲剧"效应的共鸣了。两方的分歧主要表现在以下几个方面：

第一，在对德国国家统一的情感立场上，马克思与拉萨尔就是不一样的。从前面的讨论中我们可以看到，对拉萨尔来说，德国的统一，德国的繁荣富强，是一个超越一切的事业，实际上，他把它视作个人为之奋斗的最高事业。马克思当然也关心德国的统一问题，但这个问题在他心中还远谈不上成为头等大事。有论者指出过这一点："人们常说，拉萨尔所关心的是保存民族文化和本民族的政治独立，而马克思则不是这样。……毫无疑问，拉萨尔对民族独立的价值具有深刻的了解，而且怀有强烈的民族感情。他在批评马克思时就一度表示出这种感情而同马克思对立，因为马克思在写给他的信里曾说了这样一句话：'我根本不在乎你们德意志的公众舆论。'拉萨尔回答说：'如果这句话的重点在"德意志"，那么，你就不应当忘记你是一个德意志革命者，为德意志工作是你想做而且必须做的事。……不要变得英国化了。'"①

第二，《济金根》一剧描写的虽是三百多年前的骑士战争，但实际要回应的是现实的德国如何可能实现统一的问题。马、恩完全明白这一点。但是，对德国实现统一的可能性及其历史地位的认识，他们和拉萨尔完全不同。

第三，对于谁能够成为实现德国统一的主要现实力量，拉萨尔与马、恩也有根本差别。受到浪漫派的影响，也由于他自己的出身，拉萨尔对普鲁士王国有很高的期许。但马克思的看法正相反。②

第四，对德国统一问题上领导权的认识，双方的看法也完全不同。马、恩的看法人们现在都是很清楚的：市民阶级、无产阶级、农民阶级和

① ［美］兰道尔：《欧洲社会主义思想与运动史》（上卷第1册），商务印书馆1994年版，第333页。
② 可参见［英］柯尔《社会主义思想史》第2卷，何瑞丰译，商务印书馆1978年版，第88页。

一切被压迫的阶级应当成为这场运动中的领导者。但拉萨尔始终认为，这些被压迫阶级，就其本身而言，其自为的运动很可能是非常反动的。他们反对剥削阶级，却往往正是从剥削阶级的立场上去反对。在他看来，一个时期内，或者说，在德国未完全实现国家的资本主义改造之前，社会的领导者只能是资产阶级及其代表：各大诸侯。①

正是从这样的认识出发，拉萨尔要把他的"济金根"塑造成这样一个人："只是为了借助于贵族而又不让他们知道，这样使自己戴上皇冠，然后再实现自己的伟大的国家计划，所以才利用贵族运动……"② 这个人虽不符合历史上的济金根形象，却符合他的"诗人"心中的"理想"形象，即"当时日渐强盛的诸侯权力却代表了不以地产为转移的国家主权的思想，维护了不以私有财产关系为转移的国家观念，因而它往往是一种更公正的和更革命的因素"。③

另外值得一提的还有拉萨尔的国家关系的观念和同情被压迫阶级的立场。这两个方面的内容在《济金根》中只有非常曲折、间接的表现，但也确实是拉萨尔的浪漫国家观的重要组成部分。我们在此就结合拉萨尔其他文献中的表述对这两点略加申说，人们能够看出，在这些问题方面拉萨尔与马、恩的立场差别也是判若霄泥的。就国与国的关系来说，拉萨尔并不掩饰其大国沙文主义的思想，他将之作为其民族国家观念的一个自然组成部分。比如，他在讨论俄国、普鲁士对波兰的侵略时虽轻描淡写地提到瓜分波兰属于"不义行为"，但不论从哪个角度看，他对这种"不义行为"的赞赏之情都超过了同情弱小民族的激愤。他的论述，毋宁说是为德国统治者献计献策，以使德国顺应国际法中法理体系的变化与发展，以使对波兰的殖民统治在新的历史条件下能够长治久安。

而马、恩在这方面的态度是人所共知的。同样谈论波兰问题，恩格斯的一段名言值得我们在此重温：

① ［德］拉萨尔：《工人纲领》，载编译组编译《拉萨尔言论（"机会主义、修正主义资料选编"）》，生活·读书·新知三联书店1976年版，第42页。

② ［德］拉萨尔：《拉萨尔致马克思，1859年5月27日》，载［苏］里夫希茨编《马克思恩格斯论艺术》（第一册），曹葆华译，人民文学出版社1960年版，第63—64页。

③ ［德］拉萨尔：《工人纲领》，载编译组编译《拉萨尔言论（"机会主义、修正主义资料选编"）》，生活·读书·新知三联书店1976年版，第43页。

波兰是扼杀不了的……它在欧洲各民族大家庭中独立生存的权利是不容争辩的。但是，波兰的恢复，对于德国人和俄国人这两个民族自身来说尤其是必要的。

压迫其他民族的民族是不能获得解放的。它用来压迫其他民族的力量，最后总是要反过来反对它自己的。①

在对待被压迫阶级的态度上，拉萨尔与马、恩也有相当大的差别。不能否认拉萨尔对于底层人民苦难的同情之心，但他的同情，有时具有一些居高临下的恩赐意味，或者说，他很愿意将自己的同情降低到浪漫主义者的感伤水平。他常常自觉不自觉地以德国官方的浪漫感伤语言为基础来描述工人阶级的困境。马克思认为有组织的社会最终会丧失它的政治性，拉萨尔则坚信国家的永恒性。对拉萨尔来说如果压迫是为了进步，那他就远比马克思更乐于宽恕压迫行为，这在马克思来说是不能接受的。②

通过以上的比较分析，现在转回到意识形态与悲剧观念的生产关系问题上来。传统的观念一般认为，马克思、恩格斯在其书信中已为我们建构了革命悲剧的意识形态基础。如果要进行悲剧的创造（生产），作家们需要按照马、恩提示的那种历史分析方法和体验方式，才有可能把握住历史本身所包蕴的种种美学内涵。至少，当生产力与生产关系已经发展到现代水平的历史阶段，这便是现代悲剧创造一个不容回避也不可能回避的"生产"基础。不过，事情就是这样一个简单的关系模式吗？比较马克思、恩格斯与拉萨尔的争执，就大端处而论，马、恩的见解当然是更深刻，更合理的。但我们如果以为他们业已提供了一种开放而缜密的关于悲剧的"一般历史哲学理论"，并将之再扩展成为无条件的一般文学生产理论，那也许就会引发若干消极后果。

拉萨尔的观点，甚至是某些看起来有点荒唐的见解，也有再推敲的必要。

比如拉萨尔强调的农民阶级尤其"反动"的问题，简单论之，诚然是不妥当的。但在批评之余，我们却也应该进一步思考：在革命运动中，农

---

① 《马克思恩格斯选集》第3卷，人民出版社1995年版，第241—242页。

② ［美］兰道尔：《欧洲社会主义思想与运动史》（上卷第1册），刘山译，商务印书馆1994年版，第334页。

民及其他被压迫阶级能够成为革命的主要力量，但他们是否能够因此自然地成为革命的主导力量呢？这是一个革命的领导权应该掌握在谁手里的问题。在传统的学说中，人们认为当然应当由农民阶级本身来掌握领导权，并据此推衍出了"农民战争是推动历史发展的原动力"等理论。不过，如果对这些理论细加思考，就会发现这类说法很难对现实问题作出有效的理论解释，因为我们很难说陈胜、吴广起义是因为没有触及土地私有制之类的问题才归于失败的；再则，过高评价农民战争与历史进程的关系也与真实情况不符，许多所谓的"农民领袖"的私德是非常败坏的，他们掌握权力之后对一般劳动人民的迫害还要超过大多数历史上的暴君。除非无条件赞同"以论带史"的做法，否则人们很难认同：因为农民阶级的反抗具有正义的性质，其反抗的行为就一定是正义的。拉萨尔指责农民战争的"反动"性质，是想进而论述像他的"济金根"，也就是封建大诸侯等才有领导革命运动的资格。他的这个结论意见是充满了偏见的，浪漫派对中世纪骑士风格的偏好在很大程度上遮蔽了他的视野，但他所提出的问题本身，却不乏深刻意义。

再比如拉萨尔乐于谈论的"狡智"，也不应视作是拉萨尔个人偏好的问题。所谓"狡智"，涉及无产阶级政治斗争的方式问题，说穿了，是一个"权术"的问题。革命斗争、正义力量的斗争，也需要权术吗？这样的一类说法，过去是很容易被扣上"机会主义"的帽子的。但问题并不那么简单。现代的政党政治，必须考虑对各种政治力量的估算、权衡以及既斗争又妥协的问题。葛兰西说这是一种"科学"："研究马基雅弗利，首先必须提出和解决的问题就是政治是自主科学的问题。这也是在系统（连贯和符合逻辑）的世界观中、在实践哲学中，政治科学的地位或政治科学应有的地位的问题。"[1] 这种研究意义重大："现代君主必须而且只能是精神和道德改革的倡导者和组织者，因此也意味着为民族人民的集体意志持续发展、向着实现高级完整的现代文明创造基础。"[2] 葛兰西还指出，一个政党要存在，必须同时具备三个基本要素：群众的要素、主要的凝聚力量和中间要素。[3]不能说，拉萨尔有关"狡智"的议论已触及到了上述政治学分析的内容，

---

① [意]葛兰西：《狱中札记》，曹雷雨等译，中国社会科学出版社2000年版，第99页。
② 同上书，第95页。
③ 同上书，第115—116页。

也不能说，葛兰西的理论构想就一定是妥当的。但拉萨尔这些看起来肤浅且不安分的议论，体现了他的理论创新追求和对革命形势发展的预见能力。我们也不难将拉萨尔的思想做美学上的引申。按照拉萨尔的思想，要写革命悲剧，就要表现狂热与狡智之间的矛盾。但这是就革命悲剧本身而论的。如果说革命成功是正剧，革命失败是悲剧，那么，我们能够看出狡智的意义并不是在革命悲剧这一层面而倒是在革命正剧这一层面才特别具有讨论的必要。就是说，如何使革命成功，什么是革命的必要手段就是一个不容回避的问题，亦即：要写革命正剧就要写狡智。狡智其实是构成正剧的必要的策略性手段。而完成此种构造的必要前提则自然是对狡智作为革命悲剧的悲剧性构成元素的洞察。

再比如拉萨尔对国家、民族的见解，诚然，他的许多说法是不妥当的，甚至是错误的。但这是否意味着他对这方面问题的思考就完全无足可取了呢？事情恐怕也不能如此绝对化。拉萨尔的诸多议论，是针对德意志民族复兴问题而言的。马克思、恩格斯则强调了国际主义的一面，他们尽管也深入思考了个人、民族、国家、国际关系、阶级的任务等之间的关系问题，[1] 但很难说马、恩的思考就已经是周详细密的了。马克思、恩格斯在思考这类问题时，多少有些理想化的趋向。在现实中，对个人与政党组织来说，民族的利益、阶级的利益，本民族的利益和其他国家被压迫阶级的利益不可调和的情况是很多的，并且，在相当多的场合，个人还会面临两者必选其一的不容回避的艰难抉择。第二国际就是在这种形势下分裂的。经典的马克思主义理论始终未能恰当地解决这一问题。再则，我们还需要注意到，马、恩所谈论的国际主义、反对拉萨尔大国沙文主义，自有其现实针对性。因为德国虽然面临统一的问题，但德国的多个诸侯国，如普鲁士、奥地利等，本身就是大国。他们在世界化的过程中，早已具有强势的地位。而亚非拉的许多国家，它们所面临的国家独立问题，怎能与德国相提并论！对这些国家来说，如果在去殖民化的过程中还过多地谈论"国际主义"的问题，那真是一种"侈谈"了。当然，我们不是要提倡狭隘民族主义的理论。但如以马、恩的民族、国家理论用以指导中国自身的实践，适当的转化、发展无疑是非常有必要的。

---

① ［美］兰道尔：《欧洲社会主义思想与运动史》（上卷第 1 册），刘山译，商务印书馆 1994 年版，第 334 页。

　　"我们的事业是正义的，我们一定能够胜利"、"前途是光明的，道路是曲折的"，等等，从原则上说都是不错的。但我们如果只是简单地重复这些话，并将之当作处理悲剧创作中苦难与牺牲、公正与自由、怜悯与快乐等主题模式不容置辩甚至是唯一的美学原则，那创作就不免有将纷繁复杂的现实扁平化的危险了。雷蒙·威廉斯指出，悲剧创作中容易出现有一种所谓"诗学正义"的结构模式。这种模式"把苦难与道德过失联系起来，从而要求悲剧行动体现某种道德架构。……按照这一观点，悲剧表现的是过错所导致的苦难，和来自美德的幸福。凡是不这样做的悲剧都必须改写，甚至重写……也就是说，坏人将遭难，好人会幸福；或者像中世纪所强调的那样，坏人在世上过得很糟，而好人会发达。悲剧的道德动力就是实现这种因果关系。"此种悲剧架构的肤浅性质虽然一目了然，但作为一种顽固的美学意识形态传统，实际却很难被根除。在悲剧实践（无论在理论还是在创作）方面，人们都容易把"一种原来非常传统的道德观变成了一种意识形态，它被强加于经验之上，以遮掩更加难以接受的对实际生活的认识"，"这种道德因果关系可以在故事中得到展示，却无法应付足够多的实际经验。"① 应当承认，20 世纪以来社会主义阵营、左翼阵营在悲剧建设方面将马、恩的观点过分教条化而形成的某些流弊，很接近于威廉斯此间所批评的"诗学正义"模式。

　　我们正是从这一点上来重新讨论拉萨尔当年的悲剧实践。尽管他在有些方面走得太远了，有些方面又过于囿于传统，但他毕竟是在坚持社会主义道路的基本立场上，根据现实做出了探索。如果不求全责备的话，这些探索在今天看来仍不无启发意义。

（原载《江淮论坛》2012 年第 4 期）

---

① ［英］威廉斯：《现代悲剧》，丁尔苏译，译林出版社 2007 年版，第 22 页。

从人类学视阈看马克思主义文学
批评范式的理论构成

孙文宪

什么是马克思主义文学批评？对某些人来说这或许是个不言自明的问题——人们已经习惯把马克思主义文学批评解释成一种运用马克思主义的理论和方法去研讨各种文学问题的阐释活动。但若深究下去就会发现，这个定位其实过于泛化甚至有些含混不清。其虽然强调要用马克思主义的理论和方法研讨文学问题，却忽略了作为一种有别于其他文学批评的理论范式，马克思主义批评的规定性实质上取决于其持有的文学观念、问题意识和由此形成的研究对象，而不是仅仅体现在批评方法上。更何况这里所说的理论与方法，又常常被理解成强调社会—经济因素对文学的影响，甚或被简化为阶级分析，对文学批评来讲，它们的作用更接近抽象的观念或原则。因此贝尼特曾尖锐地批评仅从方法上界定马克思主义文学批评的做法，指出"这样做的代价是，马克思主义批评只是在方法层面上与资产阶级批评有所区别（用不同的分析原则处理同一类问题），而在批评对象的理论构形这一关键层面上却丝毫没有区别"，并认为这是造成"马克思主义批评构成了马克思主义理论中最缺乏马克思主义"的重要原因①。我们强调马克思主义文学批评是因为有自己的问题域、理论基础和研究对象而不同于一般的文学研究，意在指出当今中国的马克思主义文学批评之所以鲜有创新乃至发展滞后，在很大程度上都和我们的认识与实践还欠缺自觉的"范式"意识有关；可是从根本上讲，能否在文学研究中把握马克思主义批评范式的特质，却直接影响到马克思主义文学批评中国形态的建构与

---

① 贝尼特：《马克思主义与通俗小说》，载［英］马尔赫恩《当代马克思主义文学批评》，刘象愚等译，北京大学出版社 2002 年版，第 206 页。

发展。

本文试图通过分析马克思文学批评理论的人类学视阈，从理论构成上阐明马克思主义文学批评作为一种理论范式的特质。

一

以人类学视阈诠释马克思的文学批评理论，似乎有悖"常识"：在经济基础决定上层建筑的理论架构中理解马克思主义文学理论几乎已是根深蒂固的观念。其实，无论是马克思本人还是其后的马克思主义批评者，都没有把文学问题仅仅置放于这种关系中去思考。韦勒克对此似乎已有觉察，他在《近代文学批评史》里论及马克思和恩格斯的文学批评时就曾指出，"他们的文学观点并非是其经济唯物主义理论学说的产物"，"他们所视之为历史变化的动力者正是泛指'生活'，而非经济生产"[1]。韦勒克这么说显然带有贬义，但有时候批评者的偏执倒有可能发现习以为常者的盲点。在这个意义上不妨说，韦勒克的批评提醒了我们，马克思主义文学批评在视阈和思路上其实具有多样性的特点，本文讨论的马克思文学批评理论的人类学内涵便可视为一个例证。

要阐明马克思文学批评理论与人类学的关系，首先需要了解这里所说的人类学的含义。虽然早在16世纪末英国就出现了人类学（Anthropology）这个术语，但是正如威廉斯所说，作为一门研究人类的学科，人类学的真正发展实际上是从18世纪才开始的。最初的人类学研究主要是在哲学层面上展开的，其关注的问题是"人类身体和心灵、人类身体和心灵的统合，以及统合之后所产生的感官知觉和行为等"。这些问题显然与启蒙思想和当时正在兴起的浪漫主义思潮有关。19世纪以后，人类学"逐渐发展形成'社会、文化人类学'"，所研讨的问题"与文明及文化这两个概念的发展息息相关（尤其是与文化相关）"[2]，研究的对象也开始集中在原始社会与原始文化上，作为一个独立学科的人类学由此确立。到了20世纪后期，人类学研究有了从原始文化转向现代社会和现代文明的发展趋势，

---

① ［美］韦勒克：《近代文学批评史》第3卷，杨自伍译，上海译文出版社1991年版，第281、283页。

② ［英］威廉斯：《关键词：文化与社会的词汇》，刘建基译，生活·读书·新知三联书店2005年版，第13、14页。

所以当代学者多倾向于对人类学作更广义的界说，认为"人类学是关于人的研究；社会人类学（social anthropology）是研究人类社会的学科"①。可以说马克思的文学批评就是在"人的研究"与"研究人类社会"的意义上和人类学有了联系，其主要表现为在阐释文学问题，特别是文学艺术与审美活动的发生发展问题时，马克思对各种与社会生产方式和人类生活方式相关的文化因素及心理因素的关注，研讨并揭示了种种非经济因素对人类历史发展的影响及其在文艺活动中的作用和意义。马克思在《1844 年经济学哲学手稿》（以下简称《手稿》）中以"人的感觉"为逻辑起点的对审美问题的阐述，就充分体现了这个特点。

正如伊格尔顿所说，美学最初是作为一种身体话语诞生的，"'美学'一词在 18 世纪开始强调的并非'艺术'与'生活'之间的区别，而是物质与非物质、事物与思想、感觉与观念之间的区别，这些区别与我们的物种生命紧密相关，与头脑深处指挥某种影子般的存在的东西相对立"②。这说明美学研究从一开始就和人类学有着密切关联，哲学是在"身体与心灵"的关系上切入美学话题的。例如，康德曾在人类学的层面上区分审美愉悦和认识快感的不同，指出认识快感是一种"智性的愉快"，通过"概念"和"理念"表现出来；而审美则属于"感性的愉快"，需要"感官"和"想象力"的参与③。唯物主义哲学家费尔巴哈根据观念起源于身体感觉的经验事实，认为哲学应该建立在"感觉的真理"之上，指出与唯心主义哲学把人视为一个抽象的思维实体不同，唯物主义哲学是从这样一个人学命题出发的："我是一个实在的感觉的本质，肉体总体就是我的'自我'，我的实体本身"，并在这个基础上提出"艺术表现感性事物的真理"的美学命题④。《手稿》承接了这种以身体感觉为基础来讨论美学问题的哲学人类学视阈，同时又通过分析人的身体感觉的形成与发展要受制于社会实践的历史进程，使人类学美学思想发生了革命性的转向。马尔库塞对《手稿》这种以人为本的出发点有着深切的体认，指出马克思"批判的基

① ［英］莱顿：《他者的眼光：人类学理论导论》（修订版），罗攀、苏敏译，华夏出版社 2005 年版，第 1 页。

② ［英］伊格尔顿：《自由的特殊：审美的兴起》，载［英］马尔赫恩《当代马克思主义文学批评》，刘象愚等译，北京大学出版社 2002 年版，第 62 页。

③ ［德］康德：《实用人类学》，邓晓芒译，重庆出版社 1987 年版，第 125 页。

④ 费尔巴哈：《费尔巴哈哲学著作选集》（上卷），荣震华、李金山译，商务印书馆 1984 年版，第 163、164、171 页。

本概念（外化劳动和私有财产）一开始就并不是简单地作为经济学的概念，而是作为在人的历史中的一个重要的过程的概念被接受过来和加以批判的"，其揭示了"资产阶级的政治经济学从来不把人当作它的主体，……它忽视人的本质及人的历史，因而从最深刻的意义上说，它不是一门'人的科学'，而是一门非人的科学，一门非人的物品和商品世界的科学"[1]。正是出于对人的问题的高度关注，马克思在讨论经济学哲学问题时引入了在人类学视阈中展开的美学话题，把"人的感觉"的历史演变作为阐释审美问题的逻辑线索和批判异化劳动的理论依据。

　　《手稿》在论及审美问题时首先强调了一个与"人的感觉"相关的基本观点，即"有意识的生命活动"是人区别于动物的一种特质。马克思指出："动物和自己的生命活动是直接同一的。动物不把自己和自己的生命活动区别开来。它就是自己的生命活动。人则使自己的生命活动本身变成自己意志的和自己意识的对象。他具有有意识的生命活动。……有意识的生命活动把人同动物的生命活动直接区别开来。正是由于这一点，人才是类存在物。"[2]伊格尔顿认为，把人视为"类存在物"的思想体现了马克思的美学研究与人类学之间的关系，指出"从某种意义上说，马克思的人类学是基础人类学，可谓恰如其分：人类学最终论及我们通过人体结构所分享到的东西，论及马克思所谓的'种类存在'"[3]。正因为人作为类存在物的生命活动是有意识的，所以人才可能在改造对象世界的过程中按照自己的需要把人的尺度运用于社会实践，从而使社会实践有了合目的性与合规律性相统一的特点。马克思曾用一个比喻来说明什么是"合目的性"，他说："蜜蜂建筑蜂房的本领使人间的许多建筑师感到惭愧。但是，最蹩脚的建筑师从一开始就比最灵巧的蜜蜂高明的地方，是他在用蜂蜡建筑蜂房以前，已经在自己的头脑中把它建成了。……他不仅使自然物发生形式变化，同时他还在自然物中实现自己的目的，这个目的是他所知道的，是作为规律决定着他的活动的方式和方法的，他必须使他的意志服从这个目

---

　　① ［美］马尔库塞：《历史唯物主义的基础》，《西方学者论〈1844年经济学哲学手稿〉》，复旦大学出版社1983年版，第99页。

　　② 《马克思恩格斯文集》第1卷，人民出版社2009年版，第162页。

　　③ ［英］伊格尔顿：《再论基础与上层建筑》，载《马克思主义美学研究》第5辑，广西师范大学出版社2002年版，第457页。

的。"① 而"合规律性"则是说，人类通过长期的社会实践认识到，生产劳动要达到预期目的，有效地改造客观世界，仅有主观愿望还不够，只有掌握了事物的规律并按照客观规律从事社会实践，才有可能实现人的目的；"合规律性"因此成为社会实践的一个内在规定。

以合目的性与合规律性相统一的特点来看人类的实践活动，可以发现人类的社会实践及其结果实际上包含了双重内容和意义：一方面，作为物质生产的社会实践创造了使用价值，以满足人类物质生活的需要；另一方面，由于社会实践具有合目的性与合规律性相统一的特点，所以其过程和结果又成为人的智慧、能力和自由的一种展现，即成为人的本质力量的感性显现。于是，社会实践和社会存在又以其中蕴含的这种人类学内涵而成为人认识自己的对象。这就是马克思说的，"正是在改造对象世界的过程中，人才真正地证明自己是类存在物。这种生产是人的能动的类生活。通过这种生产，自然界才表现为他的作品和他的现实。因此，劳动的对象是人的类生活的对象化：人不仅像在意识中那样在精神上使自己二重化，而且能动地、现实地使自己二重化，从而在他所创造的世界中直观自身"②。这就是说，有意识的生命活动不仅使人类能够通过社会实践按照人的需要改变世界，而且还使实践活动和被这种实践活动改变的世界，成为人的本质力量的显现。所以，"随着对象性的现实在社会中对人来说到处成为人的本质力量的现实，成为人的现实，因而成为人自己的本质力量的现实，一切对象对他来说也就成为他自身的对象化，成为确证和实现他的个性的对象，成为他的对象，这就是说，对象成为他自身。对象如何对他来说成为他的对象，这取决于对象的性质以及与之相适应的本质力量的性质；因为正是这种关系的规定性形成一种特殊的、现实的肯定方式。……因此，人不仅通过思维，而且以全部感觉在对象世界中肯定自己"③。

可是，马克思接着指出，私有制特别是资本主义私有制的发展，却从根本上改变了劳动的对象化特性，"人的感觉"也因此被扭曲。因为私有制使失去生产资料的劳动者只能把劳动当作单纯的谋生手段，以致使人"在自己的劳动中不是肯定自己，而是否定自己，不是感到幸福，而是感

① 《马克思恩格斯文集》第5卷，人民出版社2009年版，第208页。
② 《马克思恩格斯文集》第1卷，人民出版社2009年版，第163页。
③ 同上书，第190—191页。

到不幸，不是自由地发挥自己的体力和智力，而是使自己的肉体受折磨、精神遭摧残"①。这就是劳动的异化。私有制下的异化劳动造成了人同自己生命活动的背离，人的感觉也因此失去了人性的丰富内涵，只剩下与动物一样的、仅仅与生理需要相联系的感觉。于是"人（工人）只有在运用自己的动物机能——吃、喝、生殖，至多还有居住、修饰等等——的时候，才觉得自己在自由活动，而在运用人的机能时，觉得自己不过是动物"②。异化劳动对"人的感觉"的剥夺不仅使"忧心忡忡的、贫穷的人对最美丽的景色都没有什么感觉"，同时也让有产者的感觉发生了异化，即由于只剩下占有财富的物欲而变得单调贫乏，就像"经营矿物的商人只看到矿物的商业价值，而看不到矿物的美和独特性"一样③。它意味着资本主义私有制造成的异化劳动使整个人类同自然界相异化，使人类的生命活动同人的本质和人的感觉相异化，以致从根本上破坏了建立在劳动对象化基础之上的人与世界的审美关系。"因此，一方面为了使人的感觉成为人的，另一方面为了创造同人的本质和自然界的本质的全部丰富性相适应的人的感觉，无论从理论方面还是从实践方面来说，人的本质的对象化都是必要的。"④ 而要做到这一点就必须从根本上改变劳动异化的状况，即彻底消灭私有制。

在哲学人类学的视阈中，马克思以批判异化劳动扭曲了人的感觉和人的本性作为出发点来讨论美学问题；在这一论域中展开的思考，使马克思对审美活动及其意义的阐释有了比西方古典美学更丰富也更深厚的人学内涵和历史内涵。西方古典美学虽然也强调感性在审美活动中的作用，但关注的目的在于证明审美活动具有不同于理性认识的特点和旨趣。而马克思则是在批判异化劳动的层面上讨论人的感觉和感性活动对审美的规定性，指出审美活动的生成与发展和社会实践及人的感觉之间存在着历史的对应，从而揭示了审美活动与批判私有制和人的解放之间存在的内在关联，从而显示了马克思的"审美"具有与一般美学理论不同的含义。马克思以批判异化劳动为指向的美学思想是其文学批评的理论基石，也是其阐释文学艺术活动及其审美价值的出发点。

① 《马克思恩格斯文集》第 1 卷，人民出版社 2009 年版，第 159 页。
② 同上书，第 160 页。
③ 同上书，第 192 页。
④ 同上。

二

根据上述的美学思想，马克思在《1857—1858 年经济学手稿》中，提出了"关于艺术，大家知道，它的一定的繁盛时期决不是同社会的一般发展成比例的，因而也决不是同仿佛是社会组织的骨骼的物质基础的一般发展成比例"的论断①。这个命题对认识马克思主义文学批评范式的理论基础具有至关重要的意义。不过要阐明这一点，我们必须进入这一论断的生成语境，即马克思在人类学视阈中对希腊神话和希腊艺术的读解。

关注和研讨神话问题在欧洲有着久远的历史。不过在文化人类学诞生之前，在这个领域内占主导地位的观点却是把神话当作非理性的、愚昧无知的产物，认为神话是一种背离了事实、历史和科学的文化现象，"神话"也因此有了"一个普遍共同的意涵：一种虚假的（通常是刻意虚假的）信仰或叙述"②。文化人类学从原始社会的生存状况来解释神话的研究路向纠正了这种偏见，马克思关于神话的阐释就是在这个知识语境中展开的。

在研讨神话问题时，马克思首先强调要认识这类现象，"出发点当然是自然规定性；主观地和客观地。部落、种族等"③。明确指出人类学对原始部落、种族的生活方式的研究成果应是认识神话的基础和出发点。所谓的"自然的规定性"，是指物质生产的历史形式和社会形态的规定性，其意思是要了解神话产生的原因及其特点，就必须从与物质生产发展阶段相对应的社会生活方式中去寻找。而那个时代的人类生活就像恩格斯说的，"单是正确地反映自然界就已经极端困难，这是长期的经验历史的产物。在原始人看来，自然力是某种异己的、神秘的、压倒一切的东西。在所有文明民族所经历的一定阶段上，他们用人格化的方法来同化自然力。正是这种人格化的欲望，到处创造了许多神"④，这说明"任何神话都是用想象和借助想象以征服自然力，支配自然力，把自然力加以形象化；因而，随着这些自然力实际上被支配，神话也就消失了"⑤。马克思根据神话兴衰的

---

① 《马克思恩格斯文集》第 8 卷，人民出版社 2009 年版，第 34 页。
② ［英］雷蒙·威廉斯：《关键词》，生活·读书·新知三联书店 2005 年版，第 315 页。
③ 《马克思恩格斯文集》第 8 卷，人民出版社 2009 年版，第 34 页。
④ 《马克思恩格斯文集》第 9 卷，人民出版社 2009 年版，第 356 页。
⑤ 《马克思恩格斯文集》第 8 卷，人民出版社 2009 年版，第 35 页。

历史指出，古代社会的生产方式与神话的想象有着直接的关联。在后来的"人类学笔记"中，马克思根据人类学研究的最新成果进一步指出，古代社会的生活方式对神话也有深刻的影响，先民的生活方式及其变迁同样在神话中留下了诸多印记。比如"对奥林帕斯山的女神们的态度，则反映了对妇女以前更自由和更有势力的地位的回忆。朱诺有权力欲，智慧女神是从宙斯脑袋里跳出来的，等等"①，就是对母权制生活方式的想象性回忆。从这些分析中可以看出，马克思是用古代社会的生产方式和生活方式的特点阐明了神话既不是子虚乌有的杜撰，也不是愚昧无知的产物，神话实际上是生存能力还极其低下的先民对人与自然的关系和由此形成的生活方式的一种想象性的叙述。所以，随着社会的发展和人类生活方式的改变，当人对自然的支配力已成为现实、当人类不再为自己的生存之谜所困扰时，神话也就消亡了。对神话的这种人类学读解使我们认识了马克思文学批评理论的一个基本观点，即包括神话在内的各种精神生产活动的产生、发展和演变，不仅受制于一定的社会生产方式，而且和人类生活方式的历史变迁也有着密切的关联。

马克思关于神话的阐释并没有止步于对其何以发生的分析上，他更关注的是神话对后世艺术创造的影响及其意义。马克思指出"希腊神话不只是希腊艺术的武库，而且是它的土壤"②。"武库"的比喻是说神话为希腊艺术的创造提供了丰富的素材和主题。在荷马史诗、古希腊的悲喜剧以及雕塑、壁画中，甚至在随后创造的更多的文学艺术作品中，人们都可以发现神话给予的这种影响。文学理论家们也正是根据神话是后世艺术创造的"武库"现象，提出了"原型理论"，把神话视为一种对文学艺术创作有着深远影响的原型，指出神话原型不仅以各种面貌反复出现在不同时代的文艺作品中，而且还制约、规范着作家和艺术家们的想象。对"武库"现象的强调表明，马克思把源于文学艺术自身的承传因素也视为影响艺术发展的重要原因。

相对于"武库"的比喻，马克思把希腊神话比喻为希腊艺术赖以生长的"土壤"有着更深刻的寓意。马克思指出：神话表现的内容是"已经通

---

① 《马克思恩格斯全集》第45卷，人民出版社1985年版，第368页。
② 《马克思恩格斯文集》第8卷，人民出版社2009年版，第35页。

过人民的幻想用一种不自觉的艺术方式加工过的自然和社会形式本身"①，其意思是说作为"人民的幻想"，神话不仅以虚构的形态表现了自然与社会，而且神话的想象还表现了古代社会尚未异化的人的感觉。对神话与人的关系作出这样的定位，源于马克思对古代社会的深入研究。马克思指出，由于古代社会是"自然形成的部落共同体，或者也可以说群体——血缘、语言、习惯等等的共同性，是人类占有他们生活的客观条件，占有那种再生产自身和使自身对象化的活动（牧人、猎人、农人等的活动）的客观条件的第一个前提"，所以"在这里，人不是在某一种规定性上再生产自己，而是生产出他的全面性"②，也就是说古代社会的劳动还没有发生异化，人类也因此还没有沦为劳动和财富的奴隶。所以马克思认为从生产方式和劳动上讲，"古代的观点和现代世界相比，就显得崇高得多，根据古代的观点，人，不管是处在怎样狭隘的民族的、宗教的、政治的规定上，总是表现为生产的目的，在现代世界，生产表现为人的目的，而财富则表现为生产的目的"③。所以在古代社会的艰苦卓绝的劳动中，在人类与自然的抗争中，人还有可能通过他的劳动对象感受到自己生命活动的顽强和创造。因此，尽管神话还具有幻想的形态，尽管神话还是"一种不自觉的艺术方式"，但它的想象却没有背离人的感觉，这使神话有了追求和肯定人的本质力量对象化的意味，神话因此有了比后世的艺术创造更纯真的审美内涵。在这个意义上理解希腊神话作为"土壤"的寓意，可以说它呈现了马克思的这样一种文学观：文学艺术的发展与繁盛和异化劳动是根本对立的。所以马克思才会以不容置疑的态度断言：真正有利于文学艺术生长的"决不是这样一种社会发展，这种发展排斥一切对自然的神话态度，一切把自然神话化的态度；因而要求艺术家具备一种与神话无关的幻想"④。指出物质生产发展了的社会为什么反而不利于艺术生产的原因，就在于这种社会的发展是以剥夺了人的感觉的异化劳动为基础的，异化劳动对人的感觉的扭曲使文学艺术失去了其赖以生长繁盛的土壤。

在解释希腊艺术何以仍然能够给我们以艺术的享受，甚至成为一种规范和高不可及的范本时，马克思对这种以批判异化劳动为指向的美学思想

---

① 《马克思恩格斯文集》第 8 卷，人民出版社 2009 年版，第 35 页。
② 同上书，第 123—124、137 页。
③ 同上书，第 137 页。
④ 同上书，第 35 页。

和文学理论作了进一步的发挥。可是，由于某些论者常常在字面上纠结于马克思关于希腊艺术因为表现了"儿童的天真"和"儿童的天性"才获得了永久魅力的说法，以致忽略了马克思这一阐述的深层含义。其实，把希腊艺术或希腊文化的繁荣与"人类童年"联系起来，并不是马克思的创造，而是一个被许多欧洲学者经常使用的比喻。韦勒克因此批评马克思，说他用这个屡见不鲜的比喻"只能牵强地回答说希腊艺术的魅力是童年的魅力"，实际上"还未解答出这个问题而就此作罢了"①。这个批评其实是站不住脚的，它只能说明在不了解马克思理论思想的情况下，即使像韦勒克这样的饱学之士也会发生因为误读而出现误解的错误。

在欧洲的文化语境中，"人类童年"的说法其实也有确切的所指，比如维科的解释就被许多人认同。他在《新科学》里把这个修辞性的比喻演绎成一种学说，使"儿童"、"童年"成了一个实指性的概念，即用儿童的心理特点和思维方式来阐述他所说的"诗性智慧"和"诗性逻辑"。维科认为，"儿童的记忆力最强，所以想象特别生动，因为想象不过是扩大的或复合的记忆"，"这条公理说明了世界在最初的童年时代所形成的诗性意象何以特别生动"②。随后的浪漫主义运动又对维科的这个观点作了尽情的发挥，对"诗性智慧"的推崇使浪漫主义者们掀起了一股强调人类的童年时代更有利艺术创造的"原始主义"（primitivism）思潮。在维科的意义上理解和解释马克思的"童年"之喻，使一些人认为马克思说希腊艺术具有永久的魅力，就是对想象力和艺术特性的强调；马克思的文学思想也因此被解释成一种与现代审美艺术观具有同质性的理论。

但是如果进入马克思研讨希腊艺术的人类学语境，把"童年"之喻放在马克思文学批评的论域中去读解，就会发现马克思既不是在沿袭前人说法的意义上使用这个比喻的，也无意接受浪漫主义的文学观，重申维科给"童年"赋予的那种意思。马克思实际上是通过自己的研究，给这个古老的比喻注入了全新的内容，即一种用政治经济学话语和人类学话语阐述的历史内容。马克思所谓的"童年时代"，是指生产方式和生产关系尚未发生异化的古代社会。马克思认为，虽然与现代资本主义社会相比，古代社

---

① ［美］韦勒克：《近代文学批评史》第3卷，杨自武译，上海译文出版社1991年版，第285页。

② ［意］维科：《新科学》，朱光潜译，人民文学出版社1986年版，第104页。

会的生产能力极其低下，人的发展也受到极大的限制，但正是这种让人只能在孤立的地点上和有限的关系中生存的历史局限，使"单个人显得比较全面，那正是因为他还没有造成自己丰富的关系，并且还没有使这种关系作为独立于他自身之外的社会权力和社会关系同他自己相对立"①，所以才有可能使"个人把劳动的客观条件简单地看做是自己的东西，看做是使自己的主体性得到自我实现的无机自然"②。在这种生存环境和生产关系中萌发的想象也因此有了对象化的审美内涵；被马克思称道的希腊艺术的魅力就是由此形成的。也只有在这个前提下，我们才可能理解为什么马克思在给希腊艺术以极高的评价之后，又明确地指出，孕育了希腊艺术的那种社会形态毕竟是不成熟的，而且永远不可能复返；强调希腊艺术除了能让人感受"儿童的天真"以获得艺术享受之外，它更重要的价值是激励后世的艺术创造应"努力在一个更高的阶梯上把儿童的真实再现出来"③。就是说，与沉溺于原始主义的浪漫思潮不同，马克思指出历史的发展使现代社会的艺术生产不可能重获"儿童的天真"，即找回那种只能存在于"未成熟的社会条件"下的人的感觉；现代社会的文学艺术只有通过批判异化劳动、重建人的感觉和人与现实的审美关系，在更高的阶梯上把"儿童的真实"即人的感觉再现出来，才能使艺术生产获得超越古代社会的发展和繁盛。

从这个意义上思考物质生产的发展同艺术发展不平衡何以发生的问题，使我们意识到虽然人们可以用很多原因去解释不平衡现象，但造成物质生产同艺术发展不平衡的根源，却是异化劳动和它对人的感觉的扭曲与剥夺。对这一事实的指认形成了马克思主义文学批评特有的社会/政治批判维度和文学价值观，使其成为马克思主义文学批评范式理论构成的重要成分。

三

马克思批评理论的文学价值观是在反思现代社会中的物质生产和精神

---

① 《马克思恩格斯文集》第 8 卷，人民出版社 2009 年版，第 56 页。
② 同上书，第 134 页。
③ 同上书，第 36 页。

生产的关系中确立的。早在资本主义开始兴起之时，黑格尔就指出近代市民社会不是诗意的社会，对物质利益的追逐使市民社会只能给文学艺术留下有限的发展空间。为此黑格尔不无感伤地说，"我们现时代的一般情况是不利于艺术的"，"艺术对于我们现代人已是过去的事了"①。黑格尔虽然也认识到，近代社会劳动的机械性以及劳动与需求的分离有碍于审美活动和艺术创造，但他还是强调，市民社会不利于艺术发展的主要原因在于现代人的认识方式具有理性反思的特点，可是理性意识的强大却会损害艺术活动赖以生存的心理基础，即理性与感性的美感统一。显然，作为一位把绝对精神视为本原的哲学家，黑格尔由于缺乏对资本主义更深刻的认识，他的解释并没有触及现代社会的物质生产与精神生产之所以会发生尖锐矛盾的实质。与马克思的批判相比，黑格尔的分析更像是一曲对精神生活的衰落无可奈何的挽歌。

立足于对资本主义的深入研究，马克思指出造成物质生产与精神生产发生矛盾冲突的根源在于现代社会的生产方式。资本主义时代的物质生产虽然得到了空前的发展，但是追求资本的唯利是图的生产方式却使"人和人之间除了赤裸裸的利害关系，除了冷酷无情的'现金交易'，就再没有任何别的联系了"；这种生产方式"抹去了一切向来受人尊崇和令人敬畏的职业的神圣光环。它把医生、律师、教士、诗人和学者变成了它出钱招雇的雇佣劳动者"②，使"一切职能都是为资本家服务，为资本家谋'福利'"，"连最高的精神生产，也只是由于被描绘为、被错误地解释为物质财富的直接生产者，才得到承认，在资产者眼中才成为可以原谅的"③。包括文学艺术在内的精神生产因此被异化为一种纯粹的谋生手段，全然失去了自身存在的意义，就像马克思说的，"作家当然必须挣钱才能生活，写作，但是他决不应该为了挣钱而生活，写作。……诗一旦变成诗人的手段，诗人就不成其为诗人了"④。从精神生产在资本主义社会中的命运来看，可以说物质生产与精神生产的对立是两种生产发展的不平衡关系在现代社会的极端表现。根据资本主义社会的精神生产被普遍异化的这种趋势，马克思得出了"资本主义生产就同某些精神生产部门如艺术和诗歌相

① ［德］黑格尔：《美学》第 1 卷，朱光潜译，商务印书馆 1979 年版，第 14、15 页。
② 《马克思恩格斯文集》第 2 卷，人民出版社 2009 年版，第 34 页。
③ 《马克思恩格斯全集》第 26 卷第 1 册，人民出版社 1972 年版，第 298 页。
④ 《马克思恩格斯全集》第 1 卷，人民出版社 1956 年版，第 87 页。

敌对"的结论①。

正是基于精神生产的这种现实，马克思的批评理论形成了与一般批评理论不同的文学价值观，其表现为马克思的文学批评不仅关注文学艺术的审美性，而且更关注在物质生产与精神生产相敌对的社会现实中，政治经济体制对艺术生产的规范与操纵，关注各种意识形态如何介入、影响和制约文学艺术的生产机制和文学接受的审美判断机制。用贝尼特的话说，"马克思主义关注的问题不应是价值理论，而是分析'价值的社会纷争的意识形态条件'。就评价过程的形成情况而言，这是一个策略运筹问题，是政治问题，而不是美学问题"。所以贝尼特认为，"马克思主义批评的目的不是制造一个审美对象，不是揭示已经先验地构成的文学，而是介入阅读和创作的社会过程"②。它意味着马克思主义批评把文学艺术的审美活动视为一个受政治、经济等外在因素的制约、与一定的意识形态共生的过程。从这个意义上讲，文学的价值不可能仅仅体现在它和审美的关系上，而是取决于文学艺术的审美选择与现代社会运作机制的关系。立足于这种文学价值观，马克思把狄更斯、萨克雷和白朗特夫人等作家视为"现代英国的一批杰出的小说家"，指出他们作品的价值就在于"在自己的卓越的、描写生动的书籍中向世界揭示的政治和社会真理，比一切职业政客、政论家和道德家加在一起所揭示的还要多。他们对资产阶级的各个阶层，从'最高尚的'食利者和认为从事任何工作都是庸俗不堪的资本家到小商贩和律师事务所的小职员，都进行了剖析"③。用恩格斯的话说，文学艺术作品只要"通过对现实关系的真实描写，来打破关于这些关系的流行的传统幻想，动摇资产阶级世界的乐观主义，不可避免地引起对于现存事物的永恒性的怀疑"④，就是对自身价值的实现。对这种文学价值观的确认，决定了马克思主义文学批评必然具有社会批判和文化批评的特点，揭示政治意识形态与文学艺术的关联也因此成了马克思主义文学批评范式分析审美问题时的题中应有之义。

恩格斯关于"两种生产"决定历史发展的理论，把我们对艺术生产价

---

① 《马克思恩格斯全集》第 26 卷第 1 册，人民出版社 1972 年版，第 296 页。
② ［英］贝尼特：《马克思主义与通俗小说》，载［英］马尔赫恩《当代马克思主义文学批评》，刘象愚等译，北京大学出版社 2002 年版，第 214、222 页。
③ 《马克思恩格斯全集》第 10 卷，人民出版社 1962 年版，第 686 页。
④ 《马克思恩格斯文集》第 10 卷，人民出版社 2009 年版，第 545 页。

值的认识提升到了一个新的层面。他在《家庭、私有制和国家的起源》一书的"1884 年第一版序言"中，首次对这个理论作了明确的表述。他说："根据唯物主义观点，历史中的决定性因素，归根结底是直接生活的生产和再生产。但是，生产本身又有两种。一方面是生活资料即食物、衣服、住房以及为此所必需的工具的生产；另一方面是人自身的生产，即种的繁衍。"① 就是说，"两种生产"理论的提出意味着，制约历史发展的不仅是物质生产，同时还包括人自身的生产。曾经有人批评恩格斯，认为社会历史受制于"两种生产"的说法违背了历史唯物主义关于物质生产决定历史发展的基本原理。为恩格斯辩护的人则强调，说"人自身的生产"对历史发展具有决定性作用只是就早期人类社会而言的，恩格斯并没有把"两种生产"的作用说成是具有普遍意义的历史规律。现在更有一种意见，认为从控制人口有利于社会发展的意义上讲，"人自身的生产"确实对历史发展具有重要的影响。这些不同的解释虽说都有各自的依据，但是从根本上讲都对"两种生产"的思想作了过于狭隘的理解，忽略了"人自身的生产"实际上包含着更丰富内容，应该将其作为一个历史性的概念来理解，把握"人自身的生产"在社会发展的不同阶段所具有不同的含义。

其实，马克思在 1857 年的《政治经济学批判》手稿中，已经提出了人自身的发展程度与社会形态之间存在着对应性关系的思想，并从人的发展的角度，把社会历史分为三种形态或三个阶段。马克思说："人的依赖关系（起初完全是自然发生的），是最初的社会形式，在这种形式下，人的生产能力只是在狭小的范围内和孤立的地点上发展着。以物的依赖性为基础的人的独立性，是第二大形式，在这种形式下，才形成普遍的社会物质变换、全面的关系、多方面的需要以及全面的能力的体系。建立在个人全面发展和他们共同的、社会的生产能力成为从属于他们的社会财富这一基础上的自由个性，是第三个阶段。第二个阶段为第三个阶段创造条件。"② 与人们所熟悉的、根据物质生产的发展和生产关系的特点把社会划分为五种形态的理论不同，马克思在这里是根据人自身的生产即人的发展程度，把社会发展、人类历史分为三种形态或三个阶段。在第一种社会形

① 《马克思恩格斯文集》第 4 卷，人民出版社 2009 年版，第 15—16 页。
② 《马克思恩格斯文集》第 8 卷，人民出版社 2009 年版，第 52 页。

态中，人的发展受制于"人的依赖关系"，就是说人只能依赖自然形成的血缘关系、家长制关系、古代共同体关系以及封建制度与行会制度关系，这种人与人的直接联系使人只能在狭小的范围内和孤立的地点上发展。把人类社会划分为"五种形态"的理论所说的原始社会、奴隶社会和封建社会都属于这种社会形态，可以说这是一种人在"前现代"的生存状况。在第二种社会形态里，"资本"推动的社会生产创造了一个物质财富日益丰富的世界，商品经济的发展使个体之间的关系由人的依赖关系转变为物的依赖关系。虽然以物质依赖性为基础的人此时并没有摆脱不自由的状况，但是对物的需求却推动了生产能力的发展，并让人类建立了广泛的社会联系，使人类生存在一个越来越庞大的社会关系网络之中。在这个被"五种形态"理论称为资本主义的历史阶段，人的活动范围扩大了，人的需求增长了，人的能力也得到了空前的发展，并因此有了以物的依赖性为基础的独立性。马克思对第二种社会形态及其对人塑造的分析，深刻地揭示了资本现代性的双重本质，揭示了现代社会的发展其实是一个充满矛盾的历史过程：没有人对物的依赖，就没有人的多方面需求，没有"全面关系的建立"，没有社会生产和科学技术的蓬勃发展，因此也不会有建立第三种社会形态、使人能够自由、普遍发展所必需的物质基础和能力基础。就像马克思说的，"只有资本才创造出资产阶级社会，并创造出社会成员对自然界和社会联系本身的普遍占有。由此产生了资本的伟大的文明作用；它创造了这样一个社会阶段，与这个社会阶段相比，一切以前的社会阶段都只表现为人类的地方性发展和对自然的崇拜"①。但是要取得这样的进步，人类却必须经历"以物的依赖性为基础"的历史过程，甚至要穿过人的感觉被异化的炼狱。无可避免的这一历史过程意味着人类社会要进入第三种形态即马克思所说的未来社会，人类要获得"全面发展"和"自由个性"，仅仅依靠物质生产的发展是不可能的，人自身的生产即人本身的发展程度，同样是影响历史进程和社会前景的决定性因素。

普列特尼科夫认为，马克思关于社会发展三形态的理论是一种用哲学人学范式对历史发展的阐释，指出马克思通过哲学人学范式揭示了"人的社会性的三个历史阶段的发展和更替"；与"五种形态"理论相比，社会发展三形态的理论"是指向人和人的世界"，表现了"人的社会性"和人

---

① 《马克思恩格斯文集》第 8 卷，人民出版社 2009 年版，第 90 页。

的发展的"连续性"①。从这个意义上讲，可以说社会发展三形态的理论体现了马克思关于人自身的生产会影响历史进程的思想，揭示了社会历史的发展始终与人自身的生产是同步进行的。没有人的发展和人的解放，人类社会不可能仅依靠科学技术和物质生产而获得历史的进步。从人的发展与历史发展的这种互动关系上理解"两种生产"的思想，应该说，人自身的生产确实是始终制约历史发展的决定性因素，只是在不同的历史阶段，这种制约性的形成原因和制约作用的表现形态有所不同罢了。如果说，在人类社会的早期，人作为一个物种能否存在是人类历史延续的前提，因而人自身的生产对历史的决定作用主要表现为狭义的物种的繁衍的话，那么，随着社会生产力的发展，人类社会由于逐渐摆脱了对自然的血缘关系的依赖，种的繁衍对历史的影响便开始有了新的内容和新的形式，其体现为人类必须在文明程度上使自己得到不断地提升。也就是说，在现代社会里，文化素质与精神境界的提高已成为人类生产自身的主要内容，对历史具有决定意义的人自身的生产，已不再是单纯的自然生命的延续，而是人类在广义的精神文明的熏陶下，向更高层次的文化的演进。在这个意义上可以说，和物质生产一样，与人自身的生产有着密切关联的精神生产同样决定着社会历史的发展进程。对精神生产历史使命的这种自觉，让马克思主义文学批评在文学价值的理解和确认上有了更为开阔的视野。对马克思主义文学批评范式来说，文学的价值不仅取决于对自身特性的完美呈现，它更看重的是作为一种精神生产的文学对社会变革的介入和对人自身生产的参与。

[原载《湖北大学学报》（哲学社会科学版）2012 年第 3 期]

---

① 普列特尼科夫：《马克思的形态论的和文明论的三阶段论》，《当代学者视野中的马克思主义哲学·俄罗斯学者卷》，北京师范大学出版社 2008 年版，第 312、313 页。

马克思自然观的生态维度

汪正龙

自然是马克思关注的基本话题之一。加拿大学者莱斯指出，"在马克思所有时期的著作中，自然概念都是最重要的范畴之一"。① 但是对于马克思自然观的内涵和意义，即使在马克思主义内部也是有分歧的。伊格尔顿高度评价马克思在这方面的贡献，"在自然和环境问题上，他有很多超越时代的惊人观点"。② 但是生态马克思主义的代表人物奥康纳虽然肯定马克思自然观的生态学价值，却又认为马克思"更多地是把自然界当作人类劳动的外在对象来考虑的"。③ 另一马克思主义生态批评家本顿则认为，马克思是一种生产主义和人类中心主义，忽视了自然的生态意义。④ 事实情况究竟如何呢？本文拟对马克思的自然观进行考察，以分析其潜在的生态思想内涵及其与当代生态批评的关联。

一 马克思自然观的基本内涵

马克思毕生关注自然问题，关注人与自然的关系。早在中学毕业论文《青年人在选择职业时的考虑》一文中马克思就写道："自然本身给动物规定了它应该遵循的活动范围，动物也就安分地在这个范围内运动，不试图越出这个范围，甚至不考虑有其他什么范围存在。"而进行选择则是人远

---

① ［加］莱斯：《自然的控制》，岳长龄等译，重庆出版社1996年版，第73页。
② ［英］伊格尔顿：《马克思为什么是对的》，李杨等译，新星出版社2011年版，第235页。
③ ［美］詹姆斯·奥康纳：《自然的理由——生态学马克思主义研究》，唐正东、臧佩洪译，南京大学出版社2003年版，第63页。
④ Ted Benton, "Marxism and Natural Limits", *New Left Review*, 1989（178）.

比其他生物优越的地方。① 这说明马克思一开始便留意到自然对人的先在制约性和人类活动的能动性。当然细细推究起来，马克思在不同时期对自然的关注侧重点有所不同。马克思早期受到浪漫主义和费尔巴哈自然观的影响，从人的自然属性及其需要出发看待人与自然的关系，自然不仅构成物质生产的资料，还具有精神无机界的作用。《1844 年经济学哲学手稿》标志着马克思自然观的初步确立，其特点是唯物主义、人本主义和自然主义相统一。马克思从理论上论证了人是自然界的一部分，"无论是在人那里还是在动物那里，类生活从肉体方面说来就在于：人（和动物一样）靠无机界生活，而人比动物越有普遍性，人赖以生活的无机界的范围就越广阔。从理论领域说来，植物、动物、石头、空气、光等等，一方面作为自然科学的对象，一方面作为艺术的对象，都是人的意识的一部分，是人的精神的无机界，是人必须事先进行加工以便享用和消化的精神食粮；同样，从实践领域来说，这些东西也是人的生活和人的活动的一部分。人在肉体上只有靠这些自然产品才能生活，不管这些产品是以食物、燃料、衣着的形式还是以住房等等的形式表现出来。在实践上，人的普遍性正表现在把整个自然界——首先作为人的直接的生活资料，其次作为人的生命活动的材料、对象和工具 ——变成人的无机的身体。自然界，就它本身不是人的身体而言，是人的无机的身体。人靠自然界生活。这就是说，自然界是人为了不致死亡而必须与之不断交往的、人的身体。所谓人的肉体生活和精神生活同自然界相联系，也就是等于说自然界同自身相联系，因为人是自然界的一部分"。② 马克思把人自身、人类社会和自然视为一个有机的整体，"因为只有在社会中，自然界对人说来才是人与人联系的纽带，才是他为别人的存在和别人为他的存在，才是人的现实的生活要素；只有在社会中，自然界才是人自己的人的存在的基础。只有在社会中，人的自然的存在对他说来才是他的人的存在，而自然界对他说来才成为人。因此，社会是人同自然界的完成了的本质的统一，是自然界的真正复活，是人的实现了的自然主义和自然界的实现了的人道主义"。③

到了中后期，马克思倾向于以一种历史的眼光探讨自然，研究资本主

① 《马克思恩格斯全集》第 40 卷，人民出版社 1982 年版，第 3 页。
② 《马克思恩格斯全集》第 42 卷，人民出版社 1979 年版，第 95 页。
③ 同上书，第 122 页。

义条件下人与自然关系的新变化，更多地把人的发展与环境的改变联系起来，在人与自然的相互作用中看待两者的关系，认为人的改变和自然及环境的改变具有一致性。在马克思看来，前资本主义的奴隶制社会和农奴制社会，人与自然还没有分离，只有资本主义社会消除了农业社会自然的直接性状态，"只有资本才创造出社会成员对自然界和社会联系本身的普遍占有。由此产生了资本的伟大文明作用；它创造了这样一个社会阶段，与这个社会阶段相比，以前的一切社会阶段都只表现为人类地方性发展和对自然的崇拜。只有在资本主义制度下自然界才不过是人的对象，不过是有用物；它不再被认为是自为的力量；而对自然界的独立规律的理论认识本身不过表现为狡猾，其目的是使自然界（不管是作为消费品，还是作为生产资料）服从于人的需要"。资本主义生产的扩大，使利用自然进入了一个全新的层次，"于是，就要探索整个自然界，以便发现物的新的有用属性；普遍地交换各种不同气候条件下的产品和各种不同国家的产品；采用新的方式（人工的）加工自然物，以便赋予它们以新的使用价值；要从一切方面去探索地球，以便发现新的有用物体和原有物体的新的使用属性，如原有物体作为原料等等的新的属性；因此，要把自然科学发展到它的顶点；同样要发现、创造和满足由社会本身产生的新的需要"①。在资本主义社会，自然转化成一个用科学控制自然过程的工艺学过程，建立了人和自然的新型关系，"自然界没有制造出任何机器，没有制造出机车、铁路、电报、走锭精纺机等等。它们是人类劳动的产物，是变成了人类意志驾驭自然的器官或人类在自然界活动的器官的自然物质。它们是人类的手创造出来的人类头脑的器官；是物化的知识力量"②。马克思甚至认为，自然地理条件对资本主义生产方式的形成和发展起到了一定的作用，"资本主义生产一旦成为前提，在其他条件不变并且工作日保持一定长度的情况下，剩余劳动量随劳动的自然条件，特别是随土壤的肥力而变化。但绝不能反过来说，最肥沃的土壤最适于资本主义生产方式的生长。资本主义生产方式以人对自然的支配为前提。过于富饶的自然……不能使人自身的发展成为一种自然必然性。资本的祖国不是草木繁茂的热带，而是温带。不是土壤的绝对肥力，而是它的差异性和它的自然产品的多样性，形成社会分工

---

① 《马克思恩格斯全集》第 46 卷上册，人民出版社 1979 年版，第 392—393 页。
② 《马克思恩格斯全集》第 46 卷下册，人民出版社 1980 年版，第 219 页。

的自然基础，并且通过人所处的自然环境的变化，促使他们自己的需要、能力、劳动资料和劳动方式趋于多样化"①。

从中可见，马克思谈论的自然不仅包括人之外的自然界，还包括作为自然存在的人自身，马克思分别称之为客体的自然和主体的自然。"生产的原始条件表现为自然前提，即生产者生存的自然条件，正如他的活的躯体一样，尽管他再生产并发展这种躯体，但最初不是由他本身创造的，而是他本身的前提；他本身的存在（肉体存在），是一种并非由他创造的自然前提。被他当作属于他所有的无机体来看待的这些生存的自然条件，本身具有双重的性质：（1）是主体的自然，（2）是客体的自然。"② 有中国学者指出："马克思的自然概念包括两部分内容：其一为自在自然，其二为人化自然。自在自然包括人类历史之前的自然，也包括存在于人类认识或实践之外的自然。人化自然则是指与人类的认识和实践活动紧密相连的自然，也就是作为人类认识和实践对象的自然。"③ 这个说法在一般意义上是正确的。但是与其说在马克思那里存在自在自然和人化自然的区分，不如说存在看待自然的不同角度。毋庸置疑，在唯物主义哲学认识论层面，马克思始终承认自在自然的优先性。马克思在批判费尔巴哈亘古不变的纯粹自然的直观唯物主义自然观时提到的"澳洲新出现的一些珊瑚礁"就是自在自然。但是我们要注意的是，在马克思那里，人自身也是自然的一部分，人的自然属性生产出人的需要推动生产，而人类劳动实践又不断扩大着人类活动的深度和范围，进而改变人和自然本身并创造人类历史。正如法兰克福学派第二代的代表人物之一施密特所说的，马克思的自然概念强调"在工业社会中以社会、历史为中介的人和自然的统一"，"他关心的与其说是自然对象的变化，不如说是它变化的条件"，④ 因而马克思所说的自然具有社会的历史的性质。马克思的自然既是人自身的自然属性及其需要，又是劳动资料，同时也是认识对象。这样就出现三重视阈：哲学唯物论意义上的外界自然，历史唯物主义意义上的人化自然，人本主义意义上具有自然属性的人。

---

① 《马克思恩格斯全集》第 23 卷，人民出版社 1972 年版，第 561 页。
② 《马克思恩格斯全集》第 46 卷上册，人民出版社 1979 年版，第 488 页。
③ 刘仁胜：《生态马克思主义概论》，中央编译出版社 2007 年版，第 190 页。
④ ［德］施密特：《马克思的自然概念》，欧力同等译，商务印书馆 1988 年版，第 15、210 页。

马克思无疑承认外界自然的存在，这是其理论的一般唯物主义层面。但是第二国际理论家和斯大林式苏联教科书哲学模式以外界自然作为马克思主义自然观的核心内容显然有重大偏差。外界自然在马克思那里作为不言自明的前提谈论不多。马克思讨论最多的还是人本身的自然和人对自然的改造以及在此基础上形成的自然关系和社会关系。他在《德意志意识形态》中说："任何人类历史的第一个前提无疑是有生命的个人的存在。因此第一个需要确定的具体事实就是这些个人的肉体组织，以及受肉体组织制约的他们与自然界的关系。""为了生活，首先就需要衣、食、住以及其他东西。因此第一个历史活动就是生产满足这些需要的资料，即生产物质生活本身。……生活的生产——无论是自己生活的生产（通过劳动）或他人生活的生产（通过生育）——立即表现为双重关系：一方面是自然关系，另一方面是社会关系。"① 也就是说，马克思的自然观的显性层面是具有自然属性及需要的人如何与自然对象打交道，形成社会关系并形成社会的人；质言之，是自然如何通达社会和自然人如何成为社会人。这也是历史唯物主义的核心问题。

二 马克思自然观的生态批评维度

如果依照生态批评的代表人物之一劳伦斯·布伊尔的说法，生态批评"围绕的核心是一种对环境性的责任感（commitment to environmentality）"，② 而环境包括自然环境和人工环境，那么我们发现马克思充满对环境的责任感。

马克思把对自然的考察同对资本主义私有制的批判联系在一起，"在私有财产和金钱的统治下形成的自然观，是对自然界的真正的蔑视和实际的贬低"。③ 资本主义改变了人与自然的关系，同时也加剧了对自然的掠夺和破坏。马克思就资本主义对自然的破坏进行了反思："对地力的剥削和滥用……代替了对土地这个人类世世代代共同的永久的财产，即他们不能出让的生存条件和再生产条件所进行的自觉的合理的经营。……大工业和按工业

① 《马克思恩格斯全集》第3卷，人民出版社1960年版，第23、31—33页。
② ［美］劳伦斯·布伊尔：《环境批评的未来》，刘蓓译，北京大学出版社2010年版，第13页。
③ 《马克思恩格斯全集》第3卷，人民出版社2002年版，第195页。

方式经营的大农业一起发生作用。如果说它们原来的区别在于，前者更多地滥用和破坏劳动力，即人类的自然力，而后者更直接地滥用和破坏土地的自然力，那末，在以后的发展进程中，二者会携手并进，因为农村的产业制度也使劳动者精力衰竭，而工业和商业则为农业提供各种手段，使土地日益贫瘠。"① "资本主义农业的任何进步，都不仅是掠夺劳动者的技巧的进步，而且是掠夺土地的技巧的进步，在一定时期内提高土地肥力的任何进步，同时也是破坏土地肥力持久源泉的进步。……资本主义生产发展了社会生产过程的技术和结合，只是由于它同时破坏了一切财富的源泉——土地和工人。"② 所以，有学者评价说："在马克思关于生产力不断进步的理论和自然不断退化这种更为悲观的观点之间有着一种有趣的对比。"③

马克思还对未来社会人与自然可能有的新型关系作了热情的展望与想象。马克思所设想的共产主义，正是人与自然和谐的社会，"共产主义是私有财产即人的自我异化的积极的扬弃，因而是通过人并且为了人而对人的本质的真正占有；因此，它是人向自身、向社会的（即人的）人的复归，这种复归是完全的、自觉的而且保存了以往发展的全部财富的。这种共产主义，作为完成了的自然主义，等于人道主义，而作为完成了的人道主义，等于自然主义，它是人和自然界之间、人和人之间的矛盾的真正解决，是存在和本质、对象化和自我确证、自由和必然、个体和类之间的斗争的真正解决"。④ 在 1868 年给恩格斯的信中，马克思赞扬了德国农学家弗腊斯："他断定，农民非常喜欢的'湿度'随着耕作的发展（并且是和耕作的发展程度相适应地）逐渐消失（因此，植物也从南方移到北方），最后形成了草原。耕作的最初影响是有益的，但是，由于砍伐树木等等，最后会使土地荒芜。……结论是：耕作如果自发地进行，而不是有意识地加以控制（他作为资产者当然想不到这一点），接踵而来的就是土地荒芜，象波斯、美索不达米亚等地以及希腊那样。可见，他也具有不自觉的社会主义倾向！"⑤ 可见，马克思认为社会主义和共产主义应当包含生态保护和

---

① 《马克思恩格斯全集》第 25 卷，人民出版社 1974 年版，第 916—917 页。
② 《马克思恩格斯全集》第 23 卷，人民出版社 1972 年版，第 552—553 页。
③ ［美］乔恩·埃尔斯特：《理解马克思》，何怀远等译，中国人民大学出版社 2008 年版，第 54 页。
④ 《马克思恩格斯全集》第 42 卷，人民出版社 1979 年版，第 120 页。
⑤ 《马克思恩格斯全集》第 32 卷，人民出版社 1974 年版，第 53 页。

可持续发展。

马克思较早地注意到土壤肥力下降的趋势，创造性地把新陈代谢概念引入对人与自然关系的思考中，"马克思关于城市和乡村、人类和自然关系中的新陈代谢断裂的概念……使他能够对环境恶化进行批判，而这一批判预示着许多当今的生态学思想"。① 在农业革命的背景下，马克思考察了安德森的土壤级差肥力理论，指出日益增长的城乡分离使得肥料循环无法进行。而农学家李比希的土壤退化理论促使马克思借用其新陈代谢概念表示人和自然之间复杂的相互依赖和平衡状态："这个领域内的自由只能是：社会化的人，联合起来的生产者，将合理地调节他们和自然之间的物质变换，把它置于他们的共同控制之下，而不让它作为盲目的力量来统治自己；靠消耗最小的力量，在最无愧于和最适合于他们的人类本性的条件下来进行这种物质变换。"② 马克思用新陈代谢解释人类劳动和环境的关系、有机体与所处环境的相互作用富有前瞻性，新陈代谢如今已经成为社会—生态思想的重要概念。

西方自文艺复兴和启蒙运动以来，人与自然二分化，自然被视为外在物、材料，社会实践行为只是对自然的加工过程。我们看到，马克思对待人与自然关系的态度更接近当代生态批评家生态整体论的观点，即"人类既是文化的生产者，又是自然整体的一部分"，文化与自然是同一个世界的组成部分。③ 马克思把人视为自然的一部分，天赋、才能属于人的自然禀赋，自然的改变和人的改变具有一致性："事实上，如果抛掉狭隘的资产阶级形式，那么，财富岂不正是在普遍交换中造成的个人的需要、才能、享用、生产力等等的普遍性吗？财富岂不正是人对自然力——既是通常所谓的'自然'力，又是人本身的自然力——统治的充分发展吗？财富岂不正是人的创造天赋的绝对发挥吗？"④ 马克思引入的劳动实践沟通了人自身的自然和外界自然这两重自然，人类劳动实践的目的性和能动性使之与动物的本能活动区别开来，"劳动首先是人与自然之间的过程，是人以

---

① ［美］约翰·贝拉米·福斯特：《马克思的生态学——唯物主义与自然》，刘仁胜、肖峰译，高等教育出版社 2006 年版，第 158 页。
② 《马克思恩格斯全集》第 25 卷，人民出版社 1974 年版，第 926—927 页。
③ ［德］雅克·里纳尔、赫尔曼·普瑞格恩：《生态美学或审美生态》，载李庆本《生态美学读本》，长春出版社 2010 年版，第 155 页。
④ 《马克思恩格斯全集》第 46 卷上册，人民出版社 1979 年版，第 486 页。

自身的活动来引起、调整和控制人与自然之间的物质变换的过程。人自身作为一种自然力与自然物质相对立。为了在对自身生活有用的形式上占有自然物质,人就使他身上的自然力——臂和腿、头和手运动起来。当他通过这种运动作用于他身外的自然并改变自然时,也就同时改变他自身的自然。他使他自身的自然中沉睡着的潜力发挥出来,并且使这种力的活动受他自己控制。……他不仅使自然物发生形式变化,同时他还在自然物中实现自己的目的,这个目的是他所知道的,是作为规律决定着他的活动的方式和方法的,他必须使他的意志服从这个目的"。① 这样,人与自然的物质交换关系便成为一种互动关系,在改变了外界自然的同时也丰富和发展了人自身。

三 对马克思关于自然的思想的评价

马克思的自然观具有明显的生态内涵。该自然观的重要特征在于注意到社会历史发展的自然前提,把人自身的自然属性、需要及其发展和对外界自然及环境的改变与协调相统一,人类和自然之间的物质变换关系是一种共同进化关系。"在进化的自然观基础之上……自然将被理解成由过程组成。"② 马克思中后期的自然观受到生物进化论和近代农业革命的影响,同时又差不多与他创立历史唯物主义同步,因而马克思自然观的深层基础是人文主义意义上人与自然的重新统一。如前所述,西方自文艺复兴和启蒙运动以来,征服自然、改造自然成为资本主义推进的法则。应当说,马克思作为启蒙运动的产儿,从大的方面没有完全摆脱征服自然、改造自然的思路,比如他在展望未来人的发展时说"在这个转变中,表现为生产和财富的宏大基石的,既不是人本身完成的直接劳动,也不是人从事劳动的时间,而是对人本身的一般生产力的占有,是人对自然界的了解和通过人作为社会体的存在来对自然界的统治,总之,是社会个人的发展"。③ 西方一些生态批评家如本顿等人正是根据马克思的上述言论断言马克思忽视自然的生态意义。毫无疑问,马克思不会赞同那种离开了人的主体地位来谈

---

① 《马克思恩格斯全集》第23卷,人民出版社1972年版,第201—202页。
② [英]柯林伍德:《自然的观念》,吴国盛等译,华夏出版社1999年版,第18页。
③ 《马克思恩格斯全集》第46卷下册,人民出版社1980年版,第218页。

论自然的生态中心主义或环境中心主义，但是他所关注的人的自然属性及需要、人口的生产与迁徙、工人的疾病、环境的破坏与恢复在很大程度上正属于生态政治学的范畴。马克思认为，个人和集体需要的满足使人类在更大的世界范围内劳动，在此过程中发展出复杂的生产形式，而这又产生出新的需要，推动生产形式的变革，如此永无止境，"这样，一种关于人与自然相互作用的哲学观点，就变成了一种历史理论的基本原理"。[①]

并且，在马克思眼中，人对自然的依赖是一个无法超越的事实。马克思批评资本主义对环境的破坏，呼唤对环境的责任意识和一种新型的人与自然的关系，并对以技术理性控制自然持一种怀疑和警觉的态度，"技术的胜利，似乎是以道德的败坏为代价换来的。随着人类愈益控制自然，个人却似乎愈益成为别人的奴隶或自身的卑劣行为的奴隶。甚至科学的纯洁光辉仿佛也只能在愚昧无知的黑暗背景上闪耀"。[②] 所以生态思想家马特尔认为"马克思关于人与自然的关系的论述能够被绿色政治学理论所采用"，马克思的"政治经济学说对于分析资本主义和市场结构所造成的环境问题是一个有益的贡献"。[③]

当然，由于马克思身处资本主义上升时期，资源短缺、环境恶化、生态危机问题还没有表现得像当下那么明显和突出，马克思对自然资源的利用以及人与自然新型关系的展望还怀有比较乐观的预期。

自从卢卡契在《历史与阶级意识》中为反对第二国际把马克思主义实证化、旁观化，指认"自然是一个社会的范畴"[④] 以来，在西方马克思主义传统中，自然被社会化，这有它的合理性。但是，自然被消融到社会里也是不合适的。实际上，社会历史过程不可能完全吞噬自然，而人类也不可能战胜自然、摆脱自然或回归自然。重温马克思关于自然的论述，有助于我们在新的历史条件下重新思考和看待人自身及其与自然的关系，对生态批评和生态文明建设大有裨益。

[原载《上海师范大学学报》（哲学社会科学版）2012 年第 2 期]

---

① ［英］乔纳森·沃尔夫：《当今为什么还要研读马克思》，段忠桥译，高等教育出版社 2006 年版，第 21 页。

② 《马克思恩格斯全集》第 12 卷，人民出版社 1962 年版，第 4 页。

③ 王诺：《欧美生态批评》，学林出版社 2008 年版，第 84 页。

④ ［匈］卢卡契：《历史与阶级意识》，杜章智等译，商务印书馆 1992 年版，第 318—319 页。

从马克思到巴赫金：
审美交往的一段问题史

曾　军

　　将人类包括审美在内的精神活动视为一种交往实践的产物，是马克思主义历史唯物主义的基本思路和核心观点。不过，从对交往实践的重视到审美交往的提出，在马克思主义理论发展史上经历了一个较长的发展历程，并由此衍生出不同的理论主张和研究路径。20 世纪 90 年代以来，中国学术界也开始对马克思交往理论产生广泛关注。构成这一研究兴趣的动因大体有三：一是从实践与主体性问题切入对马克思主义哲学思想的研究，开始形成用更宽泛的社会实践活动而不是仅仅从物质生产活动来理解的思考维度；二是对哈贝马斯交往行为理论研究的兴趣所引发的对马克思交往思想的重新发现；三是在沟通马哲与西哲的冲动下，从整个西方 20 世纪以来语言哲学、主体性哲学背景下对马克思主义的重新阐释。这一研究路径不仅契合了在新的文化语境和理论逻辑上重建马克思主义文艺理论的要求，而且从学术史角度来看，也确实呈现出清晰的马克思主义文艺理论从交往实践到审美交往逐步深化和丰富的发展脉络。

一　马克思恩格斯交往思想及其特点

　　据考证，马克思在 1846 年 12 月 28 日写给巴·瓦·安年柯夫的一封信中第一次正式对"交往"进行了界定："为了不致丧失已经取得的成果，为了不致失掉文明的果实，人们在他们的交往（commerce）方式不再适合于既得的生产力时，就不得不改变他们继承下来的一切社会形式。——我在这里使用 'commerce' 一词是就它的最广泛的意义而言，就像在德文中使用 'Verkehr' 一词那样。例如：各种特权、行会和公会的制度、中世纪的全部规则，曾是唯一适应于既得的生产力和产生这些制度的先前存在的社会状况的社会关系。"① 从词源学角度来看，马克思所使用的"交往"一词分别对应于英语中的"communication"和德语中的"verkehr"，而德语"verkehr"在现代并不通用，与"communication"相对应的德文词是"kommunication"和"verstandingung"。马克思不仅认为"verkehr"的词意与"commerce"一样，而且强调是"就它的最广泛的意义而言"的，该词除了有"交往"的意思外，还有类似信息、传播、交流、联络、贸易、交通等多个意思。在《德意志意识形态》中还有一条注释特别值得重视。在对马克思的"这种生产第一次是随着人口的增长而开始的。而生产本身又是以个人彼此之间的交往（Verkehr）为前提的。这种交往的形式又是由生产决定的"② 的译者注中，对"交往"作了明确的解释：在《德意志意识形态》中，Verkehr（交往）这个术语的含义很广。"它包括单个人、社会团体以及国家之间的物质交往和精神交往。马克思和恩格斯在这部著作中指出：物质交往，首先是人们在生产过程中的交往，这是任何其他交往的基础。《德意志意识形态》中所用的'交往形式'、'交往方式'、'交往关系'、'生产关系和交往关系'这些术语，表达了马克思和恩格斯在这个时期形成的生产关系概念。"③ 虽然这一看法目前已被不少学者所纠正，认为"交往关系"并不与"生产关系"相等同，而是相并列的概念④，但是由此也可以看出马克思经典著作中"交往"使用的复杂性。

从对马克思经典著作中"交往"一词的词源学和语用学考察，马克思对交往问题的思考主要有两个鲜明特点：其一，在马克思思想的不同时期，"交往"的含义有广义和狭义之别，并形成了普遍交往、现实交往、交往异化、物质交往、精神交往、世界交往等不同领域和层面的交往理论。其二，马克思更多的精力花在具体的、现实的、物质的交往方式、形态、活动的研究上。

如关于"普遍交往"问题，马克思认为："只有随着生产力的这种普遍发展，人们的普遍交往才能建立起来；普遍交往，一方面，可以产生一

---

① 《马克思恩格斯文集》第 10 卷，人民出版社 2009 年版，第 43—44 页。
② 《马克思恩格斯文集》第 1 卷，人民出版社 2009 年版，第 520 页。
③ 同上书，第 808 页译者注。
④ 张亮：《〈德意志意识形态〉中的交往概念》，载韩立新主编：《新版〈德意志意识形态〉研究》，中国人民大学出版社 2008 年版，第 250—260 页。

切民族中同时都存在着'没有财产'的群众这一现象（普遍竞争），使每一民族都依赖于其他民族的变革；最后，地域性的个人为世界历史性的、经验上普遍的个人所代替。"① 这种普遍交往只有在共产主义社会到来之后才能实现，它具有跨地域性、超民族、国家、种族、阶级的特点，它建立在生产力发展到相当高程度的基础之上。

而与这种交往的理想形态相对应的，还有现实交往问题。虽然马克思并没有采用"现实交往"这一术语，但他对交往形式、交往关系、交往方法等问题的讨论都是建立在"现实性"的基点之上的，这集中表现在马克思对作为交往的主体的人的及其关系的思考之中，即众所周知的马克思在《关于费尔巴哈的提纲》中所指出的，人的本质"在其现实性上，它是一切社会关系的总和"②。在《詹姆斯·穆勒〈政治经济学原理〉一书摘要》中马克思也强调，"人的本质是人的真正的社会联系，所以人在积极实现自己本质的过程中创造、生产人的社会联系、社会本质，而社会本质不是一种同单个人相对立的抽象的一般的力量，而是每一个单个人的本质，是他自己的活动，他自己的生活，他自己的享受，他自己的财富"③。因此，作为社会中的个人，其交往都具有社会属性，是社会中的交往，交往的社会属性成为现实交往的根本特点。

从交往的现实性、社会性角度出发，马克思对交往的考察便不再停留在理想状态的层面，而是直接切入人类的历史发展变迁、社会体制的更迭、生产力和生产关系的发展和变化，以及由于受到现实社会条件的制约而形成的对普遍交往方式的压抑等问题。进而，马克思提出"交往异化"问题，认为在资本主义社会中，不仅存在着大量的异化劳动现象，而且存在大量的人与社会、人与自然、人与他人、人与自我间的异化现象，其突出的表现就是交往的异化，造成这种人与人交往异化的根源在于私有制之下的私有者具有通过排他的占有来证实自己的人格性，其突出的表征就是在商品经济社会，一切交往都沦为了交换。马克思还特别重视生产力与交往形式关系问题，认为"生产力和交往形式之间的这种矛盾……每一次都不免要爆发为革命……可以……把它看做是这些革命的基础"；"一切历史冲突都根源于生产力和交往

---

① 《马克思恩格斯文集》第 1 卷，人民出版社 2009 年版，第 538 页。
② 同上书，第 501 页。
③ 《马克思恩格斯全集》第 42 卷，人民出版社 1979 年版，第 24 页。

形式之间的矛盾"①。在《德意志意识形态》中，马克思、恩格斯将交往区分为最初的、狭隘的、地域性的交往、普遍交往（世界交往）以及作为个人的个人交往等三种形态，并将之与中世纪封建王国、资本主义大工业以及自由人联合体（共产主义）三个历史时期相对应，由此"这些不同的条件，起初是自主活动的条件，后来却变成了自主活动的桎梏，这些条件在整个历史发展过程中构成各种交往形式的相互联系的序列，各种交往形式的联系就在于：已成为桎梏的旧交往形式被适应于比较发达的生产力，因而也适应于进步的个人自主活动方式的新交往形式所代替"②。

此外，马克思还区分了物质交往和精神交往，认为"思想、观念、意识的生产最初是直接与人们的物质活动，与人们的物质交往，与现实生活的语言交织在一起的"③。并认为精神交往是以物质交往为基础的，所谓物质交往就是与人类的物质生产过程相联系的交往活动；所谓精神交往就是与人类的精神生产相联系的交往关系。而这里的精神交往既包含宽泛的思想、观念和意识活动中的交往，也包含具体的政治、法律、道德、宗教、形而上学等活动中的交往，其中也内含了与文艺活动密切相关的审美交往。

二　马克思主义交往思想的当代发展

马克思的交往思想包含了丰富的发展可能性，并在马克思主义的当代发展中被不断注入新的内涵。

列宁、毛泽东等人结合苏联和中国的社会主义革命与建设实际，在具体的现实交往领域中发展了马克思的交往思想，并致力于将物质交往与精神交往结合起来，在物质第一性的原则之下，讨论现实的审美交往关系及其特点。如列宁在苏联"一国胜利"建设社会主义的过程中，发展了马克思"世界交往"的思想，以"共处"和"交往"为原则处理社会主义与资本主义两种制度的民族、国家、政治、经济、外交等关系。如在精神交往领域，列宁在《党的组织和党的出版物》中明确指出："社会主义无产阶级应当提出党的出版物的原则"，认为"写作事业应当成为整个无产阶

---

① 《马克思恩格斯文集》第 1 卷，人民出版社 2009 年版，第 567—568 页。
② 同上书，第 575—576 页。
③ 同上书，第 524 页。

级事业的一部分，成为由整个工作阶级的整个觉悟的先锋队所开动的一部巨大的社会民主主义机器的'齿轮和螺丝钉'"。①

毛泽东在《在延安文艺座谈会上的讲话》中进一步发展了马克思、列宁这一将精神交往与物质交往紧密联系的思想，从文艺活动现实主体的角度建立了抗战时期革命文艺的基本原则、立场与方法，并成为具有中国特色的马克思主义文艺理论的重要组成部分。毛泽东要解决的根本问题是"文艺工作和一般革命工作的关系，求得革命文艺的正确发展，求得革命文艺对其他革命工作的更好的协助"②，这里的"革命文艺"虽然属于精神生产、文艺创作领域，但绝非与物质生产、社会现实无涉的纯精神领域和纯文学问题，它处于精神性的文艺活动与现实物质性的革命活动的交叉领域，革命文艺不仅仅是现实的革命活动在文学创作内容上的反映和形式上的影响，更重要的是革命文艺还要承担协助其他革命工作的使命。那么，毛泽东是如何破解这一关系的呢？他是从文艺活动的主体及其关系的角度，即马克思所说的"交往"的角度切入的，他认为"我们的问题基本上是一个为群众的问题和一个如何为群众的问题"③。这里的文艺活动的主体一方面是文艺工作者，另一方面则是群众，而其所涉及的领域，不仅包括作家的社会身份和社会使命（革命的文艺工作者及其所属或所代表的社会阶层），而且包括作家在现实的革命斗争中所具有的立场、观念、情感在文艺创作活动中的投射（对文艺作品中所描写的具有社会阶层属性的人物的情感、态度），更重要的是革命文艺所服务的对象（不是一般的抽象意义的读者，而是同样具有鲜明的社会阶层属性的"群众"）。

在西方马克思主义学者中，法兰克福学派对马克思的交往理论也作出了重大发展，其标志就是使交往思想实现从批判理论到交往理论的转型。法兰克福学派的第一代学者霍克海默、阿多诺明确表示继承马克思主义社会批判的取向，以追求社会的合理状态为目标，以资本主义社会作为批判对象，实现了从传统理论到批判理论的转型。在这一背景下，霍克海默、阿多诺将当代文化艺术的生产置于文化工业语境之中进行分析，认为艺术活动中艺术家创作与读者或观众接受的关系已被文化的工业化生产关系所

---

① 《列宁全集》第12卷，人民出版社1987年版，第93页。
② 《毛泽东选集》第3卷，人民出版社1991年版，第847页。
③ 同上书，第853页。

改变，在这一过程中，"资本已经变成了绝对的主人"①。在《作为生产者的作家》中，本雅明也同样认为，在艺术的倾向性与艺术性的关系问题上，"这个问题的辩证解决根本不能依靠孤立呆板的作品、小说、书，它必须将它们置于活生生的社会关系中"②。不过，本雅明并不同意简单地将社会关系归结为生产关系，或社会关系以生产关系为条件，而是想探讨："作品在生产关系中具有的作用为目标。换句话说，它直接以作品的写作技术为目的。"③ 对作为生产者的作家的描述必须回溯到其面对的媒介——报纸。"因为通过报纸，至少是通过苏联的报纸，人们可以认识到，我上面提到的那种巨大的重新溶合过程不仅不顾传统上对文学体裁之间、作家和诗人之间、学者与通俗读物作者之间的区分，而且甚至对作者与读者的划分进行修正。因此，作为生产者的作家的每个观点都必须来到它的面前。"④

不满足于批判理论"没有统一的准则"、"没有扬弃从黑格尔那里继承的真理的哲学概念"和"不重视资产阶级民主"的不足⑤，哈贝马斯提出从交往行为理论实现对批判理论的替代。在他看来，"交往行为理论不是什么元理论（Metatheorie），而是一种试图明确其批判尺度的社会理论的开端"⑥。在对交往行为的理解中，哈贝马斯明确了三个相关的主题，一是交往理性，二是两个层次的社会概念，三是现代性理论，认为交往行为理论的使命在于"认为现代病就病在具有交往结构的生活领域听任具有形式结构的独立的系统的摆布。因此，交往行为理论要尽可能地勾画出现代发生悖论的社会生活关系"⑦。哈贝马斯区分了目的行为、规范行为和戏剧行为之后，认为交往行为是有别于此三种的第四种行为，"只有交往行为模式把语言看作是一种达成全面沟通的媒介。在沟通过程中，言语者和听众同

---

① ［德］霍克海默、阿多诺：《文化工业：作为大众欺骗的启蒙》，霍克海默、阿多诺：《启蒙辩证法》，上海人民出版社 2006 年版，第 111 页。

② ［德］本雅明：《作为生产者的作家》，载胡经之、张首映主编：《西方二十世纪文论选》第 4 卷，中国社会科学出版社 1989 年版，第 250 页。

③ 同上书，第 253 页。

④ 同上书，第 250 页。

⑤ ［德］哈贝马斯：《现代性的地平线》，李安东、段怀清译，上海人民出版社 1997 年版，第 45—46 页。

⑥ ［德］哈贝马斯：《交往行为理论·第一卷：行为合理性与社会合理性》，曹卫东编，上海人民出版社 2004 年版，第 3 页。

⑦ 同上书，第 4 页。

时从他们的生活世界出发，与客观世界、社会世界以及主观世界发生关联，以求进入一个共同的语境"①。在这里，"语言沟通只是协调行为的机制，它把参与者的行为计划以及参与的目的融合成为一种互动"②。哈贝马斯通过对交往活动中的语言媒介的强调，实现了马克思主义交往理论的"语言学转向"，也使得马克思主义的审美交往成为更开放、更具包容性的理论。哈贝马斯强调，"所谓交往行为，是一些以语言为中介的互动，在这些互动过程中，所有的参与者通过他们的言语行为所追求的都是以言行事的目的，而且只有这一个目的"③。因此，互动、沟通、协商、共识成为哈贝马斯交往理论的关键词。值得注意的是，在哈贝马斯的交往行为理论中，极少涉及审美行为。对此霍尔斯特认为："哈贝马斯在他的理论中为何不涉及审美话语？这是因为，在他看来，审美论证不像其他类型的论证那样，具有普遍性要求，这类话语所涉及的仅仅是个人的知觉和情趣。"因此，"哈贝马斯认为，审美话语缺乏一种'有效性要求的可普遍化力量'"④。

三 巴赫金的审美交往理论

真正从交往的角度对审美活动进行分析的是巴赫金。身处苏联纷繁复杂的思想文化背景，巴赫金一方面受到马克思主义思想方法的深刻影响，另一方面又积极与非马克思主义的俄国形式主义展开对话，还有意识地与流行的将马克思主义教条化的庸俗社会学保持距离。巴赫金的交往思想成为马克思交往理论当代发展中最贴近审美活动的思想，或者说，只有到了巴赫金那里，马克思的交往实践思想才真正转化为审美交往理论。巴赫金的审美交往思想一方面是对马克思主义文艺社会学的发展，另一方面则是自己早期的行为哲学思想的延续。巴赫金关注人类文化的三大领域（科学、艺术和生活）之间的分裂问题，认为应该通过负责任的人的行为来实现"文化的世界"和"生活的世界"的统一。在《生活话语与艺术话

---

① ［德］哈贝马斯：《交往行为理论·第一卷：行为合理性与社会合理性》，曹卫东编，上海人民出版社 2004 年版，第 95 页。

② 同上书，第 96 页。

③ 同上书，第 281 页。

④ ［德］霍尔斯特：《哈贝马斯传》，章国锋译，东方出版中心 2000 年版，第 105—106 页。

语——论社会学诗学问题》中，巴赫金、沃洛希洛夫更是明确提出审美交往理论，在他们看来，社会学方法往往被用于文学的外部研究，还没有真正被用于对艺术形式、风格等内部问题的研究。因此，他们所要建立的社会学诗学就是将社会学方法引入文学内部研究的一种努力，或者说对艺术所具有的内在的社会性问题的探讨是他们关注的重心。他认为，艺术活动中如果没有创作者和观赏者的参与，艺术作品便不可能具有艺术性。"艺术作品只有在创作者和观赏者相互作用的过程中，作为这个相互作用事件的本质因素才具有艺术性。在艺术作品材料中所有不能引入创作者和观赏者的交往，不能成为'媒介'和这种交往的介质的，都不可能获得艺术意义。"① 正是在对艺术作品的分析中引入审美活动主体的因素，巴赫金提出了审美交往的理论：

> 固定于艺术作品的审美交往完全是独特的，并且不可归结于意识形态交往的其他类型，如政治的、法律的、道德的等等。如果说政治交往创造相应的机构和法律形式，那么审美交往建构的只是艺术作品。如果它拒绝这个任务，如果它开始追求创造哪怕是转瞬即逝的政治组织或任何另外的意识形态形式，那么它因此就不再成为审美交往并丧失了自己的独特性。审美交往的特点就在于：它完全凭艺术品的创造，凭观赏者的再创造而得以完成，而不要求其他的客体化。但是，当然，这种独特的交往形式也不是孤立的：它参与统一的社会生活流，自身反映着共同的经济基础并与其他交往形式发生有力的相互作用和交换。②

这里的要点包括：其一，审美交往具有与其他精神交往（尤其是"意识形态交往"）形态的差异性，这是审美交往具有独特价值的根本原因；其二，审美交往包括两个重要的环节：艺术家的创造和观赏者的再创造；其三，审美交往也不是孤立的，它与其他精神交往形式具有积极互动、相互影响的关系。

---

① ［苏］巴赫金、沃洛希洛夫：《生活话语与艺术话语——论社会学诗学问题》，钱中文主编：《巴赫金全集·周边集》，河北教育出版社1998年版，第82页。
② 同上书，第83页。

与其他许多被称为"马克思主义文艺理论家"的学者不同的是，围绕巴赫金及其理论与马克思主义关系的问题仍是困扰学界的难题，以至于成为一桩学术公案。本文拟从审美交往理论的角度，来透视巴赫金思想与马克思主义之间的理论关联。我们从理论自身的逻辑发展中仍可以清理出一条非常清晰的线索，以展现巴赫金以"复调"、"对话"为特征的具有马克思主义倾向的审美交往理论来。尽管巴赫金的思想往往被简化为"复调"、"对话"和"狂欢"，但如果要真正把握其思想的源头，还必须回到其早期的哲学美学思想之中。巴赫金正是在自己独创的行为哲学的理论基础上，以审美活动为对象，引入马克思主义交往思想，从而形成了具有马克思主义思想倾向的审美交往理论的，而"复调"和"对话"也只有在审美交往的范畴内才能获得更为准确的理解。

首先，巴赫金的行为哲学是其审美交往理论的基础。他将"行为哲学"视为"第一哲学"。在巴赫金看来，哲学研究所思考的"存在"就其现实性而言，就是人的行为世界、事件世界，即他创立的术语"存在即事件"，而"行为"则是对事件的参与。在《论行为哲学》中，这种将行为统一于个人的责任的思想得到了更为充分的展开。巴赫金将这种责任区分为两种：一种是对自己的内容应负的责任，他称之为"专门的责任"；一种是对自己的存在应负的责任，他称之为"道义的责任"。专门的责任应当是统一而又唯一的道义责任的一个组成因素。只有通过这一途径，才能克服文化与生活之间互不融合、互不渗透的关系。因此，在巴赫金看来，行为的目标即在于弥合文化与生活之间的鸿沟，克服文化世界与生活世界之间的分裂。基于"我与他人"的审美关系，巴赫金创造性地引入马克思主义的交往理论，弥合了艺术世界与现实世界之间的鸿沟，确立了马克思主义社会学诗学的审美交往基本原则。

巴赫金对当时无论是形式主义者还是马克思主义者都普遍认同的形式与内容二分观念——即认为对艺术诗学形式领域的研究与社会外部的现实条件毫无关系，反之，对艺术之外的社会环境的研究则不必考虑形式、技巧等文学的形式因素——提出了反对。认为真正的马克思主义意识形态理论并非如此，在艺术作品中，没有所谓外在于艺术形式、艺术话语、艺术风格之外的社会现实。艺术同样也是内在地具有社会性：艺术之外的社会环境在从外部作用艺术的同时，在艺术内部也找到了间接的内在回声。由此，巴赫金提出一个重要的结论："'审美的'领域，如同法律的和认识的领域，只是社会的一个变体。艺术理论，很自然，只能是艺术社会学。在艺术社会学中，没有任何'内在的'任务。"① 由于马克思主义意识形态思想的引入，巴赫金在艺术与生活关系上发生了一次重大的理论"调整"。在《艺术与责任》中，巴赫金还将艺术与生活视为断裂的两个领域，各自都有自己的原则、责任、义务及其过失，也因此，巴赫金主张彼此相互承担责任和过失，才能实现填补艺术世界与生活世界的光辉。但是，在他们所认为的马克思主义社会学诗学看来，艺术世界只是生活世界（社会）的一个变体，从本质上讲是社会性的，即使是艺术形式、技巧、风格等，都无不与这种社会性发生关联——即"间接的内在回声"。

经过这一理论调整，巴赫金创造性地发展了马克思主义关于现实交往、精神交往、物质交往、社会交往等交往思想，确立了审美交往的基本原则。其一，审美活动的整体性原则。巴赫金不同意单纯从艺术作品内部（俄国形式主义）或者艺术作品外部（庸俗社会学）寻找艺术的整体性。他认为，艺术包容艺术作品、创作者和观赏者三种成分，"艺术是创作者和观赏者相互关系固定在作品中的一种特殊形式"②，因此，艺术作品分析必须置于审美主体之间的交往行为之中才能得到准确的解释。其二，艺术交往既建立在物质交往、现实交往、社会交往的基础上，又具有自己的特殊性。巴赫金认为："这种'艺术交往'在与其他社会形式相关的共同的经济基础上生长，但是，像其他形式一样同时保持着自己的特殊性：这是一种独特的交往类型。它具有自己的为其专属的形式。理解实施和固定在艺术作品材料中的社会交往的这个特殊形式正是社会学诗学的任务。"③ 按照马克思主义物质与意识关系的理论，交往行为也是物质交往决定精神交往，但精神交往又有其独特性，反过来也反作用于物质交往。因此，对于审美交往而言，一方面我们要充分重视其与物质交往、现实交往、社会交往之间的密切联系，但另一方面又不能简单地将之等同，而应该把注意力集中在其特殊性上。其三，审美交往以话语为材料。基于"存在即事件"的行为哲学观点，巴赫金认为艺术作品只有在创作者和观赏者相互作用的过程中，作为这个相互作用事件的本质因素才具有艺术性。凡是无法进入

---

① ［苏］巴赫金、沃洛希洛夫：《生活话语与艺术话语——论社会学诗学问题》，钱中文主编：《巴赫金全集·周边集》，河北教育出版社1998年版，第79—80页。
② 同上书，第82页。
③ 同上。

这一审美主体相互作用的因素，都无法获得其艺术意义。巴赫金进一步强调，这种特殊的审美交往形式有其特殊的表述形式，即材料即是话语。在此，巴赫金在《艺术与责任》、《论行为哲学》中所探讨的艺术世界与生活世界的断裂问题被重新表述为"艺术话语与生活话语"的关系问题，在话语层面上获得了统一性，也实现了通约性。

四 审美交往的特点及其所讨论的主要问题

必须指出的是，上述从交往实践到审美交往的问题史描述并非是按照严格的历史顺序展开的：巴赫金思考审美活动伦理学并结合文艺社会学视角探讨审美交往问题的时间在 20 世纪 20 年代，而法兰克福学派从批判理论到交往理论的发展则是二战之后的事情。之所以未按时间顺序展开的原因有两个：一是逻辑的要求：从马克思的"普遍交往"以及"精神交往"等命题的提出到后世学者广泛借鉴语言哲学、主体性哲学（包括主体间性哲学）展开审美活动的交往分析，两者具有逻辑的一致性；二是历史的事实：尽管巴赫金的审美交往理论早于法兰克福学派，但巴赫金思想存在一个首先被埋没而后又不断被发现的过程，而其被发现的时间正好处于 20 世纪 60 年代之后；其思想产生重要的学术影响也是在法兰克福学派之后，而这正好与对马克思主义文艺理论将交往思想引入审美领域的要求是相一致的。

综合围绕马克思主义文艺思想从交往实践到审美交往问题的讨论，我们可以发现，在马克思主义视阈中，存在两种彼此不同又相互关联的"审美交往"问题：一种是现实社会中的审美主体（作家、读者与世界以及文本与他们间的社会关系和生产关系等）之间的关系；另一种是文本中的具有社会性的审美主体（作者形象与主人公、理想读者）之间的关系。现实社会中的审美交往主体是活生生地身处特定历史、社会、文化语境中的个人（作者和读者），作家的社会身份、政治信仰、文艺活动以及社会环境、文化生产机制对其创作会产生重要的影响；同时，读者的社会身份、政治信仰、阅读方式等的差异也会对其阅读行为产生影响；不仅如此，真实的作家与读者之间的互动也对文学创作与再创作有影响。因此，这种审美交往关注的首先不是纯粹的审美过程，而是一个密切与其他非审美交往领域发生相互影响的过程。

　　如本雅明在《作为生产者的作家》中所举的俄国作家特列契雅科夫的例子，作为作家，特列契雅科夫响应"作家进入集体农庄"的口号，一方面从事大量的"非作家身份"的活动，如召集群众会议、筹集资金、说服农民、检查阅览室、办墙报、写报道消息、推广收音机和流动电影院等；另一方面也在这些经历之后写出了《土地的主人》这本书，该书对后来的集体经济的完善产生了巨大的影响。对此，本雅明分析认为，这个例子说明，"为了找到给表现当前的文学活力提供出发点的表达形式，那么我们必须根据我们今天形势下的技术情况，从一个多么广阔的视野出发来根本改变对作品形式或类型的看法"①。不仅如此，"我们现在处于一个文学形式的巨大的重新溶合的过程之中"②。类似的例子还有很多，比如新中国成立之后，在知识分子的思想改造和与工农相结合的背景下，大批作家都深入工厂、农村、军队，深入到火热的社会主义革命和建设的现实生活之中，这种思想改造和体验生活正是审美交往与非审美交往相互纠缠和混合的结果。文本中的具有社会性的审美交往所包括的问题也很多，如巴赫金分析的文本中的"作者形象"问题，这是巴赫金创造的一个自相矛盾的术语：它不同于小说中的主人公形象，也非作者本人，而是作者的思想、情感、价值在作品中的投射和显现。巴赫金将真实的作者称为"第一性的作者"（不是创造出来的），而将由第一性作者所创造出来的作者形象称为"第二性的作者"。在作者、作者形象、主人公、读者等因素的区分中，巴赫金重点关注的是这些审美交往行为的主体的情感意志语调。他认为，话语不仅仅是对某种实有事物的表现或者反应，更重要的是在这一过程中还包含了个人对事物的评价态度，"一切实实在在地被体验的东西，都是既实有又设定的东西，都带上了情调，具有情感意志的语调，在包容着我们的事件整体中与我发生实在有效的关系。情感意志方面的语调，是行为甚至最抽象思想的不可或缺的一个因素"。因此，这一参与性行为所形成的事件便不再是客观的、独立的，而是包含了某种价值的，"也就是其现实的、被确认的价值，即其情感意志的语调"③。他分析了普希金的抒情剧

　　① ［德］本雅明：《作为生产者的作家》，胡经之、张首映主编：《西方二十世纪文论选》第四卷，中国社会科学出版社 1989 年版，第 250 页。

　　② 同上书，第 251 页。

　　③ ［苏］巴赫金：《论行为哲学》，钱中文主编：《巴赫金全集·哲学美学》，河北教育出版社 1998 年版，第 34 页。

《离别》中处于两个价值层面的抒情主人公之间所建构的既相互渗透又不相融合的审美观照世界。这一审美观照世界的建构特点是："在这里凡属价值因素，都不是受原理原则决定的，而是受事物在事件具体建构中所处的唯一位置决定的；而事件的建构又是从参与性主体的唯一位置出发而实现的。所有这些因素都作为具体人的唯一性因素得到确认。"① 并且指出，这种"语调就其本质来说是社会性的"②。

　　虽然从理论上可以区分这两种不同的审美交往活动，但在具体的文学现象中，这两种审美交往又是交织在一起的。如巴赫金所提出的审美交往过程中的"意识形态环境"问题，在他看来，"社会的人处于意识形态现象、不同类型和范畴的物体—符号——实现形式极为多样和不同的词语，有声的、书面的及其他的科学见解，宗教象征和信仰，艺术作品及其他等等——的环境之中。这一切的总和组成人的意识形态环境，一种从各个方面严实地包围着人的环境"③。这里的"人"不仅包括现实生活中的作家和读者，而且包括文艺作品中的作者形象和主人公。再比如 19 世纪以来文学创作活动受媒介的影响越来越大，大众传媒、文学期刊、影视网络等日益渗透到作家的创作活动之中，它们对作家创作的影响是全方位的，文学的传播方式和接受过程甚至反过来成为影响作家创作行为的重要因素：本雅明发现文学写作屈从于报纸专栏的限制，被迫采用蒙太奇手法；斯图尔特·霍尔发现读者在对媒体的符号编码的解码过程中存在对抗性，揭示出符号（包括文学在内）的意义生产是作者编码与读者解码博弈的结果；道格拉斯·凯尔纳通过对"媒介奇观"的研究发现媒体自身的价值立场、经济利益及其所具有的翻手为云覆手为雨的能力成为当代文化生产的支配性力量。所有这些，都在不同方面充实、丰富和发展着马克思主义从交往实践到审美交往的理论内涵。

（原载《社会科学辑刊》2012 年第 4 期）

---

① ［苏］巴赫金：《论行为哲学》，钱中文主编：《巴赫金全集·哲学美学》，河北教育出版社 1998 年版，第 71—72 页。

② ［苏］巴赫金、沃洛希洛夫：《生活话语与艺术话语——论社会学诗学问题》，钱中文主编：《巴赫金全集·周边集》，河北教育出版社 1998 年版，第 88 页。

③ ［苏］巴赫金、梅德维杰夫：《文艺学中的形式主义方法》，钱中文主编：《巴赫金全集·周边集》，河北教育出版社 1998 年版，第 123 页。

马克思主义美学视野下的"日常生活审美化"

梁爱民

日新月异的电子技术、无孔不入的媒介传播、铺天盖地的图像渲染，使我们的面前充满目不暇接的奇幻光影和美妙声色，为这一切所浸淫的我们的生活，以超乎想象和认知能力的速度，迅速打破了传统的生活与艺术的界限，人们不无惊奇地发现，似乎就在一夜之间，我们这些凡夫俗子就已经轻松地走进了曾经是多么神圣的艺术殿堂，参与了一场场梦幻似的审美盛宴。然而，这场"盛宴"究竟是为大众提供了真正的审美享受还是仅仅在权力资本运作下审美消费的"乌托邦"？美与美学在这场新的变革中正在经历着怎样的裂变？本文拟从马克思主义美学的角度对"日常生活审美化"进行考察。

一 崇高的缺失

马克思主义始终没有离开"人"来谈美和审美。在马克思主义看来，审美是人通过实践活动将自身全面的本质对象化所形成的一种自由的关系，对象化的过程也是人的本质展开和生成的过程，所以，审美的生成也是个体的本质向着自身"类"本质的生成，审美愉悦的本质就是人的自我实现而得到的具有肯定意义的情感体验。这样，审美不仅体现了人之为人的"他们的需要即他们的性"，更重要的是，在审美关系中，人还实现了认识自然、社会和自身的更高层次的需要，从而体现为"自由"、"自觉"的类特性，正是在这一点上，使人类区别于动物，成为有能力超越自然受动性的一类。所以，在马克思主义美学中，审美是产生于物质实践，却超越物质需要的自由的、理想的生存状态。从这一方面理解，日常生活的审美化与马克思主义所预设的人类审美化生存的理想境界并不矛盾。

　　然而，日常生活的审美化并不等于审美化生存。我们正在经历的日常生活审美化似乎就是这样的现实："审美活动已经超出了所谓纯艺术/文学的范围，渗透到大众的日常生活中，艺术活动的场所也已经远远逸出与大众的日常生活严重隔离的高雅艺术场馆，深入到大众的日常生活空间……"① 艺术在这个过程中所扮演的即使不是"堕落天使"的角色，起码也是一个黯然神伤的旧日英雄。"艺术这个概念已经无可争辩地蒙受了后现代主义理论和实践的致命一击。'美'艺术已经被降级为不过是一个人借以展示并试图维持自己精英地位的一面透明的意识形态旗帜。"② "大众"升格为"精英"未必是事实，但是，"精英"沉沦为"大众"已属不争。所以，日常生活的审美化同时也势必意味着审美的日常生活化。当大众在自己的生活中能轻易地发现那些眩人耳目的声色并为之心旌摇荡的时候，艺术的声、色、形就已不再是这些艺术精英的专利。他们能选择的也许就是和消费着的大众一起借助现代科技的神奇力量，在优美中复制优美，在形式中拷贝形式，而且，这种复制是以这些艺术精英的先辈们多少代的奋斗都不可能实现的速率进行着的。事半功倍的效率以及成几何级累计增长的资本和财富，终于让这些旧日的英雄不复再是英雄。

　　停止推动石头的西西弗斯不再是神话里的西西弗斯，敢于直面纷乱世事的精神和宁折不屈的阳刚之美现在成了现实里流传的神话。逼真的音效、高清的画质、甜美而缠绵的歌曲，柔顺的秀发、高挑而性感的身材……优美在崇高倒下的地方登上了这个"美丽新世界"的宝座，实现了对美和艺术的统治。正如詹姆逊所说："在原有的现代的崇高的位置上，出现了美的回归和装饰，它抛弃了被艺术所声称的对绝对或真理的追求，重新被定义为纯粹的快感和满足。"③

　　崇高是人类发展进程中的一种伟大力量，是先于审美范畴而存在的人类的社会实践行为。这是一种敢与险恶的自然叫板，勇于和强势抗衡并最终与其实现和谐的精神，它充满了奋进和阳刚之美，因此，崇高是力与美的结合，是美的形式中令人激奋的风骨和刚劲。正如康德所说，崇高的感

---

　　① 陶东风：《日常生活的审美化与文艺学的学科反思》，《现代传播》2005年第1期。
　　② ［美］埃伦·迪萨亚克：《审美的人——艺术来自何处及原因何在》，户晓辉译，商务印书馆2004年版，第305页。
　　③ ［美］詹姆逊：《文化转向》，胡亚敏译，中国社会科学出版社2000年版，第84页。

觉"就是对于自己本身的使命的崇敬"①。人之为人的使命，在马克思主义看来，它是"人向自身、向社会的即合乎人性的人的复归"，是"人和自然界之间、人和人之间的矛盾的真正解决，是存在和本质、对象化和自我确证、自由和必然、个体和类之间的斗争的真正解决。"显然，人的自我实现的过程，也就是人与自然、社会和自身的"斗争"的过程，在这个过程中所展现出的人的勇气、智慧和不轻易言败的坚韧，是人类生生不息的真正动力。所以，马克思说"它是历史之谜的解答，而且知道自己就是这种解答"②。人类知道，唯有通过自己不断的实践、努力，通过自己不断提升的本质力量，才能将处于分裂状态的人和自然、人和社会重新统一起来，并最终实现与自身的统一——感觉、知觉、想象、情感和理解的和谐共振，从而"人以一种全面的方式，就是说，作为一个总体的人，占有自己的全面的本质"③。

但是，在这个"优美"的狂欢节上，崇高所力图塑造的"力的强悍"没有了立足之地，崇高所力图追求的心灵洗礼、情操陶冶和理性升华都游离于审美这个"超现实"的狂欢之外。偌大一个审美的狂欢只是优美的"秀"场，仅仅是香槟和干红所带来的生理欢娱。"躲避崇高"的宣言是一个时代孱弱的喘息，而优美的生产和再生产同时也必然生产出了对优美的片面甚或畸形的消费需求。当"新市民文学"、"新写实主义文学"热衷于塑造那些"热也好冷也好活着就好"的平凡小人物的时候，最先谢幕的是革命的英雄形象继而是社会建设者形象，凡俗、逼真的生活场景和行为方式构成了新时期以来当代文学的基本景观；走下银幕的高仓健带走了一个时代的"硬汉"形象，勇气、责任和信心便也在现实世界中成了需要用抽象的理论术语加以阐释的语词；打量一下我们身边通过各种媒介的冲击波传送过来的审美形象："小沈阳"的古怪服饰和拿腔作调，李玉刚的长袖善舞和婀娜多姿，他们所指示或引导的是一个时代的审美风尚。然而《新贵妃醉酒》所展示的并非一个真正富有精神内涵和价值追求的艺术作品，令人陶醉的也不是歌舞艺术的内在感染力，而仅仅是声乐技巧的"眩惑"。太多的"眩声"、"眩色"的优美，冲淡了审美文化中的阳刚，崇高

---

① ［德］康德：《判断力批判》上卷，宗白华译，商务印书馆1996年版，第97页。
② 马克思：《1844年经济学哲学手稿》，中央编译局译，人民出版社2000年版，第81页。
③ 同上书，第85页。

只能以"另类"形式出场:"犀利哥"玩的是赤贫般的"酷",李宇春扮的是性别审美的错位,这类"伪崇高"的审美形象不是对崇高的修补,而毋宁是对崇高本质的反讽和解构。缺少了崇高旋律的审美参与,也就没有抗争的精神张力,没有知难而上的生存勇气,偏安于幻想中没有矛盾的柔软的安乐窝,就等于是对自身不可承受之重的神圣使命的回避。审美文化中阴柔之气笼罩,柔媚有余而风骨不足,所导致的将不仅是人的审美经验的匮乏,而且也必将是人的道德和精神境界的滑坡,这与人的本质力量的完全生成是南辕北辙的。

二 理性的沉落

"看上去很美",这句宣言式的略带情感倾向的判断,包含了丰富的文化信息。"看上去",即视觉的效果,而视觉所能及的,无非是对象的外表和形式,也就是说,主体与对象之间的审美关系建立在对对象感性形式的判断上。从判断主体角度来看,美感的心理经历了知觉、情感和想象,而未必经过理性的过滤和筛选。诚然,美感的心理要素并不是单独在美感的形成中起作用,但是,无论是知觉、情感还是想象,没有理解的参与,这样的情感或价值判断就必将是不无疏漏或草率的。感性或形式对于审美形成的作用无须赘述,但是,美和艺术形式中所积淀的对自然的感悟、人生的感喟以及社会人生的启迪和历史文化的理解才是审美境界得以升华的重要保证。康德说:"一般愉快的普遍传达性是在它的概念里已经包含着这样的事实:即它不是单纯的官能感觉的享受,而必须是反省里的;所以审美的艺术是这样一种艺术,它是拿反思着的判断力而不是拿官能感觉作为准则的。"① 正是从这个意义上我们才能理解康德所谓在"形式的直观把握"上达到"心意诸功能的协调一致",这种和谐的心意状态让我们得到一种持久、稳定的快乐,它是智慧、情感和意志在我们内心合奏的愉快的交响,它让我们感受到自我生命力量的蓬勃和充盈,从而不仅在情感上愉悦,也在理性上肯定了自己的本质。因此,一次真正的审美历程就是一次自我实现的过程。

在马克思主义看来,感觉的人性正是由于它的对象存在,由于人化的自

---

① 〔德〕康德:《判断力批判》上卷,宗白华译,商务印书馆1996年版,第151页。

然才产生出来的。所谓"感觉的人性"是说人的感觉与动物的感觉有着本质区别,"人的眼睛与野性的、非人的眼睛得到的享受不同",所以,人的感觉应该超越了实际需要和有限意义的感觉,正是在这个意义上,马克思说:"已经生成的社会,创造着具有人的本质的这种全部丰富性的人,创造着具有丰富的、全面而深刻的感觉的人作为这个社会的恒久的现实。"①

人的知觉、情感和想象等心理能力,在相应的对象中实现了与自身对应的本质力量,同时也在这个对象化的过程中实现了对对象的理解和认识,因此,人的感觉不仅是自觉的(有意识的或"为我的"),同时也是自由的(对对象规律的把握和利用),在这个方面体现着人的感觉的"深刻性":在情感和价值的评判中,感受对象之"真",并实现对象为我之"善"。作为自由实践生成的审美关系,正是这种"真"和"善"的统一,是人的知、情、意的统一,总之,是人的全部生命表现的统一,只有在这样的审美实践中,人才能脱离感性和理性的分裂状态,回归到真正完全本质意义上的人,也只有这样的审美感受才是恒久而深刻的。

我们有理由认为,"看上去很美"的审美,只是喜好感官的平面的享受,它阻断了理性的深度参与,或者说厌恶、拒绝一切需要调动我们理性的深刻反思,它压制了审美的超越性,使审美在对象的方面停留在感性和形式上,在主体的方面,停留在单纯的感官刺激上,这种审美只求"曾经拥有",只注重"草木一秋",不追求持续和恒久。正如有学者指出的:"大众文化所提供的感性愉悦,不是神圣的迷狂和欣悦,而是一种在人们的日常生活的环境中的日常经验和体验,它往往自觉不自觉地远离精英文化的批判性意蕴,放弃精英文化的那种'赐予文化'的姿态,将'生产快乐'(而不是生产意义)作为主要的原则。"② 或许我们也可以说,这是大众文化时代审美风尚的转变。这就是说,在现实的日常生活中,感性的满足、感性的消费等一切可以被当下性的东西,才是人们迫切要求的,也恰恰是这样一种社会文化状况,造成了我们这个时代的人们在日常生活中越来越多地放逐着对于历史、对于理性、对于一切永恒性东西的眷恋与深情。人们纵情追逐那些即刻便能够获得、随时便可享受的东西。人们无心也无能与

① 马克思:《1844年经济学哲学手稿》,中央编译局译,人民出版社2000年版,第86—88页。
② 王一川:《美学教程》,复旦大学出版社2004年版,第159—160页。

理性长久相守，而只对自己的欲望和欲望的满足充满兴趣。

失去了理性反思的力度，感性的欢娱就只能漂浮在情感的表面，有欢笑也有泪水，但都是稍纵即逝的，不值得也没有必要咀嚼和回味。人们往往就是在各种充满"当下性"的感受和体会中浮光掠影地消费着"审美的快餐"：刚刚从"小燕子"单纯的无知中走出来，又要为《泰坦尼克号》的男女主人公抹上一把同情之泪；《武林外传》不无精彩的对白让你捧腹，《山楂树之恋》中老三的逝去又让你哽咽了一次；从《快乐大本营》里出来，你仍然可以拿起自家的话筒，陶醉在自己的歌声中。泪水和欢笑，一切都可以是短暂的，但"快乐主义"是审美文化的不二法则。正如雅斯贝尔斯所说："一切必须是当下的满足，精神生活已变成了飘忽而过的快感。随笔式的文章已成为合适的文学形式，报纸取代书籍，花样翻新的读物取代了伴随生命历程的著作。人们草草地阅读，追求简短的东西，但不是那种能引起反思的东西，而是那种快速告诉人们消息而又立刻被遗忘的东西。"① 一切都以吸引人的眼球为追求的"眼球"审美，起于感性且止于感性，审美"大餐"让位于审美"快餐"，如果说审美在当下可以无时、无处不在，我们是不是可以说，这样的审美正无时、无处不在蚕食着我们的理性能力呢？理性在审美中缺席，它沉落为日常生活的实用理性，它是片面、单薄而苍白的愉悦。虽然我们并不推崇所谓的"理性至上"，但是同样也不能认同对"感性解放"的浅薄理解。马克思主义从来不反对感性解放，但是真正意义上的感性解放则建立在理性和感性的和谐基础之上，它与人的全面丰富性的实现互为条件，受着太多理性束缚和压制的感性固然不是自由的感性，但是，失去了理性指引的信马由缰的感性则非完全意义上的"人的感觉"。唯有理性的参与才能保证感官快乐的深刻性和持久性，也只有在这样的状态中，人才能实现其自身生命的"自觉"和"自由"。

三　民主的幻象

当日常生活被作为艺术品，艺术品则淹没在烦琐的生活中，而不是展示在艺术场馆中，艺术的精英们就悄然换下了审美舞台的华丽服装，混迹

---

① ［德］雅斯贝尔斯：《现时代的人》，周晓亮、宋祖良译，社会科学文献出版社 1992 年版，第 68 页。

于茫茫人海，现实生活中崇高的英雄注定成了美学的幻象。大众的生活不再需要所谓精英们处心积虑的设计，也不再需要他们苦口婆心的劝导，多元化的政治格局、宗教信仰的冲突和迷失，使现实中的大众萌生了对所谓权威和精英的怀疑。政治家的决断可能是荒唐的，"上帝"的安排也许是盲目的，只有自己才是自己的"上帝"，自己的生活和自己的命运理应由自己来安排，大众的"上帝梦"终于在这个信仰、价值迷失的时代实现了——做自己生活的主人，为自己理想、快乐的生活做主！

曾经是美和艺术阶层中的权威者，审美理想的设计者，审美标准的制定者，总之，审美世界的"上帝"，将审美的决断权让给了大众，这似乎就是审美化时代的审美民主的实现！

"审美的民主"，显而易见，是说在这个审美化的时代，大众通过自己的消费来主张个人的审美权利，并确保在现行审美体制的规范下实现个人的"审美权益"。消费着的大众在这现实与审美（艺术）模糊的边界上尽情享受着现实与艺术带来的双重快乐：他们一面享受奢侈的自由生活方式，一面又在工作动机完全不同的经济体制中占有舒适的职位。"审美民主"带给大众的将不仅是物质财富的不断累积，还有欢娱、快适的心情。更重要的是，"审美民主"赋予了大众参与制定新的审美规则的权利。这场近在眼前的审美的狂欢盛宴，似乎是大众参与的审美的"圆桌会议"。

然而，审美的超现实性，或者说审美化时代的现实和美（艺术）的混沌不清却使大众的参与成了介于梦和现实之间的幻象。

马克思在谈到作为人类的生产和消费现象时说，动物的生产受制于它的肉体的需要，而人却应该超越这种简单而直接的需要从事生产，并且只有不受这种需要的影响才能进行真正的生产。所谓"真正的生产"就是"真正属人的生产"，能体现人的本质的生产，也只有这样的生产才能使人自由地面对自己的产品。从客体方面说，对象的建构是人的认识、情感和意志的外化，从主体方面说，"我在我的生产中使我的个性和我的个性的特点对象化，因此我既在活动时享受了个人的生命表现，又在对产品的直观中由于认识到我的个性是对象性的、可以感性地直观的因而是毫无疑问的权力而感受到个人的乐趣"。然而，屈从于货币和资本增殖的生产，却是以"拥有"为目的的功利的生产，"这种需要的内容直接是他所生产的物品本身"。从消费方面说，"我的产品是你自己的本质即你的需要的对象化"，而"你的需要、你的愿望、你的意志是使你依赖于我的纽带"，所以，基于这种基础的生产和消费"根本不是一种赋予你支配我的产品的权力的手段，倒是一种赋予我支配你的权力的手段！"① 按照这样的规定，货币和资本就是"个性的普遍颠倒：它把个性变成它们的对立物，赋予个性以与它们的特性相矛盾的特性"②。我们可以得出结论，审美的日常生活化中的审美消费，是与个性相对立的，是一种试图泯灭个性的力量。

通过消费，人们将自己和日常生活以及整个社会的政治、经济和文化活动都融入到消费活动中，而消费过程又将人们及其日常生活以及整个社会活动转化成为一种符号和符号结构，以越来越具有象征性的特殊演化过程，使日常生活同消费、文化艺术以及人们的精神状态一起进入不确定的动态趋势中。大众便在这个不确定的动态趋势中丧失了主体性，成为消费审美化时代符号系统的一个组成部分。表面看起来，大众的消费是为了获得满足和快乐，但实际上，决定整个消费过程的并不是大众的主体需求和生活实际需要，而是商品制造者、营销者及其背后的权力网络出于资本增殖的需要。物质的变成符号的，主体的变成他人的，功能与形式脱节，这一切都使大众即使是在审美消费中，也不能从审美对象中发现自己的存在。可见，资本并不是以赤裸裸的专制"宰制"着人众的消费，但是，资本的增殖本质决定了它不会放弃通过制造符号幻象的方式实现对社会文化统治的权力。

至此，我们看到了消费时代审美民主的基本策略：通过生产尽可能丰富的物质和精神产品，让大众在消费的美梦中、在"潇洒走一回"的幻想中，心悦诚服地接受资本的统辖。在这样的审美幻象中，消费者所能体会到的注定只能是瞬间即逝的"快感"，而不是"美感"，因为作为审美对象的消费品中并没有作为真正主体的"人的本质力量"的存在，只有资本和物质的"微笑"。鲍德里亚在谈到所谓中产阶级及高等阶级的女性投身"文化"活动时，深刻地指出，这时的她虽然"消费"着文化，但是"她甚至不知道这种文化的本名：装饰性文化。这种打着种种民主借口的文化提升对应的同样还是一种文化约束。事实上，文化在这里是'美'的一种附加奢侈效应——文化和美已经丧失了自我实现的本来价值，而变成了多

① 《马克思恩格斯全集》第42卷，人民出版社1979年版，第35页。
② 同上书，第155页。

余的事实，成了'被异化了'（间接实现的）社会功能。"①

美的发现是人的自我发现，美的实现是人的自我实现，这才是美感的快乐本质。而消费着的大众是被权力资本营造的文化所绑架的群体，并不能通过他们的消费体会到真正自我实现的快乐，这样的"审美民主"实质是"审美专制"美丽的谎言，是权力资本运作下的文化"返魅"的"阳谋"，是别有用心的美学幻象。

由现代传媒技术所推动的"日常生活审美化"是一把双刃剑，一方面，它使更多的普通大众获得了更多接触美和艺术的机会，朴素的生活因此多了一些艺术和美的意味，而审美经验的丰富也为提高大众的审美能力提供了更多机会；另一方面，日常生活的审美化所导致的审美的生活化却存在着放逐崇高、牺牲审美深度的风险，尤其是资本对审美的介入所带来的感官消费及其合法化，都有可能使审美主体在这样的审美文化氛围中迷失精神和理性的方向，人并不能通过这样的审美活动感受和反观自身的存在，而当人不能在这样的审美活动中发现自身本质的全面实现的时候，这样的审美文化就是我们应该深刻反思的。

[原载《徐州师范大学学报》（哲学社会科学版）2012 年第 4 期]

---

① ［法］鲍德里亚：《消费社会》，刘成富、全志钢译，南京大学出版社 2008 年版，第 82 页。

马克思主义经典作家文艺思想研究

当代解释学与青年诗人马克思

毛崇杰

解释学（Hermetic）在引领操作（interpretation）上有别于对一般具体事物的讲解（explanation），且与哲学认识论面对整个世界不同，限于对人文科学文本意义的真实理解与合理阐发以把握真理。它与认识论的共同之处在于，所揭示的真理最终都以文本形态出现，并以实践为检验的唯一标准。两者都包含着哲学上真理的客观性与主观性、绝对性与相对性之紧张关系，以及阅读理解方法上的绝对主义独断论与相对主义诡辩论的对峙。20 世纪以来解释学成为一门显学，涌现许多专门论著。利科在《解释学与人文科学》一书中下了一个简要的定义，"解释学是关于与文本相关的理解过程的理论"，合于伽达默尔所命名《真理与方法》。利科这本书旨在"通过一个根本性的难题，使解释学的思考产生重定方向的转变，从而使解释学认真地讨论文本，由符号学而成为释义学"①。古代，欧洲的宗教改革与《圣经》的阐释有关；穆斯林对《古兰经》教义的不同释义分裂为逊尼派与什叶派；佛教大乘与小乘的区分以及汉佛禅宗兴起都渗透着解释学问题。近一个多世纪以来思想史随着种种时政变故进入一个新的发展阶段，启动了解释学的重新思考。两次世界大战以及紧接着的冷战使人类陷入了新的千年迷雾之中，被遮蔽的真理之光需要重新摸索，探寻。从孔夫子到马克思，几乎所有的经典文本都经受着挑战和颠覆，需要在新的语境下重新阅读，予以新的阐发，开掘出新的意义。

文本阐释在古代较多关注在具体作品的章句、辞彩、义理评析的适"度"，当代解释学更倾向于争论文本阐释操作在哲学原理和方法上"限"

---

① ［法］保罗·利科：《解释学与人文科学》，陶远华等译，河北人民出版社 1987 年版，第 41 页。

与"度"的"有"与"无"。这样的争论在西方通过两次学术会议面对面的交锋可窥见一斑。1981 年 4 月在巴黎的一次"文本与解释"学术会议上，德里达与伽达默尔就"阅读是否应从准确文本理解的愿望出发"展开激烈交锋①。1990 年，欧洲召开了一个解释学座谈会，以"推动并反思与人文价值和评价有关的学术思维与科学思维的发展"为主题，掀起了一场新的争论，当代解释学理论与方法前沿问题尽行浮出水面。昂贝多·艾柯在《诠释与过度诠释》文集的三个报告中以对他自己的小说文本的诠释为例，从"作者意图"、"作品意图"与"读者意图"之间的张力关系探讨了诠释的必要限度。

卡勒执意解构对诠释的限定，认为"过度诠释"正是诠释中一种难得的创新精神。会议主持斯蒂芬·柯里尼为会议文集所写的"导言：诠释：有限与无限"认为，1945 年来在作为构成英语世界据中心地位的英语学科研究对象的"经典"以及与此有关的研究方法都受到"强烈的质疑，受到了更为犀利、更为精细的重新审视"②。实际上，在对待经典阅读解释学方法上的分歧远远超过了以文学经典文本，而广涉有关人文社会科学的一切场域。

柯里尼指出，在当代解释学中对无限度阐释的批判已被指责为"专制主义"——这种指责"将复杂的理论问题与更为广泛的政治态度纠结在一起"③。这种广泛的政治态度超出了文化政治学最终可以摇撼实际的权力政治。伊格尔顿在他那本《文学原理引论》一书中断言：文学文本"最终的阐释，必然是政治的"。2011 年 4 月 25 日英国《卫报》发表了题为《卡尔·马克思："全世界无产者，联合起来！"》的文章，认为"《共产党宣言》是现代史上阅读最广泛，受众最多、最有影响的政治文献，但同时也是误解最多、错误引用最多的政治文献"。伊格尔顿在同一时间推出了《马克思因何正确》小册子，言简意赅地从十个重大问题对马克思主义的当前歪曲进行有力的驳解④。

人文社会科学文本所处场域不同而与政治的距离有远有近，有政治的

---

① 参见《伽达默尔与德里达的一次对话》，《哲学译丛》1991 年第 3 期。
② ［意］艾柯等：《诠释与过度诠释》，王宇根译，生活·读书·新知三联书店 1997 年版，第 5—7 页。
③ 同上书，第 9 页。
④ Terry Eagleton：*Why Marks Was Right*, Yale University Press, 2011, p. 4.

"直接性"与非政治化极端倾向，一些文学文本直到"最终的阐释"方显出与政治的关联。尽管西方有人把《共产党宣言》比作"伟大的诗篇"，然而它毕竟是政治文本。希利斯·米勒把《资本论》看作文学理论读物，但它毕竟是政治经济学批判。其实远不限于《共产党宣言》，如果马克思的全部文本确实是"阅读最广泛，受众最多、最有影响"的话，它必定有最大的普适性，而它在阅读／阐释中这种差异涉及我曾提到的"后马克思文本权威性与阐释有效性"①。本文拟从解释学法则与方法差异，并结合中国的当前人文社会科学状况来展开有关问题的论争。在这里后马克思文本再次纳入当代解释学之争，并关涉青年马克思诸多诗作。

一 文本"阐释"与"利用"中的"曲解"

艾柯解释学面对的文本分为"诠释文本"与"利用文本"，前者属于认识论在文本诠释上真理的发现；后者将所认识之真理付诸实践并接受检验。罗蒂反对这样的区分，于是文本无须真义之阐释探讨，只需"为我所用"，这是解释学实用主义的立场。这个立场与解构主义会合，并渗透向马克思主义。这个争论极为重要，它不仅贯穿于解释学方法的争端之中，也与社会实践紧密相关。

马克思在 1861 年 7 月 22 日给拉萨尔的信中曾写道："被曲解了的形式正好是普遍的形式，并且在社会的一定发展阶段上是适于普遍应用的形式。"马克思这封信乃针对拉萨尔的法学著作《既得权利体系》来谈法学的历史文本之不同时代的意义。焦点围绕着《罗马法》所规定的遗嘱有关财产继承权问题。这样一个来自古老文本的信条从中世纪到近代资本主义一直被法学所遵循，然而它的原典性已随着不同时代的社会经济政治变化产生出不同利用。马克思指出，特别是英国 1688 年革命之后，这个法则已经"适合于自由竞争及其在此基础上建立的社会的本质"。在这个意义上，马克思所谓"曲解"普遍的形式是对文本利用，而非对文本的意义诠释。这就是说，《罗马法》从建立之初到历史进程中，不断在社会发展变化了的基地上被不同利用赋予不同含义，而不等于让《罗马法》原始文本在被不断改写，其原始文本在不同时代利用中以"曲解"的方式激活。对

---

① 毛崇杰：《走出后现代——历史的必然要求》，河南大学出版社 2009 年版，第 210 页。

此，马克思指出，拉萨尔"证明罗马遗嘱的袭用最初是（至于照法学家的科学理解，那末现在也还是）建立在曲解上的。但是决不能由此得出结论说，现代形式的遗嘱……是被曲解了的罗马遗嘱"①。显然，在马克思看来有两种"曲解"：一是对原始文本意义的"曲解"；二是原始文本在历史"袭用"中的曲解。前一种曲解是恶劣的歪曲，是不可容忍的；后一种在一定的历史社会发展阶段上则是适于普遍应用的形式。恩格斯于1894年为《资本论》第三卷写的"序言"中更直截了当地表达了这个意思："首先要在利用著作的时候学会按照作者写的原样去阅读这些著作，首先要在阅读时，不把著作中原来没有的东西塞进去。"② 由此可见，使用中历史文本作为"曲解"普遍形式与是否"按照作者写的原样去阅读这些著作"不是一回事③。这与艾柯把文本分为"利用文本"与"诠释文本"是一致的。

解释学从古典浪漫主义到现代主义与后现代主义，20世纪中期以来对其产生更深影响的是后结构主义，特别是解构主义，它们与各种思潮及相应的方法在后现代相遇造成一种弥漫式阅读/阐释氛围。解构主义给阅读/阐释者带来极大自由，即艾柯所说的"无限度的诠释"。这种自由避免僵化在历史的客观性限定之中，给历史文本在新语境下焕发出新生的活力的可能。然而，由于"去文本化"与解构"作者中心"，使得阅读/阐释的自由没有主体之外的客观限制，它所带来的最大问题为误读，"曲解"从"应用"普遍适用的形式转化为"阐释"的普遍适用形式。

近年来，我国哲学界在关于马克思主义哲学的体系性质问题的争论中，俞吾金提出："马克思的学说也就是马克思留下来的全部文本，然而，这些文本是沉默的，它们存在着，却不会自动地向任何人诉说自己的意义。"又说："只有当马克思的文本被某一个研究者作为自己的对象进行阅读和理解时，它的意义才可能被阐发出来。但这里所说的'意义'已不再是纯粹的马克思文本的'意义'了。事实上，这种'纯粹的意义'只存在我们的想象和假定中，因为文本本身永远是沉默的，'沉默是金'便是任

① 《马克思恩格斯全集》第30卷，人民出版社1974年版，第608页。
② 《马克思恩格斯全集》第3卷，人民出版社1975年版，第26页。
③ ［意］艾柯等：《诠释与过度诠释》，王宇根译，生活·读书·新知三联书店1997年版，第28页。

何文本的座右铭，所以，能说出来的永远只是理解者所理解的文本的意义。"① 马克思文本被"永远沉默"而失去了自身意义，"在我们的想像和假定中"说它是什么，它就是什么。从方法论原则上看，这正是对《共产党宣言》"误解最多、错误引用最多"的后现代解构阐释学语境在我国的体现。伟大经典文本"沉默是金"的法则必导致毫无限制的随意性诠释，艾柯认为，即使是再拙劣的诠释也要认真对待，"它至少证明存在着这样一种可能性：我们可以断定，某个诠释是很糟糕的诠释"。让我们看这种马克思文本阐释多么糟糕。正是这位哲学家把恩格斯的哲学思想说成"直观唯物主义"，进一步把辩证唯物主义从马克思主义哲学思想体系中剔除，"把原来没有的东西塞进去"，以实践一元论的主体性哲学作为历史唯物主义，也就把马克思主义哲学体系肢解使之唯心主义化②。按照乔纳森·卡勒的"诠释只有走向极端才有趣"的方法，"一种批评要么什么也别说，要么必须使作者暴跳如雷"③。文本"被沉默"而与"直观的唯物主义"者结成亲密的战斗伙伴的马克思还能跳得起来么？

历史文本是作者主体思想熔铸其中所形成的客体。伟大的思想家离世后，其思想成果永远凝结、固着于这一既成客体之中，不断被后世的阅读所激活，有如作者与读者的对话，所谓"精神不死"的意义即在于此。文本的"永远沉默"意味着对其话语权的永远剥夺。正如艾柯所说："一个文本一旦成为某一文化的'神圣'文本，在其阅读过程中就可能不断受到质疑，因而也无疑也会遭到'过度'诠释。"④

同样作为"神圣文本"缔造者，孔子在当前中国的遭遇一点也不比马克思好。对他的解构从"焚书坑儒"到"独尊儒术"以来至今未竭。在当前"国学热"、"尊孔狂"以及儒学"教权化"呼吁中，孔子文本同样"被阅读最广泛，受众最多、最有影响，但同时也被误解最多、错误引用最多"。

易中天在为于丹的《论语"心得"》一书所写的"序言"中说，无须

---

① 俞吾金：《重新理解马克思——对马克思哲学的基础理论和当代意义的反思》，北京大学出版社 2005 年版。

② 参阅毛崇杰：《为马克思主义哲学一辨》，《武陵学刊》2010 年第 1 期。

③ ［意］艾柯等：《诠释与过度诠释》，王宇根译，生活·读书·新知三联书店 1997 年版，第 135 页。

④ 同上书，第 62 页。

质疑于丹的孔子是不是"学者的孔子"、"历史的孔子"和"真实的孔子",但这是"我们的孔子,大众的孔子,人民的孔子,也是永远的孔子。我们需要这样的孔子。我们欢迎这样的孔子"。这是解构式阅读中典型的相对主义诡辩偷换概念的手法。"我们需要的孔子"而实际上就是"'我'需要的孔子",而历史的、真实的孔子及其文本与马克思同样"被永远沉默"。易中天还写道:"一个大家都需要的孔子应该是灰色的",因为"灰色也有灰色的好处,那就是和任何色彩都能搭配"。这个"灰色"也就是"我所涂抹的色彩",其他任何色彩都变成唯一的"我的色彩"。看看,灰色的孔子怎样被"搭配"。

什么是"真实的孔子、历史的孔子",孔子的"原色"是什么?是需要通过文本解读在长期讨论争议中解决的问题,而人民大众需不需要真实的孔子,历史的孔子及其文本意义是否客观存在不是可讨论争议的。于丹从《论语》中悟出的一个重要"心得"是:"如果人不能改变世界,那么就应当去改变自己的内心。"孔子在《易传》中说:"观乎人文以化成天下","天地革而四时成","革之时大矣哉",哪里是什么"不能改变世界就去改变自己的内心"。马克思说:"哲学家们总是以这样那样地方式解释世界,问题在于改变世界。"这与孔子的思想全无二致。人类总是在"'化'成天下"的同时"三省吾身"。"如果人不能改变世界",那就永远待在树上或洞里,根本谈不上"改变自己的内心"。这种"心灵鸡汤"能够营养广大媒体受众吗?艾柯指出,诠释潜质的"无限度性"并不意味着"诠释没有一个客观的对象,并不意味着它可以像流水一样毫无约束地任意'蔓延'"。他还说:"如果确实有什么东西需要诠释的话,这种诠释必须指向某个实际存在的、在某种意义上说应该受到尊重的东西。"①

解构的法则根本上就是通过否认文本作者思想的可知性取消历史文本意义的客观存在,解构主义承认的唯一真实就是"我的需要"。解构的读者中心主义实质上是以"去读者中心"与"文本中心",自我中心代替文本的客观实在。无论是后孔子文本还是后马克思文本,在今天如果仍然是应该受到尊重的作为客体存在的东西的话,那就应该给它参与对话的权利,不应"让它永远沉默"。

---

① [意]艾柯等:《诠释与过度诠释》,王宇根译,生活·读书·新知三联书店1997年版,第28、33、52页。

非但自然科学著作文本意义的确定性不同于人文社会科学，社会科学文本与文学文本在阐释效应上也有所区别。柯里尼指出，作者在写作的主观意图会在文学创作过程中对确立文本的意义进行修正，即产生"意图谬误"，这在"原则上适用于一切文学类型；但主要是在对抒情短诗的批评实践中发展而来。用这些理论去批评抒情短诗最不会显露笨拙之处，因为抒情短诗里面有着丰富的'张力'与'复义'……"①。在这个意义上，解构的法则尚有其合理的因素。

董仲舒在《春秋繁露》中说"诗无达诂"，战国时代的《毛诗序》对《诗经·关雎》的解释就一反其意，谓曰："关雎，后妃之德也……教也，……教以化之。"在董仲舒后近两个世纪，东汉章帝在白虎观召开"中央宣传工作会议"，由班固写成《白虎通义》，形成一套完整的封建专制主义的意识形态，其所谓"独尊"正是对儒家学说原典从"阐释"到"利用"之全面"曲解"。

文学以"教化天下"为目的，虽然古代的问题没有提到当代解释学的"限"与"度"上，而以诠释、评注为此目的提供方法。抒情短诗因丰富的"张力"与"复义"，在"不达诂"与"独尊"之间又形成了紧张的张力关系。对于某些误读，艾柯指出，被诠释的作者会说："不，我不是这个意思，但我必须承认作品本文确实隐含着这个意思，感谢读者使我意识到了这一点。"② 这里提出作品文本的隐义即某些极富张力的文本在突破阐释限度上的潜能。有些堪称"伟大的误读"，即从文本隐义的开发提升其新时代的价值，文学史上这样的例子很多。而任何"伟大的误读"都并不是使文本"永远沉默"，而是在愿意对文本理解的基础上，发挥文本内在张力与潜能加以改写引出适用现时代的创新意义。诗歌在体裁上的精炼特具的张力和复义给予再创造以更多的余地，诗史上大量"步韵""和诗"或"反其意用"。当然，"伟大的误读"是在大量理解力欠缺或兼之"别有用心"之平庸、笨拙、荒谬误读中披沙拣金。所以艾柯又说："我之所以认为头脑清晰的读者不应该接受这样的诠释，是因为它不符合简洁经济的原则，这与我到底有没有这方面的意图没有关系。"此所谓"简洁经济

---

① ［意］艾柯等：《诠释与过度诠释》，王宇根译，生活·读书·新知三联书店1997年版，第7页。

② 同上书，第89页。

原则"，即避免任何误读的真义显示。所以不同于艾柯所批评的无限度衍义（unlimitedsemiosis），即过度的阐释（overinterpretation）。伟大的误读是从作者意图、文本意图的确定性，以文本的"永不沉默"的要求（用艾柯的意思是以"应该被阅读"的方式要求阅读文本的读者，从而在不排除多种阅读的前提下指向"标准读者— themodel reader"）与读者理解的不确定性碰撞中产生出来的新的创造的精神火花。新的创作意图从开始的不确定逐渐向确定性靠近，再生产出新的作品的确定性，如此循环往复形成人文精神文本再生产的巨大张力，展向"无限"的"限度"。

艾柯以"意图谬误"表达作品产生前"作者意图"与"文本意图"之间由文本多义形成的张力，按照罗兰·巴特则在作品成为文本后让"作者死去"。然而在文本与"标准读者"之间仍存在着"伟大误读"与"蹩脚误读"之差异。文本隐义之张力移动于意识形态紧张之间，在专制制度下，"朕即标准读者"系文字狱之阐释机理；在民主制度下，"标准读者"隐显、游移于作者意图/文本意图/读者张力之间。徐骏的"清风不识字，何必乱翻书"被读出"反清"意图，吴晗的剧作《海瑞罢官》中的海瑞被读成"彭德怀"。"古为今用"与"洋为中用"的法则突出了文本利用，忽略了文本阐释，这样任何古代文本的利用都可读出"借古讽今"。从对马克思主义的理论"精通的目的全在于应用"（毛泽东）到学习毛泽东著作要"在'用'字上狠下功夫"（林彪），"曲解"作为历史普遍适用的形式脱离文本意义准确阐发。在这里中国古代对文本之"教化"在"以阶级斗争为纲"的政治利用法则上与罗蒂在解释学"唯我主义"上巧遇。"用"是不能忽视的，理论以其真理性对实践的指导之"用"，对于解释学仍以真实地解读文本意义为前提。老子云"执古之道以御今之有"，讲的是"古为今用"必以"执古之道"为前提，在这里"古之道"当理解为古代文本中的真理。解构理论倾向于否定标准读者，"让文本永远沉默"即通过取消文本与读者对话达到彻底否定标准读者，实用主义便须"为我所用"。艾柯既肯定诠释的多样性，又批评无限度诠释，认为标准读者在文本的阅读贯通中是可期待的。马克思主义非为终极真理，不作为招牌标签而作为解释学的哲学方法既可包含于"解构"之中也可包含在"阐释之限定性"之中，当前看来在艾柯那里似更全面些。

二　从解构主义到还原主义

艾柯在1962年《开放的作品》中肯定"诠释者在解读文学文本时所起的积极作用"，在1990年《诠释与过度诠释》一文中他发现在最近几十年文学研究的发展过程中，"诠释者的权利被强调得有些过了火"①。至今又过去了20年，解释学钟摆又向另端倾斜。解构主义是对结构主义与新批评的逆动，从解构主义又逆动出一种还原主义，即通过阅读研究回到作者与文本历史的起点上。解构主义与还原主义各执一端，前者认为"作者死了"其文本应该"永远沉默"，作者传记与作品之间没有任何关系；后者把作者评传与他的文本系列整合，认为经典文本可以为某"标准读者"还原达到文本与作者的纯客观的历史原点。"言之有据"为科学研究基本守则，但是注重证据考察的精神若被科学主义的实证方法引向烦琐便可能在一定程度上淡化甚至遮蔽经典文本的思想精髓。

文本的客观的实在性决非与文本一义性对应，如艾柯所说，文本面对的不是某一特定的接受者，而是一个"读者群"，其诠释标准将不是由文本作者本人的意图，而是"相互作用的许多标准的复杂综合体"，包括读者掌握语言的能力，"不仅具有一套完整的语法规则的约定俗成的语言本身，同时还包括这种语言所发生、所产生的整个话语系统，即这种评议所产生的'文化成规'以及从读者的角度出发对文本进行诠释的全部历史"②。重要的是"对文本诠释的全部历史"不是在社会的经济与政治历史之外，因而文本的诠释既不可能超越文本产生的历史语境，也不能超越读者诠释的历史语境，这种历史的统一性与同一性也就是非一义文本存在的客观的实在性，正是这种实在性决定文本的"不可沉默"与作者（精神）"不可死去"以及不同时代读者主体的存在与主观的作用。看上去"还原主义"很尊重客观，很讲求科学，而这种"尊重科学"的后面仍然隐藏着一个绝对化的"自我"。

近年杨义推出了规模宏大的"还原诸子"（《老子还原》《庄子还原》

---

① ［意］艾柯等：《诠释与过度诠释》，王宇根译，生活·读书·新知三联书店1997年版，第28页。

② 同上书，第82页。

《墨子还原》《韩非子还原》，以下简称《还原》），以艰辛的劳作，从家族脉络、地理脉络、诸子游历的脉络、年代沿革以及诸子的编辑学五条脉络分别入手，破解38个"千年谜团"，诸如"长沙马王堆帛书《老子》甲乙两种版本的关系"，等等，这些研究成果对于诸子学功莫大矣，如众多评者及陶文鹏颂诗所赞。我们这里所论主要不就诸子学研究之得失，而是从方法论原则上引出的解释学问题就教于杨义先生。

　　该书在澳门召开的新闻发布会上当即有人对"还原"说提出质疑，之后不久杨义在访谈中说："我们不可能完全还原到诸子当时的状态，我们必须要朝这个方向走。阐释的过程是对话，阐释的结果是一种合金。不是要封闭地回到古人那里，而是要在融合之中，产生出一种新的深刻。这是一种新的思想高度，是把古人和今人的智慧合在一起。在互相较量、互相克服、互相碰撞、互相融合的过程中，激发出来的一种新的智慧。"这个原则无懈可击，"还原"与"解构"分别从"求真"、"求新"意向而言皆无可厚非。《还原》作者自述其贯穿于全部研究方法与宗旨乃"全息还原"先秦诸子的"生命印迹"。议论其解释学的方法论问题必须紧扣"全息"、"生命"与"还原"这三个关键词。其中关键的关键是"全息"，作者解释道："所谓全息，即上古文献、口头传统、原始民俗、考古材料所构成的全时代信息。这一系列信息源之间相互参证、相互对质、相互阐发、相互深化，用以追踪诸子的生存形态、文化心态、问道欲望、述学方式，由此破解诸子篇章的真伪由来、诸子思想的文化基因构成、诸子人生波折在写作上的投影、诸子著作错杂编录的历史过程及具体篇什的编年学定位。"①

　　"全息"这个词在信息技术语境中被用得过滥，汉译也不尽恰当，其原文 wholedrawing 意思是"完整的图画"。一般图像是二维的，也就是平面的；物体实际的空间存在是多维的，也就是立体的。一种新的光学摄影技术把空间的三个维度（3D）呈现，被称为全息摄影，也称为立体图像。实际上全息图不应止于空间三维的全息，有的物理学家提出还有时间维度，据此认为宇宙是四维的。宇宙存在不仅是光学的，还有声学的，有的研究提出更多维度，如六维等，因此有的物理学家据此提出全息图所反映的世界是"物理过程中的信息交换"。对于人文社会科学，物理过程不过

――――――――――

　　① 转引自龙其林：《以全息的方法还原先秦诸子的生命印迹》，《中华读书报》2011 年 5 月 18 日，第 10 版。

是人类社会历史过程全部信息的物质承担方式。关于"信息"的定义之所以太多，正在于它涵盖着从物质与精神的际间过度的复杂过程和关系。一旦出现某种图式宣告为"全息"式地"还原"了世界的真实的话，"信息交换"便被终止，显然与杨义在访谈中所说"不可能完全还原到诸子当时的状态"，"不是要封闭地回到古人那里"解释学方法相左。

让我们来看其第二个关键词"生命"。在解释学上，"生命"一语是从狄尔泰的生命哲学及其解释学而来。其相对稍后的海德格尔、伽达默尔的新解释学，则被看作旧解释学。从施赖马赫的神学解释到狄尔泰的生命解释学是一种人本主义的重大转向，生命哲学意谓的"生命"主要是人作为精神存在于文明与文化上的人文意义。循着这样的人文主义与人本主义思路，人文作者与他的作品所传达的是同一生命在精神层面上统一的意义。较之以为唯一普适性与终极性文本的神学解释学，以人为本的生命解释学无疑是一重大突破，然而建立在人性无历史性变化认肯上的生命解释学强调生命与文本在人文精神上的统一性的同时忽略了种种异质性东西。从一位作家的一生中可以发现与他的创作和作品紧密相连许多表明作者的生命轨迹的日常细节与他的思想及作品是一体化的；然而也可以从作家的生活中发现一些确实在他的创作与思想中找不出任何直接或间接联系的经历，比如托尔斯泰与妻子索菲娅最后的感情破裂离家出走与决定他的创作之道德观念人道主义思想有着不可或无的关系，而他在病途中每日的体温变化曲线图虽也是一种生命轨迹，对他的文本之研究却见不出有多少"还原"的价值。所以解释学面对的"生命"不可能被"全息还原"。艾柯以他自己创作的小说《福柯的钟摆》与《玫瑰之名》说明，某些细节，"如果有某种寓意的话，那就是：经验作者的私人生活在某个程度上比其作品本文更难以追寻"[①]。

对于诸子的生命印迹与其思想体系也是这种关系。诸子文本之虚实及其解读见智见仁充满争议，材料中断之处，就需要想象力填充。诸多"千年谜团"之破解也必采众家之长，成一家之言，需要劳苦与智慧，但并非"终极谜底"，其中尚存有待证实或证伪之疑云。《还原》一书不是解释学著作不应给作者妄加"还原主义"帽子，只是其方法论综述不无可商榷质

---

① ［意］艾柯等：《诠释与过度诠释》，王宇根译，生活·读书·新知三联书店 1997 年版，第 108 页。

疑之处。一定的方法若非空论必现之于结果，试以"谜团"之一为例，《还原》认为"孔子问礼于老子是先秦文献中言之凿凿的历史事件"。

究《老子〈道德经〉》第 38 章中提到"礼"的一段三处，把"礼"贬到"德"、"仁"、"义"之最低档，结论为："夫礼者，忠信之薄而乱之首"。而仅《论语》中"礼"字出现 74 次，已至"非礼，勿言，勿视，勿听"之境，向鄙视"礼"至如此的老子问礼，不是孔子吃错了药去找骂，而是汉以后司马迁等表述失当，"还原"当由此"言之凿凿"着手。据《庄子·天运》所载："丘治《诗》《书》《礼》《乐》《易》《春秋》六经……"，"礼"是对"六经"的一个不确切的笼统概括。"六经"的最高范畴是"道"，正如孔子治"六经"，"自以为久矣"唯"道之难明邪?"这里带出一个问题，对孔子"五十知天命"注家所解各异，"知天命"并不意味已经掌握了宇宙与人生的规律。孔子通过人生经验承认有"死生由命，富贵在天"这么回事，但他拒绝以超自然因素来解释命运，"道之难明"，于是"五十以学《易》"，"求之于阴阳"。学《易》之难，"行年五十有一而不闻道"，至"十有二年而未得"，孔子很是着急，"乃南之沛见老聃"，不是"问礼"而是"求道（阴阳）"，时年恰六十二（有说法以为孔子五十一岁见老子，其实是学了十二年未通去求老子，当为六十二三岁。老子当为八十开外，《还原》误为六十）。虽然在"礼"以及"仁、义、智"等重大观念上儒家与老子相左，"敏而好学，不耻下问"的孔子，年逾"耳顺"去向精于"道"之长者学《易》，求"阴阳"。庄子所叙与孔子自述之学历和思想脉络一一对应，丝丝入扣。顺理成章的事却被后来腐儒们说成此系"贬儒扬道"者杜撰硬塞进《庄子·外篇》，诸子学研究应还历史本来面目，遗憾的是《还原》竟附和此无稽之谈。据考孔子见老子不止一次，这可能是最后一次，并肯定是最重要的一次。这里又产生一个问题，《老子》中没有出现一个"易"字，孔子何以跑去向老子学《易》呢? 其实，"易"就是贯穿于"道"的"变化"，讲的是事物生成、发展的根本规律。在老子，"论道"就是说《易》，不在于有没有出现这个字。在老子启发下，孔子苦心钻研渐悟真谛，悉心传《易》，著《十翼》，把卜辞提到更高哲学思想维度加以阐发，探讨宇宙发生、变化与人世祸福、社会革命等一系列规律性问题，开儒道合一先河。

《还原》还引老子"反者道之动"句"印证"诸子学属于"反王官之学"。诸子时代"礼崩乐坏"，乃"百家争鸣"，哪里有什么大一统的官方意识形态。再说，诸子中哪个没有做过几天官，哪家学说中没有论过权力和治国问题，哪有什么彻底的"反王官之学"。"反者道之动，弱者道之用。天下万物生于有，有生于无。"这段话的意思是："事物的运动总是向着相反的方向发展变化，但是这个规律在起具体作用时几乎看不出来。通常所见之天下事物都如其本来就存在那样，为'有'；岂不知这个看得见的'有'，本来并没有。这就是'反者道之动'。"此为老子学说之核心，摘句说明一个似是而非的问题，其辩证法之巨大思想张力被钝化了。曹雪芹的《红楼梦》深受释道两家影响显而易见，不过《还原》拿老子形而上思想与市井俗谣"好了歌"应和，把老子"出关"与贾宝玉"出家"比附未免失称见绌。至于"谷神"、"玄牝"之说，《还原》"怀疑老子出生在一个母系社会"，前人对此多有指涉①，无须重新"怀疑"，即使补充点滴材料加以综合，是否"全息生命还原"？

还原主义作为对解构主义逆动，可能导致对文本解读各自的绝对化与片面性，正如解构可能产生"伟大的误读"，还原也不无可能推出重要成果。此处，不揣浅陋，对《还原》"攻其一点，未及其余"，对于全书其他许多成就与贡献或当别论。

沈善增所著《还吾老子》、《还吾庄子》，对"《老子》旧注中存在的曲解与误读加以匡正，并指出《逍遥游》的旧注中平均三句中就有一句以上存在问题"②。其与《还原》的区别在于："吾发现"突出了阅读主体，并且不排除这一个"吾发现"之外还有许多别个"吾"有另外的"发现"。诚然作者认为"吾的老庄"就是"历史的老庄"、"真实的老庄"，但既然包含着一种主体性，便为阐释盲点与谬误之可能留下余地，避免了绝对的客观主义"还原"。其与易中天等的区别在于既没有让文本"永远沉默"，也未把"我（阐释）的老庄"说成就是"大众需要，人民需要的老庄"。

艾柯指出，对"神圣化文本"的过度诠释也适用于某些世俗的作品，"这些作品在其被接受的过程中越来越隐喻化，越来越神圣化了。在中世纪，这种情形在维吉尔身上发生了；在法国则在拉伯雷的身上发生了；在英国则发生在莎士比亚身上……"③。在中国，则没有比《红楼梦》更甚，

---

① 邱戌程：《老子社会理想中的母系社会缩影》，《社会科学家》2006年第10期。
② 沈善增：《还吾老子》，上海人民出版社2004年版，第2页。
③ ［意］艾柯等：《诠释与过度诠释》，王宇根译，生活·读书·新知三联书店1997年版，第63页。

正如莎士比亚的索隐派那样，"一群追奇猎秘者"，对曹雪芹的文本进行逐字逐句的搜索，"试图在其中发现一些变位字、离合字，以及其他的秘密信息……"。在中外、新老索隐派那里还原主义与解构方法达到统一，前者为标牌，后者为方法。其实，无论怎样离奇古怪的阐释都在艾柯所说"读者群"的对文本进行"诠释的全部历史"之内而不在其外，然而这不等于对作者／文本／读者之间张力关系无须在解释学上作出方法论分析和研究。

三 走出《圣经》的撒旦

解释学全部争论的最大问题仍然在解构与还原之间主客对立，这个二元关系被后现代主义弃绝。文本作为固定不变的客体，排开"一义"／"多义"之老生常谈，其义理总的被客观地限定在文本的章句、辞采之中。这个"限定"之不是"禁闭"，在于允许阅读主体进出的有限自由。而这种主体的自由度与文本的客观限定性总是处于历史的张力状态。读者作为一个主体就有他的主观方面，文本作为他的对象是外在于他的东西，于是这个难题就如此提出：对于解构理论，作为客体的文本及其意义的客观真实性空间存在不存在？对于客观主义的解释学，是否可以完全无视不同阅读主体的实际存在？在这种关系上，无论以"重构"、"还原"、"回到"或是"再现"等口号出现，主体的作用体现在四个根本方面：（1）建立在翔实的史料与史实之上，以共同的或约定俗成或专业规范性语言，主体对文本意义及其作者所产生的历史语境和它们的相互关系尽可能接近真实的理解力；（2）在主体与文本的广泛历史对话中，善于从不同的理解纠正阐释偏颇的辨别力，并将尽可能不偏离文本意义创造性地"用"于现时代；（3）以上述基础对现实利益决定的自我主观性造成文本意义误读的限制；（4）在历史总体线性连续上，人类普遍价值诉求对文本开拓未来意义的把握及其人文价值的开掘。建立在这种主客体关系上的解释学，既划清了与解构主义的自我中心的界限，也划清了与还原主义纯客观主义的界限。清除两者作为"主义"之偏颇，对于阐释文本倾向于"还原"，对于应用文本向"解构"倾斜，并以前者为出发点。从当前对青年诗人马克思到其成熟期至晚年的文本解读中，"解构"与"还原"起着怎样相反相成之作用，可以看出这种二元关系中解释学主体性。

近年网上流传一篇文章提到青年马克思在诗作中把魔鬼撒旦当作正面形象歌颂，于是认为"马克思与撒旦签订了协约……马克思一旦死后他的灵魂将属于撒旦"①。

在国内外某些网站上，此类以"撒旦魔教的信徒"来"还原真实的马克思"的文章不胜枚举。2010 年 11 月 23 日《中华论坛》网站发表文章《触目惊心！马克思是撒旦教教徒》，作者从青年马克思的文学作品中看出"马克思心中对人类与神的仇恨"。从而判断他"梦想成为恐怖之王，毁灭整个世界。诗的作者从世界的毁灭中获得快感……马克思作为共产党的教主，用无神论、唯物论来掩盖共产魔教的真面目，想得到从心灵上毁灭人类的目的"②。这些解读，把作为"撒旦教徒"的马克思与他的推翻旧世界的暴力革命主张，与斯大林、波尔布特等犯下的反人类暴行捆绑在一起。近年在特里尔马克思故居陈列馆出现一条这样的简体汉字留言："可恶的马克思，他危害了全人类！"

早在中学时代的《青年在选择职业时的考虑》一文中，17 岁的马克思就确立自己为了"人类的幸福和我们自身的完美"之选择职业的目标③。这个心意跃现于他大学时代的诗人激情之中成为贯穿其终生的信念。青年马克思于 1833—1837 年间写过四本诗集。这些作品以激情澎湃的文字传达了青年马克思的精神面貌与早期的哲思，作为心路历程的一个界碑，它们对其世界观的形成具有重要的文献价值。近年来，国内外极右翼以对这些诗作的重新解读大举发难，这里涉及解释学问题就是如何"再现"一个真实的青年诗人及作为无产阶级革命思想家和理论家的马克思与全部文本传达的思想体系之间的关系。这种"回到/再现"不是"生命全息还原"，而是对马克思主义真实本质认识的一个部分。

从青年时代马克思的这些诗作中可以看出世界文学从古希腊到古典主义和浪漫主义，从荷马到德国狂飙主义运动先驱歌德、席勒、海涅等强烈影响，其中关于撒旦的诗篇显然与英国诗人密尔顿一脉相承。在 12 部诗篇组成气势恢宏的诗作《失乐园》中，撒旦走出《圣经》，成为一个为了自由反抗上帝的专制之叛逆者和斗士。该诗写于 1658—1663 年，这正是

① "Marx and Sadan", http：//www. Horst-koch. De/joomla-new/content/view/134/145/.

② 参见《中华网社区·博主论坛》，club. china. com。

③《马克思恩格斯论艺术》第 1 册，人民文学出版社 1982 年版，第 411 页。

英国王朝复辟（1660 年）的反动时期，当时密尔顿已告老还乡，在双目失明后以口授方式完成该诗，而这部伟大的作品仅仅得到五英镑酬金。在经济极其拮据的境遇下，诗人怀着身心极大痛苦，以撒旦表达着反抗现状的心绪与战斗意志："战场上虽然失利，怕什么？这不可征服的意志、报复的决心、切齿的仇恨和一种永不屈膝、永不投降的意志……却都未丧失。"恩格斯认为密尔顿是"第一个为弑君辩护的人"，他启迪了后来的革命者，是 18 世纪法国启蒙学者的先辈。马克思认为《失乐园》是一种"精神个体性的形式"，作者"报酬非常之少，行动光明磊落，不求没有过失，不躲在官僚主义背后"。直到后来写作《剩余价值理论》与《法兰西内战》时，马克思两次提到密尔顿的《失乐园》。没有人会以为密尔顿和马克思读不懂《圣经》，这里不存在诠释性文本误读，他们诗作中对《圣经》的解构，是作为历史的普遍适用形式的"曲解"，是以一种为人类解放对旧世界的秩序"离经叛道"精神所作创造性利用阐释之典范。

马克思那些极富战斗性的哲学抒情诗中，除了歌颂撒旦的诗篇，还在不少诗中同样赞颂普罗米修斯，作为反抗上帝和宙斯，摧毁旧秩序所塑造的斗士。青年马克思受西方优秀文学传统的影响，同时在哲学上接受黑格尔唯心主义体系的影响，成为一个激进的青年黑格尔派。文学浪漫主义与哲学唯心主义精神的结合，既洋溢在马克思的诗歌创作中，也表现为他的哲学思想。在《德谟克利特的自然哲学和伊壁鸠鲁的自然哲学的差别》中，马克思总结了他整个青年时代狂飙式的浪漫激情与战斗的理想主义精神。他当时唯心主义地倾向于伊壁鸠鲁的主体性自由，文中还引了卢克莱修的诗句："这时，有一个希腊人敢于率先抬起凡人的目光／面对强暴，奋力抗争／无论是神的传说，还是天上的闪电和滚滚雷鸣／什么都不能使他畏惧。"诚然，伊壁鸠鲁与撒旦及普罗米修斯一体化形象所表达的还只是革命民主自由主义的哲学和美学理想。这种早期诗化激情，在 1844 年《黑格尔法哲学批判》中概括为"批判的激情不是激情的批判"，哲学思辨的理性与诗的激情结合，青年诗人从文学想象力与象征性的批判、费尔巴哈的宗教批判——"天国的批判"，走向对资本主义现实的社会关系的批判——"尘世的批判"。与此同时，在费尔巴哈的影响下，马克思从唯心主义转向唯物主义并与青年黑格尔派分道扬镳，循着"人的根本就在人本身"思路，进而认识到要改变使人屈辱的旧世界，"批判的武器不能代替武器的批判"，从人本唯心主义走向历史唯物主义，从激情诗人走向科学理性，从早期朦胧、抽象的解放上升为清晰的具体的人类解放的科学思想体系。

正如克里斯蒂娜·布鲁克－罗斯从拉什迪的小说《撒旦的诗篇》引出，所有这些对经籍的"再创造性解读都经过了改造"①。还原主义在基督教《圣经》文本与伊斯兰教宗教与《可兰经》解读意义上就是原教旨主义，人们由此衍生出其他宗教教派与非宗教的原教旨主义，如"市场原教旨主义"等。"原教旨主义"这个词在字面上与教条主义不是一个词，但在意义上两者都把某种"主义"或教派的经籍当作封闭的、僵死的、一成不变的东西，但是在不同的历史语境下，由于视界融合，这种原教旨主义或教条主义为身份或立场所决定，可能成为现实关系决定的利益所用的反教旨主义东西。

旧秩序的维护者从来没有放弃对马克思主义的进攻，解释学为不可不借助的工具，声称发现"一个真实的马克思"之还原主义中隐含着对马克思文本整体性的解构，以《圣经》原教旨主义加之"反人类"罪名。这正是苏东解体后资本主义在全球胜利中走向"自身否定"背景下，那些旧世界殉葬者对马克思从人格到学说的最后一击。

正如柯尼里所说，无论何种解释学的法则"实际上都求助于某种价值判断，不管这种价值判断是如何隐而难见。诠释与过度诠释的话题无论是从哪个方面来说都深深地触及了'人文价值'的问题"。马克思早年以雷霆霹雳的诗句"解构"《圣经》，后期以政治经济学中的科学理性之光"解构"古典经济学，晚年通过人类学研究完成"自由、平等、博爱"与共产主义作为历史终极目标之统一。当前另一极端的原教旨主义者否认马克思对普世价值始终不渝的信念和追求，声称："所谓普世价值，是指美国声称自己的制度具有普世价值，并使用武力强加于世界各国，实际上是美国颠覆其他国家的政治工具。"② 其追随者们对凡言"普世价值"者扣上"资改派"帽子加以"文革"式批判。而那些惯于"冷战"思维方式的极左翼把人类普遍价值奉予一个撒旦，有些人把萨达姆、本·拉登、卡扎菲奉为"英烈"，其倒行逆施恰恰印证了那些同样惯于"冷战"思维方

① ［意］艾柯等：《诠释与过度诠释》，王宇根译，生活·读书·新知三联书店1997年版，第162页。
② 《张宏良声明》，见《乌有之乡》2010年3月4日。

式的极右翼所加之于马克思的莫须有罪名。在解释学上两者都以文本"解构"达到把马克思"还原"为"唯暴力论"支持的"恐怖大王"。两者背后都有各自所依附的利益集团，尽管这些集团之间也有激烈的利害冲突，使他们各自的代言者看似"不共戴天"，其共同处在于最大限度把世界财富集中在少数人手中，所以其意识形态生产者都以文本曲解阐释反对普世价值，与全人类为敌。

当前，在全球金融风暴中，从北非中东反独裁统治革命，到欧洲罢工、骚乱到美国"占领华尔街"运动，世界人民正在新的人权觉醒中朝着人类普遍价值实现，向旧秩序作"最后的斗争"。作为新时代政治经济学"所研究的材料的特殊性质"，"会把人心中最激烈最卑鄙最恶劣的感情，代表私人利益的仇神"召唤到所有的战场上来反对政治经济学的批判者。在原教旨民粹主义与自由主义面临各自危机之下双双夹击马克思主义。以真实地解读在历史张力中捍卫后马克思文本的权威性与阐释有效性，焕发其指向未来解放的固有批判活力，是当代解释学不容推卸的迫切使命。如果说对距今不足二百年的真实的马克思之"还原"尚如此波澜曲折的话，那么两千多年前之诸子"生命全息还原"是可能的吗？尽管如此，那些被染成"灰色"以与各种色彩"搭配"的伟大思想家之"永不沉默"的精神光芒，仍然始终烛照着人类在历史的昏暗中向着光明摸索前行。"马克思因何正确"的问题从解释学来回答：他从青年开始，以精确的文本解读占有深厚的历史思想资源，将"曲解"的普遍形式适用于从《圣经》到黑格尔、费尔巴哈、亚当·斯密，等等，从中提炼出思想精华是为了通过实践解放全人类这唯一目的。

(原载《文学评论》2012年第4期)

马克思论意识形态与自由的
精神生产之关系

黄力之

通常的理解是，在马克思的思想体系中，思想、观念形态、精神世界都属于意识形态范畴，不过，本文认为还应该有进一步的宽松化理解，就是说，还存在自由的精神生产范畴。

一 黑格尔关于人类精神生产过程与结构的基本思路

关于人的精神世界，黑格尔于 1805 年冬至 1806 年 10 月撰写了《精神现象学》，描述了个人意识到达绝对知识的历程，如何从最初的感性知识向科学发展，即形成哲学知识。黑格尔揭示了意识的两个方面：认识本身即主体方面和认识对象即客体方面。这两个方面的对立发展到一定阶段就显现为一个特定的意识形态。意识在从它与对象的最初的直接的对立起到主客绝对同一的绝对知识止的运动过程中，经历了意识与对象关系的一切形式，产生了一系列的意识形态。可以说，《精神现象学》把个人意识发展史、人类意识发展史和意识形态三者统一为一门学问。

当然，黑格尔实际上并没有在《精神现象学》中使用德文的"意识形态"概念，只使用了法文"意识形态"一词，用于介绍并批判以特拉西为代表的观念学（意识形态）。所谓"把个人意识发展史、人类意识发展史和意识形态三者统一为一门学问"，只是从意识形态的实质来说的。

黑格尔在这里早于马克思揭示了意识形态现象的存在。在《精神现象学》中，黑格尔提出了"教化"和"异化"理论，对后来马克思意识形态理论的创立具有直接的启迪意义。

黑格尔提出了一个重要的命题："教化是自然存在的异化。"即个体在伦理实体中的存在是直接的自然存在，而在法权状态下，个体就必须通过教化，扬弃自己的直接的自然存在取得现实的存在，即成为用社会意识形态构建的人。

教化作为社会意识形态，即一种群体意识，其前提是对个体进行思想工作，让个体接受，"国家权力……只有当它获得了现实的服从，它才是现实的权力，而它之所以得到这种服从，乃是通过自我意识判断出它就是本质实在，并且也通过自我存在对它作出了自由的牺牲。这种行动的结果，即将本质实在和自我消融在一起的行动，是产生了一个双重的现实，一是自我成为了真正的现实，二是国家权力的权威被接受为现实。"① 必须注意这一说法，"通过自我存在对它作出了自由的牺牲"，也就是说，意识形态意味着公共思想的控制和统一，意味着个体精神活动的消失，如黑氏所说："教化乃是实体的观念、思想构成和普遍性向着现实的实在之直接的转化。……因此，个体教化自身的过程直接就是个体性作为普遍的客观存在的发展；这就是说，它是现实世界的发展。……教化显然就是自我意识在它原初的性格和才能的力量所许可的范围内尽量把自己变得符合于现实。因为个体的力量在于将自身变得符合于实体，即将它从自己的自身中外化出来，并从而将自身建立为客观存在着的实体。所以，个体的教化和它自己的现实性，即是使实体自身得以实现的过程。"②

尽管个体精神生活在意识形态的过程中遭到了解构，但黑格尔并不认为可以忽视个体精神生活的意义。他认为，"一般精神既构成了个人的实体，同时也因此显现在个体之外，又提供给个人的实体以无机的自然。然而，从普遍精神作为一般精神实体的角度来看，文化的意义仅仅在于这个实体赋予自身以它自己的自我意识，使得它自己的内在的过程得以发生，并在自身中得以反映自身。"③ 他还说，"这样一来，意识就以意识形态的系统作为介乎普遍精神和它的个别性或感性意识的中项，作为精神生命有序地自我规定的整体，而这个中项发现它的客观存在的表现就是世界历史。"④

---

① ［德］黑格尔：《精神现象学》第 3 册，王诚等译，中国社会科学出版社 2007 年版。

② 同上书，第 773 页。

③ ［德］黑格尔：《精神现象学》第 1 册，王诚等译，中国社会科学出版社 2007 年版，第 45 页。

④ ［德］黑格尔：《精神现象学》第 2 册，王诚等译，中国社会科学出版社 2007 年版，第 461—463 页。

由于个体的精神生活本质上是自由自在的，而非控制型的，但意识形态会不断地对个体施以影响，这样，至少在文明社会，人的精神生活过程体现出双重性，即自由的精神生产和意识形态生产的统一，就是说，"个体是自在地和自为地存在着的。……这样，对立就在个体自身内产生了；它就具有了这种双重性，即它既是意识的一种过程或一种运动，它又是一种具有现象特征之固定的现实性存在，一种在个体中而又直接属于个体自身的现实性存在。这个存在，既然是特定的个体的'身体'，也就是个体的原初的源泉，或者说在制造个体的过程中，它是无所作为的。但是由于个体同时又只是它自己制造的东西，所以它的身体也就是由它自己所产生出来的关于它自身的一种'表示'或表达式，也是一种符号或暗示，既是一种符号，那就不再是一种纯粹直接的事实，而只是个体借以显示其原初本性的东西。"①

在此基础上，黑格尔区分出不同层次的精神世界，"第一个世界，是由它的分散着的特定存在，以及对它自身的个别确定性所构成的广阔王国……第二个世界含有类型，并且是自在存在的王国，或者说是与上述个别确定性相对立的本质真理性的王国。然而，第三个世界是功利世界，在这里，有用性就是真理性，真理性也就是自身确定性。信仰的真理性王国，缺乏具体现实性的原则，或者说，缺乏这个个别的自我确定性。但是具体现实性，或者说，这个个人的自我确定性，则又缺乏自在存在。"② 显然，这就是一个由自由的精神生产到一般的知识生产，再到意识形态生产的过程。

对黑格尔的这个庞大体系，恩格斯评价道，精神现象学"也可以叫做同精神胚胎学和精神古生物学类似的学问，是对个人意识各个发展阶段的阐述，这些阶段可以看做人类意识在历史上所经过的各个阶段的缩影。"③ 这一评价告诉我们，关于黑格尔的理论，应该注意到对个体意识与人类意识的辩证区分，个体的精神生产与人类的精神生产有着发展的联系，但不可等同，个体的精神生产永远有着个体的特性。应该说，黑格尔的精神现

---

① ［德］黑格尔：《精神现象学》第 2 册，王诚等译，中国社会科学出版社 2007 年版，第 479—481 页。

② ［德］黑格尔：《精神现象学》第 3 册，王诚等译，中国社会科学出版社 2007 年版，第 925 页。

③ 《马克思恩格斯文集》第 4 卷，人民出版社 2009 年版，第 272 页。

象学直接影响了马克思的意识形态理论，就是说，马克思一开始就注意到，精神生产一方面是个体的行为，另一方面是群体的行为，两者之间存在联系与区别。

二 青年马克思的自由精神生产理念

意识形态这个概念与马克思主义有着异常的密切关系，但是实际上马克思并不拥有对这个概念的专利，法国哲学家、政治家特拉西（Destutt de Tracy，1754—1836）是第一个把"意识形态"概念引入思想史的人。材料表明，青年马克思十分熟悉法国意识形态学派包括特拉西的思想。早在1837年3月2日，马克思的父亲在写给马克思的信中，曾建议马克思以滑铁卢战役为题材写一部戏剧①。马克思的父亲信中提到的是"意识形态"的法语词 Idéologie，并且提到了拿破仑与意识形态学家的关系。马克思本人在1844年移居巴黎期间，已开始研读特拉西的《意识形态原理》一书，尤其是该书的第四篇和第五篇"论意志及其作用"。

1842年对思想史是有重大意义的，马克思在这一年创立了德文"意识形态"概念，就是说，"意识形态"不再是一个特定的法文概念，而是一个具有普遍性的哲学概念。在《马克思和世界文学》一书中，英国学者柏拉威尔引用了法国当代哲学家亨利·勒斐伏尔《马克思的社会学》（企鹅出版社1972年版）一书的研究，指出"意识形态"这个术语从孔狄亚克和特拉西到马克思和恩格斯有一个发展过程，并明确指出马克思于1842年在《关于林木盗窃法的辩论》一文中第一次使用了这个术语。柏拉威尔写道："马克思在那篇林木盗窃的文章里，首次提出一个很快在他的思想里起中心作用的概念——'意识形态'的概念。关于那些为维护林木占有者的权利而要求私人自由意志的人，马克思讽刺地写道：'我们究竟应如何来了解这一突转急变的意识形态呢？要知道，我们在思想方面所遇见的只是些拿破仑的追随者。'"② 由此可见，马克思在这篇文章中，已经开始把法律视为一种意识形态——某些人类群体在思想上的合法性欺骗，形成

---

① 《马克思恩格斯全集》第47卷，人民出版社2004年版，第545页。

② ［英］柏拉威尔：《马克思和世界文学》，梅绍武等译，生活·读书·新知三联书店1982年版，第73—74页。

虚假的社会意识，从而揭露了资产阶级法律的欺骗性。

但是，颇为有趣的是，就在 1842 年，马克思写了两篇文章：《评普鲁士最近的书报检查令》和《第六届莱茵省议会的辩论（第一篇论文）》，他通过对书报检查制度的批判，张扬的是人的个体精神生产的自由本性，而不是定位于一种意识形态。他说："把书报检查制度看作我们优秀的新闻出版业的基础，这是多么不合逻辑的奇谈怪论！"实际上，"德国的精神发展并不是由于书报检查制度，而是由于违背了这种制度。当新闻出版业在书报检查的条件下枯萎凋谢、艰难度日时，这种情况却被援引来作为反对新闻出版自由的论据，其实它只能否证新闻出版的不自由。"①

马克思揭示出："书报检查不得阻挠对真理的探讨，在这里有了更具体的规定：这就是严肃和谦逊的探讨。这两个规定要求探讨注意的不是内容，而毋宁说是内容以外的某种东西。这些规定一开始就使探讨脱离了真理，并硬要它把注意力转移到某个莫名其妙的第三者身上。可是，如果探讨老是去注意这个由法律赋予挑剔权的第三者，难道它不是会忽视真理吗？难道真理探讨者的首要义务不就是直奔真理，而不要东张西望吗？假如我必须记住用指定的形式来谈论事物，难道我不是会忘记谈论事物本身吗？"

显然，马克思认为对精神生产是不能设定方式的，关键是追求真理的那种态度，设定方式只能限制人们对真理的追求。更重要的是，设定方式在实质上违背了精神生产的主体性，即个人的精神显示，从而扼杀了文化表现的多样性。马克思明确地指出："'风格如其人。'可是实际情形怎样呢？法律允许我写作，但是不允许我用自己的风格去写，我只能用另一种风格去写！我有权利表露自己的精神面貌，但是首先必须使这种面貌具有一种指定的表情！"

"你们为什么却要求世界上最丰富的东西——精神只能有一种存在形式呢？我是一个幽默的人，可是法律却命令我用严肃的笔调。我是一个豪放不羁的人，可是法律却指定我用谦逊的风格。一片灰色就是这种自由所许可的唯一色彩。每一滴露水在太阳的照耀下都闪现着无穷无尽的色彩。但是精神的太阳，无论它照耀着多少个体，无论它照耀什么事物，却只准产生一种色彩，就是官方的色彩！精神的最主要形式是欢乐、光明，但你

---

① 《马克思恩格斯全集》第 1 卷，人民出版社 1995 年版，第 148—149 页。

们却要使阴暗成为精神的唯一合适的表现；精神只准穿着黑色的衣服，可是花丛中却没有一枝黑色的花朵。精神的实质始终就是真理本身，而你们要把什么东西变成精神的实质呢？谦逊。歌德说过，只有怯懦者才是谦逊的，你们想把精神变成这样的怯懦者吗？"①

在这里，我们看到了黑格尔精神现象学的影响，"绝对自由的这个未分裂的实体，跻身于世界的王座，没有任何力量可以有效地制衡它。"② 任何个体本质上都会追求自由的精神表达，人的个性有多少丰富性，精神生产的风格和成果就会有多少丰富性。即使在意识形态影响个体的过程中，这种精神生产的个性也会不同程度地存在，特别在审美文化的生产中，自由的精神生产性质就更具强烈性。

三 失去"独立性外观"的意识形态

到了1845—1846年的《德意志意识形态》中，马克思强调的不再是自由的精神生产，而是被控制着的意识形态生产。从表面上看，思想观念是人们自己自由创造的，但由于人本身是"受自己的生产力和与之相适应的交往的一定发展——直到交往的最遥远的形态——所制约"的，人们的观念形态也是受制约的。但是，分工的发展又使意识有了相对独立性，"分工只是从物质劳动和精神劳动分离的时候起才真正成为分工。从这时候起意识才能现实地想象：它是和现存实践的意识不同的某种东西；它不用想象某种现实的东西就能现实地想象某种东西。从这时候起，意识才能摆脱世界而去构造'纯粹的'理论、神学、哲学、道德等等。但是，如果这种理论、神学、哲学、道德等等和现存的关系发生矛盾，那么，这仅仅是因为现存的社会关系和现存的生产力发生了矛盾。"③

在此基础上，马克思提出了意识形态模式的精髓——"意识形态"意味着思想观念不是绝对独立的，而是受经济生活制约的。马克思的经典表述是："我们的出发点是从事实际活动的人，而且从他们的现实生活过程中还可以描绘出这一生活过程在意识形态上的反射和反响的发展。道德、

---

① 《马克思恩格斯全集》第1卷，人民出版社1995年版，第110—111页。
② ［德］黑格尔：《精神现象学》第3册，王诚等译，中国社会科学出版社2007年版，第931页。
③ 《马克思恩格斯选集》第1卷，人民出版社1995年版，第82页。

宗教、形而上学和其他意识形态，以及与它们相适应的意识形式便不再保留独立性的外观了。它们没有历史，没有发展，而发展着自己的物质生产和物质交往的人们，在改变自己的这个现实的同时也改变着自己的思维和思维的产物。不是意识决定生活，而是生活决定意识。"① "没有政治史、法律史、科学史等等，艺术史、宗教史等等。"② "关于一个阶级内的这种意识形态划分：职业由于分工而独立化；每个人都认为他的手艺是真的。……关系在法律学，政治学中——在意识中——成为概念；因为他们没有超越这些关系，所以这些关系的概念在他们的头脑中也成为固定概念。"③

由于意识形态意味着社会生活中话语的真实性并不取决于本身，而是话语述说者的利益动机，这样，意识形态往往成为阶级话语的代名词，由此形成了意识形态的权力特征——意识形态不在乎自己的正确性，因为一定的统治权力需要它，马克思对这一特征作了如下经典式的描述："统治阶级的思想在每一时代都是占统治地位的思想。这就是说，一个阶级是社会上占统治地位的物质力量，同时也是社会上占统治地位的精神力量。支配着物质生产资料的阶级，同时也支配着精神生产资料，因此，那些没有精神生产资料的人的思想，一般地是隶属于这个阶级的。"④

基于意识形态的控制性特征，阿尔都塞说："意识形态把个体转变为主体。" "人本质上是一个意识形态动物。"⑤ 即意识形态通过教育等途径进入个体，使个体成了一个有见解能行动的主体。然而，真正的主体却是意识形态，因为它始终支配着人的观念。即使这样，也必须注意到马克思关于统治阶级内部的意识形态存在某种分裂的思想："分工也以精神劳动和物质劳动的分工的形式在统治阶级中间表现出来，因此在这个阶级内部，一部分人是作为该阶级的思想家出现的，他们是这一阶级的积极的、有概括能力的玄想家，他们把编造这一阶级关于自身的幻想当作主要的谋生之道，而另一些人对于这些思想和幻想则采取比较消极的态度，并且准备接受这些思想和幻想，因为在实际中他们是这个阶级的积极成员，很少

① 《马克思恩格斯选集》第 1 卷，人民出版社 1995 年版，第 73 页。
② 同上书，第 134 页。
③ 同上书，第 134—135 页。
④ 同上书，第 98 页。
⑤ 俞吾金、陈学明：《国外马克思主义哲学流派新编·西方马克思主义卷》（下册），复旦大学出版社 2002 年版，第 475 页。

有时间来编造关于自身的幻想和思想。在这一阶级内部，这种分裂甚至可以发展成为这两部分人之间的某种程度的对立和敌视，但是一旦发生任何实际冲突，即当阶级本身受到威胁的时候，当占统治地位的思想好像不是统治阶级的思想而且好像拥有与这一阶级的权力不同的权力这种假象也趋于消失的时候，这种对立和敌视便会自行消失。"①

这里是指，在统治阶级内部，作为实践家的人们和作为思想家的人们尽管在阶级利益上是一致的，但"旁观者清，当局者迷"，思想家可能会对实践家的行为表示不满或批判。这实际上就是思想的相对独立性表现。不能不认为，马克思在这里实际上又承认了作为个体的人，他在进行精神生产时，依然存在独立自由的追求，意识形态不可能消灭一切精神生产的自主性。

四 对自由精神生产的再度肯定

总体上看，自1845—1846年提出意识形态观以后，马克思关于自由的精神生产的说法越来越罕见。但是，到后来的《剩余价值理论》中，马克思对精神生产内部有了深化的认识，从而开始将意识形态与精神生产作出区分。

马克思指出了物质生产、精神生产关系的如下层次："（1）在资产阶级社会中，各种职能是互为前提的；（2）物质生产领域中的对立，使得由各个意识形态阶层构成的上层建筑成为必要，这些阶层的活动不管是好是坏，因为是必要的，所以是好的；（3）一切职能都是为资本家服务，都为了资本家'好'；（4）连最高的精神生产，也只是由于被描绘为、被错误地解释为物质财富的直接生产者，才得到承认，在资产者眼中才成为可以原谅的。"②

这里，马克思对精神生产内部进行了再次划分：一部分是直接反映阶级意志的意识形态，所以才有"意识形态阶层构成的上层建筑"这一判断；另一部分则是更能反映精神自由特征的精神生产，即"最高的精神生产"。

---

① 《马克思恩格斯选集》第1卷，人民出版社1995年版，第99页。
② 《马克思恩格斯全集》第33卷，人民出版社2004年版，第348页。

马克思对自由精神生产的肯定基于研究的方法论原则，他说："要研究精神生产和物质生产之间的联系，首先必须把这种物质生产本身不是当作一般范畴来考察，而是从一定的历史的形式来考察。……如果物质生产本身不从它的特殊的历史的形式来看，那就不可能理解与它相适应的精神生产的特征以及这两种生产的相互作用。这样就不能超出庸俗的见解。"①

关于精神生产的具体历史形态，马克思以资产阶级的历史地位为例来加以说明。马克思提出了"斯密对牧师的憎恨"这个命题，他引用了亚当·斯密的话，说明在资产阶级还没有把整个社会、国家等置于自己的支配之下时，只把教士、律师、医生、文人、演员、丑角、音乐家、歌唱家、舞蹈家等视为社会的公仆，靠别人劳动的一部分产品生活，不生产任何价值。马克思评价道：

"国家、教会等等，只有在它们是管理和处理生产的资产者的共同利益的委员会这个情况下，才是正当的……这种观点具有历史的意义，一方面，它同古典古代的见解形成尖锐的对立，在古典古代，物质生产劳动带有奴隶制的烙印，这种劳动被看做仅仅是有闲的市民的立足基石；另一方面，它又同由于中世纪瓦解而产生的专制君主国或贵族君主立宪国的见解形成尖锐的对立。"②

"一旦资产阶级占领了地盘，一方面自己掌握国家，一方面又同以前掌握国家的人妥协；一旦资产阶级把意识形态阶层看做自己的亲骨肉，到处按照自己的本性把他们改造成为自己的伙计；一旦资产阶级自己不再作为生产劳动的代表来同这些人对立，而真正的生产工人起来反对资产阶级，并且同样说它是靠别的人的勤劳来生活的；一旦资产阶级有了足够的教养，不是一心一意从事生产，而是也想从事'有教养的'消费；一旦连精神劳动本身也越来越为资产阶级服务，为资本主义生产服务；——一旦发生了这些情况，事情就反过来了。这时资产阶级从自己的立场出发，力求'在经济学上'证明它从前批判过的东西是合理的。"③

马克思在这里明确划分了精神生产的两个层次：意识形态层次——"把意识形态阶层看作自己的亲骨肉"，自由精神层次——"也想从事'有

---

① 《马克思恩格斯全集》第33卷，人民出版社2004年版，第346页。
② 同上书，第364页。
③ 同上书，第364—365页。

教养的'消费"，显然，"有教养的"消费，就是指宗教、艺术、哲学等精神生活。精神生产的精神文化价值就在资本主义历史形态中得到了确认。

关于资本主义时期不同精神生产的意义，柏拉威尔的分析更为细致。他对马克思所说"既理解统治阶级的意识形态组成部分，也理解一定社会形态下自由的精神生产"进行了文本学分析，认为：马克思在这里实际上是指认审美文化的特殊性——自由性，他说，"这种论点是站得住脚的，即使我们必须承认，对这一段话的理解是有分歧的。马克思本人没有看到它的付印，而他的手迹又是这样模糊，后来的编辑者读做'自由的精神生产'（freie geistige Produktion）的一句话也可以读做'精细的精神生产'（feine geistige Produktion）。但是，不论读做什么，原来在《政治经济学批判》的序言中隐含地把文学与意识形态等同起来，而现在却把'统治阶级的意识形态组成部分'同不管是'自由的'还是'精细的'方式作出区分，这是一个可喜的纠正。"①

从马克思对资本主义生产的整体研究中，我们还可以看出，自由的精神生产是对资本主义异化劳动的一种克服，马克思在《政治经济学批判》（草稿）中指出，"这种经济关系——资本家和工人作为一种生产关系的两极所具有的性质——随着劳动越来越丧失一切技艺的性质，也就发展得越来越纯粹，越来越符合概念；劳动的特殊技巧越来越成为某种抽象的、无差别的东西，而劳动越来越成为纯粹抽象的活动，纯粹机械的，因而是无差别的、同劳动的特殊形式漠不相干的活动；单纯形式的活动，或者同样可以说单纯物质的活动，同形式无关的一般意义的活动。"② 马克思认为异化劳动的特征就是艺术属性的丧失，而作为精神生产的艺术性的创造是其他一切劳动都热烈向往的一种劳动，只有在这种劳动中个人才能体现和发展他的一切潜力。

柏拉威尔对马克思的自由精神生产的文化价值有一个更高的评价，他说："马克思要说明的总的论点仍然是够清楚的。一个真正诗人的劳动能够保持——至少在密尔顿时代——不异化，只要他不计较市场价值。这样

① ［英］柏拉威尔：《马克思和世界文学》，梅绍武等译，生活·读书·新知三联书店1982年版，第424页。
② 《马克思恩格斯全集》第30卷，人民出版社1995年版，第255页。

一个诗人出于他的心灵深处的要求，只写他非写不可的东西，而让别人去把他写的诗变成生产利润的商品。因此，他预示了一个'自由王国'"[1]的可能性，这就是《资本论》第三卷中的一段话：

"事实上，自由王国只是在必要性和外在目的规定要做的劳动终止的地方才开始；因而按照事物的本性来说，它存在于真正物质生产领域的彼岸。"[2] 所谓"真正物质生产领域的彼岸"，那就是精神生产。社会主义文化应该首先是这样的一种精神生产，以区别于资本主义的商业文化。

（原载《黑龙江社会科学》2012 年第 1 期）

---

[1] ［英］柏拉威尔：《马克思和世界文学》，梅绍武等译，生活·读书·新知三联书店 1982 年版，第 424 页。

[2]《马克思恩格斯全集》第 46 卷，人民出版社 2003 年版，第 928 页。

剩余价值流转中的艺术：
马克思美学的经济哲学重构

一 全球化、符号经济与剩余价值的流转及分享

我们现在所面对的是一个全球化迅猛发展的时代，尽管反对全球化的浪潮此起彼伏，但是没有迹象表明：全球化的步伐会停止或减缓下来。马克思已经认识到资本扩张所具有的世界主义的本性，但是，当今资本全球化的广度与深度，恐怕是马克思所未曾充分预见到的。

全球化具体地表现为各种事物在全球范围内的高速流转：资金、资源、能源、商品、人员、信息、文化、符号乃至污染、犯罪（比如贩毒、恐怖活动）、病毒（比如艾滋病病毒）等——我们强调：这其中还有一种重要事物的流转，即"剩余价值的流转"，也即通常所谓的资本的跨国流转。本论题的基本思路就是：将当今全球范围内包括艺术在内的高速的"文化符号的流转"与"剩余价值的流转"，充分结合在一起加以考察。高速发展的"文化符号生产"，使20世纪下半叶以来的当代资本主义，摆脱了19世纪资本主义似乎无法摆脱的物质商品生产过剩的危机；但作为资本增殖一个高速扩张的新领域，商业化的"文化符号生产"依然没有摆脱资本作为"剩余价值的流转"方式所固有的内在对抗性，已经并将继续使资本主义进而也使全人类遭遇新的危机，2008年以来蔓延全球的金融风暴即是最新例证之一。商业化的"文化符号生产"，一方面意味着商品的文化符号化，另一方面也意味着文化符号的商品化：如果说商品的文化符号化成功地克服了传统资本主义商品物质性生产过剩的危机的话，那么，包括艺术在内的文化符号的商品化则将加深当代资本主义的内在对抗性及

由此而来的危机。

面对迅猛发展的全球化，乐观主义者宣称"地球是平的"，但是种种事实表明：当今人类遭遇的社会冲突、生态冲突等未见减缓，反而呈现出可能被激化乃至失控的趋势——我们强调：这种激化趋向，与"资本"这种"剩余价值流转"的历史性方式的内在对抗性密切相关，这种内在对抗性在当今时代也被全球化了，而这种全球化了的内在对抗性，又集中体现在全球范围内高速扩张的商业化的文化符号生产中。与高速的文化符号流转相伴的，一方面是我们这个星球依然存在 10 亿左右的饥饿人口，另一方面是高速的物品流转与消耗——无度自由竞争的文化符号的消费，与无度自由竞争的文化符号的生产相互刺激，所带来的是物品的无度消耗，进而是自然资源与能源的无度消耗——这在缓慢地把我们这个星球及其文明带向毁灭的边缘，如果说全球核武器可以在一瞬间毁灭我们这个星球的话——马克思把生产力的高度发达视为扬弃资本主义文明对抗性的必要但非充分的条件，但当代高度发达生产力状况下日趋严峻的全球生态危机却似乎在表明：在扬弃自身对抗性之前，人类文明本身却可能就已经被彻底毁灭了——这恐怕也是马克思所未曾充分预见到的。

"剩余价值的流转"，是我们从动态角度概括马克思剩余价值理论的一个范畴，我们强调：这既是一个经济哲学范畴，同时也是一个社会哲学范畴、文化哲学范畴，这一范畴所标示的理论线索，是久已被忽视的马克思社会文化哲学的一条重要主线。马克思的剩余价值理论，是紧叮资本之牛的牛虻，是刺入资本之鳄的芒刺——马克思之后，西方主流经济学不断绞尽脑汁地试图屏蔽这只牛虻、拔掉这根芒刺，最终"剩余价值"被作为一个太不具有经济学专业性的范畴而被驱逐出西方当代主流经济学。另一方面，资本主义内部从来不缺乏批判的声音，马克思之后有所谓"西方马克思主义"及所谓"文化研究"等，这些思潮确实继承了马克思的社会批判精神，但它们共同的理论出发点是：反对马克思的经济决定论或所谓"经济主义"，它们关注的是当代资本主义的"文化符号的流转"及其中的意识形态斗争、文化身份认同等，"剩余价值流转"这一经济哲学范畴在这些思潮中自然也就被淹没不闻了。于是，这或许是一个惊人的发现：在当代西方资本主义的整体理论格局中，在由非批判性的主流经济学和批判性的文化研究这样两条似乎截然对立的"旋律线"构成的"赋格曲式"的理论大合唱中，马克思批判性的剩余价值理论似乎被成功地埋葬了。

全球范围内高速的"文化符号的流转",似乎把人类带入了"符号经济"时代(文化研究中有所谓的"景观社会"、"图像社会"、"拟像社会"等类似表述),而这其中的"符号"很大程度上是指具有形象性、审美性的艺术符号——这是当代艺术哲学或美学介入资本全球化研究的重要切入点,当然,由此我们也可以说:缺乏艺术哲学或美学的维度,我们对作为在当今全球经济整体格局中具有统治力量的"符号经济"的分析,就很难说是全面而深入的。我们强调:驱动全球范围内高速的"文化符号流转"的,是全球范围内在"资本"主导下的高速的"剩余价值流转",而这种"剩余价值流转"又主要发生在不同的民族国家之不同的生产活动之间,即主要发生在发达国家的"符号生产(符号经济)"与不发达国家的"物品生产(实体经济)"之间——这是当代美学发挥自身现实批判力量的切入点,而由于在当今全球分工格局中被称为"世界工厂"的中国处在不发达国家的"物品生产(实体经济)"这一低端,由此构成的美学批判,也就具有一定的本土性。

用"剩余价值流转"来描述马克思政治经济学的基本思路,似乎无人反对,问题在于:许多人似乎只看到了发生在人的不同"集团"即资本家阶级与工人阶级之间的剩余价值流转:剩余价值是工人阶级创造的,但却被资本家阶级全部无偿占有——这确实是马克思剩余价值理论的一个重要方面,但并非其所有方面。

当然,当今时代与马克思所处时代相比,资本主导下的剩余价值流转的具体特点,确实发生了很大变化:

首先,剩余价值流转其中的人的"集团"单位发生了很大变化,即,在很大程度,已由资本主义国家内部的不同"阶级",变为全球范围内不同的"民族国家",也就是说,在当今时代,在发达国家与不发达国家之间的"剩余价值流转",似乎更能体现"资本"的基本特性。

其次,与以上特点密切相关的,是剩余价值流转其中的"活动"范围发生了很大变化,即,由主要围绕"直接的物质生产"展开,变为主要在"商业化精神生产"与"直接的物质生产"也即通过所谓的"符号经济"与"实体经济"之间展开,也就是说,在当今时代,在"符号经济"与"实体经济"之间的"剩余价值流转",似乎更能体现"资本"的基本特性。

马克思的剩余价值理论相对而言主要讨论的是:(1)以"阶级"为基

本单位；（2）围绕"直接的物质生产"展开的剩余价值流转——剩余价值理论在当代所受到较为普遍的质疑和挑战，也主要来自以上紧密联系在一起的两个方面：

（1）在马克思相关的具体结论中，剩余价值全部为资本家所独占，工人大众只能获得维持生存也即所谓"再生产劳动力"的必需品，而西方发达国家摆脱普遍贫困而进入普遍富裕的消费社会后，工人大众中的很大一部分人不再是仅仅只能获得必需品，而且也能获得越来越多的非必需品——这表明工人大众也开始"分享"剩余价值了，于是，马克思立足于剩余价值的社会批判理论似乎就不再适用于当代资本主义社会了——但是我们认为：这种判断把研究的视野仅仅封闭在西方发达国家内部，而如果在真正的全球化的视野中、以"民族国家"为剩余价值流转的基本单位，马克思这方面的理论就会重新焕发出应有的巨大社会批判力量。

（2）与以上现象密切相关，西方摆脱普遍贫困而进入丰裕社会后的另一重要现象是：在西方当代社会生产的整体结构中，"直接的物质生产"即所谓"实体经济"趋于萎缩，而与之相对的"符号经济"日趋扩张。在这方面，马克思确实强调了剩余价值的"物质性"或"实体性"的方面，《资本论》第1卷主要讨论的就是剩余价值在实体性的"直接的物质生产"中的生成，第3卷讨论金融资本时才直接涉及剩余价值的"符号化"或"虚拟化"（当然第2卷讨论货币时就已涉及价值的符号性等问题了）。在当今这样一个符号经济迅猛扩张的时代，剩余价值或通常所谓财富的"符号性"确实在日趋加强，凭借直观印象，许多人或许认为实体性财富（价值、剩余价值）及其创造活动"直接的物质生产"就变得无足轻重了——这种直观性的经验判断其实是很成问题的。总的来说，西方当代学者轻视实体性的"直接的物质生产"及剩余价值的实体性、物质性，很大程度上也是由他们把理论视野仅仅封闭在西方发达国家内部造成的——从真正全球化的角度来看，实体制造业的萎缩，与西方发达国家把自己的实体制造业转移到不发达国家密切相关。

日趋加重的全球生态危机，或许是改变轻视实体性直接物质生产及剩余价值物质性的观念的重要契机：符号经济的迅猛扩张如果只涉及符号、观念、意义这些非物质性因素的高速流转的话，那么，符号经济似乎就会成为"绿色低碳经济"了，它与全球生态冲突无关——事实却绝非如此：高速的符号流转与高速的物品流转和消耗是非常紧密地捆绑在一起的，某种程度可以说两者之间的关系是一种互为因果、互为表里的关系。所以，问题的关键在于：不能割裂与实体经济、物品生产的关联，来就符号经济论符号经济，而应在全球社会生产的总体结构中、在两者的紧密关联中来分析符号经济——而贯穿其中的一条重要红线或纽带就是"剩余价值的流转"！当今世界，剩余价值或财富的迅速膨大，确实主要发生在符号经济中，但置于全球社会生产总体结构来看，符号经济迅速扩张所带来的一个必然性的结果是：物品生产及其消耗速度和规模的扩张——就是说：符号经济的扩张，确实使物品生产在全球社会生产总体结构中的"作用"或"地位"趋于下降（也正因为如此，物品生产过剩不再像19世纪那样会对当今资本主义生产总体结构产生较大冲击），但却未使其"速度"和"规模"下降，如此的结果就是极大地加快了自然资源、能源的消耗——对于全球生态危机的加剧，符号经济的扩张难辞其咎——在这方面，把全球生态危机归咎于西方强调人与自然分裂、对立的文化观念，未免太过观念主义了；而试图用中国传统的"天人合一"的文化观念来应对全球生态危机，则未免太过浪漫主义了。

所以，问题的关键在于：不是争论在当代全球范围内的社会财富的创造、流转过程中，实体性的"直接的物质生产"与所谓"符号经济"谁更重要，而是重视在全球社会生产总体结构中符号经济与实体经济之间无法割裂的关联——而这种关联主要正是通过"剩余价值的流转"这一中介形成的——这也是我们对马克思剩余价值理论作当代重构的重要切入点，而在这方面，如果说马克思相对而言更重视围绕物质生产或实体经济所展开的剩余价值的流转的话，我们今天更应重视发生在实体经济与符号经济之间的剩余价值的流转——如此就会使马克思剩余价值理论重新焕发出巨大的理论和现实力量。

这里简单辨析一下围绕"剩余价值"的理论纷争。首先，"剩余价值"确实是一种理论建构，与它对应的，确实不是社会生活中非常具体而确定的经验性的某种实体，而是发生在社会生活中的由诸多环节组成的财富流转过程，因此，马克思没有也不可能对"剩余价值"作出实体性的证明，同样，否定剩余价值理论也不可能提供实体性的证据——分歧其实是在理论的视野、视角与价值立场——众所周知，斯密等古典政治经济学家已对资本由诸多环节组成的流转过程作了较为系统、在实证的意义上也可以说是准确的描述和分析，但他们没有"发现"剩余价值，当然也就没有非常自觉地从"剩余价值"的角度去分析资本流转的过程——马克思非常明确而坚定地把自己经济学研究的价值立场定位在为工人阶级解放服务上，用今天的话语来说这是一种鲜明的"底层立场"或"底层视角"——马克思强调研究的科学性、真理性，但从不讳言自己的价值立场。古典政治经济学家相对而言更重视交换、流通，而与之相对，马克思还重视生产，可以说有着一种非常突出的"生产视角"，而研究视野和视角的不同，又会产生不同的意识形态后果：从生产的视角、以直接的物质生产为出发点，马克思揭示，剩余价值是由物质生产劳动"创造"的，或者说首先是在物质生产中"产生"的，流通等不创造而只是"实现"剩余价值，物质生产劳动的承担者是工人，所以，剩余价值也就是由工人创造的，却被资本家独占，两者之间的关系是剥削和被剥削的关系；单纯从交换视角、以流通为出发点，则会得出这样的结论：剩余价值是在交换、流通中产生的，在交换中，资本家付给工人工资，交换后他所得到的多于他的投资的价值，乃是他的资本所"创造"的价值即所谓"利润"，与工人无关，他与工人在交换中的关系是平等的、自由的。斯密其实非常同情工人阶级，他也不会声明自己的经济学研究是为资本家阶级服务的，但是其研究结论所产生的实际后果却是掩盖工人阶级被剥削的社会现实，从而成为一种维护剥削的意识形态。

马克思后，西方主流经济学更趋远离"生产视角"，而当代资本主义发达国家内部直接的物质生产的相对萎缩，似乎又在为这种远离"生产视角"的理论运作的合理性提供有力的证据，而与直接的物质生产相关的剩余价值理论似乎就变得更加不值一驳、不值一提了——这种理论运作的后果同样是掩盖了某种不平等社会关系，只是这种不平等关系更突出地体现在发达国家与不发达国家之间了——而在当今时代重构马克思的剩余价值理论，也体现了立足于不发达国家的底层立场和视角。另一方面，马克思剩余价值理论强调物质生产重要性的"生产视角"，同时也是一种"自然视角"，马克思对物质生产的基本定义之一是："人和自然之间的物质变换"活动，而剩余价值就首先又是在这种"人和自然之间的物质变换"活动中产生的——只关注交换、流通的西方当代主流经济学当然就没有这种"自然视角"，也就不可能关注自然生态问题：经济学家会将自然生态问题当作一个很不专业的问题，心安理得地排斥在自己的研究范围之外。总而言之，马克思不仅强调了剩余价值在人与人之间尤其是人的不同"集团"

之间的流转，而且还强调剩余价值在人与物（自然）之间的流转（生成），因此，马克思剩余价值理论有着一种由"人与人社会关系"、"人与物自然关系"两个基本向度构成的"关系哲学"分析框架。重构马克思的剩余价值理论与"关系哲学"，强调西方发达国家的"符号经济"与不发达国家的"实体经济"之间的联系是通过全球范围内的"剩余价值的流转"形成的，既体现了一种鲜明的"底层立场（视角）"，同时也体现了一种清晰的"自然（生态）视角"，为我们分析全球化迅猛发展中不见趋缓的全球社会冲突与生态冲突提供了极好的切入点和坚实的立足点。

面对当今时代，我们对马克思剩余价值理论确实应作出一定的调整或重构，尤其要改变或突破"工人所创造的剩余价值被资本家全部独占"这样一种单一的刻板印象。尽管有万般变化，但马克思所揭示的作为"剩余价值流转"方式的资本的本质特性在当今时代并无变化——马克思用"剩余劳动（价值）吸收器"、"自我增殖"等表述来揭示资本的本质特性，作为"剩余价值的流转"或人类处置剩余价值的一种历史性方式，资本的这种本性就表现为：把"剩余价值"封闭在"自我增殖"的高速运转之中，而拒绝把"剩余价值"从这种"自我增殖"中游离、流转出来，进而也就是拒绝人的其他活动"分享"剩余价值——这是资本主义种种对抗性的根源所在。

从相关原始经典文献来看，其实马克思不仅考察了发生在资本家阶级与工人阶级之间的剩余价值的流转，还考察了发生在人的不同"活动"之间的剩余价值的流转，并且，不仅考察了"此岸"的"必然王国"内部的不同活动比如"直接的物质生产"与"商业化精神生产"之间的剩余价值的流转，而且还考察了发生在"此岸"的"必然王国"与"彼岸"的"自由王国"之间的剩余价值（自由时间）的流转，而包括艺术在内的"自由的精神生产"处在"彼岸"的"自由王国"之中（这一点表明剩余价值理论不仅具有批判性，同时也具有建设性）——这可以说是马克思围绕"剩余价值流转"所展开的经济哲学批判的美学维度，而以此为出发点和立足点，我们可以进一步考察发生在符号经济与实体经济、发达国家与不发达国家之间的剩余价值的流转，如此考察，将会使马克思经济哲学中的剩余价值论在当今全球化时代所依然具有的巨大批判性和建设性力量得到充分的发挥。

资本把"剩余价值"封闭在"自我增殖"中而拒绝分享的本性的表现

之一，就是拒绝包括艺术在内的"自由的精神生产"活动分享剩余价值，如此，"资本主义生产就同某些精神生产部门如艺术和诗歌相敌对"——这是从活动与活动之间的关系来说的；而从人与人之间的关系来说，作为"人格化的资本"的资本家拒绝与工人分享剩余价值，恰恰也是资本把"剩余价值"封闭在"自我增殖"而拒绝分享这种本性的又一重要表现。资本，绝不仅仅只是一种经济范畴，它同时也体现了人的社会生活的一种组织原则（利润最大化），这种组织原则在西方现代社会的发展进程中所发挥的力量是非常巨大的——但是，我们强调：资本绝非西方现代社会唯一的塑造力量。某种程度可以说：恰恰是驾驭资本的力量与资本扩张的力量一起，塑造了当今西方社会的整体风貌——这又突出地表现在 20 世纪下半叶以来西方所经历的由普遍贫困的"生产型社会"向普遍富裕的"消费型社会"的社会转型之中：在西方当代消费社会中，工人大众中很大一部分人除了维持生命的基本生存资料外，还获得了一定享受资料——这至少表明这部分人"分享"到了一定的剩余价值（用于社会保障、非必需性消费等）——这种剩余价值分享的结果是：西方发达国家内部的社会冲突趋于缓解。但是，今天全球范围内的社会冲突却并不见缓解，而西方发达国家如果真想缓解全球社会冲突从而使我们这个星球进入一个相对和谐的状况的话，除了让不发达国家也能分享到一定剩余价值，别无他法——然而我们可以这样期待吗？

资本的全球扩张必然还将持续进行下去，资本把"剩余价值"封闭在"自我增殖"中而拒绝分享的组织原则，在未来很长的一段时期内恐怕还很难从人类社会生活中驱逐出去——但这并不意味着人类就只能毫无作为。不见趋缓的全球范围内的社会冲突、生态冲突，"倒逼（因为这些冲突与资本扩张密切相关）"人类不断寻求并积聚驾驭资本的力量——而重要路径之一就是：让剩余价值从资本自我增殖中游离、流转出来而能被全人类及人的其他活动所分享，而让包括艺术在内的人的"自由的精神生产"活动能够分享剩余价值，则有利于缓解在如此发达的生产力状况下人类在自由上所遭遇的种种困扰，兹不多论。

二 艺术"经济哲学"分析的原典性与创新性：反本开新

马克思艺术哲学思想的基本点是以物质生产为基础，但却存在既相互联系又相互区别的两种不同分析框架:一是"经济基础—上层建筑"框架,艺术"意识形态"论就是在此框架中展开的,这主要是一种"政治哲学"分析框架;与此相对,还有一种"经济哲学"分析框架,即以物质生产中"必要劳动(时间)—剩余劳动(时间)"为出发点的"剩余价值的流转"的分析框架——这两种分析框架构成了马克思艺术哲学体系既有联系又有区别的两个基本维度。从原始经典文献上来说,传统的艺术意识形态论主要是建立在马克思《政治经济学批判序言》等文献基础上的,而本论题的立论则主要是建立在马克思《资本论》第4卷即《剩余价值理论》第4章"关于生产劳动和非生产劳动的理论"中以下这三段重要论述基础上的:

> 因为施托尔希不是历史地考察物质生产本身,他把物质生产当作一般的物质财富的生产来考察,而不是当作这种生产的一定的、历史地发展的和特殊的形式来考察,所以他就失去了理解的基础,而只有在这种基础上,才能够既理解统治阶级的**意识形态**组成部分,也理解一定社会形态下**自由的精神生产**。他没有能够超出泛泛的毫无内容的空谈。而且,这种关系本身也完全不象他原先设想的那样简单。例如资本主义生产就同某些精神生产部门如艺术和诗歌相敌对。不考虑这些,就会坠入莱辛巧妙地嘲笑过的十八世纪法国人的幻想。既然我们在力学等等方面已经远远超过了古代人,为什么我们不能也创作出自己的史诗来呢?于是出现了《亨利亚特》来代替《伊利亚特》。

> 同一种劳动可以是生产劳动,也可以是非生产劳动。
> 例如,密尔顿创作《失乐园》得到5镑,他是非生产劳动者。相反,为书商提供工厂式劳动的作家,则是生产劳动者。密尔顿出于同春蚕吐丝一样的必要而创作《失乐园》。那是他的天性的能动表现。后来,他把作品卖了5镑。但是,在书商指示下编写书籍(例如政治经济学大纲)的莱比锡的一位无产者作家却是生产劳动者,因为他的产品一开始就从属于资本,只是为了增加资本的价值才完成的。

> 作家所以是**生产劳动者**,并不是因为他**生产出观念**,而是因为他

使出版他的著作的书商发财，也就是说，只有在他作为某一资本家的雇佣劳动者的时候，他才是生产的。（以上引号与黑体均为引者所加）①

上面三段论述可视为马克思艺术哲学的"总纲"，而本论题的主要内容，就是对这三段经典论述的具体、深入而系统的阐述。三段论述重要的关键词是："物质生产"、"意识形态"、"自由的精神生产"、"增加资本的价值（即资本增殖）"、"生产劳动者"、"生产出观念"等，而其重要的背景是"剩余价值理论"，也就是说马克思是在讨论剩余价值理论时展开以上三段论述的，这些关键词之间的关系是："物质生产"是最终的"基础"。(1)"生产出观念"的活动即"意识形态"活动；(2)作家作为"生产劳动者""为了增加资本的价值"所进行的活动即"商业化精神生产"；(3)密尔顿创作《失乐园》虽然"卖了5镑"，但由于"一开始"就不是"为了增加资本的价值才完成的"，因而是"非生产劳动"，作为"他的天性的能动表现"的"出于同春蚕吐丝一样的必要而创作《失乐园》"的活动就是"自由的精神生产"——马克思对艺术三形象即"观念（意识形态）生产"、"自由的精神生产（作为'非生产劳动'的精神生产）"、"商业化精神生产（作为'生产劳动'的精神生产）"之间的区别作了较为清晰的说明，这三种生产又都是建立在"物质生产"基础上的；而"自由的精神生产"、"商业化精神生产"与"物质生产"之间的联系和区别，是通过"剩余价值的流转"形成的——这就是马克思艺术"经济哲学"分析的基本思路和框架。

我们认为，应该从马克思哲学的基本精神及其发展历程，来理解马克思的艺术哲学或美学思想及其在马克思哲学体系中的地位：马克思的经济哲学存在着一种美学的批判维度。当代法国理论家鲍德里亚指出：

虽然马克思的思想清算了资产阶级的伦理学，但在资产阶级的美学面前，马克思的思想仍然无能为力，马克思思想的含混性令人费解，但它与政治经济学一般体系的共谋恰恰是意味深长的。在马克思主义战略的核心处，在它关于质与量的逻辑区分中，马克思主义思想

①《马克思恩格斯全集》第26卷第1册，人民出版社1972年版，第296、432、149页。

继承了资产阶级思想中审美的和人道主义的毒素……①

鲍德里亚准确地揭示了马克思政治经济学乃至整个马克思主义哲学体系中有着一种"美学"的维度，他认为这是对"资产阶级思想中审美的和人道主义的毒素"的继承，而马克思相关论述也确实可见德国古典美学家康德、席勒的影响——那么，我们必须回应的是：马克思美学与"资产阶级的美学"究竟有何区别？鲍德里亚所谓的"审美的和人道主义的毒素"与马克思早期著述《1844年经济学哲学手稿》相关——从西方当代学术思想史的角度来看，这一手稿的"发现"，对"西方马克思主义"哲学尤其美学产生了重大影响——英国马克思主义者安德森用"形式的转移"来概述西方马克思主义的理论转向，强调在这种转移中"马克思早期著作中最重要的作品——1844年的巴黎手稿——为时虽晚的发现，是一个决定性的事件"，由此而来，"西方马克思主义整个说来，似乎令人困惑地倒转了马克思本身的发展轨道。马克思这位历史唯物主义的创始人，不断从哲学转向政治学和经济学，以此作为他的思想的中心部分；而1920年以后涌现的这个传统的继承者们，却不断地从经济学和政治学转回到哲学"，"它毫无例外地建立一种上溯到马克思以前的哲学渊源"②。在这方面，中国当代所谓的"实践"美学在基本思路上与西方马克思主义是一致的。

那么，该如何审视和评估这种"转移"、"倒转"呢？我们的基本认识是：后世研究者从《1844年经济学哲学手稿》演绎出一种美学思想无可厚非，然而，倘若认为这就代表马克思成熟的美学思想，则在学术上很难成立：

（1）仅仅从文献学的角度来说，我们把对马克思美学思想的阐释建立在对《资本论》等更为成熟的理论文献分析的基础上，较之建立在"手稿"上的阐释，显然要更接近马克思成熟的美学思想。

（2）从学科的角度来看，我们不太同意安德森把马克思思想的发展历程一般性地概述为"不断从哲学转向政治学和经济学"，我们更愿意概述为：如果说早期马克思的哲学思想与经济学的联系还不够紧密的话，那

---

① ［法］让·鲍德里亚：《生产之镜》，中央编译出版社2005年中文版，第20—21页。
② ［英］佩里·安德森《西方马克思主义探讨》，人民出版社1981年版，第66—77页。

么，其哲学思想成熟的重要标志就是与经济学联系得更加紧密了——正是在此意义上，我们把马克思成熟的哲学思想表述为"经济哲学"——置于西方现代思想史中，这种表述更能揭示马克思哲学思想的独特性：在马克思之前和之后的西方理论格局中，"经济学"与"哲学"往往是相互分割的；当然，另一方面，把"哲学"与"经济学"充分结合起来，也同时表明：马克思成熟的经济哲学思想，又恰恰是把欧洲大陆的理性主义（以德国古典哲学为代表）与英国的经验主义（政治经济学是这种经验主义传统的产物之一）充分结合起来的产物。

（3）从基本的理论范畴来看，《1844年经济学哲学手稿》为后世学者所特别重视的一个范畴是"异化劳动"——这显然不是代表马克思成熟思想的范畴，那么，什么范畴可以代表马克思的成熟思想呢？恩格斯《马克思墓前的讲话》指出了马克思的两大理论贡献：一是发现和揭示"直接的物质的生活资料的生产"在人类社会历史发展中的基础性作用；二是发现"剩余价值"——而这两大理论发现又皆汇总于马克思的政治经济学著述尤其是《资本论》之中，因此，"剩余价值"才是标志马克思思想成熟的重要的基本范畴，而《资本论》则标志其剩余价值理论的成熟。

因此，从中外当代相关美学学术史的发展来看，我们把对马克思美学思想的阐释建立在对其《资本论》及"剩余价值"理论的基础上，较之建立在《1844年经济学哲学手稿》及"异化劳动"理论的基础上的研究，是对西方马克思主义"倒转"之"再倒转"，进而也是一种重要突破。

另外，"剩余价值"范畴理论，也最能代表马克思哲学思想的基本精神，即对资本主义社会及其生产内在对抗性的批判性揭示。"资本主义生产就同某些精神生产部门如艺术和诗歌相敌对"，这句话被相关艺术美学研究所广泛征引，但阐释往往不够到位，因为没有充分结合这句话的大的理论语境即剩余价值理论来进行分析，而只有充分结合"剩余价值的流转"，这句话才能得到相对更准确的解释——马克思指出：

> 古代人连想也没有想到把剩余产品变为资本……他们把很大一部分剩余产品用于非生产性支出——用于艺术品，用于宗教的和公共的建筑。他们的生产更难说是建立在解放和发展物质生产力（即分工、

机器、将自然力和科学应用于私人生产）的基础上。①

"古代人"把"很大一部分剩余产品用于非生产性支出——用于艺术品"，也就是把物质生产所创造的剩余价值（剩余产品）从物质生产中游离、流转出来而"用于艺术品"，或者说被生产艺术品的活动所分享，由于这种"游离"、"分享"，在古代人那里，艺术反而获得一定程度的自由发展（尽管是在有限的限度内）；现代资本家"把剩余产品变为资本"，也就是把物质生产所创造的剩余价值（剩余产品）重新投入物质生产之中以获得更大的剩余价值，就是说，"资本主义生产"从本性上拒绝把剩余价值从物质生产中游离出来而让人的其他活动分享，如此，"艺术和诗歌"这些"自由的精神生产"所需的剩余价值这种物质基础受到了限制——这就是两者之间的"相敌对"，这种"敌对"揭示了资本主义物质生产的内在对抗性——由此亦可见，"艺术和诗歌"这些"自由的精神生产"，乃是马克思揭示资本主义生产内在对抗性的重要立足点，忽视这种立足点或者说忽视美学维度，对马克思社会批判理论的理解是非常片面的。

三　三大"生产"之间的"剩余价值的流转"：审美批判新维度

我们首先在"剩余价值的流转"的框架，来分析马克思经济哲学的当代适用性。本论题在理论上所针对的一个重要对象是"文化研究"：在西方当代资本主义整体理论格局之中，不乏批判的声音，但缺乏一种审美的批判——这可以从社会文化批判代表性的理论"文化研究"中看出，前已指出，鲍德里亚批评了马克思对"资产阶级思想中审美的和人道主义的毒素"的继承，他本人自然也就自觉地排斥审美的维度；英国当代理论家拉什、厄里强调："我们避免贝克与吉登斯的某些认识派的偏见，力图开发自反性的审美维度"②——某种程度上可以说：缺乏"审美维度"，乃是"文化研究"中所存在的较为普遍的现象，而马克思具有审美维度的经济

① 《马克思恩格斯全集》第26卷第1册，人民出版社1973年版，第603页。
② ［英］斯科特·拉什、约翰·厄里《符号经济与空间经济》，商务印书馆2006年版，第10页。

哲学，则会为重建当代社会文化批判的审美维度提供重要理论资源。

前已指出，有关"剩余价值的流转"，一个为人所熟知的说法是从"人与人社会关系"的角度对"剩余价值的流转"的资本主义方式所作出的分析："剩余价值"是工人创造的，却被资本家完全无偿占有——这体现了资本主义"人与人社会关系"的对抗性，而这种对抗性主要是在分配领域（初次分配）中表现出来的——但是"剩余价值流转"的资本主义方式所造成的对抗性，绝不仅限于此，也绝不仅仅局限于分配领域。我们强调"剩余价值的流转"框架又是建立在物质生产之内的"必要劳动时间—剩余劳动时间"这一时间结构框架上的——以此来看，资本家独占全部剩余价值，已经是发生在物质生产之"外"的事情了（剩余价值已经被物质生产创造出来了），而"剩余价值的流转"的"起点"应在物质生产之"内"，也就是要以"必要劳动时间—剩余劳动时间"这一时间结构为剩余价值的流转的起点：为资本家所独占的剩余价值，是由物质生产之"内"的工人的"剩余劳动（时间）"创造出来的——如果撇开这一点，资本主义剩余价值的流转方式的对抗性就只体现在分配领域，而马克思是坚决反对只从分配领域来研究资本主义的对抗性的。

因此，我们首先要对"剩余价值的流转"的过程作一些分析——马克思《政治经济学批判导言》对此有所描述：

> 肤浅的表象是：在生产中，社会成员占有（创造、改造）自然产品供人类需要；分配决定个人分取这些产品的比例；交换给个人带来他想用分配给他的一份去换取的那些特殊产品；最后，在消费中，产品变成享受的对象，个人占有的对象。生产创造出适合需要的对象；分配依照社会规律把它们分配；交换依照个人需要把已经分配的东西再分配；最后，在消费中，产品脱离这种社会运动，直接变成个人需要的对象和仆役，供个人享受而满足个人需要。①

"生产—分配—交换（流通）—消费"等，就构成了财富流转同时也是"剩余价值流转"过程的不同环节：如果说在分配、交换、流通等中剩余价值主要是在"人与人社会关系"中流转的话，那么，"在生产中，社

① 《马克思恩格斯全集》第 46 卷上册，人民出版社 1979 年版，第 26 页。

会成员占有（创造、改造）自然产品供人类需要"描述的就是剩余价值在"人与物自然关系"中的流转——也就是说：马克思不仅重视剩余价值在人与人之间的流转（剩余价值之分割），而且也重视剩余价值在人与物之间的流转（剩余价值之生成）——由此可见马克思的"剩余价值流转"论是与其关系哲学高度结合在一起的。这里要特别强调的是，从"财富流转"的角度来看，马克思最具代表性也最成熟的经典著作《资本论》，某种程度可以说就是对资本主义"剩余价值流转"结构方式和全过程的系统分析：第1卷"资本的生产过程"可以说研究的是在"生产领域"中的剩余价值的流转（"生产"创造出剩余价值，是财富流转的出发点），第2卷"资本的流通过程"研究的是在"流通领域"中的剩余价值的流转（在"流通"中剩余价值得以实现），而第3卷"资本主义生产的总过程"研究的则是在"生产总过程"中的剩余价值的流转——具体地说考察的是在企业利润、银行利息、地租之间的剩余价值的流转或分割——从"人与人社会关系"的角度来说就是剩余价值在实业资本家、银行资本家与地主之间的流转或分割。而与之相对照，马克思后的西方经济学往往只关注"流通领域"的财富流转或者说以"流通"为财富流转的出发点，过分专业化的狭隘视野使其不再具有哲学的广度和深度。

以上初步分析表明：马克思既在（1）"人"与"人"之间、同时也在（2）"人"与"物（自然）"之间考察剩余价值的流转——以此来看，只关注"流通"的西方经济学所考察的只是发生在"人"与"人"之间的财富流转。此外，所谓"人与人之间"又主要是指人的不同"集团"之间，比如19世纪主要是指资本家与工人两大阶级之间，而在当今全球化迅猛发展的时代，则主要是指发达国家与不发达国家这样的不同"民族国家"之间。此外，马克思还特别重视对发生在（3）人的"活动"与"活动"之间的剩余价值的流转的研究，这方面的分析又主要体现在对"自由时间"这一重要范畴的分析中：

> 剩余产品把时间游离出来，给不劳动阶级提供了发展其他能力的自由支配的时间。因此，在一方产生剩余劳动时间，同时在另一方产生自由时间，整个人类的发展，就其超出对人的自然存在直接需要的发展来说，无非是对这种自由时间的运用，并且整个人类发展的前提

就是把这种自由时间的运用作为必要的基础。①

　　就是说：不劳动阶级可以把劳动阶级创造的剩余价值从直接的物质生产中游离出来而流转向发展自己能力的自由活动——那么，作为人类历史上最后一种"不劳动阶级"的资本家阶级，又是如何处置自己占有的剩余价值的呢？马克思指出："资本的不变趋势一方面是创造可以自由支配的时间，另一方面是把这些可以自由支配的时间变为剩余劳动"，把"自由时间变为剩余劳动"，就是把物质生产创造出的剩余价值不是"游离"出物质生产而是重新投入物质生产之中以获得更大的剩余价值，也就是：资本及作为"人格化资本"的资本家使剩余价值重新流转回物质生产，如此，也就把剩余价值封闭在物质生产之内而使之只作封闭性的内部循环，而不再流转向资本家自己或别人自由发展的自由活动——这其中也形成一种对抗性，这种对抗性是在人的两种不同"活动"（物质生产与自由创造活动）之间形成的，显然不同于在人的两种不同"集团"（资本家阶级与工人阶级）之间形成的那种"人与人社会关系"的对抗性。资本主义的"剩余价值的流转"方式，不仅造成"人与人社会关系"的对抗，同时也造成"人与物自然关系"的对抗，并且这两种对抗性关系是相互规定的——这是从完整的"关系哲学"的角度，对资本主义"剩余价值的流转"方式特性所作的揭示和分析。

　　马克思哲学的一个重要基本特征是历史的、发展的眼光，我们也应以这种眼光来看待马克思哲学本身。马克思后，西方资本主义社会经历了重大转型，那么，立足于"19世纪资本主义"的马克思的理论，是否还适用于对"20世纪资本主义"的分析？我们认为，经过某种调整后，马克思从"剩余价值流转"对"直接的物质生产—商业化精神生产—自由的精神生产"及三者之间关系的生产结构所作的分析，依然适用于分析当代资本主义：20世纪以来资本主义的当代社会转型的重要表现之一就是"生产结构的重组"——简单地说就是："商业化精神生产（符号经济）"的快速发展及在资本主义生产整体结构中的势力地盘的快速扩张，而"直接的物质生产（实体经济）"在其中的势力地盘相对趋于收缩。

　　对于不同于19世纪的"20世纪资本主义"社会，有很多种描述，其

---

① 《马克思恩格斯全集》第47卷，人民出版社1979年版，第216页。

中一种描述是"消费（型）社会"，与此相对应，19世纪以前的社会被称为"生产（型）社会"。按英国当代理论家吉登斯的理解，"消费社会"这一术语对20世纪下半叶以来新的社会体系的新特征有所揭示，那么该如进一步何描述这些特征呢？吉登斯《批判的社会学导论》指出："社会学不可能是一种中性的知识活动，它不能不关心其分析对其研究对象可能产生的实际影响"①，该书第二章的标题"对立的解释：工业社会还是资本主义"揭示对人类现代社会的两种不同描述，吉登斯指出："资本主义社会的观点首先是与卡尔·马克思联系在一起的"，而"马克思的著作对社会学具有持续的影响，它们是对工业社会理论的某些假设进行批判的主要基础"②。吉登斯尽管没有直接点出，但实际上视"工业社会"为一种接近"中性"的描述，在此中性概念谱系中，工业社会之后的社会形态被称为"后工业社会"，与此相关的还有诸如"丰裕社会"、"信息社会"等概念大抵也主要是中性描述。马克思的"资本主义社会"概念则是对西方现代社会的一种批判性的描述，以此来看，当今消费时代的资本主义较之马克思所处时代的资本主义确实发生了非常大的变化，比如马克思所分析的工人与资本家两大阶级关系结构现在就发生了极大的变动等，有些西方学者还认为当代资本主义与社会主义逐渐趋同——但西方当代社会依然还是"资本主义社会"，而这是因为其社会运作主要还是围绕"资本增殖"的逻辑组织起来的。至少直到现在，消费社会还是只是在资本主义世界实现的，消费社会的主导力量也就依然还是资本增殖扩张的力量——对当代消费社会种种现象的"批判性"的描述就必须追溯到此，而停留于现象的中性的知识学描述，客观上就会掩盖这一点，进而有利于为资本增殖服务的各种意识形态神话的建构与流布。

从"批判"理论的发展史来看，康德和马克思为我们提供了批判的两种现代范式。在西方现代哲学史上，康德以三大"批判"构成自己的哲学体系，对其所谓"批判"的含义有不同的理解。其《纯粹理性批判》第二版序文所谓"为信仰留余地，则必须否定知识"③可以视为对"批判"的一种描述，我们可以将这种意义上的康德式批判称为"划界式"批判：康

---

① ［英］安东尼·吉登斯《批判的社会学导论》，上海译文出版社2007年，"序言"第1页。
② 同上书，第18—19页。
③ ［德］伊·康德《纯粹理性批判》，商务印书馆1960年版，第21页。

德在"信仰"与"知识"之间划界，是为了批判"知识"越界侵入"信仰"的地盘（当然另一方面也是批判"信仰"越界侵入"知识"的地盘，如中世纪经院哲学，这为"科学"这种"知识"的发展清除了障碍）；同样，我们也可以说，康德美学所谓的"判断力批判"也存在划界式批判的倾向：审美"非功利性"是为了批判功利尤其经济功利对审美活动的越界侵入，"非概念性"则是批判概念理性尤其科技理性对审美活动的越界侵入——尽管康德在划界的同时也试图跨界搭起连通各领域之间的桥梁（如用审美连通感性与理性这种美学思路后来为席勒所承继），但总体来说其"划界"意识对后世哲学社会科学发展的影响可能更大，尤其对所谓学科分化应该有较大影响：美学学科的分化、自治使审美活动走向独立、纯粹、自律，美学与其他学科比如经济学等、审美活动与其他活动比如经济活动等日趋割裂——今天美学研究在反思中认为康德美学对艺术审美钻进象牙塔而走向封闭有重要影响，这有一定道理，但是或许并非康德的本意。在曾经被视为非功利的艺术文化与功利性极强的商业经济日趋交融的当今消费时代，或许我们应该重新认识康德的"划界式"批判：这种交融实际上绝非是一种力量对等的联姻，总体来说乃是经济及市场商业规则向艺术审美文化活动大规模的"越界"侵入——在此时代状况中，割裂与商业经济的关联来强调艺术审美文化活动的独立的内在规律固然不可，但是对艺术审美文化与商业经济的交融只作"中性"的理解则会掩盖市场经济规则对艺术审美文化活动的越界侵入这一严峻现实，因此，只有在对市场经济越界侵入艺术审美文化的批判和抵抗中，美学才能获得自身应有的现实的社会文化力量——作如是观，康德美学的"非功利性"理念尤其其"划界式"批判，在今天仍具有非常积极的意义，依然是对当代消费资本主义进行审美批判的重要理论资源。

马克思的哲学其实也是一种"批判"哲学，即"政治经济学批判"，离开其"政治经济学批判"去研究马克思哲学和美学是非常有问题的（这恰恰是马克思后"西方马克思主义"及后现代文化研究的"问题"所在）。与康德的"划界式"批判相比，马克思哲学或者说其政治经济学批判中的"经济哲学"则是一种"二重性"批判——马克思本人对此有所论述：

经济学家们毫无例外地都忽略了这样一个简单的事实：既然商品

有二重性——使用价值和交换价值，那末，体现在商品中的劳动也必然具有二重性，而象斯密、李嘉图等人那样只是单纯地分析劳动，就必然处处都碰到不能解释的现象。实际上，这就是批判地理解问题的全部秘密。①

马克思对资本主义制度本身的分析也是"二重性"的：即使生产力高速发展，又阻碍生产力进一步发展。我们对当代消费资本主义艺术文化与商业经济交融的现象同样要作"二重性"理解和批判：与极大地促进物质生产力发展一样，当代资本主义也已表明它也能极大地促进精神生产力的发展——但文化精神生产领域同样没有摆脱其"二重性"，或者说在其中资本主义内在"二重性"恰恰有了更高程度的体现。古典自由主义只看到资本主义促进生产力发展的一面，"二重性"分析的阙如，使其成为维护资本主义的重要意识形态——同样，如果只看到当代资本主义消费社会文化符号过度膨胀的一面，而缺乏"二重性"分析，也会有意无意成为维护资本主义的新的意识形态。

大致说来，19世纪，"商业化精神生产"在资本主义整体生产体系中的作用很不大——也正因为如此，马克思才得出这样的结论："从事各种科学或艺术的生产的人，工匠或行家，为书商的总的商业资本而劳动，这种关系同真正的资本主义生产方式无关，甚至在形式上也还没有从属于它"，"资本主义生产在这个领域中的所有这些表现，同整个生产比起来是微不足道的，因此可以完全置之不理"②——对于20世纪资本主义来说，马克思的这一具体结论，显然已不再适用，因为20世纪资本主义的一个重要特征恰恰是："商业化精神生产"在资本主义整体生产体系中的作用越来越大，"从事各种科学或艺术的生产的人"、"为书商的总的商业资本而劳动"这些"商业化精神生产""同整个生产比起来"绝对不再是"微不足道"因而也绝不能再"置之不理"了；这些精神生产由"同真正的资本主义生产方式无关"到越来越彻底地融入资本主义生产方式、由"甚至在形式上也还没有从属于它"到越来越彻底地从属于它——这恰是经历社会转型后的20世纪资本主义不同于19世纪资本主义的新的社会特征

① 《马克思恩格斯全集》第48卷，人民出版社1985年版，第62页。
② 《马克思恩格斯全集》第26卷第1册，人民出版社1972年版，第443页。

之一。

与此相关，我们再看马克思"资本主义生产就同某些精神生产部门如艺术和诗歌相敌对"这一论述，它揭示了"资本主义生产"拒绝把剩余价值游离出物质生产而用于精神生产的特点——而20世纪尤其第二次世界大战后的西方资本主义社会一个重要的新特点是：精神生产的高速发展，或者说文化与经济也即精神生产与物质生产的日趋交融，也或者说传统意义上的物质生产（实体经济）越来越文化化、符号化——这一新特点表明：当代资本主义生产已开始把越来越多的剩余价值从物质生产中游离出来而用于文化精神生产了——这对马克思的"敌对"论当然是一种挑战。但是，从物质生产中游离出来的剩余价值，不是流转向"自由的精神生产"，而是流转向"商业化精神生产"，而这种"商业化精神生产"同样暴露了资本主义生产的内在对抗性——只是这种对抗性表现为精神生产"内部"的一种对抗，而相对而言，马克思"资本主义生产就同某些精神生产部门如艺术和诗歌相敌对"所揭示的则是外在于精神生产的与物质生产的一种"外部"的对抗。

从原始经典文献来看，尽管马克思认为精神生产"同整个生产比起来是微不足道的"，但马克思在著名的《政治经济学批判导言》中涉及了"艺术生产"与"物质生产"发展的关系问题，在《资本论》第4卷即《剩余价值理论》第4章《关于生产劳动和非生产劳动的理论》中更是有大量关于精神生产问题的讨论，并且还区分了"商业化精神生产"与"自由的精神生产"的不同（在"生产劳动—非生产劳动"的框架中）——这也构成了我们相关讨论的原始文献基础。因此，我们所强调的"直接的物质生产—商业化精神生产—自由的精神生产"这三大生产结构论，也就并非在马克思理论之外另起炉灶，而只是对其相关理论一种新的拓展——而拓展的出发点是当代社会新的现实。

四　三元"时间结构"、"资料结构"、"需求结构"论及其现实针对性

我们再从两种三元"时间结构"及三元"资料结构"、"需求结构"等，来对以上所论三元"生产结构"中的"剩余价值流转"作进一步分析，进而更进一步揭示和分析"资本"作为"剩余价值流转"的一种历史

性方式所形成的对抗性。

众所周知，"剩余价值"这一表述本身就突出地显示出马克思理论的批判性，因此，我们建立在"剩余价值的流转"基础上的美学理论本身同样突出地昭示出批判性。但是，另一方面，我们强调的是：这一范畴及与其相关的"自由时间"范畴、"必要劳动时间—剩余劳动时间"框架，绝非仅仅只具有批判性，同时也具有建设性。并且，绝非仅仅适用于分析资本主义生产方式，而是适用于分析人的所有生产方式及与之相关的人类文明：生产劳动时间如果仅仅只由再生产人的生命即维持人的基本生存的"必要劳动时间"构成，那么，就不会有人类文明的产生和发展；只有当生产劳动在基本生存资料外还能创造出"剩余产品"时——这时人的物质生产时间结构就由"必要劳动时间—剩余劳动时间"构成了，包括艺术在内的人类文化、文明才能在"剩余产品"、"自由时间"的基础上产生、发展起来——由此可见，"必要劳动时间—剩余劳动时间"乃是马克思分析人类社会及其文明发展最基本的哲学框架之一，以"经济基础—上层建筑"为马克思社会文化哲学的唯一框架的认识是相当片面的。"剩余劳动时间"创造出"剩余价值（产品）"——这对人类社会进入文明以后所有的历史阶段来说都是如此，而不同的社会形态及相应的生产方式之不同，很大程度上就在"剩余价值的流转"的方式（方向）或对"剩余价值（自由时间）"的处置方式之不同上：马克思指出，在前资本主义的各种社会形态中，物质生产创造出的剩余价值（产品）主要都"游离"出物质生产，而资本主义社会及其生产方式的独特性在于：把物质生产创造出的剩余价值，不是"游离"出而是重新投入进物质生产之中以获得更大的剩余价值——正是这种对剩余价值的处置方式，大大促进了物质生产力的发展，同时也产生了一系列对抗。

（一）"剩余价值的流转"与资本的"自我增殖"特性

可以说，"资本"天生地就是"剩余价值的流转"方式，但"剩余价值的流转"却并非天生地就采取"资本"的运转方式，也就是说，"资本"只是人类"剩余价值的流转"的一种历史的暂时的方式：在资本主义之前，剩余价值不是如此流转的，在资本主义之后，剩余价值也可以不如此流转——这里要附带说明的是：对马克思历史发展观影响最大的是黑格尔，黑格尔强调自然界与人类社会中的一切事物皆处于变化与发展之中，因而一切事物皆具有历史性、暂时性——马克思对这种认识是有所继承的，而两人的不同之处在于：黑格尔认为支配社会事物发展变化的是"绝对理念"——马克思当然不同意这一点，那么，马克思所认为的支配社会事物发展变化的东西是什么呢？从不同的角度或层面可能会有不同的表述，而其中之一就是"剩余价值"——当然最大不同是：与"绝对理念"对应的是唯心主义的历史观，而与"剩余价值"对应的则是唯物主义的历史观——除此之外，我们认为，**"剩余价值"与"绝对理念"在对历史发展动力及结构的分析方面具有很多同构性**，比如，黑格尔认为，历史的发展乃是绝对理念的一种自我运动，而在马克思看来："资本"作为一种"剩余价值"处置方式的重要特征，就是"剩余价值"之"自我增殖"：

> 资本的辩护士为了把资本说成是生产的永恒因素，说成是与一切社会形式无关、为任何劳动过程因而也就是为一般劳动过程所固有的关系，把资本同资本借以存在的使用价值混为一谈；同样，经济学家先生们为了回避资本主义生产方式所特有的现象，宁愿忘记资本的本质的东西，即资本是创造价值的价值，因而资本不仅是自我保持的价值，而且同时是**自我增殖**的价值。例如，他们忘记这一点是为了说明生产过剩是不可能的。在这里，资本家被看成这样一种人，他只关心一定产品（他靠出卖他的商品来占有这些产品）的消费，而不关心预先存在的价值即购买力本身和抽象财富本身的增殖。①（引号与黑体为引者所加，下同。）

作为"资本的辩护士"的经济学家先生们所缺乏的正是黑格尔的历史意识，当然，我们也可以说，马克思从黑格尔那里获得了批判资本主义永恒论的历史哲学基础。以上引文值得注意的一点是揭示：资本主义的"生产过剩"与资本"自我增殖"的特性密切相关。那么，资本的"自我增殖"又是如何具体表现出来的呢？

（二）"实体性剩余劳动时间—符号化剩余劳动时间—自由时间"结构论

马克思分析"自由时间的流转"所涉及的一种三元"时间结构"论，

① 《马克思恩格斯全集》第 47 卷，人民出版社 1979 年版，第 107 页。

对资本的"自我增殖"的特性有较为清晰的揭示：

> 在必要劳动时间之外，为整个社会和社会的每个成员**创造大量可以自由支配的时间**（即为个人发展充分的生产力，因而也为社会发展充分的生产力创造广阔余地），这样创造的非劳动时间，从资本的立场来看，和过去的一切阶段一样，表现为少数人的非劳动时间，自由时间。资本还添加了这样一点：它采用一切技艺和科学的手段，增加群众的剩余劳动时间，因为它的财富直接在于占有剩余劳动时间；因为它的**直接目的**是**价值**，而不是使用价值。

> 于是，资本就违背自己的意志，成了为社会可以自由支配的时间创造条件的工具，使整个社会的劳动时间缩减到不断下降的最低限度，从而为全体［社会成员］本身的发展腾出时间。但是，资本的不变趋势一方面是**创造可以自由支配的时间，另一方面是把这些可以自由支配的时间变为剩余劳动**。如果它在第一个方面太成功了，那么，它就要吃到生产过剩的苦头，这时必要劳动就会中断，因为**资本**无法实现**剩余劳动**。

> 这个矛盾越发展，下述情况就越明显：生产力的增长再也不能被占有他人的剩余劳动所束缚了，工人群众自己应当占有自己的剩余劳动。当他们已经这样做的时候，——这样一来，**可以自由支配的时间**就不再是**对立**的存在物了，——那时，一方面，社会的个人的需要将成为必要劳动时间的尺度，另一方面，社会生产力的发展将如此迅速，以致尽管生产将以所有的人富裕为目的，所有的人的**可以自由支配的时间**还是会增加。因为真正的财富就是所有个人的发达的生产力。那时，财富的尺度决不再是劳动时间，而是可以自由支配的时间。**以劳动时间作为财富的尺度**，这表明财富本身是建立在贫困的基础上的，而可以自由支配的时间是**同剩余劳动时间相对立并且是由于这种对立**而存在的，或者说，个人的全部时间都成为劳动时间，从而使个人降到仅仅是工人的地位，使他从属于劳动。①

资本"自我增殖"的具体方式就是"把这些可以自由支配的时间变为

---

① 《马克思恩格斯全集》第 46 卷下册，人民出版社 1980 年版，第 221—222 页。

剩余劳动"——从价值形态来说，也就是使物质生产创造出的"剩余价值"重新流转回物质生产以获得更大的"剩余价值"——此即"剩余价值"之"自我增殖"，与此相关，马克思还把"资本"定位为"剩余劳动的吸收器"："资本发展成为一种强制关系，迫使工人阶级超过他们自身生活需要的狭小范围的要求而去完成更多的劳动。资本作为别人勤劳的发生器、剩余劳动的吸收器和劳动力的压榨器，它在精力、贪婪和效率上远远超过以往一切以直接强制劳动为基础的生产制度。"① 而资本的这种本质又是历史性的，"资本的发展不是始于创世之初，不是**开天辟地就有**……甚至劳动对资本的单纯**形式上的**从属，即**延长工作日**和把工人阶级的**全部自由时间**都当作归资本所有的时间来占有的这一基础，也只是随着**资本主义生产方式的实际**发展而以相同的程度向前发展的。"② "把工人阶级的全部自由时间都当作归资本所有的时间来占有"，也即"把这些可以自由支配的时间变为剩余劳动"。资本从本性上力图把社会生产创造的全部剩余价值都吸收到自身中来，如此也就使剩余价值在"自我增殖"中只作封闭性的内部循环，并因为拒绝与其自我增殖活动以外的人的其他活动分享剩余价值，这自然就与需要分享剩余价值的人的其他活动领域比如"自由的精神生产"形成对立。

要特别强调是：以上引文提到了三种时间，"必要劳动时间"、"剩余劳动时间"、"可以自由支配的时间（即'自由时间'）"——正是这三种时间及三者之间的联系和区别，构成了马克思"时间哲学"的基本框架："必要劳动时间—剩余劳动时间"构成了直接的物质生产的时间结构，而只有游离、流转出直接的物质生产，"剩余劳动时间"才可能实际地转化为"自由时间"，而"可以自由支配的时间是同剩余劳动时间相对立并且是由于这种对立而存在的"，正是由自我增殖的资本拒绝把"剩余劳动时间（价值）"游离出物质生产造成的——其重要后果就是"生产过剩"。

马克思曾经预测：自我增殖的资本所造成的生产过剩的经济危机最终会葬送资本主义——从西方资本主义的实际发展历史来看，19 世纪末 20 世纪初的经济危机确实差一点儿葬送了资本主义，但资本主义却也艰难地躲过了灭顶之灾，并在其后的一定历史时期内反而获得了速度更快的发

---

① 《马克思恩格斯全集》第 16 卷，人民出版社 1964 年版，第 348—349 页。
② 《马克思恩格斯全集》第 48 卷，人民出版社 1985 年版，第 120 页。

展——这可以从多方面加以分析，而我们则可以从紧密联系在一起的时间哲学和活动哲学的角度加以分析："把这些可以自由支配的时间变为剩余劳动"就会使物质生产中的"剩余劳动时间"不断地膨胀，这就使资本主义物质生产患上了饱胀症（生产过剩），不断膨胀的"剩余劳动时间"会撑破资本主义物质生产的肚皮——而当代资本主义通过把"剩余劳动时间（剩余价值）"游离出直接的物质生产而流转向"商业化精神生产"，一定程度上克服了物质生产的饱胀症——最近的一个例证是：2008 年蔓延全球的经济危机就首先并不是物质产品生产过程的危机，当然，另一方面，这场危机本身表明：克服了物质生产的饱胀症、物质产品生产过剩的危机后，资本主义又产生了新的危机，而这又进一步表明资本主义并未真正克服自身的内在对抗性——某种程度上可以说只是这种内在对抗性的外在表现形式发生了变化而已。

不管怎么说，要充分揭示当代资本主义的内在对抗性，对马克思的某些具体结论必须作出相应的调整：今天看来，马克思"把这些可以自由支配的时间变为剩余劳动"这一表述中的"剩余劳动"其实是指**"实体性"的"剩余劳动"**——从时间形态来说就是存在于物质生产中的"实体性"的"剩余劳动时间"，而当这种实体性剩余劳动时间游离出物质生产（实体经济）而流转到"商业化精神生产（符号经济）"中就被"符号化"了，可称为**"'符号化'的剩余劳动（时间）"**——如此，我们就可以清理出在"剩余价值的流转"中与"直接的物质生产—商业化精神生产—自由的精神生产"这三大生产相互对应的"时间结构"及由此形成的"世界结构"：

生产结构	直接的物质生产	商业化精神生产	自由的精神生产
时间结构	实体性的剩余劳动时间	符号化的剩余劳动时间	自由时间
世界结构	此岸世界（必然王国）		彼岸世界（自由王国）

我们首先对以上图表作两点简要说明：（1）直接的物质生产时间总和中当然还包括"必要劳动时间"，上表只是从"剩余劳动时间（剩余价值）的流转"的角度展开的，故不提及。（2）"商业化精神生产"的时间被称为"剩余劳动"的时间，是因为这种生产劳动依然在资本的自我增殖中运转，而没有游离出资本自我增殖活动；而"符号化"意味着这种剩余劳动时间已从实体性的直接的物质生产中游离出来了，而这种"符号化"

恰恰不意味着"自由化"。

经过以上调整和重构以后，我们就会发现马克思经济哲学对于批判当代资本主义依然具有极强的现实针对性。马克思对黑格尔历史观的另一种继承表现为辩证地看待一切历史事物，或者说充分揭示其"二重性"——对待"资本"这种"剩余价值的流转"的历史方式尤其如此。在以上引文中，马克思对资本的"二重性"的分析是："资本就违背自己的意志，成了为社会可以自由支配的时间创造条件的工具"，而"资本的不变趋势一方面是创造可以自由支配的时间，另一方面是把这些可以自由支配的时间变为剩余劳动"。"为社会可以自由支配的时间创造条件"也就是为人的自由发展创造条件，而"在创造人的自由发展的条件进程中却不断地剥夺了人的自由发展的自由"，可以说体现了资本最基本的"二重性"或对抗性，这种对抗就具体表现为："把这些可以自由支配的时间变为剩余劳动"，从而剥夺了人自由发展的现实条件即"可以自由支配的时间"——这在 19 世纪资本主义生产中表现为使"可以自由支配的时间（剩余价值）"流转回物质生产，而在当代资本主义生产中则表现为使"可以自由支配的时间（剩余价值）"流转向"商业化精神生产"，也即把"可以自由支配的时间"变为"符号化"的"剩余劳动（时间）"。

剩余价值流转回物质生产而不是从其中游离出来而流转向"自由的精神生产"，于是就造成物质生产与"自由的精神生产"之间的抽象对立；剩余价值游离出物质生产后流转向"商业化精神生产"，物质生产与精神生产之间的对立就不那么明显了，但是，"商业化精神生产"依然处在资本自我增殖的运转之中而不是从中游离出来，因而依然处在"此岸"的必然王国，从而与处在"彼岸""自由王国"中的"自由的精神生产"形成抽象对立——从这个意义上来说，"商业化精神生产（符号经济）"只是当代资本主义在传统的物质生产之外另开辟出的一片"必然王国"而已，其不断的高速扩张，变本加厉地更快地不断挤压着"自由王国"及"自由的精神生产"的疆域。

（三）"必要劳动时间—用于消费产品（娱乐等）的自由时间—用于自由活动的自由时间"结构论

以上所讨论的三元时间结构论，主要是从"生产"的角度展开的，马克思还结合"消费"分析了"自由时间的流转"当然也是"剩余价值的

流转"的结构:

> 如果所有的人都必须劳动,如果过度劳动者和有闲者之间的对立消灭了,——而这一点无论如何只能是资本不再存在,产品不再提供占有别人**剩余劳动**的权利的结果,——如果把资本创造的生产力的发展也考虑在内,那末,社会在 6 小时内将生产必要的丰富产品,这 6 小时生产的将比现在 12 小时生产的还多,同时所有的人都会有 6 小时"可以自由支配的时间",也就是有真正的财富,这种时间不被直接生产劳动所吸收,而是用于娱乐和休息,从而为自由活动和发展开辟广阔天地。时间是发展才能等的**广阔天地**。大家知道,政治经济学家们自己认为雇佣工人的奴隶劳动是合理的,说这种奴隶劳动为**其他人**,为社会的另一部分,从而也为[整个]雇佣工人的社会创造余暇,创造自由时间。①

"不被直接生产劳动所吸收",也就是把"自由时间"(当然从价值形态上来说就是"剩余价值")从直接的物质生产中"游离"出来,那么,游离出直接物质生产的"自由时间"有什么用途呢?马克思还分析指出:

> 自由时间,**可以支配的时间**,就是财富本身:一部分用于消费产品,一部分用于从事自由活动,这种自由活动不象劳动那样是在必须实现的外在目的的压力下决定的,而这种外在目的的实现是自然的必然性,或者说社会义务——怎么说都行。②

"用于娱乐和休息"、"用于消费产品"可以归为一类,而"用于从事自由活动"则是"自由时间"的另一类用途——我们可以用"自由时间"这两种用途的理论来分析当代资本主义:20 世纪以来的当代资本主义社会被称为"消费社会"、"闲暇(休闲)社会"等,给人的一个突出印象是休闲娱乐业的快速发展,我们可以说大量的"自由时间"被用于或流转向娱乐、消费产品的活动了,但却似乎没有被用于或流转向自由发展的"自

---

① 《马克思恩格斯全集》第 26 卷第 3 册,人民出版社 1974 年版,第 280—281 页。
② 同上书,第 282 页。

由活动"。资本主义当代消费社会的重要研究者鲍德里亚强调："自由时间本身也变得越来越需要直接或间接地被购买以被'消费'"①，马尔库塞更明确指出："'自由'时间不同于'闲暇'时间。后者在发达工业社会是充裕的，但就其受商业和政治的管理而言，并不是自由的"②——也就是人的娱乐、消费活动被越来越多地纳入"购买"的"商业管理"体系之中了——这是从"消费"的角度来说的，而从"生产"的角度来说，进而也是在"生产—消费"这种"活动哲学"框架中：大众消费需要而商业管理体系也必须能提供越来越多的文化、娱乐商品，于是，"商业化精神生产"就快速发展起来了。也就是说，通过市场购买这一环节，大量的"自由时间"被用于或流转向娱乐、消费产品的活动，就意味着大量的"自由时间"被用于或流转向"商业化精神生产"了。

马克思说："所有的人都会有 6 小时'可以自由支配的时间'，也就是有真正的财富，这种时间不被直接生产劳动所吸收，而是用于娱乐和休息，从而为自由活动和发展开辟广阔天地"，在当代资本主义消费社会中，大量的自由时间，确实不再被"直接生产劳动所吸收"即从直接的物质生产中"游离"出来而被"用于娱乐"、"用于消费产品"了，但却并未出现"为自由活动和发展开辟广阔天地"的情况和趋势——而这是因为："用于娱乐"、"用于消费产品"的自由时间，通过市场购买这一环节，不是为"自由活动和发展"而是为"商业化精神生产"开辟出了"广阔天地"，而"自由活动和发展"的"天地"及其所需要的"自由时间（剩余价值）"反而相对受到越来越大的挤压——这确是马克思所未曾明确想见的，但是，根据马克思关于"剩余价值的流转"的基本原理，我们是可以对此作出有效阐释的。

（四）"生存资料—享受资料—发展资料"结构论

上面提到"自由时间"有两种用途，也可以说"自由时间"有两种存在形态，与"必要劳动时间"合在一起也就形成一种三元"时间结构"："必要劳动时间—用于消费产品（娱乐等）的自由时间—用于自由活动的

---

① ［法］让·鲍德里亚《消费社会》，刘成富、全志钢译，南京大学出版社 2001 年版，第 170—171 页。

② ［美］赫伯特·马尔库塞：《单向度的人——发达工业社会意识形态研究》，张峰、吕世平译，重庆出版社 1988 年版，第 42 页注释 1。

自由时间", 与以上三元 "时间结构" 相关, 恩格斯还提出了**三元 "资料结构" 论**, 即 **"生存资料—享受资料—发展资料" 结构论**:

> ·　把动物社会的生活规律直接搬到人类社会中来是不行的。一有了生产, 所谓生存斗争便不再围绕着单纯的生存资料进行, 而要围绕着享受资料和发展资料进行。在这里——在社会地生产发展资料的情况下——从动物界来的范畴完全不能应用了。①

马克思也有类似的说法:"只要'生活资料和享受资料'是主要目的, 使用价值就起支配作用"②,"对工人本身来说, 必要劳动表现在**生活必需品**上, 对资本家来说, **剩余产品**表现在这样一些产品上, 这些产品一部分由生活必需品组成, 一部分由奢侈品组成, 一部分形成用于扩大再生产的积累基金"③,"生存资料"即生活必需品, 满足人的生存需求;"享受资料"即相对于必需品的奢侈品, 满足人的享受需要; 而 "用于扩大再生产的积累基金" 则与 "发展资料" 相关。这种三元 "资料结构" 与三元 "时间结构" 的对应关系如下表所示:

时间结构	必要劳动时间	用于消费产品（娱乐等）的自由时间	用于自由活动的自由时间
资料结构	生存资料（必需品）	享受资料（奢侈品）	个人发展资料

在马克思、恩格斯看来, 这三种时间、三种资料之间并不必然存在对立, 但在资本主义条件下却形成了对立——我们加入三元 "生产结构" 与 "价值（财富）结构" 得出下面这样的表来对此加以说明:

生产结构	直接的物质生产	**商业化精神生产**	自由的精神生产
资料结构	生存资料（必需品）	**享受资料（奢侈品）**	个人发展资料
价值结构（财富结构）	必要价值（必要财富）	剩余价值（剩余财富）	

---

① 《马克思恩格斯全集》第 20 卷, 人民出版社 1971 年版, 第 652—653 页。
② 《马克思恩格斯全集》第 46 卷下册, 人民出版社 1980 年版, 第 388 页。
③ 《马克思恩格斯全集》第 49 卷, 人民出版社 1982 年版, 第 516 页。

"享受资料"、"发展资料"乃是"剩余价值"流转出"直接的物质生产"之后的产物，文化精神产品相对于维持生存的必需品来说也是一种"奢侈品"。这其中的关键在于："享受资料"的生产与消费，并不必然需要通过商业化的渠道，比如前资本主义社会中的剥削者，可以直接雇用工匠为自己生产享受资料（奢侈品），或者直接雇用艺术家为自己生产艺术品，而底层大众也可以通过自己进行文艺创作（如民歌、民间故事等）而自娱自乐——而把包括享受资料、文化产品在内的所有生活资料、所有产品都纳入商业化渠道，恰恰是资本主义社会区别于前资本主义各种社会形态的重要特征所在。

这里同样需要对马克思的相关具体观点作出调整：《资本论》第 2 卷在讨论两大部类生产即"生产资料"与"消费资料"的生产时，强调了第 II 部类即"消费资料"生产内部"必要生活资料（必需品）"与"奢侈品"生产之间的平衡——但是，马克思反复强调："只要假定动机不是发财致富本身，而是享受，资本主义就从根本上被废除了"[1]，"决不应当忘记，这种剩余价值的生产——剩余价值的一部分再转化为资本，或积累，也是这种剩余价值生产的不可缺少的部分——是资本主义生产的直接目的和决定性动机。因此，决不能把这种生产描写成它本来不是的那个东西，就是说，不能把它描写成以享受或者以替资本家生产享受品为直接目的的生产。如果这样，就完全看不到这种生产在其整个内在本质上表现出来的特有性质"[2] ——"剩余价值"的生产，才是"资本主义生产的直接目的和决定性动机"，如果假定目的和动机是"享受资料"的生产，"资本主义就从根本上被废除了"——从"剩余价值的流转"的角度来说，资本使剩余价值不是流转向"享受资料"的生产（当然更不是流转向"生存资料"的生产），而是主要流转向"发展资料"的生产。而限制剩余价值流转向享受资料（奢侈品）的生产，最终就会打破社会生产第 II 部类内部生存资料生产与享受资料生产之间的平衡——结果就是：产品当然又首先是必需品之"生产过剩"，进而造成经济危机。前已指出，20 世纪以来的当代资本主义较为成功地克服了产品生产过剩的危机，从三元"资料结构"来看，就在于其较为成功地持续性地保持住了"生存资料（必需品）"与

---

① 《马克思恩格斯全集》第 24 卷，人民出版社 1972 年版，第 137 页。

② 《马克思恩格斯全集》第 25 卷，人民出版社 1974 年版，第 272 页。

"享受资料（奢侈品）"生产之间的平衡，而不再被周期性地打破——这是从"生产"的角度来说的，而从"消费"的角度进而也是从供需平衡的角度来说：要使"享受资料（奢侈品）"生产保持足够的规模（以与必需品的生产达到平衡），对"享受资料（奢侈品）"就必须有足够的消费需求或者足够多的消费者——在马克思所处的19世纪，工人大众基本上是被排除在"享受资料（奢侈品）"消费之外的，而西方当代资本主义社会则把工人大众中的很大一部分人也纳入到了"享受资料（奢侈品）"消费范围之中，从"自由时间（剩余价值）的流转"的角度来说就是全社会"用于消费产品（娱乐等）的自由时间"大幅度增加了——某种程度可以说这是当代资本主义能够克服传统的产品生产过剩危机的原因的最终落脚点——这也确是马克思所未曾明确想见的。

这里还要说明的是，当代"奢侈品"的形式也发生了很大变化：传统的奢侈品的"奢侈性"，相对依赖于产品的材料和质地，比如金银以及其他稀罕物等；而当代奢侈品的"奢侈性"则越来越依赖于产品的"品牌"这种符号性、文化性很强的因素——因此，即使狭义的奢侈品生产也越来越接近于"文化生产"。这里再对所谓"商业化精神生产"这一概念作一附带性的说明：这一概念狭义上是指所谓的"文化产业"，而广义上还包括前面所说的品牌奢侈品的生产，再推而广之还应包括传统的物质产品的生产中通过工业设计等融入了越来越多的符号性、文化性因素等现象——因此，这方面准确的表述是：当代资本主义社会生产整体过程（生产、营销、广告、流通等环节）中所融入的文化因素越来越多了——用马克思两大部类理论来表述即："社会总生产"中文化性享受资料生产的分量越来越大，如此等等，兹不多论。

马克思指出，李嘉图所谓的"为生产而生产"恰恰标志着资本主义生产方式之趋于成熟，而所谓"为生产而生产"就是指资本主义以"发展资料"而非"享受资料"的生产为"直接目的和决定性动机"——但是，马克思同时反复强调：资本主义所追逐的"发展资料"，只是为"社会"的生产力的发展，而不是为"个人"的生产力的发展，而且为此目的，"个人"的生产力的自由发展反而受到压制——而这并不仅仅指工人，占有个人自由发展的物质条件的资本家，总体来说也并不把这些物质条件用于他们自己个人的自由发展，如此，社会所创造出的物质财富总体上就很少被用于"每个人的自由发展"或者说很好能被人的自由发展活动所分享——这是资本主义生产"二重性"的又一表现。马克思认为，在资本主义生产体系中，享受资料的生产不能过度发展，而一旦过度发展就会动摇资本主义生产体系本身——而当代资本主义发展的实际情况表明：享受资料生产的过度发展，没有动摇资本主义体系，而似乎反而使资本主义体系更加稳固了：如果说19世纪资本主义生产源源不断的发展动力是来自"为生产而生产"的话，那么，当代资本主义生产源源不断的发展动力则似乎来自"为消费而消费"——而这正标志着资本主义由"生产型社会"向"消费型社会"的转型，同时资本主义的主流意识形态也由"生产主义（为生产而生产）"转向"消费主义（为消费而消费）"。因此，马克思在这方面的具体认识确实要针对这种当代社会实际作出相应的调整；而马克思基于对"剩余价值的流转"的分析所形成的一些理论框架，则依然能有效地对当代资本主义作出批判性分析：从三元"时间结构"来看，当代资本主义突出现象是"用于消费产品（娱乐等）的自由时间"越来越多，即使直观地来推导，在这种总体时间结构中，"用于自由活动的自由时间"会随之相应减少；从三元"资料结构"来看，突出现象是"享受资料"生产领域的扩大，同样即使直观地来推导，在这种总体资料结构中，用于个人自由发展的"发展资料"的生产领域会随之相应缩小——而"用于消费产品（娱乐等）的自由时间"的增多、"享受资料"生产领域的扩大，又是通过商业化的渠道即"商业化精神生产"来实现的，因此，这种增加、扩大，最终意味着资本把自己吸收剩余价值（自由时间）的领域转移到"商业化精神生产"了，或者说，"商业化精神生产"成为资本在当代吸收"剩余劳动"的主要的"吸收器"了——结论就是：

　　在当代资本主义社会中，资本作为"剩余劳动的吸收器"的"自我增殖"的本性未变，只是其外在表现形式或"吸收器"的主要形式变了：由"直接的物质生产"变为"商业化精神生产"，而在"商业化精神生产"中的资本增殖所体现的，依然是剩余价值在"自我增殖"中作封闭性的内部循环的资本本性，资本作为"剩余价值的流转"方式依然拒绝让人"自由的精神生产"分享剩余价值，因而与"自由的精神生产"之间的对立依然没有消失，甚至可以说更加尖锐了。

　　这里要特别强调的是："用于自由活动的自由时间"、用于个人自由发展的"发展资料"及建立其上的"自由的精神生产"——这些皆是美学之元——这些范畴对于有效地批判当代资本主义至关重要。前已指出，作为当代资本主义消费社会的重要批判者，鲍德里亚批评马克思哲学对"资产阶级思想中审美的和人道主义的毒素"，而鲍德里亚本人的社会批判则抛弃了审美的维度——一个具体的表现是他对马克思"自由时间"理论的误读乃至曲解：马克思强调"自由时间"至少有两种不同用途，或"用于消费产品（娱乐等）"，或"用于自由活动"，而鲍德里亚只讲"用于消费产品（娱乐等）"自由时间，却不讲"用于自由活动"的自由时间——对这种自由时间及建基其上的"自由的精神生产"的无视，跟鲍德里亚自觉抛弃社会批判的审美维度是正相一致的，而抛弃"审美"之维或美学之元，乃是包括鲍德里亚在内的很多西方后现代文化研究者的社会文化批判的一个相通的重要特点——从"时间结构"来说，他们只是过度地关注了当代资本主义"用于消费产品（娱乐等）的自由时间"增加这一现象，而忽视了这种增加连带性的后果，即"用于自由发展的自由时间"的相应减少——与此相关，从"活动哲学"的角度来说，就表现为他们过度偏执于社会批判的"消费"视角（消费主义范式），而忽视了"生产"视角（生产主义范式）对于批判当代资本主义的重要性。

　　我们再从"生产"历史发展的角度，来对"自由的精神生产"作一些简单的说明：从逻辑的角度来说，"自由的精神生产"的基本特性只有首先在与"直接的物质生产"的比较中才能显现出来，而后者又是总是处在历史变动之中的。前已指出，黑格尔的历史辩证法或辩证的历史观对马克思多有影响，马克思的社会形态及"生产"方式发展变化三段论，也可见黑格尔辩证法三段论的影响：（1）马克思指出，资本主义之前的劳动尤其手工艺劳动还具有"半艺术"的性质，从这个意义上说，"直接的物质生产"与艺术生产之间的对立还并不那么尖锐；（2）而"资本主义生产就同某些精神生产部门如艺术和诗歌相敌对"，表现为资本主义"直接的物质生产"越来越丧失"艺术"的特性；（3）资本主义种种对抗性被扬弃后，包括艺术在内的"自由的精神生产"与"直接的物质生产"之间的抽象对立也会被扬弃，"自由的精神生产"会获得大发展，而"直接的物质生产"本身也会重新获得一定的"艺术"或"半艺术"性质——"直接的物质生产"及其与"自由的精神生产"之间关系的这种历史变化过程，就是一种"否定之否定"的过程。

这里还要附带说明几点：（1）康德以来，西方艺术学理论越来越强调艺术之纯粹性，或者说越来越强调纯粹的"艺术性"——而这恰恰与西方资本主义物质生产越来越丧失"艺术性"几乎是同步的，当代艺术学对此所作的评价过于消极（比如说艺术家越来越逃避社会而躲进象牙塔等论调），而我们认为艺术及其理论的这种发展趋向也具有"二重性"，强化纯粹的艺术性，何尝不是对物质生产越来越弱化艺术性的一种平衡呢？兹不多论。（2）由马克思的相关论述可见：所谓"自由的精神生产"当代不仅包括所谓"纯艺术"，至少还包括手工艺等生产活动，从经验的角度来看，应包括个人会从中获得一定愉悦感的所有的改变物质形式的活动——即马克思所谓的"人和自然之间的物质变换"活动。（3）说在当代资本主义社会中，"商业化精神生产"的疆域日趋扩大、"自由的精神生产"的疆域日趋缩小，也并非把这两种生产截然分开，或者说，并不意味着是强调：实际的生产活动中存在着一种纯之又纯、铁板一块的"商业化精神生产"或"自由的精神生产"——与这种描述相关的实际的经验状况是：在当代消费社会中，说大众获得越来越多的艺术享受，其实主要是指大众作为"消费者"所获得的对艺术商品的消费性的享受，而艺术商品的"生产者"总体来说恰恰是少数的，并且是"职业化"的——我们可以推测：如果大众的艺术享受主要是通过自娱自乐的形式获得的，而不借助购买艺术文化商品（或者所谓艺术文化服务），那么，当代"艺术文化产业"就会受到沉重打击——所以，艺术文化的产业化发展，必然会把大众限定在"消费者"这一角色上，而相应地，大众作为艺术文化"生产者"所进行的"业余化"的自娱自乐的艺术文化生产活动必须受到一定压制；另一方面，艺术文化商品的职业化的"生产者"所从事的相对而言也不是"自由的精神生产"——与此针锋相对，我们提出：抵抗或者至少平衡作为资本吸收剩余劳动的新的"吸收器"的"商业化精神生产"的策略之一是倡导艺术文化生产的"业余化"。

（五）"生存需求—自由消费的需求—自由生产的需求"结构论

与三种"资料"对应的是人的三种"需求"："生存需求—享受需求—发展需求"，如果充分结合"生产—消费"这种人的"活动结构"来分析的话，所谓"享受需求"实际是指"自由消费的需求"——而所谓"自由消费"又是相对于维持肉体存在、满足"生存需求"这种"不自由的消费"

而言的，而以上所谓的"用于消费产品（娱乐等）的自由时间"，也就可以称为"自由消费的时间"；而个人的"发展需求"就是指"自由生产的需求"，满足这种"需求"意味着个人生产力（创造力）充分自由的发挥。

（六）有关"剩余价值的流转"的总结构图

剩余价值流转结构	必要劳动时间	符号化剩余劳动时间←←← ←←←	自由时间← ←←←	实体性剩余劳动时间 必要劳动时间	
活动结构	消费		生产		
	必要消费	自由消费	精神生产		直接的物质生产
			商业化精神生产	自由的精神生产	
时间特性	不自由	自由	？	自由	不自由
资料结构	"使用"生活资料				"创造"生活资料
	生存资料之使用	享受资料之使用	个人发展资料之不自由的使用	个人发展资料之自由的使用	
需求结构	生存需求（必要消费的需求）	享受需求（自由消费的需求）	？	发展需求（自由生产的需求）	创造需求满足的物质基础
需求特性	消费性需求		？	生产性需求	
	物质需求		精神需求		
	自然需求		文化需求		
人的形象	自然主体		文化主体		自然主体
产品结构	物质产品之消费	精神产品之消费	精神产品之生产		物质产品之生产
			不自由	自由	
财富结构	必要财富	剩余财富（剩余价值）	财富之源		
世界结构	必然王国此岸世界	自由王国	？	自由王国	必然王国此岸世界

综合前面的分析，我们列出以上图表，并在此结构图中为"自由的精神生产"定位：在"剩余价值流转结构"中，它处于从直接的物质生产中游离出来的"自由时间"中——与此相关，它是"剩余财富"的自由使用；在"活动结构"中，它首先是相对于"消费"而言的"生产"；在"资料结构"，它是个人发展资料的自由使用；在需求结构中，相对于"消

费性需求"而言，它所满足的是一种"生产性需求"，相对于生存性的必要的、物质的、自然的需求来说，它所满足的是一种自由的、精神的、文化的需求；从"世界结构"来说，它处于彼岸的"自由王国"，但以从处于此岸的必然王国中的直接的物质生产中游离出来的"剩余财富（剩余价值、自由时间）"为必要的物质基础。

前已指出，我们又是在三元"生产结构"中来为"自由的精神生产"定位的，也就是在与"直接的物质生产"、"商业化精神生产"的联系与区别中来为其定位的。"自由的精神生产"与"商业化精神生产"同为"精神生产"的相通之处在于：都是在从"直接的物质生产"中游离出来的"剩余价值（剩余劳动时间、发展资料）"的基础上发展起来的；而两者的不同乃至对立之处在于："自由的精神生产"是个人发展资料的"自由的"使用，"商业化精神生产"则是对个人发展资料"不自由的"使用，也就是说，区别在于：对个人发展资料"使用方式"的不同——也正是这种对个人发展资料使用方式的"不自由"，造成"商业化精神生产"本身的一系列对抗（以上图表中用"？"来标示这种对抗）：相对于始终处于此岸的"必然王国"中的"直接的物质生产"时间的不自由来说，它作为"精神生产"的时间应是自由的，但在为资本增殖服务的意义上，它又是不自由的，依然处在此岸的"必然王国"。

再从"需求"的角度来看"商业化精神生产"的对抗性：相对于维持生存的自然性、物质性的需求来说，"商业化精神生产"的产品所满足的是文化性、精神性的需求，但却不是自由性的需求，或者说，不是人的需求的自由的满足——当代西方消费文化研究强调：消费者的"需求"是被厂商、销售商等人为制造出来的因而也是被操控的、不自由的，而我们则从"生产—消费"这种活动结构来揭示：消费活动与生产活动是相互制约、相互决定的，正是"商业化精神生产"的不自由，造成对其产物即文化商品之"消费"的不自由，简言之，生产性不自由决定消费性不自由，反之亦然。这其中一个重要的关键词是"自由生产的需求"或"生产性需求"——这是"审美生产主义"的需求哲学的立足点。马克思强调："一个人'在通常的健康、体力、精神、技能、技巧的状况下'，也有从事一份正常的劳动和停止安逸的需求，这在斯密看来是完全不能理解的"① ——这是

① 《马克思恩格斯全集》第46卷下册，人民出版社1980年版，第112页。

马克思经济哲学与以斯密等为代表的资产阶级古典政治经济学在"需求哲学"上的重要分野：马克思反复强调劳动本身也是人的一种本质性的能动性的需求，我们不妨将这种需求概括为"生产性需求"。马克思还强调，直接的物质生产与自由的精神生产之间的对立并不具有必然性，直接的物质生产同样是人的能动性、创造性本质的一种重要体现——而资本主义生产的重要的历史性特征恰恰在于使这两者之间产生抽象对立，只是这种对立也在历史地变化着：如果说在马克思的时代这种对立主要表现为精神生产与外在于自身的物质生产之间的"外部"对立（因而用"精神—物质"这对范畴可以揭示资本的对抗性）的话，那么，当代资本主义在这方面的对立则相对而言主要表现为精神生产的"内部"对立，即"商业化精神生产"与"自由的精神生产"之间的对立——在这种现实状况下，再用"物质（性）—精神（性）"这对范畴来对当代资本主义的对抗性进行分析和批判，其针对性就不太强了。从"需求"的角度来说，在马克思的时代，工人大众只能满足自身的生存需求，而在当代资本主义社会中，迅猛发展、高速扩张的"商业化精神生产"使工人大众中的很大一部分人的文化性、精神性的需求也获得了满足，相对于维持生存需求的消费的不自由来说，这种满足文化、精神需求的消费就是自由的——但是，不管怎么说，绝大多数人在"工作"中的自由发展自身创造力的"生产性需求"却并未得到更好的满足——相对而言的自由的消费与不自由的生产或者说消费性的自由与生产性的不自由之间的对立，就成为当代资本主义对抗性的重要表现——正是由于这一点，相对于传统的"物质（性）—精神（性）"这对范畴来说，"消费（性）—生产（性）"这对范畴对于揭示当代资本主义的对抗性更具针对性。

斯密以后，资产阶级经济学发生了很大的变化，但在"需求哲学"上的基本人性假设一直未变，即无视"生产性需求"也是基本的人性需求之一。比如资产阶级经济学的一个重要的核心结论是市场的重要功能是"资源"的优化配置，个人能动性、创造性的生产力也被视为是一种"资源"，即所谓的"人力资源"，市场确实是配置人力、物力资源的优化方式，但其"优化"的标准是利润最大化，而人力本身能否充分调动起来、自由发挥出来，不在资产阶级市场经济学的考虑之列。从需求的角度来说，当代资本主义的"剩余价值的流转"方式，确实有利于满足人的自由的"消费性需求"，但却依然不利于满足人的自由的"生产性需求"——资本在

"剩余价值的流转"方式上的内在对抗性依然没有被扬弃。①

（原载《中国社会科学院文学研究所学刊·2011》，中国社会科学
出版社 2012 年版）

---

① 关于"需求"的"生产性"、"消费性"问题的详细分析，参见拙文《"快感"与"生产"的剥离：消费主义的审美后果》，载《中国社会科学院文学研究所学刊·2009》，中国社会科学出版社 2010 年版。

生产、消费与人的自我认同

——兼论马克思的生产认同观

宁全荣　　李宏伟

自我认同是人对于自身的认同，是人不断追问"我是谁"的过程。在当代，认同居于整个人类生活的中心，认同不仅关乎个人的生存与发展，而且关涉人与物、人与人之间的关系。在追求物欲享受的消费主义横行全世界的当下，消费则成为最为强烈且最为直接的展现自我个性的途径，大众普遍通过消费的手段来获得认同。然而这种认同只是根据每个人所拥有商品的不同作出的"形而上"的区分，并不是确证人的本质力量的过程，不是对于个人能力的认同，消费认同实质上不是对于主体自身属性的认同，因此不但无法正确认识自身的本质性力量，而且无益于人的自由全面发展。最终结果是人受物的奴役，并且对社会造成了极其严重的负面影响。目前，学界对于消费认同的根源研究不足，尽管有学者已经指出认同与消费之间的关联，但因为没有从资本逻辑的角度分析炫耀性消费和符号消费现象的根源，因此不能真正地认识消费认同的本质以及扬弃之途。倡导理性、健康的消费习惯，重建大众的生产认同是构建人与物、人与人之间和谐关系的基础，也是构建社会主义核心价值体系的前提。

一

自我认同，是人作为理性的动物认识自我的过程。自我认同不仅仅是认识自我这样的认识论问题，不仅仅是对于"我是谁"、"我们是谁"等问题的回答，也是"我将成为谁"、"我想成为谁"的价值论问题，还是"我如何成为谁"的方法论问题。在历史唯物主义视域中，自我认同深层次地与人的本质相关。对于"我是谁"、"我想成为谁"、"我如何成为谁"

的回答，是人确证自身本质的力量并展现自我个性的过程，也即人的本质的自我生成过程。科技、生产力的发展使人们之间的交往范围逐渐扩大，人与人之间的差异也越来越大，人在不同交往对象面前的身份不同；在不同对象化的物品前，人的本质性力量不同，人就在这种"差异"的区分当中自我观照，从而认识他者、认识自身。

人的自我认同过程，是借助对象化客体的活动过程，是一个有意识的实践过程。"一方面为了使人的感觉成为人的，另一方面为了创造同人的本质和自然界的本质的全部丰富性相适应的人的感觉，无论从理论方面还是从实践方面来说，人的本质的对象化都是必要的。"① 简言之，主体在有意识地实现自我理想的实践过程中，经由"物"来确证自身本质是必要的，人通过所对象化出去的"物"彰显主体与他者的差异来达成"区分"、获得自我认同。人的本质对象化过程就是人生产自身的过程，而如何生产、生产什么又体现了主体的价值取向，人就在这种生产劳动实践之中展现自我个性并且获得满足。"他们是什么样的，这同他们的生产是一致的——既和他们生产什么一致，又和他们怎样生产一致。"② 也即，在马克思那里，人的自我认同是生产的认同，是主体展现本质性力量创造性劳动的认同。

生产是逐渐发展的。在自然经济社会时期，生产力并不发达，"我们越往前追溯历史，个人，从而也是进行生产的个人，就越表现为不独立，从属于一个较大的整体。"③ 也就是说在人的依赖性社会，人的生产能力低下，"人的依赖关系（起初完全是自然发生的），是最初的社会形态，在这种形态下，人的生产能力只是在狭窄的范围内和孤立的地点上发展着。"④ 人从属于某个集体，认同大都是集体式的、外在形式上的认同，只是对于人身份、社会地位的认同，尚未涉及人的本质力量（个人能力）的认同。此时人的身份单一，人们之间的关系表现为按照地位、作用、职能、血缘发生的狭隘的自然联系，人的社会地位差异明显，很容易将人区分开来。另一方面，由于社会普遍生产力水平不高，生产出的物品尚无法满足大众的日常生活需求，社会还没有出现"剩余物"，因此，即便存在一些奢侈

---

① 马克思：《1844 年经济学哲学手稿》，人民出版社 2000 年版，第 88 页。
② 《马克思恩格斯选集》第 1 卷，人民出版社 1995 年版，第 68 页。
③ 《马克思恩格斯选集》第 2 卷，人民出版社 1995 年版，第 2 页。
④ 《马克思恩格斯全集》第 46 卷上册，人民出版社 1979 年版，第 104 页。

性的炫耀现象（如"斗富"、"夸富宴"），也是极为少见的现象，仅仅是贵族、富绅之间攀比的玩物，大众还只是停留在生活资料的消费层面，消费尚未成为人的认同手段。对于大多数的平民大众来说，人们生存尚未得到保障，自然无暇顾及认同。如查尔斯·泰勒在《现代性之隐忧》中所说："在现代之前，人们并不谈论'同一性'和'认同'，并不是由于人们没有（我们称为的）同一性，也不是由于'同一性'不依赖于认同，而是由于那时认同根本不成问题，不必如此小题大做。"①

在物的依赖性社会，生产力发展水平的提高扩展了人们的交往范围，人不再局限于过去"人的依赖性"，而是有了相对的独立性。"以物的依赖性为基础的人的独立性，是第二大社会形态，在这种形态下，才形成普遍的社会物质变换，全面的关系，多方面的需求以及全面的能力的体系。"②在这个发展阶段，人不再像过去直接依赖于人，个人独立的生产能力得到增强，个人能够更为多样地表现自己的生活方式。然而在私有制的条件下，生产一方面展现着主体的个性，但同时另一方面更造成了生产劳动对象对人的奴役："工人生产的对象越多，他能够占有的对象就越少，而且越受自己的产品即资本的统治。"③ 劳动对象对于人的奴役使人与人之间的联系"表现为对他们本身来说是异己的、无关的东西，表现为一种物。在交换价值上，人的社会关系转化为物的社会关系，人的能力转化为物的能力"。④ 就是说，人与人的联系被物与物的关系所掩盖，人与人的交流受到物的制约："我们彼此进行交谈时所用的惟一可以了解的语言，是我们的彼此发生关系的物品。我们不懂得人的语言了，而且它已经无效了；……我们彼此同人的本质相异化已经达到了这种程度，以致这种本质的直接语言在我们看来成了对人类尊严的侮辱，相反，物的价值的异化语言倒成了完全符合于理所当然的、自信的和自我认可的人类尊严的东西。"⑤ 人通过生产所呈现出的个性是受到物压抑的个性。同时因为非自愿的分工制约着人的全面发展，因此，在物的依赖性社会，人通过生产所展现的个性本质上又是残缺的、片面的个性。尽管如此，生产已然成为人与他者区分、展

---

① [加] 查尔斯·泰勒：《现代性之隐忧》，程炼译，中央编译出版社 2001 年版，第 55 页。
② 《马克思恩格斯全集》第 46 卷上册，人民出版社 1979 年版，第 104 页。
③ 马克思：《1844 年经济学哲学手稿》，人民出版社 2000 年版，第 52 页。
④ 《马克思恩格斯全集》第 46 卷上册，人民出版社 1979 年版，第 103—104 页。
⑤ 马克思：《1844 年经济学哲学手稿》，人民出版社 2000 年版，第 183 页。

现个性、确证人本质力量的重要方式，也即人能够通过生产来建构自我认同。

由于"人的社会关系转化为物的社会关系，人的能力转化为物的能力"，这就意味着借助物可以推断人的社会地位名望、财富等外在特征，能够完成"区分"维度上的认同。这就造成了消费认同的出场。事实上，私有制以来，财富与认同有着天然的联系。"不论在什么地方，只要建立了私有财产制，哪怕是在低级的发展形态下，在经济体系中就有了人与人之间对商品占有进行竞争的特性。"① 人通过炫耀自己所拥有的财富，从而达成与他者的区分。尤其在资本主义社会时期，封建王朝界限分明的等级制度被打破，一般而言，法律规章制度不再限制物品的使用权限，绝大多数的商品都可能成为大众的囊中之物，只要你能够支付相应的货币即可。以往资产阶级享受的诸种奢侈品价格降低，越来越多地成为被大众普遍使用的日常用品，比如汽车、豪宅等。这样一来，社会全体成员在消费面前，所有人基本上处于平等的地位。在人的社会地位认同意识微弱时，不同阶级之间的区分越来越淡化，人的身份、社会地位的认同就主要通过消费这个手段来达成，消费因而成了最强有力、最直接的认同方式。人所拥有的财富不同、消费能力的不同决定了凭借消费能够将不同的人区分开来。在当代社会，大众的消费普遍带有认同的色彩。消费不仅表达社会群体间的差异，而且也在建构着这种差异。"生产方式往往是碾平差异，把空间和时间压缩，但这却为消费方式的差异制造了相遇的场域，在这个场域中，消费在不断制造新的差异和不同的认同。"②

二

不可否认，人的消费行为能够彰显出消费主体的价值取向，人对于消费对象的选择显现出人的兴趣爱好。但是试图通过消费建构人本质意义上的认同，却是徒劳的。这是因为理性的消费行为是根源于人的生存与发展的需要，并不是为了单纯地、直接地占有某物，对物的"占有"并不是人的最终目的，"占有"只是为了生产自身。而试图以消费建构认同的消费

---

① ［美］凡勃伦：《有闲阶级论》，蔡受百译，商务印书馆1964年版，第21页。
② 韩震：《全球化、现代消费和人的认同》，《江海学刊》2005年第5期。

行为则正相反，是出于"占有"某物来凸显主体身份、地位等外在特征的目的。

试图以消费建构认同的现象非常常见，几乎涵盖了人的整个生存领域，主要有两种表现形式：炫耀性消费和符号消费。大体上说，炫耀性消费主要体现在富有的社会上层人士中，符号消费的主体则是中产阶级和普通民众。炫耀性消费认同是通过名贵奢侈品彰显自身个性，符号消费认同则是通过"符号"所象征的意义追求差异。

正如凡勃伦所说，富有人士购买奢侈品皮包、服装、烟酒、别墅、豪华轿车等这些昂贵商品的动机，不过是出于"炫耀"的目的，炫耀自身的财富或是社会地位，从而达成与他者的"区分"，对于这些物品的消费正是体现了主体的认同诉求。但是这种认同除了能够显示出个人拥有物的多少贵贱之外，并不能为社会创造多少价值，反而恶化了社会的消费风气，造成了相互攀比、面子消费的盛行。实际上这种认同方式无疑是非常落后的、背离于人的本质的。表面上看，人是在炫耀自己的名贵的所拥有物品，力图与他者"区分"，显示出他与普通人的差异。实际上，他是在炫耀物品背后所蕴藏的"货币"魔力。正是因为这些奢华物品价格不菲，所以对于他者来说，才成为他炫耀的对象。炫耀性的消费认同实质上是人受货币拜物教奴役的表现。"依靠货币而对我存在的东西，我能为之付钱的东西，即货币能购买的东西，那是我——货币持有者本身。货币的力量多大，我的力量就多大。货币的特性就是我的——货币占有者的——特性和本质力量。因此，我是什么和我能够做什么，决不是由我的人特征决定的。"① 也就是说，拥有货币，人们可能拥有原本自身并不具备的能力。用马克思的话说，丑的人能够用货币买来绝世倾城的美女，那么丑的人就不再相貌丑陋了，丑被"货币化为乌有了"。如此一来，人便将自身的力量对象化在货币当中，似乎货币本身天然地具有支配人类命运的神秘力量。炫耀性的消费认同不仅使主体无法正确、理性认识自身，他对于"我是谁"、"我将是谁"的回答也只是极具悲剧色彩的"我有多少钱"、"我想要有多少钱"的拜金主义式的答案。

炫耀是富有的上层阶层人的特有方式，炫耀者受货币的魔力所支配。平民大众的消费认同则是另外一番情景，相同之处在于普通民众的消费同

---

① 马克思：《1844 年经济学哲学手稿》，人民出版社 2000 年版，第 143 页。

样是异化的、受控的、非自由的。在西方发达资本主义社会，消费如鲍德里亚所说，人不是消费物的使用功能，而是在消费"物所蕴含的符号象征意义"。鲍德里亚在《消费社会》中以洗衣机为例，阐明了生产高度发达时期人们的消费行为动机不是出于物使用功能的考量，而是物的外在意义。"今天，很少有物会在没有反映其背景的情况下被提供出来。消费者与物的关系因而出现了变化：他不会再从特别用途上去看这个物，而是从它的全部意义上去看全套的物。洗衣机、电冰箱、洗碗机等，除了各自作为器具之外，都含有另外一层意义。"① 也就是说，在"人被物包围"的时代，如果一个人去购买洗衣机，商场里有众多五颜六色、样式五花八门、功能繁杂让人眼花缭乱的洗衣机在朝他招手，在这个时候，这些洗衣机的使用价值——能够洗衣——已经排除在消费者的考虑之外，能够决定他是否购买某个洗衣机的因素正是洗衣机所象征的意义。不同物品的象征意义在消费意识形态的加工下，组成了人与人之间的交流体系。消费的作用类似于语言，成为人与人之间交往的中介形式。例如婚戒、玫瑰花象征着爱情，于是婚礼里必不可少地会出现它们的身影，然而事实上婚戒、玫瑰花的使用价值与爱情无任何关联。即便如此，婚介、玫瑰花等物质已经被仪式化，大众普遍接受了它们与爱情之间的关联，消费意识形态"让一个符号参照另一个符号，一件物品参照另一件物品，一个消费者参照另一个消费者。"② 消费者在无意识或者是下意识中接受了物所代表的意义，消费在不同程度上成为对于物象征意义的符号消费。随着生产力的进一步发展，商品被意义化的程度、范围均会进一步扩大，甚至一些并没有多少使用价值的物品都会被符号化，从而成为商品，例如可口可乐。据统计，可口可乐公司在 2010 年的广告费用高达 20 亿—40 亿美元，在世博会、奥运会、各类体育比赛、杂志、电影中遍布其广告踪迹，由此可见可口可乐公司重视广告宣传的程度。如可口可乐公司前任总裁伍德拉夫所言："可口可乐 99.61% 都是碳酸、糖浆和水，如果不进行广告，那还有谁会喝它呢？"消费者购买可口可乐的原因大致是"我们喝的是广告上那幅少男少女畅饮的景象，我们喝的是'喝一口使你精神百倍'的标语，我们喝的是

---

① ［法］鲍德里亚：《消费社会》，刘成富、全志钢译，南京大学出版社 2008 年版，第 3 页。
② 同上书，第 116 页。

美国人了不起的习惯，我们很少去品尝味道"。① 对于可口可乐的消费就是纯粹的符号消费，消费者试图通过可乐传递给他者这样的信息：我是时尚的人、我是激情洋溢的人、我是了解美国文化的人。在当前国内，符号消费逐渐成为常见现象。据《中国青年报》的一项调查显示，80.8%的受访者确认，身边很多人消费的是符号，而非商品本身，其中26.9%的人表示这样的人"非常多"。受访中，51.8%的人坦言有过符号消费经历。②

以消费建构认同的结果是人异化于消费对象、异化于人的本质。消费者越是出于标新立异、炫耀自己的目的通过消费来完成认同，消费对象对于消费主体的僭越统治就越使人在消费中沦为"物"，人也就越将自己的本质对象化出去，从而就离"人是人的最高本质"越来越远。人通过炫耀性消费和符号消费无法认识自身、认识他者，反而会使拥有更多的物成为人的终极目的，使人成为物的附属，消费认同最终发展为对货币、符号的认同。货币拜物教将人生的丰富意义单一化为追求金钱，一味追求名牌而不管物品的使用功能，浪费式的炫耀即便把购买者的财富、地位、品位体现了出来，这种体现却是不健康的，不仅使金钱上升为人的最高目的，由此人反而成为客体，沦为金钱的奴隶；而且造成了社会不良的消费风气。"天价烟"、"天价年夜饭"、"世纪婚礼"等天价事件屡见不鲜、层出不穷，无外乎是在赢取他者的关注和获得他者的认同，富豪争相炫耀性的浪费助涨了奢侈浮华享受之风。而意图通过物品所象征符号的消费来彰显个体差异的认同实际上是对于物的外在意义的认同，并不是对于主体真正个性的认同。人的真正个性，人区别于他人的本质所在，绝不是人所生产出来的符号，符号拜物教将人的本质对象化到虚无的符号当中，是人同人的本质相异化的表现。

由此可见，消费认同是对于人"形而上的"、非常浅显表层的认同。从最根本上说，从真正展现人的个性、确证人的本质力量的角度看，消费认同并不是人的本质属性的反映，也就是说，消费认同并不能有效反映、确证作为主体的人的本质性力量。炫耀性消费、符号消费反而压抑了人的自由个性，人被非人化，货币与符号被人化。

如马克思所说，人在消费时只是履行动物的功能，而真正使人成其为

① ［美］弗洛姆：《健全的社会》，孙恺祥译，贵州人民出版社1994年版，第124页。
② 《符号消费来势凶猛 国人应思如何过好富日子》，《中国青年报》2010年10月21日。

人的是人的自由自觉的生产劳动。人毕竟不是消费的动物，人毕竟不想让自己成为埋头于疯狂购物的消费机器，寻求物质享受是人的一个基本的需求，但绝不是为了要让自己有限的生命融入到无限的横流物欲当中，对于物的占有并不能真正使人成为"人"。人在从事这种生产劳动时才是在履行人的功能，人在自由自觉的实践过程中，不断深化对自己及他人的认识，创造并实现自己的本质。

纵观人的认同的发展历程，从最初"人的依赖性"阶段的无法展现个性，到"物的依赖性"阶段人能够展现"受压抑的片面的个性"，我们发现认同的发展实则是人的解放过程。生产认同是关于人的本质层面的自我个性的展现，但是当前条件下，人还不能展现"自由个性"，还不能"以一种全面的方式，就是说，作为一个总体的人，占有自己的全面的本质"。① 自由个性的实现需要人从"人的依赖性"与"物的依赖性"中解放出来，也即人成为"自由全面发展的人"，人的活动成为"占有现有的生产力总和"的自主活动。这需要生产力的发展、社会整体的进步等外在条件的保障。"建立在个人全面发展和他们共同的社会生产能力成为他们的社会财富这一基础上的自由个性，是第三个阶段。第二个阶段为第三个阶段创造条件。"②

三

人的自由全面发展迫切需要从消费认同的陷阱之中解脱出来。这就需要认识造成消费认同现象的根源。生态马克思主义者本·阿格尔指出消费认同的根源是"人们为了补偿自己那种单调乏味的、非创造性的且常常是报酬不足的劳动而致力于获得商品"，也即消费认同是由于"人在劳动过程感觉到不自由"，因此人不想成为"处于劳动中的自己"，想成为"在消费领域寻求慰藉的人"，消费带给人快乐，人在消费过程中完成区分，并实现"我想成为谁"的认同。事实上，这就忽略了资本逻辑奴役大众的实质性作用。异化劳动只是消费认同的一个必要性的前提条件，绝非充分条件。本·阿格尔的"补偿"说只是解释了劳动不是大众的主要认同手

① 马克思：《1844 年经济学哲学手稿》，人民出版社 2000 年版，第 85 页。
② 《马克思恩格斯全集》第 46 卷上册，人民出版社 1979 年版，第 104 页。

段，但是却忽视了资本对于大众全方位奴役的作用，因此不能解释缘何消费成为人认同的主要方式。

消费认同的根源是资本逻辑。所谓资本逻辑，是指资本自身追求利润最大化的一般特性。在资本主义社会，"资本是资产阶级社会的支配一切的经济权力"。① 资本逻辑改变了 18、19 世纪传统的生产销售模式，牛奶销售不出去不会再被倒入沟壑，而是改头换面重投消费者的怀抱。资本逻辑支配下的生产模式不仅大批量生产出物品，而且生产各种为资本利润服务的消费文化，诱导大众购买各种商品。

首先，资本逻辑将大众的人生意义单一化为对于"物"的占有当中，从而个人的"肯定与满足"与物的占有多少成正比。消费主义的冲击，使西方民众开始摆脱早期清教徒式的禁欲生活，借助消费追求平等与幸福。提前消费、分期付款等消费方式也影响了传统中国人的消费观，勤俭、节约正逐渐让位于"物欲享受"。为了让大众购买大规模生产出来的商品，资本家通过各种途径宣扬新产品的种种好处，并承诺只有通过消费，才能获得时尚、自由、幸福等感觉。他们在电影、电视、报纸杂志当中树立起成功人士的模型，成功人士一般都拥有保时捷、别墅、直升机、新潮服装、各名牌商品等物品，潜移默化中让大众心甘情愿变成消费的工具。人的认同外化于消费行为，消费变成了认同的主要手段。人生意义单一化后，大众沉迷在物的占有当中，以占有更多的物为乐趣，尽管这些物他并不一定会付诸使用。"对于很多物品来说，我们根本就没有使用的欲望。我们获得它们就是为了占有它们。我们很满意于无用的占有。为了害怕摔坏，我们根本就不去动贵重的餐具和水晶的花瓶。有着很多不同的房间，有着不必要的汽车和仆人，所有这些都说明：不是使用而是占有才带来愉快。"② 拥有物的多少代表着个人的事业成功、社会地位甚至是幸福程度。于是就诞生了众多炫耀性的消费现象。中国时下常见的"官二代"、"富二代"就是因为人生的丰富意义消逝，因此才以消费来炫耀金钱、权力以及自己拥有的物品，从而在自我意识里获得"高人一等"的感觉，实际上这种认同绝不是对于个人本质能力的认同。

---

① 《马克思恩格斯选集》第 2 卷，人民出版社 1995 年版，第 25 页。

② 陈学明：《痛苦中的安乐：马尔库塞、弗洛姆论消费》，云南人民出版社 1998 年版，第 176—177 页。

其次，资本逻辑作用下，唯利是图的资本家生产出各种"符号"，大众借助物品的这种外在性意义达成虚幻的认同。以钻戒为例，钻石最初只是硬度颇高的工业用物，它并不是天然的爱情象征物，而是经过印度跨国公司戴比尔斯的全球性铺天盖地的广告（"A Diamond Is Forever"，中文译为"钻石恒久远，一颗永留传"）攻势之后，才得以成功地象征了爱情。大众对于这些外在"符号"的消费实际上完全是认同型的消费。只有在与他人相交往的过程中，这些符号才有意义。人将该符号蕴含的特性内在化，仿佛消费了该物品，就能拥有广告中所承诺的特性，如自信、时尚等。消费者彼此相互参照，人借助这些符号向他人表征自己"具有"的特性。

简言之，在追求利润最大化的生产模式下，资本逻辑成为了一束"普照光"，统领整个社会的运行。消费是生而自由的，但却无所不在资本的算计当中。由此可见，炫耀性、符号消费认同的根源正是在于资本逻辑。因此，要消解大众的认同方式危机，首先必须改变大众无法从劳动过程中获得满足与肯定的现实。"在奴隶劳动、徭役劳动、雇佣劳动这样一些劳动的历史形式下，劳动始终是令人厌恶的事情，始终是外在的强制劳动，而与此相反，不劳动却是'自由和幸福'。"①而要实现这种改变，就需要超越私有制，扬弃劳动异化，唯有如此，才有可能让不自由的、受压抑的劳动升华为自主自由的实践活动，从而重建合理的认同。其次，要让大众从消费认同的陷阱走出来，就需要加强大众消费批判意识的培养，警惕符号、货币对于人的宰制，培养理性的、健康的消费习惯，改变追求物欲享受的消费认同的方式，还原主体的生产认同。

我国作为社会主义国家，私有制的弊端在一定程度上得以剔除，并且有改变生产被资本逻辑支配的现实基础，此外对于传媒的引导、管理要比西方资本主义国家有效，也就是说，我国完全有消解消费认同的前提条件。但是在当前，炫耀性消费、符号消费现象大量存在，这就提示我们应该深刻反思生产与传媒在人的认同过程中的作用，同时应该进一步发挥制度的优越性，倡导理性的认同观，构建良性的认同氛围，从而形成消费认同到生产认同的转变，这是建设社会主义核心价值体系的重要任务。

（原载《理论导刊》2012 年第 9 期）

---

① 《马克思恩格斯全集》第 46 卷下册，人民出版社 1980 年版，第 112—113 页。

生产范式的"后马克思主义"境遇论析

方 丽 李 鸣

一 历史唯物主义生产范式的双重逻辑意蕴

生产是马克思考察历史存在与发展的起点。为了批判青年黑格尔派用"意识的变革来代替现实的革命",马克思在《德意志意识形态》中指出,必须理解现实,"因此第一个历史活动就是生产满足这些需要的资料,即生产物质生活本身,而且这是这样的历史活动,一切历史的一种基本条件,人们单是为了能够生活就必须每日每时去完成它,现在和几千年前都是这样。……因此任何历史观的第一件事情就是必须注意上述基本事实的全部意义和全部范围,并给予应有的重视。"① 以此为基础,才能理解"社会结构和国家总是从一定的个人的生活过程中产生的"。② 马克思发现,随着资本主义生产的普遍化,虽然物质生产是人类社会历史的前提,但这种资本主义生产容易被贴上抽象的生产的标签,从而获得永恒的规定性。为了探求物质生产条件和要素在当下具体社会形态中的实现形式,同时也为了辩驳那些资产阶级经济学家将资本主义生产当作永恒的自然性,马克思以《资本论》为理论形态,深入研究了资本主义生产方式。马克思明确指出,"说到生产,总是指在一定社会发展阶段上的生产——社会个人的生产。……对生产一般适用的种种规定所以要抽出来,也正是为了不致因为有了统一(主体是人,客体是自然,这总是一样的,这里已经出现了统一)而忘记本质的差别。那些证明现存社会关系永存与和谐的现代经济学

① 《马克思恩格斯选集》第1卷,人民出版社1995年版,第79页。
② 同上书,第71页。

家的全部智慧，就在于忘记这种差别。"①

从生产范式内在的不同理论逻辑出发，张一兵教授在《回到马克思——经济学语境中的哲学话语》中区分了"广义历史唯物主义"与"狭义历史唯物主义"。所谓"广义历史唯物主义主要揭示了物质生产是人类生存的一般基础"，"是一部抽象出来的社会历史本质的逻辑"，②可以理解为关于人类社会一般本质、一般发展规律的哲学理论。所谓"狭义历史唯物主义是对经济力量颠倒地决定人与社会这样一种特定的历史情境的指认"，③它不是一般历史观，而是特定历史阶段的历史状态的揭示。马克思的经济学研究就是要找到狭义历史唯物主义中的社会经济形态的特殊规律。他指出，在马克思的分析中，存在一个作为"合理的抽象"的生产一般，但是这个抽象的目的恰恰在于说明一定社会发展阶段上的生产的具体形式，与狭义历史唯物主义相对应的正是这种生产的资本主义实现形式。④

由此，可以概括出历史唯物主义生产范式的双重逻辑——一般物质生产（一般生产逻辑）和特殊的资本主义生产（资本逻辑）。⑤物质生活资料的生产和再生产是人类社会存在和发展的基础，也是人的自由全面发展的现实前提。在物质生产过程中体现了人与自然的双重建构，即人在改变自然的同时也改变人自身，在最终的意义上，物质生产不仅为人的全面自由发展准备了充分的物质财富，而且随着人类劳动生产率的不断提高，将给予人的发展越来越多的自由时间。在这个维度上，一般生产逻辑具有"历史本体"的意义，只要是能促进物质资料生产的社会形式与社会结构，例如资本主义制度及其所显示出来的分工、机器大工业等都具有历史的进步意义。然而，从人类学角度而言，物质生产逻辑是从一般的抽象角度谈论生产的，仅仅涉及构成物质生产的条件、要素及其产品结果，而不涉及与之相适应的生产关系和交换关系。生产总是"现实的人"在一定的社会关系和政治关系中组织进行的，仅仅从一般生产逻辑维度出发，我们将不能充分地分析生产的特殊社会形态——资本主义社会生产的全部秘密。马

① 《马克思恩格斯选集》第2卷，人民出版社1995年版，第3页。
② 张一兵：《回到马克思——经济学语境中的哲学话语》，江苏人民出版社1999年版，第492页。
③ 同上。
④ 同上书，第69页。
⑤ 仰海峰：《历史唯物主义的双重逻辑》，《哲学研究》2010年第11期。

克思在《1857—1858年经济学手稿》"导言"中明确指出:"总之:一切生产阶段所共有的、被思维当作一般规定而确定下来的规定,是存在的,但是所谓一切生产的一般条件,不过是这些抽象要素,用这些要素不可能理解任何一个现实的历史的生产阶段。"① 在资本主义社会中"资本是资产阶级社会的支配一切的经济权力"②。在由资本决定的生产过程中,存在一种特殊的生产过程——剩余价值的生产。此时,如果仅仅从一般生产逻辑出发来理解资本主义生产,就会把资本作为劳动对象和劳动资料的一部分,那么剩余价值的来源就不会与工人的劳动产生关联。此外更重要的是,由于脱离了劳动对象和劳动资料的生产将不可能进行,因此,资本在生产中就获得了永恒的规定性,而这正是资产阶级经济学家看待利润的形成与理解历史的关键。因此,如同马克思所思考的,对资本主义生产过程的理解必须立足于资本逻辑自身的生产和运动来展开。从一般生产逻辑到资本逻辑,并不是历史唯物主义在资本主义社会中的简单推广和应用,而是生产范式内含的矛盾在运动发展中进入了一个全新的阶段。

在人类历史的不同阶段,生产范式的双重逻辑展现了不同的作用。在前资本主义社会中,尽管也曾出现了商品交换和资本形式,但以资本为源头的资本主义生产并没有占据统治地位,因此,此时的资本逻辑还处于一般生产逻辑支配之下。然而一旦进入资本主义社会,一般生产逻辑就被资本逻辑所统治和支配。"在一切社会形式中都有一种一定的生产决定其他一切生产的地位和影响,因而它的关系也决定其他一切关系的地位和影响。"③ 其意义是说,资本逻辑是我们透视一切社会历史形式的基础,也即只有从资本逻辑出发,我们才能更好地理解一般生产逻辑。马克思揭示,在这个特殊的历史阶段,生产的资本逻辑统治了生产的一般逻辑,原本在一般生产逻辑意义上作为人的本质力量的确证的一切活动都被异化,诸如劳动这种对象化活动、分工、机器大工业等。以资本逻辑为主导的资本主义生产力发展和它的生产条件必然发生冲突,即不是满足人的真实需要的生产力的无限发展必然由于市场的萎缩而导致经济危机,并同时导致以剩余价值剥削为起源的阶级矛盾的激化,最终引发无产阶级革命,实现资本

① 《马克思恩格斯全集》第30卷,人民出版社1995年版,第29页。
② 同上。
③ 同上书,第48页。

主义的必然灭亡和无产阶级的必然胜利。在这个维度上，生产—阶级—历史必然性构成了以资本批判为基础的历史运行逻辑。因此可以说，生产的资本逻辑是马克思对生产的一般逻辑的深化和具体化，生产的一般逻辑又构成了马克思对资本逻辑批判的参照。而资本本身在生产中所蕴含的内在矛盾又为资本逻辑最终回归一般生产逻辑提供了必然的条件。

二 "后马克思主义"对生产范式的双重批评

"后马克思主义"是20世纪70、80年代以来，在后现代主义影响下，面对发达资本主义国家的新变化，在马克思主义阵营中出现的一种新思潮，其主要代表人物有拉克劳、墨菲、鲍德里亚、利奥塔、德里达、德勒兹等。他们用一种后现代的理论和方法解构马克思主义和分析现代主义。以鲍德里亚和拉克劳、墨菲为代表，可以梳理出"后马克思主义"在双重逻辑层面对马克思生产范式进行批判的主要路向。

鲍德里亚对马克思生产范式的资本主义意识形态话语批判的典型手法，是集中力量对其基础性概念进行破坏性解读。他指责构成生产范式的一系列基本概念，诸如生产方式、劳动、生产等概念都是马克思未经反思从资产阶级经济学家那里借用而来，因而，他同样把这些概念永恒化了，其实质只不过是用另一种生产合理性取代当下的资本主义生产合理性。"生产的资本主义体系将被真正的、激进的生产力所颠覆。资本主义的价值规律将被摆脱超异化的超生产力、生产的超空间所废除。"① 因此，鲍德里亚集中火力对马克思建造的概念体系进行批判。

在鲍德里亚看来，第一，马克思以劳动概念构造了一个生产的"自我"之镜。马克思认为，在资本主义社会，劳动力的交换价值支配着使用价值，资本家支付给工人的是劳动力的交换价值而不是使用价值，劳动力的使用价值本身创造了远远高于交换价值即工资的价值，正是由于劳动力不能直接占有自己的使用价值，才会导致人被物所奴役，因此，马克思设想的是，只要将劳动力的使用价值解放出来，劳动解放了，人就解放了。鲍德里亚认为马克思这种思考的深层理论基础是将劳动力和使用价值作为一个不言自明的永恒存在。事实上，"使用价值根本不是超越政治经济学

---

① ［法］鲍德里亚：《生产之镜》，仰海峰译，中央编译出版社2005年版，"序言"第2页。

的领域，它只是交换价值的地平线"①。资本主义大工业一开始就在具体劳动（使用价值）和抽象劳动（交换价值）之间建立了一个相互支撑的结构性结合，而具体劳动即是在背后支撑抽象劳动的强大意识形态。"在18世纪，导致劳动的普遍化以及随后将这种普遍化劳动再生产出来的，并不是以抽象的、量的劳动还原具体的、质的劳动，而是这两种劳动的结构上的结合从一开始就生产着普遍化的劳动。"② 这种结合的结果是，"人们不仅被政治经济学体系当做生产力在量上加以剥削，而且被政治经济学符码形而上学地规定为生产者。"③ 在这一方面，"马克思主义支持着资本的狡计"。

第二，马克思通过人类中心主义的自然概念建构了一个生产的自然之镜。鲍德里亚认为，直到17世纪末，"在最终的意义上，自然指的是上帝"。④ 然而到了18世纪，这一切都被打破了，自然"被看作潜在的力量……这是主体与自然客体之间明确的分裂，两者同时服从于操作的最终目的"。⑤ 自然地位的上升"是在生产原则的符号下实现的"⑥，正是通过生产和劳动，世界分化出了主体和客体，产生了改造与被改造的关系。在科学、技术、生产的客观标记下，自然进入劳动的视域中，体现为劳动过程中的"现实"。从自然概念的转变中体现出来的是资产阶级经济学所描述的支配自然这一最终目的。鲍德里亚认为，马克思同样不加批判地使用了资产阶级这一自然概念。"马克思说劳动是财富生产之父、土地是财富生产之母，这是错误的。"⑦ 马克思虽然将私有财产、市场等"去自然化"，但从来没有质疑"自然的最终有用性在于劳动对它的改造"⑧。

第三，马克思用现代欧洲人的生产模式解释整个人类历史，形成"我生产故历史在"。鲍德里亚认为，马克思"人体解剖对于猴体解剖是一把钥匙"这段话明确地表达了历史唯物主义运用的方法，即用资本主义社会结构模式重构前资本主义社会的社会结构和社会关系。他认为，生产、生

① ［法］鲍德里亚：《生产之镜》，仰海峰译，中央编译出版社2005年版，"序言"第3页。
② 同上书，"序言"第7页。
③ 同上书，"序言"第12页。
④ 同上书，"序言"第36页。
⑤ 同上书，"序言"第37页。
⑥ 同上。
⑦ 同上书，"序言"第38页。
⑧ 同上书，"序言"第40页。

产力、生产方式、经济基础、上层建筑等历史唯物主义范畴都是从资本主义社会关系中抽象出来的，马克思将这些特定历史时期的范畴外推到一切历史时代的做法是不合法的。① 如果像马克思那样去分析，就会存在一种假定，即假定在所有社会都存在着生产力，至少生产力是这些社会的核心，如此去分析前资本主义社会，就只能得出资产阶级政治经济学模式的结果，而无法理解那些社会的特殊性。在鲍德里亚的分析中，原始社会、奴隶社会和封建社会中充斥着与现代经济性交换根本相异，并不以物质资料的生产和再生产为中心的象征性交换，在其中体现着人与人、人与自然的直接交互性。由此，鲍德里亚认为，马克思生产范式的逻辑只局限于经济学范围内，其理论指向只是建立一个生产的超级组织，而所有关于人的本质、人的解放和发展的构想在实质上都没有超出资产阶级政治经济学的视野。从这一共同基础出发，历史唯物主义被称为是与资产阶级意识形态共谋的虚幻的"生产之镜"。就此而言，革命的逻辑结构已经不能再从生产范式中找寻，而必须是一种彻底反经济反生产的"象征性交换"乌托邦。

与鲍德里亚指责生产范式之一般生产逻辑中体现的工具理性不同，"后马克思主义"的另两位代表人物——拉克劳和墨菲则对资本批判逻辑中蕴含的历史必然性进行了批评。20世纪70、80年代以来，当代资本主义发达国家在经济、社会和政治领域都发生了结构性变化。在经济领域，知识经济广泛发展，全球化日益蔓延，资本主义国家对经济的调控能力增强；在社会领域，随着社会日益科层化，分工精细化以及专业技术人员数量的增加和地位的提高，资本主义社会的阶级分布和阶级对抗的性质发生了历史性转变；在政治领域，传统的工人阶级大规模反抗资本主义的运动沉寂，出现了各种如女权主义运动、生态主义运动的新形式。历史的发展似乎表明，资本主义的阶级分布状况并没有引起两极分化，而经济危机的发生也并不意味着必然爆发无产阶级革命。据此，拉克劳和墨菲则对"两个必然"的历史逻辑产生了怀疑。

拉克劳认为马克思在《〈政治经济学批判〉序言》中集中表达了历史唯物主义的第一重理论逻辑，也即生产力和生产关系的辩证原理："物质生活

---

① ［法］鲍德里亚：《生产之镜》，仰海峰译，中央编译出版社2005年版，"序言"第91—94页。

的生产方式制约着整个社会生活、政治生活和精神生活的过程。不是人们的意识决定人们的存在，相反，是人们的社会存在决定人们的意识。社会的物质生产力发展到一定阶段，便同它们一直在其中运动的现存生产关系或财产关系（这只是生产关系的法律术语）发生矛盾。于是这些关系便由生产力的发展形式变成生产力的桎梏。那时社会革命的时代就到来了。随着经济基础的变更，全部庞大的上层建筑也或慢或快地发生变革。"①

拉克劳认为马克思的这段话说明"在最终的决定层次上，历史的解释完全是建立在生产力和生产关系之间的矛盾冲突之上"②。由此，历史发展的规律可以简化为生产力发展的规律，并以自然科学的精确性体现出来。在这里，并没有涉及由人参与的阶级斗争。而在《共产党宣言》中，拉克劳发现马克思却宣称"至今一切社会的历史都是阶级斗争的历史"③。拉克劳认为面对这两种不同的理论逻辑，马克思采取了用必然性来化解两种理论之间矛盾的办法，即把阶级斗争还原为生产关系的要素。在拉克劳看来，如果按照马克思所说的生产力无限增长的客观逻辑，那么历史中就不会有任何偶然因素，资本主义的灭亡和社会主义的胜利会自动实现。但是，当代发达资本主义的发展现实显然并非如此。

拉克劳由此作出了新的解释。一方面，他认为，应当将生产力和生产关系之间的矛盾看成是"一对没有对抗的矛盾。对一个经济体系来说，无限的发展是不可能的，但是这个事实并非必然意味着它的崩溃就必须采取集团之间的对抗的形式"④。另一方面，应将无产阶级和资产阶级之间的对抗看成是"没有矛盾的对抗"。⑤ 也就是说，拉克劳承认由于剥削关系的存在工人与资本家之间存在对抗，但他认为他们之间的矛盾并不是不可调和的，而是可以通过谈判、调解等方式和平共处，即资本家与工人之间并不存在本质上的矛盾，并必然导致无产阶级起来推翻资产阶级。从这些阐释中，我们可以发现，拉克劳已经用对抗的偶然性逻辑取消了马克思矛盾必然性思想，从而否定了以生产范式为基础的阶级斗争理论，以及"两个必

---

① 《马克思恩格斯选集》第 2 卷，人民出版社 1995 年版，第 32—33 页。
② ［英］恩斯特·拉克劳：《我们时代革命的新反思》，孔明安、刘振怡译，黑龙江人民出版社 2006 年版，第 7 页。
③ 《马克思恩格斯选集》第 1 卷，人民出版社 1995 年版，第 272 页。
④ ［英］恩斯特·拉克劳：《我们时代革命的新反思》，孔明安、刘振怡译，黑龙江人民出版社 2006 年版，第 7 页。
⑤ 同上书，第 8 页。

然"的历史结论。

在马克思主义理论体系中，对经济要素首要性和优先性的强调是构建无产阶级革命理论的基础。然而，伴随西方社会中以白领为代表的中产阶级的出现，工人阶级在政治上重要性的日益下降，传统大规模阶级斗争的日渐消失，这些因素引发人们对马克思无产阶级革命理论的质疑。然而，拉克劳和墨菲在《领导权与社会主义策略》一书中明确指出，构成马克思主义理论发展的障碍并非直接是马克思阶级理论本身，其深层次的问题在于"本质主义的缺陷"——经济基础对上层建筑的决定性作用。具体表现为，马克思在其经济理论中构造了一个自我封闭的"中性生产力"，这种生产力不受其他任何因素影响，但它的发展能够直接决定社会政治层面的领导权诉求。[①] "假如历史具有重要意义和合理的基础，应该归于生产力发展的一般规律……为了保证这一点，马克思主义不得不诉诸于虚构：把劳动力想象成为商品。"[②] 他认为在马克思的思想中，似乎只要劳动力转化为商品，就能够完成资本主义的全部生产过程。而在他们看来，劳动力的生产能力并不是它本身的自然规定，一方面，资本家还要对劳动力进行组织、管理、控制，另一方面，有控制，就有对强加控制的反对与抵抗。"假如资本家需要在生产过程的核心之处进行控制没有被认识到，那么生产力的发展就变得不可理解了。"[③] 拉克劳由此说明，资本主义生产过程中存在着多种影响因素，并不能仅仅用资本逻辑的扩张来加以解释，因为生产本身是一种政治机制。由此，他们打破了马克思意义上经济与政治之间的必然性逻辑连接，而还原了其中仅有的偶然性关联，并进而彻底放弃了生产范式对于分析资本主义社会及走向人类解放的全部理论意义。

三 "生产之外"的"后马克思主义"理论策略

鲍德里亚质疑生产范式是一种舍弃了人的维度、忽视文化的单一的物质生产决定论。因此，马克思的生产范式从根本上认同了工具理性，而在深层上与资产阶级意识形态形成了共谋。事实上，通过上述分析我们可以

---

① ［英］恩斯特·拉克劳、查特尔·墨菲：《领导权与社会主义的策略——走向激进民主政治》，尹树广、鉴传今译，黑龙江人民出版社 2003 年版，第 86 页。

② 同上。

③ 同上书，第 87 页。

看出，"后马克思主义"所批评的生产已经是资本逻辑统治下的一般生产逻辑，因此，这样的生产过程必然伴随着人与自然、人与人关系的异化。从另一方面来看，虽然在巴塔耶、莫斯、萨林斯等人的著作中充满着对原始土著"丰裕"社会的描述，但这种说明动摇不了物质生产在人类社会中的基础性地位。物质生产对于人的发展与解放具有决定性的意义，在生产力极端低下的条件下，物质生产的成果主要解决了人们生活资料匮乏的问题，也即服务于人的最基本的生存需求。资本逻辑虽然内涵了诸多与人的自由发展相背离之处，但毕竟通过资本逻辑这一载体，物质生产已经更多地体现为人的本质力量。

实际上，鲍德里亚所真正困惑的理论问题是，立足于商品交换占统治地位的资本主义生产的生产范式，何以能够实现与资产阶级经济学的断裂？如果确实存在这种断裂，那么资本逻辑与人类解放，以及一般生产逻辑的关联即逻辑转化在哪里？

如果说政治经济学将那些同质性的经济事实作为自己的研究对象，那么马克思所要考察的就不是某一种经济事实，而是现存的所有经济现象，乃至整个资本主义社会，也就是说作为马克思考察对象的是资本主义的历史。而生产范式最终体现为经济理论与历史理论的统一的关键点在于"生产方式"概念的确立。"一定的生产方式或一定的工业阶段始终是与一定的共同活动方式或一定的社会阶段联系着的，而这种共同活动方式本身就是'生产力'。"① 在《政治经济学批判》序言中，马克思认为，"人们在自己生活的社会生产中发生一定的、必然的、不以他们的意志为转移的关系，即同他们的物质生产力的一定发展阶段相适合的生产关系。这些生产关系的总和构成社会的经济结构，即有法律的和政治的上层建筑竖立其上并有一定的社会意识形式与之相适应的现实基础。物质生活的生产方式制约着整个社会生活、政治生活和精神生活的过程"。② 从生产方式出发来展现特定社会历史情境本身的有限性，是历史唯物主义超越既有意识形态的地方。在一定的生产方式中，从直接的生产过程开始，就已经包含着内在的对抗和矛盾。正如马克思所说，"生产方式又是和阶级对抗相适应的"③。在"生产方式"的一般性

---

① 《马克思恩格斯选集》第 1 卷，人民出版社 1995 年版，第 80 页。
② 《马克思恩格斯全集》第 31 卷，人民出版社 1998 年版，第 412 页。
③ 《马克思恩格斯全集》第 4 卷，人民出版社 1958 年版，第 117 页。

理论层面上，生产力和生产关系的矛盾冲突构成了一定生产方式的历史性存在的本质结构；而在具体"资本主义生产方式"的批判话语中，资本本身同其对立面劳动的对抗，包括其在社会政治层面上的表现——资产阶级和无产阶级的对抗——则构成了这种特定生产方式的历史边界。[1]

由此可见，作为历史唯物主义的核心范畴，"生产方式"这一哲学概念，已经介入了鲍德里亚经济学视野中的"生产力"、"生产关系"、"经济基础"等所有范畴，实现了从生产出发来观察全部人类历史在整体立论基础、理论方法和逻辑构架上的根本转换，从而实现了对以往一切意识形态的颠覆。在反对"经济决定论"的过程中，鲍德里亚正确地看到了"生产方式"概念的建立与资本主义现代工业的发展密不可分，但他没有认识到，生产方式一方面是对人类社会历史发展基础的客观指认，另一方面，生产方式包含着内在的冲突和对抗，这突出显示了历史唯物主义的批判性和革命性。因此，对资本主义现实不满的鲍德里亚只能从直观思维的层面走向反生产的抽象乌托邦。

在资本逻辑的层面，拉克劳和墨菲认为，当代发达资本主义国家由于福利政策的推广以及消费主义的盛行，导致阶级斗争已经让位于劳资谈判、议会斗争，以及文化和集团间的冲突，等等，笔者对此持否定态度。马克思主义认为，阶级斗争在阶级社会中体现为生产力和生产关系的矛盾，对抗性的生产方式中进步势力和保守势力、革命阶级和反动阶级之间的斗争，只有最终通过革命性的质变才能为生产力的发展开辟广阔空间。阶级斗争的根源在于生产资料所有制关系，只要没有废除资本对劳动的剥削，阶级斗争就不会消失。随着社会的发展和科学技术的进步，尽管新一代知识型雇佣劳动者拥有了更多的经济和政治的权利，但他们仍然没有生产资料，从而为了自身的解放仍然要与资本作斗争。阶级斗争并不只是意味着暴力革命，正如英国学者密利本德所指出的，正如阶级统治的形式千差万别一样，阶级斗争总要采取多种多样的形式，既有剧烈的暴力形式，也有和平的形式，既表现为劳方通过和资方谈判以获取眼前的、有限的经济要求，也能够在政治、文化等社会各种领域反映出来。[2] 与此同时，对

---

① 周嘉昕：《历史唯物主义视域中的生产和生产方式概念》，《教学与研究》2009年第11期。

② ［英］拉尔夫·密利本德：《马克思主义与政治学》，商务印书馆1984年版，第32页。

于不断出现的新的模式的阶级关系，阶级斗争也不能只局限于一国内部，或仅仅是无产阶级与资产阶级之间来理解。

拉克劳和墨菲对生产范式所谓的"本质主义"攻击，亦非常苍白。基于人类历史发展的一般规律和资本主义生产方式矛盾运动的必然结果，马克思既作出了"两个必然"的历史结论，与此同时也辩证地看到资本主义生产关系的暂时性与人类历史运动的曲折性，指出"一个社会形态，在它所能容纳的全部生产力发挥出来以前，是决不会灭亡的；而新的更高的生产关系，在它的物质存在条件在旧社会的胎胞里成熟以前，是决不会出现的"①。在此，我们所要真正关注的问题是，拉克劳和墨菲在对马克思经济理论作了武断和片面的批评后，并没有在这一问题上着力论述，而是扯断了经济与政治的必然联系，把理论建构的主要内容迅速转向了"多元激进民主"，重新以话语分析为基础构建起一个围绕大众联盟的民主政治理论。他们淡化和消解了经济的基础性作用，也由此消解了马克思主义理论的政治前提。实际上不难看出，在这一过程中，对马克思经济理论的解构只是他们放弃马克思生产范式从而走向激进民主的一种理论策略。

20世纪中叶直到80年代初，战后西方资本主义国家普遍经历了一个从贫弱到复兴，继而又从繁荣到衰退的过程。在这期间，西方左翼理论虽然也领导了诸如1968年欧洲革命的民主运动，但由于没有提出切中资本主义要害的现代经济理论，从而未能从根本上触动现实的资本主义制度。"后马克思主义"产生和活跃于20世纪70年代末到80年代中期，彼时的世界一方面是资本主义世界经济的强劲发展，另一方面是国际共产主义运动的低潮和社会意识领域强大的物化现象，面对如此的经济现实，"后马克思主义"者深知，在传统的马克思主义框架内进行经济—政治的理论探索已经几乎不再可能，进而放弃作为基础的经济理论，走向多元的话语政治便成为一种策略选择。

如果说以《资本论》为表现形态，马克思立足于商品生产展开对资本主义的批判。那么，在马克思逝世之后，西方马克思主义的资本主义批判理论则展现了多样化的趋向。② 他们或者从生产关系批判转向意识形态批

① 《马克思恩格斯选集》第2卷，人民出版社1995年版，第33页。
② 胡大平：《在商品生产之外寻找革命的落脚点——20世纪西方马克思主义之社会批判的逻辑转向和意义》，《马克思主义与现实》2009年第5期。

判，如卢卡奇、葛兰西；或者从劳动转向交往，例如哈贝马斯；或者从商品转向符号，例如鲍德里亚的"象征性交换"；或者从生产方式转向话语，如拉克劳、墨菲等。直至鲍德里亚抨击生产范式的科学内涵，拉克劳和墨菲打出"后马克思主义"的旗号。马克思主义科学性在于其对历史发展客观进程的分析。在马克思之后，对于 19 世纪末 20 世纪初西方资本主义国家由机器大工业开始的企业管理变革，资本主义面向全球的扩张，及伴随其中的文化变迁等重大特征，虽然列宁等人提出了帝国主义的问题，但总体上并没有广泛和深入地研究资本主义的阶段性变化对马克思主义主张的历史必然性的影响。另外，从卢卡奇提出阶级意识问题，意味着主体问题已经成为西方马克思主义发展面临的一个困扰。此后，高兹明确提出"告别工人阶级"，拉克劳和墨菲建构以大众联盟为基础的激进民主政治，鲍德里亚、利奥塔、德勒兹等提出以学生、妇女、少数族群等为主的边缘人群的斗争，则表明无产阶级的历史主体地位已经在资本主义的当代发展中被西方左翼理论彻底放弃。

然而，即便如此，"失败"一词并不足以涵盖"后马克思主义"的全部理论实践。鲍德里亚从反面提出的历史唯物主义的现实运动基础问题，拉克劳的话语转向与资本主义变迁的关系，德里达的马克思幽灵说等，都在不同程度上成为我们深化历史唯物主义研究时可以借鉴的思想资源。马克思哲学的当代创新"不仅要延续资本批判的理论主题和理论指向，而且需要结合当代资本关系发展的新状况、新形态和新特点进一步展开创新的理论分析"[1]。

[原载《福建论坛》（人文社会科学版）2012 年第 9 期]

---

① 庄友刚：《空间生产范式的资本批判与中国马克思哲学创新论域》，《南京政治学院学报》2011 年第 6 期。

列宁的文化观及其当代价值

陈树林

一 列宁文化观的历史背景和理论基础

列宁的文化观是在 19 世纪末 20 世纪初俄国特殊的历史文化背景下产生的。19 世纪下半叶，俄国处于社会剧烈变革时期，以农奴制废除为标志的一系列社会变革运动在这一阶段展开，涉及俄国社会发展道路选择，经济体制、政治体制、社会体制变革等的不断深入。民粹主义、社会主义、实证主义、马克思主义、宗教唯心主义等各种社会理论和社会思潮激烈交锋，思想家们试图为俄国社会未来发展道路的选择开出良方。列宁的文化观就是在这种大背景下，在探寻俄国社会革命发展方向、道路中产生的。列宁的理论视野极为宽广，他首先是从世界文明史中特别是与西欧发达的文明国家对比中审视俄国的社会历史发展状况，进而对俄国历史发展状况进行定位，得出俄国是一个文化相对落后的国家的结论。其次，他在俄国是一个在文化上相对落后的国家的判断基础上确定自己的革命任务和路径。

列宁的文化观是在马克思主义文化基本理论基础上产生的，是对马克思主义经典作家文化基本理论的继承。列宁站在马克思主义立场上，运用唯物史观的基本原理分析和解决文化问题，其文化观既是马克思主义文化理论的继承和发展，也是马克思主义文化理论的重要组成部分。列宁认为，"只有马克思主义的世界观才正确地反映了革命无产阶级的利益、观点和文化"。① 马克思主义认为，文化发展依据一定的社会经济条件，物质生活的生产方式制约着整个社会生活、政治生活和精神生活的过程。经济

---

① 《列宁专题文集·论社会主义》，人民出版社 2009 年版，第 167 页。

因素从根本上对文化的形成和表现具有决定性的影响，精神文化反过来又会对物质生活产生巨大的能动作用。根据马克思主义唯物史观的基本原理，列宁特别重视文化在俄国社会民主党的革命斗争中和后来的苏维埃社会主义建设中的重要作用，并根据这些基本原理阐释了自己的文化理论，逐步形成了比较系统的文化观。

列宁文化观的形成经历了一个较为长期的过程，并非仅仅体现在晚年思想之中。它是在俄国无产阶级革命和苏联社会主义建设实践中产生的，是一个连续不断的过程。列宁从登上俄国革命的历史舞台一直到临终前，始终关注文化革命和建设问题。他特别重视从世界资本主义和俄国资本主义发展中发现问题，但并没有把理论的目光仅仅聚焦于经济、生产、金融、贸易、军事等问题上，对俄国的文明程度、文化传统、思想观念、教育、法律、艺术、道德、宗教等文化问题同样给予了关注。列宁特别强调俄国以教师为主体的知识分子的社会作用，把教师视为社会的支柱。他特别关注俄国无产阶级——工人、农民的教育状况和文化水平，因为这是俄国社会民主党和俄国共产党的群众基础和基本的革命力量，也是未来社会主义建设的主力军，他们的文化水平决定着俄国无产阶级革命和社会主义事业的成败。列宁以建构无产阶级文化和社会主义文化为宗旨，一方面批判资产阶级等一切旧的、没落的、消极的、反革命的文化；另一方面要建立无产阶级和苏维埃社会主义的新文化，揭示了文化革命和建设中的破与立、继承与创新的辩证关系。从不同时期的针对性上看，列宁的文化理论包含“文化革命论”和“文化建设论”。从内容的丰富性上看，列宁所关注的文化范畴内涵非常丰富，不仅包括文学、艺术、宣传、教育、科学、技术等文化形式内容，还包括道德情操、宗教信仰、意识形态等深层次文化精神内涵，同时还把识字多少、受教育程度、掌握专业知识程度等衡量社会文明程度、人的自由全面发展水平的尺度和标准也归结为文化问题加以解决。因此，列宁文化观的内容十分丰富，既包括价值观念、哲学立场、宗教态度等意识形态层面的文化理论，也包括解决现实具体文化问题的一些方针、路线、措施方面的观点。

二 列宁文化观的主要理论内涵

首先，关于文化革命与掌握文化领导权。列宁在审视俄国社会主义革命道路和苏联建国初期面临的文化问题时，提出了文化革命和掌握文化领导权的理论。他认为，俄国的文化革命是社会主义政治和经济革命之后必须进行的一场革命，文化革命胜利是社会主义取得彻底胜利的重要标志。不同的阶级具有不同的文化，无产阶级的革命斗争需要进行意识形态层面的文化革命。无产阶级政党不仅要夺取政权，更要获得文化上的领导权，即意识形态的领导权。列宁是在两个层面上阐发文化革命理论和掌握文化领导权思想的。

一方面，列宁认为，文化不仅具有民族性，同时还具有阶级性。无产阶级的文化与资产阶级的文化不同，对资产阶级文化不能简单地继承和全盘接受，必须经过吸收、批判和改造。无产阶级文化是对传统民族文化和当下资产阶级文化的扬弃，必须经过不断深刻的文化革命才能建构起来。列宁指出，"每一个现代民族中，都有两个民族。每一种民族文化中，都有两种民族文化"。① 同时，"每个民族文化，都有一些民主主义的和社会主义的即使是不发达的文化成分，因为每个民族都有被剥削劳动群众，他们的生活条件必然会产生民主主义的和社会主义的意识形态。但是每个民族也都有资产阶级的文化（大多数还是黑帮的和教权派的），而且这不仅表现为一些'成分'，而表现为占统治地位的文化"。② 在此，列宁揭示了文化的阶级属性和党性原则，认为无产阶级与资产阶级不仅经济地位和政治地位不同，而且文化也不相同。在列宁看来，"没有一个活着的人能够不站到这个或那个阶级方面来（既然他已经了解它们的相互关系），能够不为这个或那个阶级的胜利而高兴，为其失败而悲伤，能够不对敌视这个阶级的人和散布落后观点来妨碍这个阶级发展的人表示愤怒"③。1920 年10 月，列宁在《关于无产阶级文化》一文中指出：无产阶级文化与资产阶级文化是两种不同的文化，无产阶级不能脱离包括资产阶级文化在内的传统文化的基础，但是绝不是简单地继承和全盘接受，需要用马克思主义加以改造和创新，必须把无产阶级的文化党性原则贯彻在其中，从而建立真正的无产阶级文化。列宁指出："1. 苏维埃工农共和国的整个教育事业，无论在一般的政治教育方面或者具体的艺术方面，都必须贯彻无产阶级斗

---

① 《列宁选集》第 2 卷，人民出版社 1995 年版，第 344 页。
② 同上书，第 336 页。
③ 《列宁选集》第 1 卷，人民出版社 1995 年版，第 135 页。

争的精神，这一斗争是为了顺利实现无产阶级专政的目的，即推翻资产阶级、消灭阶级、消灭一切人剥削人的现象。……3. 现代历史的全部经验，特别是《共产党宣言》发表后半个多世纪以来世界各国无产阶级的革命斗争，都无可争辩地证明，只有马克思主义的世界观才正确地反映了革命无产阶级的利益、观点和文化。4. 马克思主义这一革命无产阶级的思想体系赢得了世界历史性的意义，是因为它并没有抛弃资产阶级时代最宝贵的成就，相反却吸收和改造了两千多年来人类思想和文化发展中一切有价值的东西。只有在这个基础上，按照这个方向，在无产阶级专政（这是无产阶级反对一切剥削的最后的斗争）的实际经验的鼓舞下继续进行工作，才能认为是发展真正的无产阶级文化。"① 列宁在此特别强调了发展真正的无产阶级文化需要在马克思主义的指导下吸收原有文化精华的基础上进行，并深刻地指出，"不是臆造新的无产阶级文化，而是根据马克思主义世界观和无产阶级在其专政时代的生活与斗争的条件的观点，发扬现有文化的优秀的典范、传统和成果"。② 列宁在 1920 年发表的《青年团的任务》一文中进一步阐述了文化的继承性和批判创新性原则。指出，"应当明确地认识到，只有确切地了解人类全部发展过程所创造的文化，只有对这种文化加以改造，才能建设无产阶级文化，没有这样的认识，我们就不能完成这项任务。无产阶级文化并不是从天上掉下来的，也不是那些自命为无产阶级文化专家的人杜撰出来的。如果硬说是这样，那完全是一派胡言。无产阶级文化应当是人类在资本主义社会、地主社会和官僚社会压迫下创造出来的全部知识合乎规律的发展。……只有了解人类创造的一切财富以丰富自己的头脑，才能成为共产主义者"。③ 列宁清醒地认识到，不要满足于资本主义被击败，必须要夺取资本主义所遗留下来的文化；必须夺取所有的技术、科学、知识、艺术，——没有这些社会主义社会将无法建设好。要把掌握在资产阶级专家手里和头脑里的科学、技术、艺术夺过来。

另一方面，列宁充分认识到在东方文化相对落后的俄国进行社会主义革命时，在选择革命道路和途径时应该具有灵活性，可以先进行政治革命而后进行文化革命。但是，文化革命是一个不能绕过的革命阶段。列宁在

---

① 《列宁专题文集·论社会主义》，人民出版社 2009 年版，第 166—167 页。
② 《列宁全集》第 39 卷，人民出版社 1986 年版，第 334 页。
③ 《列宁选集》第 4 卷，人民出版社 1995 年版，第 285 页。

晚年驳斥孟什维克和第二国际代表人物借口俄国缺乏实行社会主义的客观经济前提来否定俄国革命的论调和总结俄国社会主义革命道路以及当时苏维埃政权面临的主要任务时，提出了作为革命的一个必不可少的环节的"文化革命"思想和理论。1923 年，列宁先后在《日记摘录》《论合作社》《论我国革命》《宁肯少些，但要好些》等著作中比较系统地阐述了"文化革命"的思想和理论。他认为苏维埃政权建立之后，在国家的经济建设和政权建设中，文化建设成为新的工作重心。列宁指出，"我们不得不承认我们对社会主义的整个看法根本改变了。这种根本的改变表现在：从前我们是把重心放在而且也应该放在政治斗争、革命、夺取政权等等方面，而现在重心改变了，转到和平的'文化'组织工作上去了"。① 他反驳了孟什维克等对俄国社会主义革命合法性的指责，坚信政治和社会变革可以成为文化革命的先导和前提条件。他指出，"我们的敌人曾不止一次地对我们说，我们在一个文化不够发达的国家里推行社会主义是冒失行为。但是他们错了，我们没有从理论（一切书呆子的理论）所规定的那一端开始，我们的政治和社会变革成了我们目前正面临的文化变革，文化革命的先导"。② 由此可见，列宁并没有忽视文化革命的重要性和地位，相反把文化革命看作是社会主义革命取得胜利的重要标志。正如列宁所言："现在，只要实现了这个文化革命，我们的国家就能成为完全社会主义的国家了。但是这个文化革命，无论在纯粹文化方面（因为我们是文盲）或物质方面（因为要成为有文化的人，就要有相当发达的物质生产资料的生产，要有相当的物质基础），对于我们说来，都是异常困难的。"③

其次，文化建设是社会主义建设事业的重要任务。列宁认为，军事任务、政治任务与文化任务有所不同，相对而言，文化建设是社会主义建设事业中的一项重要任务，完成文化革命任务需要更长的时间。列宁从文化建设的重要性、长期性、复杂性等方面作了阐释。

第一，文化革命和文化建设的重要性。列宁特别重视文化革命和文化建设问题是从马克思主义理论、俄国革命的特殊性等总结出来的。苏维埃夺取政权后，文化问题变得越发重要。在国内的政治、经济建设中，人的

① 《列宁专题文集·论社会主义》，人民出版社 2009 年版，第 354 页。
② 同上书，第 355 页。
③ 同上。

素质等文化水平成为一块短板严重制约整个国家的建设和发展。因此，列宁于 1921 年把"共产党员的骄傲自大"、"文盲"、"贪污受贿"当作"社会主义三大敌人"来对待。在他看来，文盲不可能建设社会主义。同时，刚刚建立的苏维埃还面临资产阶级在思想上的进攻和诋毁。在资产阶级思想家们看来，没有任何文化水平的无产阶级、被压迫阶级、贱民阶级不可能实现任何好的目的，他们能够做的只是破坏野生环境，只能使社会回复到前历史时代。为了用实际行动和文化成就回击"布尔什维主义将导致一切文明和文化的灭亡"的预言，必须下大力气进行文化建设。列宁非常清楚："我们所处的历史时期是我们同比我们强大许多倍的世界资产阶级进行斗争的时期。我们应当在这个时期内坚持革命建设，用军事的方法，尤其是用思想的方法、教育的方法同资产阶级进行斗争，以便把工人阶级几十年来在争取政治自由的斗争中形成的习惯、风气和信念，用做教育全体劳动者的手段，至于究竟应如何教育的问题，这就要由无产阶级来解决了。必须使人们懂得，现在无产阶级的斗争已经愈来愈广泛地扩大到世界上所有的资本主义国家，因此不可能也不容许置身于这个斗争之外，置身于国际政治之外。"① 在 1923 年写的《论我国革命——评尼·苏汉诺夫札记》中，列宁在反驳教条主义强调俄国革命的特殊性时指出，"既然建立社会主义需要有一定的文化水平（虽然谁也说不出这个一定的'文化水平'究竟是什么样的，因为这在各个西欧国家都是不同的），我们为什么不能首先用革命手段取得达到这个一定水平的前提，然后在工农政权和苏维埃制度的基础上赶上别国人民呢?"② 这说明列宁非常清醒地认识到，在政治、经济革命取得胜利之后，还必须补上应该率先进行的文化革命的课，他深知社会主义是一种高度文明的社会，是建立在人的道德水平、文明水平较高的基础上的社会。没有一定的"文化水平"的社会主义是不合格的社会主义，没有进行文化革命的社会主义还不是完整的社会主义。列宁深知，不能满足于资本主义制度被摧毁，还必须要夺取对资本主义的文化胜利，用资本主义遗留下来的所有文化建设社会主义;必须夺取所有的技术、科学、知识、艺术方面的彻底胜利，没有这些胜利，社会主义文化就无法建设好。而这些科学、技术、艺术还掌握在资产阶级的专家手里和

---

① 《列宁专题文集·论社会主义》，人民出版社 2009 年版，第 171 页。
② 同上书，第 359 页。

他们的头脑里，因此，必须对资产阶级的旧文化充分地选择和吸收，通过改造旧文化建设新文化，逐步培养无产阶级的文化建设主力军。

第二，文化革命和文化建设的全面性与复杂性。文化革命和文化建设是一项非常全面和复杂的系统工程。其内容十分丰富，涉及方方面面，包括对传统文化的批判继承、对资产阶级文化的批判、对无产阶级和社会主义文化的建设、扫除文盲、掌握劳动技能和管理社会的技能、对旧知识分子的改造和教育、对资本主义阵营和敌对势力文化进攻的反击、创作反映劳动人民生活和鼓舞劳动人民斗志的文艺作品、培养社会主义事业的建设者，等等。文化体现在人的日常生活、政治生活、经济生活和交往关系之中。文化的表现也是多种多样，既体现在党和国家的意识形态之中，也渗透在人的物质生产活动、政治活动和交往生活之中。因此，列宁始终把文化革命放在一个重要的位置上。特别是苏联建立之后，在政治权力和经济体制确立之后，国家结束动荡混乱进入和平时期之后，同时也具有了发展文化的有利条件之后，需要开始加大力度进行文化建设。列宁非常及时地抓住了这些机会，在苏联从不同方面和层次开展了大规模的系统的、全面的文化建设活动。

第三，文化革命和文化建设的长期性。文化革命和建设不仅具有全面性和复杂性，而且还具有长期性。在对文化革命和建设的长期性判断基础上，列宁下决心进行坚持不懈的长期文化建设工作。他曾明确指出，文化革命与政治革命不同，政治革命可以在几年或几个月甚至几天就可能取得胜利和成功，而文化革命则需要几十年甚至更长的时间去完成。任何一种文化传统都是在漫长的历史过程中形成的，消灭一种文化传统和建立一种文化传统同样要付出长时间的努力，需要几代人的努力。列宁告诫大家，"在文化问题上，急躁冒进是最有害的。我们许多年轻的著作家和共产党员应该牢牢记住这一点"。① 他指出，"文化任务的完成不可能像政治任务和军事任务那样迅速。应当懂得，现在前进的条件已经和从前不一样了。在危机尖锐化时期，几个星期就可以取得政治上的胜利。在战争中，几个月就可以取得胜利，但是在文化方面，要在这样短的时间内取得胜利是不可能的。从问题的性质看，这需要一个较长的时期，我们应该使自己适应这个较长的时期，据此规划我们的工作，发扬坚韧不拔、不屈不挠、始终

---

① 《列宁专题文集·论社会主义》，人民出版社 2009 年版，第 366 页。

如一的精神"。① 因为"我们的任务是要战胜资本家的一切反抗，不仅是军事上和政治上的反抗，而且是最深刻、最强烈的思想上的反抗"②。思想上的斗争是一个长期的过程。

第四，深刻揭示了文化革命和文化建设与政治革命、经济建设的相互影响关系。列宁有一个明确的判断，取得政权之后，社会主义经济建设需要庞大的有一定文化素质的建设者，文盲不可能建设社会主义。要从扫除文盲入手，培养千百万具有各种劳动技能和从事科学技术发明创造、经济管理等方面的人才。在经济建设上，没有有文化的人才就无法进行高效的经济建设。在政治上同样如此，列宁深知，取得政权仅仅是政治革命的第一步。新的政权尽管在形式上与过去的资产阶级政权不同，但是若没有从文化层面的深层变革，就不可能从根本上改变旧政权，原有的政治传统、执政方式、管理方式就会死灰复燃、大行其道。所以要从培养符合无产阶级和社会主义的干部队伍入手开展工作。先是让农民群众加入到合作社中，为此必须进行一次完整的文化革命；然后组建我们的国家体系以及让部分有文化的成长起来的工人充实整个机构。列宁特别重视对马克思主义思想观念的宣传和教育，特别强调对干部的政治教育。从价值观、人生观高度，加强干部的马克思主义、唯物主义、无神论的教育。这样才能保证政治革命的彻底性。没有从文化层面进行和完成的政治革命是不彻底的。

再次，无产阶级政党如何巩固文化领导权。仅仅取得文化领导权还不够，重要的是巩固来之不易的文化领导权。

第一，新闻出版要维护党的权威。1905 年 11 月，在《党的组织和党的出版物》中，列宁阐述了无产阶级政党领导报刊出版事业和文学艺术事业的基本原则，指出党组织和与党有联系的团体的出版物、写作事业应当成为有组织的、有计划的、统一的党的工作的一个组成部分。"党的出版物的这个原则是什么呢？这不只是说，对于社会主义无产阶级，写作事业不能是个人或集团的赚钱工具，而且根本不能是与无产阶级总的事业无关的个人事业。……写作事业应当成为整个无产阶级事业的一部分，成为由整个工人阶级的整个觉悟的先锋队所开动的一部巨大的社会民主主义机器的'齿轮和螺丝钉'。写作事业应当成为社会民主党有组织的、有计划的、

---

① 《列宁专题文集·论社会主义》，人民出版社 2009 年版，第 268 页。
② 同上书，第 176 页。

统一的党的工作的一个组成部分。"① "我们要创办自由的报刊，而且我们一定会创办起来，所谓自由的报刊是指它不仅摆脱了警察的压迫，而且摆脱了资本，摆脱了名位主义，甚至也摆脱了资产阶级无政府主义的个人主义。……党的出版物和它应受党的监督。"② 1921 年 8 月，列宁在《关于"出版自由"》中指出，世界上没有一个国家像俄罗斯联邦那样做了和正在做着那么多的工作来使群众摆脱僧侣和地主的影响。我们是世界上把"出版自由"这个任务完成得最好的国家。"我们所缺少的主要的东西是文化，是管理的本领。举几个小例子来说明这一点。新经济政策在经济上和政治上都充分保证我们有可能建立社会主义经济的基础。问题'只'在于无产阶级及其先锋队的文化力量。"③ 我们"着手执行的任务之巨大同物质、文化之贫乏这两者极不协调"④。

第二，用马克思主义、唯物主义占领大学讲台，占领和巩固无产阶级教育阵地。1920 年 11 月 3 日，《在全俄省、县国民教育局政治教育委员会工作会议上的讲话》指出，教育任务是无产阶级专政的一个重要任务，教育不能不问政治，教育不能脱离政治，党和教育工作者的基本任务是培养和教育劳动群众，使他们克服旧制度遗留下来的旧习惯、旧风气、旧思想，政治教育的目的是培养真正的共产主义者；要建立一支同党和党的思想保持紧密联系、能贯彻党的精神的新的教育大军；为了重新教育群众，还要做好宣传鼓动工作，整个共产主义宣传归根到底要落实到实际指导国家建设。"我们所处的历史时期是我们同比我们强大许多倍的世界资产阶级进行斗争的时期。我们应当在这个时期内坚持革命建设，用军事的方法，尤其是用思想的方法、教育的方法同资产阶级进行斗争，以便把工人阶级几十年来在争取政治自由的斗争中形成的习惯、风气和信念，用做教育全体劳动者的手段，至于究竟应如何教育的问题，这就要由无产阶级来解决了。必须使人们懂得，现在无产阶级的斗争已经愈来愈广泛地扩大到世界上所有的资本主义国家，因此不可能也不容许置身于这个斗争之外，置身于国际政治之外。"⑤ "为了建设共产主义，工农劳动群众必须战胜知

---

① 《列宁专题文集·论无产阶级政党》，人民出版社 2009 年版，第 166—167 页。
② 同上书，第 168 页。
③ 同上书，第 335 页。
④ 同上。
⑤ 《列宁专题文集·论社会主义》，人民出版社 2009 年版，第 171 页。

识分子的旧习气，必须改造自己，不这样就无法着手建设事业。我们的全部经验表明，这个事业十分重要，因此我们要重视承认党的领导作用问题，在讨论工作和组织建设的时候，决不能忽视这一点。"①

第三，提倡科学、无神论、唯物主义，抵制宗教唯心主义。在列宁看来，社会主义的新文化不仅与资本主义文化不同，也与本国的传统文化不同。无产阶级社会主义新文化应该建立在对科学、唯物主义、马克思主义的信仰之上，而不是建立在对宗教迷信信仰之上。东正教、沙皇专制、民族性是俄国的国粹，被视为镇国之宝。然而，在列宁看来，以东正教为代表的宗教唯心主义、寻神论、造神论恰恰是俄国落后的思想根源和标志，因此需要进行一场宗教革命。通过对宗教唯心主义批判削弱教会和僧侣的社会影响，把国民教育权从教会手中夺回来。改造大学、中小学的教育，实行教育与教会分离的政策。在这个问题上列宁发表了一系列著作，如1905 年的《社会主义和宗教》揭示了宗教产生的根源，指出"宗教是……深受穷困和孤独之苦的人民群众所普遍遭受的种种精神压迫之一"②。这种压迫是社会内部的产物和反映，对于国家而言宗教是个人的事情，公民有宗教信仰的自由，但是，对于社会主义无产阶级政党来说，宗教不是私人的事情。党纲完全是建立在科学的、唯物主义的世界观上的，党要宣传科学的世界观、宣传无神论。1909 年的《论工人政党对宗教的态度》中指出，"社会民主党的整个世界观是以科学社会主义即马克思主义为基础的。……绝对无神论的、坚决反对一切宗教的唯物主义的历史传统。"③ "我们应当同宗教作斗争。这是整个唯物主义的起码原则，因而也是马克思主义的起码原则。"但是，在对待宗教问题上要讲究策略，要从宗教产生的根源上、从无产阶级的根本解放上去考虑宗教问题和对待宗教的态度。通过思想宣传、宣扬唯物主义、无神论等同"维持了数千年之久的这一文化和进步的敌人（即宗教）作斗争"④。苏联建立之后为了宣传唯物主义，于1922 年创办了党的理论刊物《在马克思主义的旗帜下》。列宁1922 年在该刊上发表《论战斗唯物主义的意义》，提出了马克思主义哲学家的任务，强调共产党人应该始终不渝地捍卫马克思主义哲学，同各种

① 《列宁专题文集·论社会主义》，人民出版社 2009 年版，第 173 页。
② 《列宁专题文集·论辩证唯物主义和历史唯物主义》，人民出版社 2009 年版，第 219 页。
③ 《列宁专题文集·论无产阶级政党》，人民出版社 2009 年版，第 171 页。
④ 同上书，第 176 页。

唯心主义思潮作不调和的斗争，应该宣传无神论，帮助人民群众摆脱愚昧无知；强调哲学家要与自然科学家结成联盟，同那些"僧侣主义有学位的奴仆"划清界限。

第四，繁荣社会主义文艺创作，用健康的精神食粮哺育社会主义新人。无产阶级的文学艺术是无产阶级整个革命事业的一部分。列宁在1920年发表的《关于无产阶级文化》中指出，"苏维埃工农共和国的整个教育事业，无论在一般的政治教育方面或者具体的艺术方面，都必须贯彻无产阶级阶级斗争的精神，这一斗争是为了顺利实现无产阶级专政的目的，即推翻资产阶级、消灭阶级、消灭一切人剥削人的现象。"①

第五，建构社会主义道德规范，星期六义务劳动、集体主义、爱国主义、国际主义、利他主义等社会主义道德原则得到提倡和确立。列宁在1920年发表的《青年团的任务》中指出，"为巩固和完成共产主义事业而斗争，这就是共产主义道德的基础。这也就是共产主义培养、教育和训练的基础"。② 应该使培养、教育和训练现代青年的全部事业，成为培养青年的共产主义道德的事业。列宁在1920年发表的《从破坏历来的旧制度到创造新制度》中指出："共产主义劳动，从比较狭窄和比较严格的意义上说，是一种为社会进行的无报酬的劳动，这种劳动不是为了履行一定的义务、不是为了享有取得某些产品的权利、不是按照事先规定的法定定额进行的劳动，而是自愿的劳动，是无定额的劳动，是不指望报酬、不讲报酬条件的劳动，是按照为公共利益劳动的习惯、按照必须为公共利益劳动的自觉要求（这已成为习惯）来进行的劳动，这种劳动是健康的身体的需要。……星期六义务劳动、劳动军、劳动义务制——这就是具体实行社会主义劳动和共产主义劳动的各种方式。"③ 列宁高度评价了"共产主义星期六义务劳动"的价值，认为是一种"伟大的创举"、"是共产主义的实际开端"。

除此之外，他还提出了文化建设和创造的主体与享受文化权益的思想。在列宁看来，社会主义建设不仅满足人们的物质需要，还满足人们的文化需要，对无产阶级的文化需求的满足是社会主义区别于资本主义的重要特征。社会主义制度的建立就是要赋予包括社会最底层的工人、农民等

---

① 《列宁选集》第4卷，人民出版社1995年版，第298—299页。
② 同上书，第292页。
③ 同上书，第130页。

在内的无产阶级的被剥夺的文化需要权利，在最大限度上满足无产阶级的文化需要。苏维埃政权释放了群众的文化需求，尽管满足群众的文化需求很困难，也要为满足广大人民大众的文化需求而奋斗。群众占据着文化事业的中心位置，是文化事业的参与者、创造者，因此也是文化权益的享有者。

三 列宁文化观的理论价值与启示

首先，列宁文化观是对马克思恩格斯文化基本理论的继承和创造性发展。列宁并没有局限于马克思恩格斯的理论本身，而是在俄国具体而丰富的革命和建设实践中不断创造性地发展马克思主义文化理论。他系统地探索了俄国文化革命和文化建设中的一系列理论和现实问题，为实现无产阶级文化革命和社会主义文化建设提供了重要的理论指导。列宁提出了文化相对落后的国家文化革命的道路，即先进行政治和经济革命，在夺取政权之后再进行文化革命和文化建设的不同于欧洲文化先进的国家先进行文化革命而后进行政治和经济革命的道路。这为东方经济文化落后国家的文化革命和文化建设问题提供了重要的理论指导；列宁提出了文化的阶级性理论，明确了无产阶级与资产阶级文化的根本区别、社会主义文化与资本主义文化的不同，指出无产阶级文化革命的必要性和重要性，从意识形态上夺取文化领导权对无产阶级政党的重要性；列宁探讨了文化建设中文化发展的内在规律，揭示了文化建设中的破与立、继承与超越、创造与借鉴等辩证关系；列宁还揭示了政治、经济、文化之间的相互制约关系，政治革命、经济革命与文化革命的不同特点，揭示了在和平时期文化建设的重要性、长期性和复杂性。

其次，列宁的文化观是西方马克思主义文化批判理论的重要思想来源。十月革命的胜利，使无产阶级革命在政治和经济上取得了胜利，但以阶级意识和文化领导权为内涵的文化革命的胜利还远没有实现，这促使卢卡奇、葛兰西等西方马克思主义者们深思，进而开始探索西欧社会条件下无产阶级革命的道路和策略问题。他们提出了与东方俄国不同的解放道路，即先从培养无产阶级的自我意识和革命意识入手，争取市民社会的支持并获得文化领导权，进而实现无产阶级革命的最后胜利。西方马克思主义文化批判理论的问题意识和理论源头正是列宁的革命观和文化观。俄国的十月革命胜利标志着社会主义从理论变成现实，对西方马克思主义者们震动极大。卢卡奇亲身感受了苏维埃政权建立后的社会现实，葛兰西于1917年12月十月革命胜利第一时间发表了《反对〈资本论〉的革命》，正是俄国的革命现实和列宁的理论促使他们从理论上反思西方革命道路和策略问题。由此，卢卡奇、葛兰西等提出了与传统的暴力革命观有所不同的新的无产阶级革命观。卢卡奇认为，经济上和政治上的革命条件已经具备，无产阶级阶级意识的觉醒程度就成为决定革命成败的关键性因素，意识革命就不只是经济革命和政治革命的伴随现象，而是无阶级革命的先导问题。"当资本主义最终的经济危机爆发时，革命的命运（与此相关的人类命运）将依赖于无产阶级意识形态的成熟，也就是依赖于无产阶级的阶级意识。"① 无产阶级革命是彻底扬弃物化，根本改变人的生存方式的总体性进程，它包括政治上的、经济上的、文化上的、心理性的多方面的转变。葛兰西则分析了包括俄国在内的东方社会和意大利在内的西方社会的结构差别在于市民社会的地位不同，由此，东西方的革命尽管目标一致，但是在途径、手段、方式、策略等方面应当有所不同，否则革命不会取得成功。在葛兰西看来，市民社会不再单纯代表传统的经济活动领域，而代表着从经济领域中独立出来与政治领域相并列的伦理文化和意识形态领域，它既包括政党、工会、学校、教会等民间社会组织所代表的社会舆论领域，也包括报纸、杂志、新闻媒介、学术团体等所代表的意识形态领域。市民社会代表着传统的经济基础与上层建筑（政治社会）之间的一个相对独立的领域，它在人类社会机制的运行中起着十分重要的作用。在市民社会取得相对发达形式的社会里，政治的强制性开始弱化，文化的和意识形态的领导权开始突出，传统国家的性质与功能也开始发生某种变化。据此，葛兰西提出了争取"文化领导权"或"意识形态领导权"理论。此外，葛兰西还探讨了政党组织、知识分子等在夺取文化领导权中的作用以及活动机制。其理论与列宁的文化观在许多方面有异曲同工之妙。

最后，列宁的文化观对苏联的社会主义文化建设具有重要的指导意义，同时也对我们今天的文化建设有重要的启示。列宁的文化革命和建设理论对苏联社会主义文化建设的影响极为深远。列宁的文化观不仅对苏联初期取得的文化成就产生了积极影响，也对苏联后来的文化发展产生了积

① ［匈］卢卡奇：《历史与阶级意识》，重庆出版社1989年版，第79页。

极的影响。从实践上看，苏联建国初期扫除文盲运动收到良好效果，苏联公民教育的水准的整体提高，文学艺术、体育、科技、卫生、公民道德素质等方面取得的伟大成就，等等，都与列宁的文化革命和建设理论的指导息息相关。

（原载《马克思主义与现实》2012 年第 6 期）

马克思主义与传统文化研究

传承文化命脉　推动文化创新

——儒学与马克思主义在当代中国

汤一介

一

党中央十七届六中全会发出"推动社会主义文化大发展大繁荣"的号召，使我们从事学术研究的学者深受鼓舞。如何使社会主义文化得到"大发展大繁荣"，当然需要从多方面来使它实现。我想，胡锦涛总书记《在庆祝清华大学建校 100 周年大会的讲话》中说，我们要"大力推进文化的传承创新"无疑是一重要的指导方针。这就是说，我国的社会主义文化的大发展大繁荣最重要的是要使文化自身在"传承创新"中来实现。有"传承"才有"创新"，"传承"更重要的是为了"创新"。我们"传承"什么？我们如何"创新"？我想这应是我们国学研究者必须考虑的问题。我们的国家要建设的是"有中国特色的社会主义社会"，因此，我们必须传承中国文化的"传统"。我认为，影响着我国社会的可以说有两个"传统"，一个是几千年来的"国学"，即中国历史上的传统文化，其中影响最大的是儒家思想文化，我们可以称为"老传统"；另一个是影响着中国社会、改变着中国社会面貌的马克思主义，我们可以称之为"新传统"。我们必须"传承"这两个传统，并且要逐步使两个传统在结合中"创新"，使之推进有中国特色的社会主义文化建设顺利发展，适应当前世界已经形成的"全球化"势态的需要。为什么可以这样说呢？

我们知道，在中国前现代社会中，一向有儒、释、道三家影响着中国社会生活的方方面面，但这三家中对中国社会影响最深的是儒家思想文化，这是由中国的历史原因造成的。儒学自孔子起就自觉地继承着中华夏、商、周三代文明，实际上它成为支撑着中国前现代社会的支柱。当前，我们正处在伟大的民族复兴的过程之中，民族的复兴必然要由民族文化的复兴来支撑，也就是说，任何社会文化的建设都不可能离开它自身的历史文化传统。在历史上长期深刻地影响着中国社会生长、发育的儒学，曾是中华民族赖以生存、发展的根子，我们作为中华民族后代子孙是不能、也不应该人为地把这个根子斩断。如果把有两千多年历史的儒学抛弃掉，无疑是宣告我们这个民族曾赖以生存的民族精神不复存在，或者说作为一个独立的有自身生命力的中华民族不复存在，而成为其他国家的附庸或殖民地。还特别要说明的是儒学中包含着某些社会主义思想的因素，它对我们建设有中国特色的社会主义社会有着无可代替的价值（这个问题我将会在后面讨论）。因此，我们必须更加重视发展其有益于中国当代社会发展的宝贵思想资源，创造新时代的新儒学。

马克思主义产生在欧洲（或者说西方），它是在欧洲资本主义社会的母胎中发展出来的革命学说，它深刻地揭示了资本主义的重重深层矛盾。自17世纪英国的"光荣革命"实现了君主立宪制到18世纪发生的资产阶级法国大革命，此后在欧洲各国相继发生了资产阶级革命运动，其结果最终落实到建立资本主义国家共和制或君主立宪制。欧美各国从前现代社会进入现代社会。然而中国，自17、18世纪以来日益没落，一直停留在前现代社会的阶段，受着现代化帝国主义国家的欺压，越加贫困与衰落。此时，我们国家的有识之士努力学习西方，但并未能改变被动、挨打的局面。因而，自20世纪初，马克思主义进入中国，使中国找到了一条摆脱积贫积弱的道路。在马克思主义指导下的中国共产党领导着中国人民进行了几十年的斗争，使中国走上自立自强的道路，实现了从反帝反封建的胜利到为建设社会主义而奋斗的艰难历程，尽管中国共产党犯过这样那样的错误，甚至十分严重的错误，而且现在仍然面临许多亟待解决的问题，但是我们决不能忘记，正是经过中国共产党领导中国人民的革命斗争，中国人民终于站起来了。因此，我们可以说正是由于马克思主义进入中国，大大地改变了中国的面貌，使中国社会发生了翻天覆地的变化。面对这样一个现实，要建设有中国特色的社会主义，是不能离开马克思主义的，特别是要"传承"中国共产党和中国人民百年来为适应中国社会的要求而对马克思主义的"创新"和发展。如何在中国实现有中国特色的社会主义，我认为既要全面地实现现代化，又要极力避免西方在现代化过程中所发生的种种不可克服的矛盾和弊病，这无疑对中国人民来说既是极大的考验，又是难得的创造新世界的机会。如何使马克思主义得到重大发展？从一方面说，我们不能离开中国社会的现实要求，另一方面我们必须使马克思主义中国化，即与中国传统文化接轨，特别是实现与儒学的有机结合。

面对中国的历史和现实，儒学和马克思主义都有着"传承"和"创新"的巨大任务，这样有中国特色的社会主义才得以全面实现，这样中华民族将对人类社会作出史无前例的重大贡献。因此，我们应该认真研究如何"传承创新"儒学，也需要考虑如何"传承创新"马克思主义，这就涉及儒学与马克思主义的关系。处理好这两者的关系对建设有中国特色的社会主义是事关重大的。

二

我想，国学研究的目的是要为建设有中国特色的社会主义作出贡献。因此，它应该处理好"国学"（主要是儒学）与马克思主义的关系。关于处理好"儒学与马克思主义"的关系，使之能共存共新，互利互补，是一个需要长期认真研究的大课题，认真地说我是不具备研究这一课题的知识和智慧的。但是，这个问题却是在我心中常常想到而没有深入研究的问题。回忆起来，在 1983 年，我就考虑过这个问题，这年的夏天，在加拿大蒙特利尔召开的"第 17 届世界哲学大会"，我在会上有一个发言，题为《关于儒家思想第三期发展可能性的探讨》。在我发言后的讨论中，据当时参加会议的刘述先教授撰写的《蒙特利尔世界哲学会记行》中有如下一段记载：

> 汤一介讲完后，在讨论时间，（台湾）冯沪祥就开门见山单刀直入，问汤一介讲的这一套究竟与马克思主义有怎样的关连。汤一介的回答是，在马克思主义与儒家之间至少可以看出三个契合之处：（a）二者都重实践；（b）二者都取理想主义态度；（c）马克思主义有矛盾统一律，过去毛泽东强调斗争，以至产生偏向，如今应该强调和谐，乃和儒家有契合处。[①]

---

① 刘述先：《文化与哲学的探索》，台湾学生书局 1986 年版，第 90 页。

到21世纪初我主持编纂《儒藏》时，由于对中国先秦的"礼"有所涉及，又接触到先秦儒学如何处理"人"的问题，注意到儒学是在社会关系中定义"人"。因此，可以说，儒学和马克思主义至少可能有四个契合点。对这个问题，我稍稍作点解释：

（1）关于儒学和马克思主义"都取理想主义的态度"。《礼记·礼运》中说："大道之行也，天下为公，选贤与能，讲信修睦。故人不独亲其亲，不独子其子，使老有所终，壮有所用，幼有所长，鳏、寡、孤、独、废疾者皆有所养，男有分，女有归。货，恶其弃于地也，不秘藏于己；力，恶其不出于身也，不必为己。是故谋闭而不兴，盗窃乱贼而不作，故外户而不闭，是谓大同。"又说："今大道既隐，天下为家。各亲其亲，各子其子，货力为己……礼义以为纪，以正君臣，以笃父子，以睦兄弟，以和夫妇，以设制度，以立田里，以贤勇知，以功为己……是为小康。"在这里把"小康"与"大同"对举，从以上所述可见，所谓"小康"是以"大道"丧失、"天下为家"为特征的社会，它是一种农耕社会中的私有制，有上下等级的关系，所以要用外在的制度来规范的社会。所谓"大同"是以"大道"通行、"天下为公"为特征的社会，它是一种在农耕社会中的公有制、无上下等级的、都能自觉地遵守着理想的道德要求的社会，"大同"社会虽然是一种美好的"理想"，但只是一种"空想"，不过这种"空想"是建立在公平与正义基础上的"社会主义"，因此，它包含着某种合理的因素。在人类社会实现了"现代化"之后，经过改造和发展，可以为所谓"科学的社会主义"提供可利用的宝贵资源。儒家的"大同"对中国来说则更有利于"中国特色的社会主义"建设，这是因为有中国特色的社会主义毕竟要包含着中国传统文化的元素。

在马克思、恩格斯的著作中许多地方都有关于理想的"共产主义"社会的描述，《共产党宣言》中说："代替那存在着阶级和阶级对立的资产阶级旧社会的，将是这样一个联合体，在那里，每个人的自由发展是一切人的自由发展的条件。"① 恩格斯《在爱北斐特的演说》中说："共产主义社会里，人和人的利益并不是彼此对立的，而是一致的，因而竞争就消失了。……生产……掌握在公社及其管理机构的手里，那也就不难按照需求

---

① 《马克思恩格斯文集》第2卷，人民出版社2009年版，第53页。

来调节生产了。"① 马克思主义最经典的关于"共产主义"的理想也许可以是马克思的如下一段话："在共产主义社会高级阶段，在迫使个人奴隶般地服从分工的情形已经消失……劳动已经不仅仅是谋生的手段，而且本身成了生活的第一需要之后；在随着个人的全面发展，他们的生产力也增长起来，而集体财富的一切源泉都充分涌流之后，——只有在那个时候，才能完全超出资产阶级权利的狭隘眼界，社会才能在自己的旗帜上：各尽所能，按需分配！"② 马克思的这段关于"共产主义"的理想和上引《礼记·礼运》中的"大同"思想是有某种契合处的。但是，马克思主义是产生在资本主义社会人和人的利益日益尖锐矛盾之时，所以它是针对资本主义社会的种种问题而发的，自然比"大同"思想更切合现代的实际。不过，在人类社会发展的长河中，有远见的思想家都会考虑人类社会发展的前景，不仅中国代代思想家考虑过这个问题，西方的思想家也在一直考虑这个问题，如柏拉图的"理想国"、莫尔的"乌托邦"、康帕内拉的"太阳城"等，当然都是"空想"，但分析起来，其中也包含着对"共产主义社会"颇有意义的思想因素。所以我们对这些包含有"社会主义"思想因素的学说必须十分重视，不能简单地否定。因此，我们可以说，儒家的"大同"理想无疑对我国建设"有中国特色的社会主义"能提供极有价值的理念。马克思、恩格斯虽然在生前没有看到资本主义社会的瓦解，但1871 年法国的工人阶级在巴黎宣告成立"巴黎公社"，这是工人阶级夺取政权的一次尝试，马克思还亲自参与了"巴黎公社"的事务。"公社"虽然失败，但其中有两条经验为马克思、恩格斯所重视。恩格斯 1891 年为《法兰西内战》写的《导言》中说："为了防止国家和国家机关由社会公仆变为社会主人——这种现象在至今所有的国家中都是不可避免的——公社采取了两个可靠的办法。第一，它把行政、司法和国民教育方面的一切职位交给由普选选出的人担任，而且规定选举者可以随时撤换被选举者。第二，它对所有公务员，不论职位高低，都只付给跟其他工人同样的工资。"③ 这两条从原则上说都是合乎公平与正义的，对建设没有剥削和压迫的共产主义的新世界有着重要的意义。我想，它和中国的"大同"理想一

---

① 《马克思恩格斯全集》第 2 卷，人民出版社 1957 年版，第 605 页。
② 《马克思恩格斯文集》第 3 卷，人民出版社 2009 年版，第 435—436 页。
③ 《马克思恩格斯选集》第 3 卷，人民出版社 1995 年版，第 12—13 页。

样对建设有中国特色的社会主义具有重要意义，都应受到重视。

（2）关于儒学与马克思主义都是实践的哲学。儒学和马克思主义都有其比较完整的一套哲学体系，在它们的哲学中都十分重视社会"实践"，儒学从《尚书·说命》起就讨论"知"、"行"关系，认为："非知之艰，行之惟艰。"《左传·召公十年》中说"非知之实难，将在行之"，一直到王阳明的"知行合一"学说，都重在"知"必须行。《大学》中说，修身、齐家、治国、平天下，其意"修身"是为了"齐家"、"治国"、"平天下"（这又和儒学的理想主义相结合），这就是说不能只停留在"修身"上，必须在实践中使家齐、国治、天下太平。但《大学》中又说："自天子以至于庶人，壹是皆以修身为本。"这虽是儒学的一种为人处世的道德伦理，但有可能走向"人治"。马克思在《费尔巴哈提纲》中说："以往的哲学家只是用不同的方式解释世界，而问题在于改变世界。"马克思主义之所以产生就在于它深刻地分析了资本主义社会的内在矛盾，而创造了"改变世界"的无产阶级的革命理论。但是，革命的理论如果要实现"改变世界"，那就一定要见之于实践，就需要摧毁人剥削人的旧世界，而最终实现没有人剥削人的"自由人的联合体"的共产主义理想。

（3）关于儒学与马克思主义都是从社会关系定义"人"。这个问题是我在考虑儒学在先秦是否讨论传承文化命脉推动文化创新到"礼法合治"的问题时想到的，这也可能是儒家的一种社会理想。为此，我写了一篇《论儒家的礼法合治》。儒家认为，人与人的关系虽然是从"亲亲"开始，但人一出生实际上就在一定的社会关系中，这种关系是由"礼"来体现的。《礼记·礼运》中说："何谓人义？父慈子孝，兄良弟悌，夫义妇听，长惠幼顺，君仁臣忠，十者谓之人义。……修十义，讲信修睦，尚辞让，去争夺，舍礼何以治。"这就是说，"礼"的意义是规定"人"在社会生活中应有之权利和相应的应尽之义务。有"父慈"，"子孝"才有意义；同样有"子孝"，"父慈"才有意义；它们之间有着相对应的关系。"人"一出生就是生活在这种对应关系之中。因此，先秦儒家不是从抽象的"个人"来定义"人"，而是从社会关系来定义"人"。马克思在《费尔巴哈提纲》中说："人的本质并不是单个人所固有的抽象物，在其现实性上，它是一切社会关系的总和。"马克思在此强调人的本质在于其社会性，人总是处于一定的社会关系中，故人的本质也是具体的、历史的。就理论上说，马克思当然对"人的本质"的看法较之儒家思想更深刻，更具有普遍性的意义。但从思路上说，儒学关于"礼"的理念和马克思的思路是有一致之处的。

（4）关于儒学和马克思主义对"斗争"与"和谐"的看法。《周易》是中国最古老讲事物发展变化的书，《系辞》中的"太极生两仪"包含着"一分为二"的因素。因此，儒学并不是从根本上否定"斗争"，一味只讲"和谐"。这里我想引张载《正蒙·太和篇》的一段话："有象斯有对，对必反其为，有反必有仇，仇必和而解。"意思是说，例如阴阳、刚柔、寒热、生杀等是一对相对的矛盾，有这种相对矛盾，在它们运行中就会向着相反的方向发展，在这向着相反的方向发展中就一定会有斗争，但是矛盾斗争到最后终究要和解，以达到和谐。马克思主义是要"改变世界"的革命理论，这是因为资本主义的现代社会存在着对立的阶级，在对立的阶级之间必然会存在着矛盾和斗争，最后的结果是以无产阶级革命来消灭资产阶级。但消灭资产阶级之后应该如何呢？我想，应该是进入"和谐"的社会。中国汉朝的贾谊，在刘邦夺取天下之后，曾对汉文帝说："仁义不施，攻守之势异也。"意思是说，在汉王朝取得政权之后，应该行"仁义"之道，否则政权是保不住的。

以上四点，当然不能说是对儒学与马克思主义可有契合之处的深刻、全面的概括，但无论如何可以说，在一定的意义上，儒学与马克思主义是有可以契合之处的，这也说明儒学中确有"社会主义"思想的因素。如果我们再进一步考虑，儒学与马克思主义是否有可以互补之处呢？对这个问题我也有一点思考，但不可能作过多的论证。我想，也许马克思主义对儒学可以有以下两个方面的纠正，一是儒学必须特别重视"经济基础"的问题，在这方面儒学是十分欠缺的。二是必须克服儒学过于重视"人治"，而忽视"法治"，也就是说要克服"道德至上主义"。"道德"对人生十分重要，但一个健全的社会是要由多方面来维系的，如政治、经济、法律、科学、文学艺术等。社会的健康发展是要由多方面共同协调发展的，不能认为"道德"可以解决一切社会问题。那么，儒学对马克思主义是否有可补充和纠正之处呢？我认为，至少也有两点。一是"要重视传统"，在《共产党宣言》中说："共产主义革命……在自己的发展过程中要同传统的观念实行最彻底的决裂。"① 这句话在马、恩当时的情景下，我们也许可以

---

① 《马克思恩格斯文集》第 2 卷，人民出版社 2009 年版，第 52 页。

给以同情的理解，但是作为共产主义革命的理论来说是片面的。我想，这方面可以从儒学十分重视"传统"方面得到一些补充和纠正。二是马克思、恩格斯的著作中具体讨论人的道德修养问题不多，但在儒学中这方面的论述特别丰富，也许马克思主义可以从中吸取某些有益的理念。

我对儒学和马克思主义不能说有深入、独到的研究，这里只是提出一些想法，请大家批评指正。我讲这些的目的是想它或许对建设"有中国特色的社会主义"有点意义。有中国特色的社会主义应该"传承"儒学和马克思主义这两个"传统"，并且儒学与马克思主义都必须在建设有中国特色的社会主义实践中来"创新"。也就是说，国学研究与马克思主义研究都要紧紧地围绕着我国当前"建设有中国特色的社会主义"这一主题来开展。

（原载《中国哲学史》2012 年第 4 期）

论马克思主义中国化与中国传统文化

杨宏伟

一 从两个维度综述马克思主义中国化与中国传统文化研究的历程

关于马克思主义中国化与中国传统文化的研究，自马克思主义传入中国就开始了它的研究历程。但这个过程，始终是按照两条路径来进行的。一条是中国早期马克思主义者、中国共产党人及中国共产党领导集体对如何处理马克思主义中国化与中国传统文化关系的态度和做法；另一条是学术界对此问题的研究和探索。两条路径展开的研究和做法既有共识又有差别；既各执一词，又殊途同归；既各有侧重，又有共同的主题。因此，梳理和总结马克思主义中国化与中国传统文化研究历程和研究状况，必须要从国家权力层面和学术界两个维度来分析以上两条路径的具体情况。

（一）第一个维度：中国早期马克思主义传播者、中国共产党人及中国共产党领导集体对马克思主义中国化与中国传统文化的研究历程和研究状况

其研究历程分以下几个阶段：

第一个阶段：五四新文化运动时期对中国早期马克思主义传播者、中国共产党人对马克思主义中国化与中国传统文化的研究。

如果马克思主义中国化从马克思主义传入中国就开始算起，那么马克思主义中国化与中国传统文化的研究也就从此时开始。在这一时期，以陈独秀为代表的马克思主义者中的大多数对中国传统文化持一种简单否定的态度，简单粗暴地否认了马克思主义与中国传统文化之间的关系，把中国

传统文化一概视为"粪秽"，一无是处。这种文化虚无主义思想成为五四新文化运动时期的主流。

第二阶段：1937—1957年。在这一阶段，对马克思主义中国化与中国传统文化之间关系的研究采取了科学的态度和科学的方法，这种科学态度和科学方法的硕果就是毛泽东思想的产生。毛泽东承认在中国革命和建设过程中，中国传统文化中有可以吸取和融合之处，并采取了批判地继承的方法对待和研究马克思主义中国化与中国传统文化，对中国传统文化去其糟粕，取其精华。毛泽东的《矛盾论》和《实践论》正是毛泽东运用这一科学方法把马克思主义与中国传统哲学思想相结合的产物。

第三阶段：1957—1977年。这个阶段是中国"文化大革命"时期，在"破四旧"、"全民批孔"、全盘否定儒家文化的"左"的思潮的影响下，简单否定中国传统文化的文化虚无主义又卷土重来。这一阶段与第一阶段的共同之处在于缺乏对马克思主义和中国传统文化各自的本质、核心以及马克思主义中国化与中国传统文化之间关系的科学认识与文化自觉，实际上在这一阶段，马克思主义中国化与中国传统文化的关系问题根本未成为问题被提到日程上来。

第四阶段：1978—1989年。在中国政坛上拨乱反正的这一时期，在西方自由主义思想的影响下，从政坛到社会，都弥漫着中国传统文化的反思与超越的风气，要求对中国传统文化重新进行价值评估和价值批判的思想占据了主流。中国传统文化又一次被抛入了文化虚无主义的深渊。而这一次对中国传统文化的否定相较于五四新文化运动时期和"文化大革命"时期，有过之而无不及，因为这一次的否定是在正视和研究中国传统文化之后的否定，是一种反思之后的自觉否定。

但是在这一阶段，除了文化虚无主义的泛滥之外，中国政坛上还有拂面而来的春风带来的科学气息。即邓小平把马克思主义理论与中国传统文化相结合之后对"实事求是"的科学诠释和解读，这种对待马克思主义与中国传统文化的科学态度，成为以后中国共产党领导集体正确认识和处理马克思主义中国化与中国传统文化关系的理论基础与行动指南。

第五阶段：1989—2002年。以江泽民为代表的中国共产党领导集体，提出了党的"三个代表"重要思想。代表中国先进文化的前进方向、文化软实力、中国特色社会主义文化等这些概念的提出和使用，使中国共产党开始了真正意义上的理性的文化自觉。在马克思主义中国化与中国传统文化的关系问题上，凸显了对中国传统文化的继承与发展。

第六个阶段：2002 年以来。随着马克思主义中国化的不断深入和发展，有关马克思主义中国化的许多问题开始清晰与明朗化、条理化。马克思主义中国化的含义、途径、方法、意义等一系列的基本范畴的清晰与作为主流思想的确立，是马克思主义中国化与中国传统文化的结合成为马克思主义中国化本身题中应有之义。中国特色社会主义价值观的树立、中国特色社会主义价值体系的建立，"八荣八耻"的出台，都显示了中国共产党正确地、科学地、理性地审视自己的民族传统文化。

立足于这个维度，中国共产党对马克思主义中国化与中国传统文化关系的研究和处理由来已久，并经历了一个复杂多变的过程，其间有文化虚无主义的错误思想，也有批判地继承的科学态度。令人欣慰的是，经过 90 多年的风风雨雨，以胡锦涛为代表的党的领导集体确立的正确处理马克思主义中国化与中国传统文化关系的科学态度与科学方法已经成为主流思想。

（二）第二个维度：学术界的争鸣与研究

1. 五四新文化运动前后，学术界对马克思主义中国化与中国传统文化的研究早已热闹非凡。20 世纪 20 年代，德国人塔尔海玛在《现代世界观》（又名《辩证唯物主义入门》）一书中，第一次明确提及了马克思主义中国化与中国传统文化之间的关系，但研究的结论是马克思主义在中国的传播没有必要从中国传统文化中吸收东西。20 世纪 60 年代初，著名的中国科学技术史专家、英国学者李约瑟博士提出了另外一种观点，"中国知识分子之所以愿意接受辩证唯物主义，是因为，从某种意义上说，这种哲学思想正是他们自己所产生的"。[①] 但由于李约瑟缺乏对中国历史实际和中国传统文化的深入理解，这个推论很难符合中国的思想史的发展史实，难以令国内学术界接受。1957 年北京大学哲学系召开"中国哲学史座谈会"，与会的专家学者提出了马克思主义与中国传统文化关系上的新认识：用中国传统文化中的优秀思想丰富和发展马克思主义；同年，冯友兰先生提出了对待中国传统文化的新方法——抽象继承法。

2. 1978—1989 年。这一时期，学术界的自由化倾向严重。80 年代对马克思主义中国化与中国传统文化的研究重点主要集中在以下几个方面：

----

① ［英］李约瑟、苏陇：《四海之内》，生活·读书·新知三联书店 1987 年版。

（1）应不应该继承中国传统文化——继承的必要性、可能性、必然性；（2）在自由化思想影响下，对民族传统文化重新进行反思和价值批判的情绪在极度地宣泄；（3）研究流于空泛的形而上的讨论，仅仅对文化本身进行反思。

3. 20 世纪 90 年代，中央党校先后于 1995 年和 1998 年举行了两次论坛，专门讨论马克思主义与中国传统文化的关系。在这两次论坛中，一些有影响的专家和学者提出了新的思路和方法。讨论的议题集中在：（1）马克思主义中国化过程中对中国传统文化继承什么？如何继承？在这个问题的研究和讨论中，三个代表人物以及他们的思想是：张岱年，他认为马克思主义与中国传统文化的契合，体现在唯物论、辩证法、唯物史观、社会理想等方面有相似、相通之处；邵汉明，他认为马克思主义与中国传统文化的契合之处在于人本性、理想性、实践性、整体性；张允熠，他认为在宇宙观、致思、人的本质、社会学说等方面马克思主义与中国传统文化有契合。尽管三方各有不同的角度和侧重，但是马克思主义与中国传统文化存在着相似、相通的契合这一点上达成了共识。（2）这一时期和前一个时期相比，对马克思主义中国化与中国传统文化的建设性研究和科学理性研究取代了批判情绪的宣泄。对马克思主义中国化与中国传统文化关系的处理力图在寻找两者相似、相通的契合点的基础上重新建构新文化体系。力求去除偏见，正确认识马克思主义产生的文化背景——西方文化与中国传统文化，并进行科学理性的分析。（3）这一时期的研究中，密切联系实际问题取代了空泛的形而上的讨论。不再是仅仅局限在文化领域、文化现象上，而是将其置于中国变化的时代背景下，以如何解决中国在改革开放以来出现的实际问题为目的的。（4）张岱年先生提出了对待中国传统文化的文化综合创新法。力求在正确认识中国传统文化的基础上，以建立新的文化体系为目标进行创新。

4. 进入 21 世纪以后，对马克思主义中国化与中国传统文化的研究更趋向于文化自觉与理性思考。

中国进入 21 世纪之后在文化现象上的一大热点就是"国学热"。21 世纪"国学热"文化现象的出现，反映了现代经济、政治系统规则尚未建立，人们力图通过文化的复兴达到这个目标，同时找回文化的迷茫；反映了后现代主义对人的内在生命意义安顿的关注，注重人与人、人与自然的和谐；"国学热"的出现，也是市场经济负面效应凸显之后，人们在无奈下对文化的诉求；是中国富强和发展过程中大国形象背后的文化追求与反思。总之，代表着一场真正意义上的文化自觉时代的到来。这一时期的马克思主义中国化与中国传统文化研究主要体现在以下几个方面：

（1）这一阶段马克思主义中国化与中国传统文化的研究继续追寻两者的相似、相通，而且研究得更为具体。但也出现了无谓的大量的重复。值得庆贺的是，有很多学者在追寻两者的相似、相通之处的同时，开始了同中求异、异中求同的研究，并对同与异进行了梳理和总结（在下一问题详述，此处不再赘述）。

（2）这一阶段的研究还延伸到了马克思主义中国化与中国传统文化结合本身含义的界定，结合的途径、方法、机制和趋势等问题和领域。2009 年 3 月许全兴在《党的文献》发表的《论马克思主义与中国传统文化相结合》一文，对结合的内涵作了界定。这一时期对张岱年在 20 世纪 90 年代提出的"文化综合创新"方法的重提，对冯友兰"抽象继承法"的重提，都表明了对马克思主义中国化与中国传统文化的研究从研究两者有无关系发展到研究如何处理两者关系，从研究能否结合发展到了研究如何结合。这一变化是一种进步，使马克思主义中国化与中国传统文化的研究更为深刻和具体化。

对马克思主义中国化与中国传统文化的结合前景，学者们既充满信心，又不无担忧。如郭建宁指出："两者结合的趋势，或者发展出一个中国化的马克思主义，或者发展出一个吸收了马克思主义的中国文化，两者是一回事，也许不是一回事。"[1]

21 世纪以来，在马克思主义中国化与中国传统文化的研究中，坚持马克思主义为指导，坚持马克思主义中国化与中国传统文化相结合是主流，但同时也不乏其他的声音，如儒化中国，所幸的是其未成为主流思想。马克思主义中国化与中国传统文化的研究仍沿着正确的轨道进行。

二 马克思主义中国化与中国传统文化研究过程中的成就与问题综述

（一）马克思主义中国化与中国传统文化研究取得的成就

综上所述，马克思主义中国化与中国传统文化的研究既有学术界的理

---

[1] 郭建宁：《试析文化综合创新——兼论当代中国的文化建设》，《铜仁学报》2009 年第 2 期。

论研究与学术探讨，又有中国共产党领导集体推动下的具体实践，一路走来，研究目的越来越明晰，内容研究越来越深入，研究领域不断延伸与拓展，研究方法不断理性与辩证。总之，取得了重大的进步和巨大的成就，具体表现在：

1. 对马克思主义中国化与中国传统文化两者关系的研究，能够准确、科学地认识和把握，在正确处理两者关系上达成了共识：以马克思主义为指导，继承、吸收和融合中国传统文化，并将这种共识上升为马克思主义中国化题中应有之义——在中国历史文化的背景下，在中国的语境下解读马克思主义，运用马克思主义解决中国实际问题，丰富和发展马克思主义。

2. 对马克思主义中国化与中国传统文化的研究，更为理性和辩证。在马克思主义中国化与中国传统文化相结合的共识框架内，辩证地分析两者的同中求异、异中求同的关系。

3. 对马克思主义中国化与中国传统文化的研究，从研究两者能否结合发展到研究如何结合，从研究可结合的内容上升到研究结合的途径、方法和机制等更为宽泛的领域。

许全兴在《论马克思主义与中国传统文化相结合》一文中对结合的内涵作了科学的界定："结合应当理解为立足于当代中国与世界的现实，运用马克思主义的方法，对中国的历史文化进行总结和概括。"[①] 这一论述颇具意义，它廓清了长期以来困扰人们的处理马克思主义中国化与中国传统文化两者关系（或者说结合）的习惯思维和路径，即引用中国历史文化的思想资料证明马克思主义是普遍真理。

从毛泽东同志提出"批判地继承"，到冯友兰先生提出的"抽象继承法"，再到张岱年先生提出"文化综合创新"，表明对研究和处理马克思主义中国化与中国传统文化关系的方法在不断的多样化和科学化，虽然每一种方法还有待于进一步深入研究和具体化研究。

（二）研究中显现的问题

1. 从马克思主义中国化与中国传统文化的研究中，可以发现存在着一种危险的思潮，即以伦理道德、精神文化的反思和建构取代马克思主义的

---

① 许全兴：《论马克思主义与中国传统文化相结合》，《党的文献》2009 年第 3 期。

经济的政治的批判；以伦理道德的分析方法取代马克思的阶级分析方法。如对中国传统文化的研究脱离了作者当时所处的历史背景，尤其是脱离了作者的阶级地位；对马克思主义的研究突出马克思主义的伦理内容和道德价值等，这种研究实质上已经从根本指导思想上脱离了马克思主义历史唯物主义的立场、方法和原则，放弃了马克思主义的指导地位。

马克思主义首先是一种现代的社会批判或变革的理论，而不是关于人的个人身心修养、精神慰藉的学问。在对马克思主义理论的研究和运用过程中，不能无视这个本质的区别。同时，只有把中国传统文化中的不同的思想文化派别、不同时期的思想文化放在当时历史文化背景下、从思想派别及其代表人物所代表的阶级利益出发，才能得到实事求是的阐发，才有可能真正地理解什么是糟粕，什么是精华，并在此基础上研究马克思主义中国化与中国传统文化的结合问题，否则，丧失了马克思历史唯物主义指导的马克思主义中国化与中国传统文化将被引入歧途。

2. 在马克思主义中国化与中国传统文化的研究过程中，自 20 世纪 90 年代开始，一直延续到今天的一个很重要的内容就是在研究和找寻马克思主义与中国传统文化的结合点。但是在研究过程中过于侧重这个内容，不仅产生了大量的无谓的重复现象，而且暴露出了研究过程中的误区：为了找寻马克思主义与中国传统文化的契合，将中国传统文化中的只言片语抽出来进行无限的解读与阐发，以期通过这种解读和阐发向马克思主义靠近，并实现马克思主义中国化。如把孟子的"民为贵、君为轻"的思想简单地阐发为具有民主思想，而完全无视孟子所处的历史背景与阶级地位，实在是荒唐。这种现象的出现根源于对民族传统文化的本质内容没有深入的研究和把握，同时也根源于对建立我国的新文化体系的迷茫。

3. 在马克思主义中国化与中国传统文化的研究中，缺乏对马克思主义本身和中国传统文化本身各自的整体性研究。王淑萍在 2007 年发表在《河北学刊》上的《关于马克思主义中国化与传统文化"视界融合"的思考》一文，以尖锐的观点和犀利的笔锋指出，如果对元初理论本身缺乏本质性的把握，很难正确处理两者的结合。对马克思主义的整体性研究，不能囿于原有对马克思主义理解的思路和逻辑体系，应当回到马克思的语境下，实事求是地理解和解读马克思主义；对中国传统文化也要重新审视其本质内容和理论特征，分清其中的积极意义与消极影响。在未能从根本上很好解决这两大问题的前提和基础上，应暂缓两者的结合。这种说法虽然略显绝对化，但确实凸显了马克思主义中国化与中国传统文化的研究中对理论原点研究的必要性和重要性。对马克思主义中国化与中国传统文化研究的进一步发展提供了一个新的思维方式和新的领域。

4. 在马克思主义中国化与中国传统文化研究中，缺乏关于两者的微观的具体化的研究，流于空泛的形而上的研究。例如对儒家的大同思想与马克思主义的共产主义思想，到底存在着怎样的区别与联系，少有从两者产生的历史背景、文化背景、阶级利益、理论特征、意义与影响等细化的方面去剖析；例如如何在马克思主义经济伦理学思想及马克思主义正义观视阈下审视中国传统文化中的"义利之辩"，诸如此类的深入而又具体的微观研究非常少，而只有这样的微观研究才能夯实马克思主义中国化与中国传统文化相结合的理论基础，不断推进马克思主义中国化与中国传统文化相结合。那种大而化之的空泛的研究，实在无助于两者的结合。

5. 相比较对结合内容的研究和结合点的探索，对马克思主义中国化与中国传统文化结合的方法和机制的研究显得颇为薄弱。迄今为止，关于马克思主义中国化与中国传统文化相结合的方法有三种：毛泽东同志的"批判地继承"、冯友兰先生的"抽象继承法"、张岱年先生的"文化综合创新"。从数量上来说，方法还不能说是多样化，需要不断地丰富和补充。而且，上述三种方法中的每一种方法都需要在新的时代背景和时代特征下，进行重新深入的研究与反思。毛泽东同志"批判地继承"的方法，其主要方法是"去其糟粕、取其精华"，但什么是糟粕，什么是精华，在不同的情况下，站在不同的角度很难作一个泾渭分明的界定，而且以前好像已经确定的糟粕和精华也会随着时代的变化、角度的变化而转化，因此，我们利用毛泽东同志的这种"批判地继承"的方法时，面对糟粕和精华的区分，不能笼统地划定，要具体问题具体分析。同时如何处理批判与继承之间的关系也是需要进一步研究的问题。冯友兰先生的"抽象继承法"如何观照到马克思主义的阶级分析方法。张岱年先生的"文化综合创新"法面临着如何认识和处理中西文化之间的关系，如何对马克思主义中国化进行文化解读，建立新的文化体系的难题。总之，仅就已有的三种方法而言，也需要有一个如何运用的方法论研究。

另外，关于马克思主义中国化与中国传统文化相结合的机制，缺乏对结合的主体、结合的形式和载体的研究，研究领域和问题有待于进一步的延伸和拓展。

三　马克思主义中国化与中国传统文化
研究的前景和方向

1. 对马克思主义中国化与中国传统文化的研究仍然要坚定不移地坚持马克思主义为指导，站在马克思主义的根本立场和基本观点上正确地把握马克思主义与中国传统文化。只有这样，才能正确地科学地处理马克思主义中国化与中国传统文化的关系。做到这一点，首先要回到真正的科学的马克思主义的立场和观点上来，而不是囿于教条的马克思主义；要运用整体性的马克思主义的世界观和方法论而不是马克思主义理论中的只言片语来阐发和研究中国传统文化。这一点在任何时候、任何情况下都是不能改变的根本原则。

2. 关于马克思主义中国化与中国传统文化相结合的探索要有一个清晰的认识。中国传统文化的内容应该划分为社会政治理想、伦理道德、习惯风俗三个不同的层面，而秉承社会批判和变革精神的马克思主义与中国传统文化的结合点应该主要放在社会政治思想层面上来谈两者的关系和结合，而不是把马克思主义的理论内容无限泛化到中国传统文化的所有层面，否则很容易导致马克思主义的教条化与庸俗化。

3. 马克思主义中国化与中国传统文化的研究要以建构和建设中国特色社会主义文化、中国特色社会主义价值体系为目的和归宿。研究马克思主义中国化与中国传统文化的目的不是单纯为了研究而研究，不是用中国传统文化为马克思主义作注脚和解读，更不是为了夸耀我们的民族传统文化、树立文化的优越感而沾沾自喜。所有的研究目的都应该归结到为中国社会主义现代化服务，为建设中国特色社会主义新文化和中国特色社会主义价值体系而服务这个目标上来。以此为目标，我们才能对马克思主义与中国传统文化持有一种理想的审视和反思，才能在时代的变化中不断地追问我们需要怎样的价值体系和文化体系并科学地建构，才能找到中国现代化建设的精神家园和文明皈依。

4. 关于马克思主义中国化与中国传统文化的研究范式到了梳理和总结的时候。随着研究的不断深入和拓展，许多模糊的认识和问题得到澄清和解决，对马克思主义中国化与中国传统文化研究的共识的理论观点、研究思路、路径和方法、研究的方向等范式具备梳理和总结的条件，而且这种范式的总结甚至规范，将使马克思主义中国化与中国传统文化的研究沿着正确的轨道、按照正确的方向和路径推进。

5. 对马克思主义中国化与中国传统文化的研究要放在世界文化交流的背景下去研究。在多元文化的交流和碰撞中以海纳百川、有容乃大的大家气度和大国风范，敞开胸怀，拥抱世界各民族先进文化和文明，才能在客观的、理性的、自觉的文化反思中正确认识和处理马克思主义中国化与中国传统文化的关系。

（原载《社会科学家》2012 年第 4 期）

马克思主义与中国传统文化的
契合与交融

刘学芝

马克思主义之所以能在中国生根、开花、结果,实现中国化、时代化、大众化,不仅因其与中国的革命、建设和改革的实际相结合,与中国发展的时代背景、时代主题相联系,还因其与中国传统文化能够有机交融。诚如张岱年、程宜山先生所言:"中国文化中本有悠久的唯物论、无神论、辩证法的传统,有民主主义、人道主义思想的传统,有许多历史唯物主义的思想因素、有大同的社会理想,如此等等,因而马克思主义很容易在中国的土壤里生根。"①

一 马克思主义与中国传统文化的契合

马克思主义在中国化、时代化、大众化的过程中之所以能够实现与中国传统文化的交融,并在这种交融中得以不断发展,是因为二者在很多方面具有契合之处。

1. 中国传统文化中"大同"的社会理想与共产主义社会理想的契合。在中国传统文化的思想宝库里,"大同"常被用来描述未来的理想社会。孔子曾用"大同"来描述未来社会的理想状态,他说:"大道之行也,天下为公,选贤与能,讲信修睦。故人不独亲其亲,不独子其子,使老有所终,壮有所用,幼有所长,鳏、寡、孤、独、废疾者皆有所养,男有分,女有归。货,恶其弃于地也,不必藏于己;力,恶其不出于身也,不必为

---

① 张岱年、程宜山:《中国文化与文化论争》,中国人民大学出版社 1990 年版,第 186 页。

己。是故谋闭而不兴，盗窃乱贼而不作，故外户而不闭，是谓大同。"① 到了近代，太平天国领袖洪秀全则把建立一个"有田同耕，有饭同食，有衣同穿，有钱同使，无处不均匀，无处不饱暖"的理想天国写进《天朝田亩制度》，集中反映了广大农民对"大同"社会的向往。其后，康有为在《大同书》里表达了同样的思想，认为"大同之道，至平也，至公也，至仁也，治之至也"②。资产阶级革命的先行者孙中山先生则把"天下为公"作为大同世界的核心思想，并指出："民生主义就是社会主义，又名共产主义，即是大同主义。"③

消灭私有制、建立共产主义社会是马克思主义为之奋斗的理想。马克思、恩格斯在《共产党宣言》中指出："代替那存在着阶级和阶级对立的资产阶级旧社会的，将是这样一个联合体，在那里，每个人的自由发展是一切人的自由发展的条件。"④ 在《哥达纲领批判》中，马克思对共产主义的理想社会进行了详细的描述："在共产主义社会高级阶段，在迫使个人奴隶般地服从分工的情形已经消失，从而脑力劳动和体力劳动的对立也随之消失之后；在劳动已经不仅仅是谋生的手段，而且本身成了生活的第一需要之后；在随着个人的全面发展，他们的生产力也增长起来，而集体财富的一切源泉都充分涌流之后，——只有在那个时候，才能完全超出资产阶级权利的狭隘眼界，社会才能在自己的旗帜上写上：各尽所能，按需分配！"⑤

显而易见，中国传统文化所推崇的"大同"理想与马克思主义的共产主义理想尽管有着质的差异，但是不可否认，彼此在形式和内容上也存在契合的方面。

2. 中国传统文化中的民本思想与马克思主义价值理念的契合。中国传统文化中的民本思想集中体现在儒家学说中。孔子所创立的"仁学"，核心就是讲"人"，主张爱民、重民、教民。孟子进一步指出："民为贵，社稷次之，君为轻。"⑥ 荀子则提出君舟民水之说，以生动的比喻阐述了民为

---

① 《礼记·礼运》。
② 康有为：《大同书》，中州古籍出版社1998年版，第39页。
③ 《孙中山选集》（下册），人民出版社1981年版，第802页。
④ 《马克思恩格斯选集》第1卷，人民出版社1995年版，第294页。
⑤ 《马克思恩格斯选集》第3卷，人民出版社1995年版，第305—306页。
⑥ 《孟子·尽心下》。

邦本的思想理念。除儒家之外，道家、墨家、法家等学派也有很多以民为贵的思想。受民本思想的影响，历代有政治远见的帝王，都以体察民情、顺乎民意为荣，因而采取了一些轻徭役、减赋税的政策。

在中国封建时代，虽然有很多爱民、重民、利民的思想，但是统治者为了本阶级的利益，很难真正地去践行这些思想。真正把民本思想作为自己的价值理念并且认真践行的是马克思主义者。马克思、恩格斯一开始就把实现无产阶级和全人类的解放作为自己的价值追求。在《论犹太人问题》中，马克思提出了"人类解放"的概念，在《〈黑格尔法哲学批判〉导言》中，马克思提出了实现人类解放的物质承担者问题，把实现人类解放的历史使命赋予无产阶级。在《德意志意识形态》中，马克思提出了"现实的个人"的概念，找到了人的解放的历史的和逻辑的起点。在《共产党宣言》中，马克思、恩格斯进一步指出，要实现人的解放，就必须"消灭私有制"，建立一个"代替那存在着阶级和阶级对立的资产阶级旧社会"的"联合体"即共产主义社会。《共产党宣言》的发表，标志着马克思主义的诞生，自此以后，实现人的自由而全面的发展亦即实现人的彻底的解放，成为马克思主义矢志不移的价值追求。

3. 中国传统文化中的朴素唯物论和辩证法思想与马克思主义的唯物论和辩证法思想的契合。早在春秋战国时期，先哲就提出了"金木水火土"的五行说和阴阳论的朴素唯物论。《荀子·天论》则提出"天行有常，不为尧存，不为桀亡"的自然论思想，认为天地自然有自身的运行规律。与自然论思想并存的朴素唯物论，还有气元论或唯气论思想。唯气论始于《庄子·外篇》，《管子》则提出"精气"观念，《鹖冠子》提出"元气"观念，汉代的王充则在前人元气论的基础上提出了比较完整而系统的"元气自然论"。他认为，天地万物都由元气构成，元气是自然界原始的物质基础。后来，唐代的柳宗元和刘禹锡、宋代的张载乃至清初的王夫之进一步发展了元气论，使其更加系统和完善。

在中国传统文化中，还有丰富的辩证法思想。早在《易经》中就有"一阴一阳之谓道"的说法。阴阳是一对相辅相成的矛盾统一体，彼此既是相对的，又是不可分割的。老子在《道德经》中提出"有无相生"、"相反相成"等辩证的矛盾概念，还认为矛盾双方总是在相互转化，"祸者，福之所倚；福者，祸之所伏"。《孙子兵法》则提出了敌我、强弱、胜败、虚实、利害、奇正、迂直等一系列概念，认为它们构成了矛盾的两个方面，互相依存、互相渗透、互相转化。中国古代的辩证法思想历经唐宋元明清等朝代不断得以丰富和发展，尤其是到了明清时期，方以智提出了关于对立的相互关系学说，肯定对立的两方面相互渗透、相互转化的关系，使辩证法思想有了更进一步的发展。

马克思主义的唯物论既承认物质第一性、意识第二性，又承认二者相互联系、相互作用；既承认物质世界是运动变化的，又承认物质世界的运动是有规律的。马克思主义的辩证法"对现存事物的肯定的理解中同时包含对现存事物的否定的理解，即对现存事物的必然灭亡的理解；辩证法对每一种既成的形式都是从不断的运动中，因而也是从它的暂时性方面去理解；辩证法不崇拜任何东西，按其本质来说，它是批判的和革命的"①。因此，与中国传统文化中的朴素唯物论和辩证法思想相比较，马克思主义的唯物论和辩证法思想是彻底的、全面的。但是它们确有相通之处。比如，物质范畴是唯物主义世界观的基石。恩格斯指出："物、物质无非是各种物的总和，而这个概念就是从这一总和中抽象出来的。"② 古代朴素唯物主义把五行、元气等作为自然界原始的物质基础，尽管是片面的、不科学的，但毕竟同样是承认世界的物质性。对于辩证法的理解，它们都承认矛盾双方的存在，都承认矛盾双方相互联系、相互渗透，并且在一定条件下相互转化。

4. 中国传统文化中的"和合"思想与马克思主义和谐理念的契合。和合思想是中国传统文化中的重要组成部分，体现在儒家、道家等学派的思想之中。在处理人与自然的关系上，他们主张天人合一。老子指出："人法地，地法天，天法道，道法自然。"③ 主张人要以尊重自然规律为最高准则，反对一味地向自然界索取。孔子不言天道，主张通过知天命来求得天与人之间的协调。孟子则提出，通过"尽心"、"知性"、"知天"的途径达到"上下与天地同流"④ 的境界。在处理人与人的关系上，他们提倡宽和处世，创造"和合"的人际环境。孔子曾明确指出："君子和而不同，小人同而不和。"⑤ 孔子不仅阐述了"和"的重要性，而且还区别了

---

① 《马克思恩格斯选集》第 2 卷，人民出版社 1995 年版，第 112 页。
② 《马克思恩格斯选集》第 4 卷，人民出版社 1995 年版，第 343 页。
③ 《老子》第 25 章。
④ 《孟子·尽心下》。
⑤ 《论语·子路》。

"和"与"同"两个概念，认为"和"是多样性的统一，"同"是一味地附和乃至结党营私，君子应取前者而弃后者。在处理国与国的关系上，中国传统文化主张协和万邦、和谐共处，《周易》中的"首出庶物，万国咸宁"即主张万邦和谐相处。

马克思和恩格斯在早期著作中特别强调人与自然的和谐。马克思提出自然是"人的精神的无机界"和"人的无机的身体"①，"社会是人同自然界的完成了本质的统一，是自然界的真正复活，是人的实现了的自然主义和自然界的实现了的人道主义"②。为了实现人与自然、人与社会的和谐，恩格斯告诫说："我们不要过分陶醉于我们人类对自然界的胜利。对于每一次这样的胜利，自然界都对我们进行报复。"③马克思、恩格斯关于人与社会的和谐、人与人的和谐主要体现在未来共产主义社会的构建之中。在共产主义社会，由于社会产品的极其丰富，由于阶级区分和阶级差别的消失，"每个人的自由发展是一切人的自由发展的前提条件"，人与自然的矛盾、人与人的矛盾、人与社会的矛盾得以真正解决，从而实现了人与自然、人与人、人与社会的和谐共生。

二 马克思主义与中国传统文化的交融

伴随着"十月革命"一声炮响，马克思主义开始在中国广泛传播。以李大钊、陈独秀为代表的进步青年纷纷发表文章，大力宣传马克思主义。但这期间，马克思主义与中国传统文化的交融远未获得自觉性。真正使马克思主义与中国传统文化实现交融，始于毛泽东。

1. 以毛泽东为代表的中国共产党人促进马克思主义与中国传统文化交融的成功实践。在1938年中共六届六中全会上，毛泽东在号召全党学习马克思主义理论并且使马克思主义中国化的同时，就提出要辩证地对待中国的传统文化，一方面要"学习我们的历史遗产，用马克思主义的方法给以批判的总结"，另一方面，"今天的中国是历史的中国的一个发展；我们是马克思主义的历史主义者，我们不应当割断历史。从孔夫子到孙中山，

---

① 《马克思恩格斯全集》第42卷，人民出版社1979年版，第95页。
② 同上书，第122页。
③ 《马克思恩格斯选集》第4卷，人民出版社1995年版，第383页。

我们应当给以总结，承继这一份珍贵的遗产"①。正是由于毛泽东能辩证地对待中国传统文化，所以他才能从中国传统文化中汲取智慧和营养，实现马克思主义与中国传统文化的交融，使马克思主义具有中国作风和中国气派。

毛泽东使马克思主义与中国传统文化的交融，主要通过以下三个方面来实现：其一，把马克思主义与中国人民的传统文化心理相互结合，即用中国人所熟悉的语言习惯和思维方式来表述马克思主义基本原理。比如，毛泽东用"武装斗争"、"枪杆子里出政权"来表述马克思主义关于暴力革命的理论，用"星星之火，可以燎原"来说明任何事物的发展都是前进性和曲折性的统一，用"愚公移山"来说明人民群众创造历史的伟大作用。其二，借用中国传统文化中的历史典故、语言素材对马克思主义基本原理进行解释并作创新性的发展。在《实践论》中，毛泽东用传统文化中的"知"和"行"来说明实践和认识的关系。在论证这一关系的时候，毛泽东又使用历史典故进行说明。比如用《三国演义》所谓"眉头一皱计上心来"说明人脑运用概念以作判断和推理的功夫，也就是认识的第二阶段；用"不入虎穴，焉得虎子"来说明离开实践的认识是不可能的。毛泽东把马克思主义的认识论和中国的传统文化相交融，开创了辩证唯物主义认识论的新境界。在《矛盾论》中，毛泽东用《孙子兵法》中的"知己知彼，百战不殆"以及《水浒传》里宋江三打祝家庄的故事来说明研究问题切忌主观性、片面性和表面性，用中国人常说的"相反相成"来说明矛盾的同一性和斗争性。毛泽东把马克思主义的唯物辩证法和中国的传统文化相交融，通俗而又深刻地阐明了对立统一规律，丰富和发展了马克思主义哲学。其三，对传统文化中的历史典故进行改造，并赋予其新的时代内涵。比如班固的《汉书》讲了"实事求是"，意思是说做学问注重客观事实根据才能得出正确结论。毛泽东多次引用这一成语，来说明共产党人的思想方法、思想作风、思想路线。在《改造我们的学习》中，毛泽东用"实事求是"来说明共产党人对待马克思列宁主义的态度："'实事'就是客观存在着的一切事物，'是'就是客观事物的内部联系，即规律性，'求'就是我们去研究。我们要从国内外、省内外、县内外、区内外的实际情况出发，从其中引出其固有的而不是臆造的规律性，即找出周围事变

---

① 《毛泽东选集》第2卷，人民出版社1991年版，第533—534页。

的内部联系，作为我们行动的向导。"①

正是由于毛泽东将马克思主义与中国的革命和社会主义建设初期的实际相结合，与中国的传统文化相结合，马克思主义中国化、时代化的第一个理论成果——毛泽东思想才得以诞生。在这一理论的指导下，中国取得了新民主主义革命和社会主义改造的胜利。

2. 以邓小平为代表的中国共产党人促进马克思主义与中国传统文化交融的成功实践。众所周知，十年"文化大革命"期间，中国的传统文化受到猛烈的批判。邓小平复出后不久，首先是在意识形态领域进行拨乱反正，深入开展了"实践是检验真理的唯一标准"的大讨论，重新确立了党的实事求是的思想路线，为马克思主义与中国传统文化的交融创造了良好的国内环境。

把时代性和民族性统一起来，对中国传统文化进行符合时代条件的创造性的转化，是邓小平实现马克思主义与中国传统文化交融的重要途径。"小康"是中国传统文化中所描述的一种理想社会状态，邓小平借用"小康"的概念来表述中国式的现代化。民贵君轻、民为邦本是中国传统文化中的民本思想，邓小平将其生动地表述为要把"人民拥护不拥护""赞成不赞成""高兴不高兴""答应不答应"作为考虑一切问题的出发点和归宿。邓小平还把中国传统文化中的辩证法思想和中国的实际相结合，在对待香港、澳门和台湾问题上，提出了"一国两制"的战略构想；在对待物质文明和精神文明、改革开放和民主法治问题上，提出了"两手抓"、"两手都要硬"的思想。重视德育建设是中国传统文化中的重要内容，邓小平将其融合在培养"有理想、有道德、有文化、有纪律"的"四有新人"的目标之中。

3. 以江泽民为代表的中国共产党人促进马克思主义与中国传统文化交融的成功实践。20世纪90年代，以江泽民为代表的中国共产党人继承和发扬了我们党把马克思主义与中国的实际、时代和中国传统文化相结合的优良传统，提出了"三个代表"重要思想。"三个代表"中很重要的一条，就是代表先进文化的前进方向。当代中国的先进文化，就其本质而言，应该是体现社会主义的本质要求和时代精神、反映中国最广大人民利益的文化；是面向现代化、面向世界、面向未来的文化。因此，如何使中

---

① 《毛泽东选集》第3卷，人民出版社1991年版，第801页。

国文化走向现代化，并在这一过程中实现与马克思主义的交融，成为中国共产党人必须回答的一个重大问题。以江泽民为代表的中国共产党人提出了"与时俱进"的战略主张。"与时俱进"一词源于《易经》中的"与时偕行"。在儒家、道家、法家的许多著作中，还有"与时俱化""因时制宜""因时变法""应时达变"等词语，表达的是相同或相近的含义。江泽民对这些概念进行改造，提出并阐发了"与时俱进"的思想，认为马克思主义必须与时代发展相同步，必须符合不断变化的客观实际。这一思想也同样适用于中国传统文化的现代化。中国传统文化必须与时代发展相同步，不断增加新的时代内容，唯其如此，马克思主义与中国传统文化的交融才能顺利进行。

4. 以胡锦涛为代表的中国共产党人促进马克思主义与中国传统文化交融的成功实践。新世纪新阶段，以胡锦涛为代表的中国共产党人，面对中国特色社会主义建设过程中出现的新情况、新问题，将马克思主义与中国传统文化的交融推进到一个新的历史阶段。"和合"思想是中国传统文化中的重要思想，以胡锦涛为代表的中国共产党人将其与马克思主义相结合，提出了"和谐社会"与"和谐世界"的思想。2005 年 2 月，胡锦涛在省部级主要领导干部提高构建社会主义和谐社会能力专题研讨班上发表重要讲话，指出：我们所要建设的社会主义和谐社会，应该是民主法治、公平正义、诚信友爱、充满活力、安定有序、人与自然和谐相处的社会。2005 年 9 月，胡锦涛出席联合国成立 60 周年首脑会议，发表了题为《努力建设持久和平、共同繁荣的和谐世界》的重要讲话，深刻阐明了建设和谐世界的思想理念。此外，胡锦涛还把马克思主义基本原理与中国传统文化中的民本思想结合起来，提出和系统阐发了以人为本的科学发展观，而"以人为本"这一概念本身也是渊源有自，《管子·霸言》写道："夫霸王之所始也，以人为本。"

综上所述，"实事求是""小康社会""与时俱进""和谐社会""以人为本"等中国化马克思主义的重要思想和理念，充溢着浓重的中国传统文化的色彩，是马克思主义与中国传统文化交融的结晶。

（原载《理论学刊》2012 年第 11 期）

国外马克思主义文艺理论研究

英美世界的美学与马列主义美学的交汇

[美] 诺埃尔·卡罗尔 李媛媛译

本文的主要论题是英美世界的美学可以通过马克思列宁主义美学的视角看待自身而获益良多。因为英语世界的美学有一种自无效（self-stultifying）的"唯美主义"倾向，对于这种倾向，马克思列宁主义美学既可以提供一种诊断，又可以提供一种矫正。这种唯美主义倾向也在其他欧洲哲学传统中显现出来，不过为了让我的论述集中一点，我将把论证范围限于英语国家的美学。

这样一种唯美主义倾向在所谓的"艺术审美理论"（aesthetic theories of art）中得到了明确的证明，这种理论在一度中断之后，又开始越来越频繁地出现了。近来詹姆士·安德森（James Anderson）、加里·艾斯明格（Gary Iseminger）、尼古拉斯·赞格威尔（Nicholas Zangwill）、阿兰·戈德曼（Alan Goldman）和马尔科姆·巴德（Malcolm Budd）都提出了相关的见解。

但是，这一倾向也以一种潜在的方式起作用，特别是在英语国家的艺术哲学家中间，有一种很明显的倾向，即把认知、道德、政治、语境等艺术的维度统统看成截然不同于审美的维度，并把这些因素贬低为与对艺术的恰当欣赏无关。上述排斥活动的支持者们的所作所为掩盖了一种潜在的偏见，即支持与艺术审美理论最具天然联系的形式主义，尽管他们可能并不总是意识到这一点。

在我看来，艺术审美理论在某种程度上是作为英语国家美学的潜意识而起作用的，并可套用心理分析的隐喻，这种潜意识的结构已经有了神经官能症的倾向。它驱使英语国家的美学家们回到对某些问题的相同的哲学解答，尽管推定的解决方案并未被证明为严重不够格。

在我看来，一剂马克思主义美学的药方有助于治愈英语国家美学的疾病。然而，在为这个提议辩护之前，我必须简要地给出我关于英语国家美学的分析以及对这一不适的病源学说明。

正如我们现在的理解一样，我推测英语国家的美学开始出现于 18 世纪。它的出现与所谓的"现代艺术体系"的出现是同时发生的。也就是说，在 18 世纪，包括绘画、诗歌、雕塑、音乐、舞蹈和戏剧在内的一系列实践都汇聚于美的艺术或美术，或以大写字母 A 开头的艺术的范畴之下。这些连同一些附加项（包括电影、录像和摄影）正是今天我们用"艺术"这个词所指涉的东西。这些正是今天汇聚于艺术之名下的实践，并且，这些也正是"美国艺术基金会"之类的政府机构资助的那类活动。尽管我们发现以这种方式来给艺术（更恰当地说，是以大写字母 A 开头的艺术）分类是"自然而然的"，但是并非一直是这样。相反，它是现代的产物。

例如，在古典时期（古希腊、古罗马），艺术指任何与技艺有关的实践。航海是一种艺术，驾车也是一种艺术。医药是艺术，它是可以传授的知识。有些美的艺术与其他艺术（即可传授的知识）归为一类，但并不总是以我们现在的方式去归类。音乐可能同数学而不是诗歌属于一组，而诗歌可能同修辞归为一类。绘画有时甚至同化学和药理学归为·类，因为画家和化学家、药剂师都属于碾磨东西（如颜料和药丸）的工匠行会。简而言之，以大写字母 A 开头的艺术门类——我们假定它是理所当然的存在——是一个历史性的发明创造。

例如，亚里士多德并不是一位以大写字母 A 开头的艺术哲学家；他是一位讨论一种具体艺术形式，即悲剧的哲学家，尽管（当然）他也提出了一些关于绘画的简短论述。在 18 世纪以前，不存在以大写字母 A 开头的艺术哲学家，因为我们那时还没有形成有自觉意识的有影响的艺术范畴。在文艺复兴时期，可能会对绘画和诗歌相比附，但主要是为了使绘画获得诗歌已然得到的尊荣。没有人尝试着把我们称之为艺术的所有实践都汇聚于一个大的门类之下。我们的艺术范畴似乎到了 18 世纪左右才开始出现。尽管在今天的艺术学院目录下罗列的实践在西方是显而易见的，但它是某一历史时段的产物。

或许毋庸赘言，艺术或美术或美的艺术的范畴一经形成，指出是什么构成了这一新的缪斯成员资格的压力就出现了。在我看来，艺术哲学的出现正是为了迎接这种挑战。

第一个回答这个问题的尝试无疑受到亚里士多德的启发，它假定再现，尤其是对天生美的事物的再现，是使作品获得进入现代艺术体系的入口。因此，为了在这个最高的谱系中赢得成员资格，职业舞蹈教师，如让－乔治·诺维尔（Jean-GeorgesNoverre）提倡编舞要再现戏剧性事件，情节芭蕾由此诞生。

但是这项提议无法抗拒音乐史上的一项具有开创意义的进展——纯管弦乐或纯音乐逐渐占据优势地位。因为，除了一些声称这些音乐再现了某种事物（鸟鸣、雷暴雨等）的无望尝试之外，把最纯粹的管弦乐描绘成对某个具体事物的再现，似乎没有什么可能性。然而，纯音乐在现代艺术体系中的成员资格难以否认。事实上，对于19世纪的某些人来说，这种音乐呈现了一种状态，而这种状态是其他所有艺术形式所热切渴望达到的。因此，从哲学上来讲，对新的范式取代再现，成为现代体系成员资格的标准的需求越来越迫切了，而正是从这里，艺术审美理论决定性地进入了这幅图景。

当然，可供选择的范式很多。但是最持久、最有意义的一个范式（尤其是对于我们的目的来说）是"严格意义上的艺术品是为了提供某种经验（称为审美经验）而设计出来的对象和表演"的观念。最初，审美经验是根据无利害的愉悦来定义的审美经验。

但是，尽管某些艺术作品所引导的经验不那么令人愉快，例如，基督被鞭打得血肉模糊的宗教形象旨在震撼信众，使他们铭记基督献身时遭受的暴行——或者，另一个例子是，"虚空派"的画像——这种对于有关经验的描述被更改为因其自身原因而有价值，并且，通常该经验被认定为指向艺术品的形式。因此，根据艺术审美理论，只有当某物是为了提供典型地集中于对象和表演的形式的经验，而这种经验是因其自身原因而有价值时，它才是艺术品。

艺术审美理论是一个公认的回答"为什么在美的艺术之名下汇聚的实践是属于一个类别"问题的解决方案。按照推测，它们都是为了提供审美经验而设计的。并且，这样一个提议有更深一层的哲学上的吸引力——一劳永逸——暗含着"美的艺术"与所有其他艺术之间的根本性断裂。因为对"美的艺术"的理解是因其促成了具有内在固有价值的经验而受到珍视，它可以被看成是（实际上是无意识的）与所有其他艺术——如农业、修辞学和工程学——相分离，因为其他艺术主要是由于其实用性，而不是由于它们所引起的具有内在固有价值的经验而受到重视。如果审美经验是严格意义上的艺术的标识，并且审美经验与任何外在目的无关的话，那么严格意义上的艺术品与提供具有内在固有价值的经验之外的任何目标、利益或目的都没有实质关联。

也就是说，由于艺术品的最终目标是一种与任何其他实践相割裂的精神状态，似乎由此马上可以得出这样的结论：达到这种状态的艺术手段应该与任何其他的活动范畴截然不同。如果最终的状态不会受到实践的、自私的或社会的利益和目的的污染，那么就有理由认为达到那种精神状态的手段必须同样纯粹，以免自诩清高的审美精神状态中掺杂利益和目的。或许这正是康德主张审美愉悦不是与概念联系在一起的一个原因，因为概念倾向于与利益、目的和活动密切相关。

但是无论如何，"艺术有意提升独特价值"这样一种观念通过定义一举将艺术（也就是美的艺术）与其他人类活动截然分开。因为同旨在引起一种与其他人类实践联系在一起的利益和目的绝对没有关联的经验的某物，必须（似乎这样猜测也是合理的）是一个独立的事物。因此，艺术审美理论极其胜任从本质上规定现代艺术体系的成员资格这一哲学任务；它根据引起一种因其自身而具有价值的经验的意图，或者换言之，一种与任何外在目的及其实践活动没有内在或必然关联的经验来确定其成员资格。

艺术审美理论随之产生了极大的哲学上的吸引力。如果一件严格意义上的艺术作品是凭借其支持审美经验的功能而成为艺术作品的，那么，该作品的艺术价值可以根据它促进或阻碍审美经验的程度来衡量。同样，该理论也给了我们一条确定哪些原因与赋予一部作品艺术地位有关的路径——即，作品的任何提高其产生审美经验的能力的方面都可以作为优秀作品的特征。简言之，与审美经验的标准描述相连的"艺术审美理论"是一个有用而统一的"理论系"，大量哲学家不愿意放弃它。这正是为什么它作为该领域的潜意识持续存在的原因。

尽管无人会否认艺术审美理论的便捷、精致，但是它从未真正像人们设想的那样无所不包。历史上的大多数艺术品都用来服务于各种利益——社会的、政治的、宗教的、文化的等。例如，很多我们今天初看上去属于艺术的部落面具和盾牌，都并不是以促成因其自身而有价值的经验为首要目的而计划和设计的。因为这些面具和盾牌是为了恐吓敌人而设计的，它们有意要让入侵者感到恐怖。如果这些面具和盾牌为敌方的旁观者提供了因其自身而有价值的经验，那么这些艺术品就会与其想要产生的功能相悖。它们是为了灌注令观看者憎恶的经验而创造出来的。同样的，大量前现代的艺术品，如彩色玻璃窗，是为了引起敬畏、支撑信念而设计的。"教区居民们会试着为其形式的具有内在价值的经验而使用它们"的观念会因为"渎神"而让这些物品的创作者感到胆战心惊。甚至今天的很多（甚至大多数？）艺术品都不仅仅是出于主要旨在引起因其自身而受重视的经验引导的反应的意图而制作的。例如，许多当代严肃美国小说致力于重新讲述我们到达当前历史时刻的方式的传奇，以达到与未来相沟通的目的。这些小说同时拥有认知的、政治的、道德的目标。它们的作者并不想要他们的作品因其所引起的具有自身目的的经验而受到重视，而是希望人们关注其作品介入并改变我们生活的方式。

当然，迄今为止，我们所举的反例已经削弱了"艺术审美理论为艺术地位提供了必要条件"的假设。然而，它并不是充分条件，这一点应该很明显。我愿意设想大多数壁纸的创作者是为了提供审美经验而设计的，然而我怀疑大多数甚至有一些壁纸真的被当作以大写字母 A 开头的艺术。但是无论如何，当然很多壁纸不是我们可以确定无疑的艺术，提供审美经验的意图并不是艺术地位的一个充分条件。实际上，今天大多数工业世界的人造物品都有一个旨在支持审美经验的设计成分。每一辆汽车、每一款衬衫，甚至每一盒谷类食物都旨在促进某种程度的审美经验，无论我们怎样理解这个概念。然而，我们不会误把一次在杂货铺里的闲逛当成参观艺术展。

尽管艺术审美理论的缺陷很明显，但是这个理论似乎从没有完全退出历史舞台。"为什么"的问题反复出现。正如我们已经注意到的那样，这个理论极其精致。但是似乎不太可能单凭精致就解释它的长盛不衰，尤其当面对它长期以来承担的责任时，更是如此。

或许在这一点上，马克思列宁主义对英语世界的美学可以有所贡献。因为马克思列宁主义美学强调艺术和审美理论承担的社会功能。与此同时，艺术审美理论反映出，它强化并支持了特定形式的艺术实践。可能是由于艺术审美理论所履行的社会和经济工作，它控制了英语世界艺术哲学的想象力。也就是说，正如神经官能症患者偏执地重复同一种不正常行为是由于这种错误在他的精神系统中扮演了隐蔽的角色一样，艺术审美理论的持续存在可能也是因为它适合艺术世界体系的一个隐蔽的计划——并且，这种隐蔽的计划是马克思列宁主义哲学极其适合去挖掘和揭示出来的。

马克思列宁主义美学具有说服力地提醒我们艺术审美理论以及与之相连的艺术实践——如现代主义——并不是产生于社会经济的真空地带。存在支持（并且仍在支持）它，并支持与之相连的审美经验观念的重要的文化上的发展。相关的"理论系"——艺术审美理论和具有内在固有价值的审美经验的观念——在某一时段出现，在这一时段，艺术赞助制度以值得注意的新的方式发展演化。在较早期，再现性艺术的主要赞助者是政界或宗教界人士。一般来说，艺术被授予服务于教堂或国家（或公国，或任何其他城市权力机构）的功能。这种艺术明确地与社会目的——获得威望、显示国王的权力或他的威严、提高教廷的地位、宣扬伦理或教义、鼓励忠实于既定社会道德准则的美德，纪念过去，等等。例如，在反对宗教改革期间，"特伦托会议"（Council of Trent）提议用艺术来激发虔诚的情感，并且"借助绘画或画像描绘的我们救济会的神迹故事，人们在习惯性的记忆中被教导、坚定信念，并在心中不断地重复信条"。

然而，随着资产阶级的出现，一个新的艺术市场也开始形成，资产阶级把艺术当成活跃越来越多地任由他们支配的休闲时间的一种方式。正如伽达默尔所发现的那样，艺术的价值变得主观化。也就是说，艺术不是服务于客观的社会目的，而是开始因其所支持的主观——被认为是无利害的——愉悦而受到尊重。

以前的艺术常常与预示性的文化事务结合在一起——如以在恰当的公共场所树立的道德模范或历史英雄的城市或宗教人物雕像的形式——在新兴的体制之下艺术被重新构想为一种游戏，一种对艺术品的形式所做的静观性的游戏，而不考虑认知的、政治的、社会的、精神的和/或道德的内容和/或作品的效用。并且随着时间的流逝，这一新市场的要求变得更加明确，艺术品（实际上甚至整个艺术运动）都开始迎合这种要求。也就是说，艺术品显然是在艺术审美理论的支持下生产出来的。

资产阶级寻求美的事物来活跃他们的生活，不仅包括家具、餐具、马车和花园，而且还包括绘画、精美的书写，等等。"品位"逐渐成为新兴的中产阶级的社会资本的一个标志，艺术越来越成为资产阶级消费的对象。正如黑格尔注意到的那样，艺术品开始迁离公共交往的场所——在这些公共场所中，它们曾对整个文化的各种各样的目的作出贡献——进入博物馆，成为"无目的的"（用康德的术语）静观的对象。批评家阶层开始活跃起来，其代言人如约瑟夫·爱迪生（Joseph Addison）用最好的方式训练有闲阶级把时间花在追求想象的愉悦上。并且，这些批评家的指示很快就在哈奇生、休谟和康德等哲学家提出的关于趣味的理论和美学中得到系统化，这些趣味理论最终在艺术审美理论中融为一体。

尽管这一新兴实践的参加者可能不会用这种方式来描述当时的状况，但是艺术品正日渐成为商品，其目的（说起来可能自相矛盾）是——通常借助其形式——引起无利害的愉悦，也称作审美经验，甚至模糊一点，称作人的静观力量的无目的游戏。艺术审美理论极其契合资产阶级的鉴赏和消费实践，无疑因为在这种情形下，理论和实践是相得益彰的。

这种关于审美经验的标准描述本身就是艺术审美理论的必要条件，从根本上说，它是一个静观的事件，非常符合资产阶级的艺术消费活动，因为这个标准概念首先是审美经验的一种旁观模式。人们似乎简单地设想审美经验的主体是旁观者——读者、观众和听众（消费者）——而非（例如）也是艺术家。换句话说，审美经验被认为是观众（实际上是有闲的观众）的一种经验。它是一种接收，而非生产。

以一个广阔的历史观看待我们所谓的艺术，艺术审美理论很难具有说服力。显然，有太多的事例表明有一些作品，尽管我们不容置疑地称之为艺术，不可能是为了提供因其自身而有价值的经验而制作出来的。我前面提到的部落面具，以及无数世纪以来世界各地的大量宗教艺术显然都是艺术审美理论的反例。甚至很多当代艺术作品公然向艺术审美理论发出挑战。很多严肃小说和戏剧热衷于告诉读者他们是谁，以及他们怎样走上正途——指出社会的紧张关系，并追溯其源头，以解决它们。这样的文学作品有一种社会紧迫性；它不是简单地为了提供那种读者因其自身而珍视的经验——如从容不迫地寻找作品的统一性——而写作的。

无可否认，今天和不远的过去的一些作品——特别是常常称为现代主义的那些作品——是为了促进对相关作品的形式结构的静观经验而设计的，相应的，这些经验被设定为因其自身的原因而有价值。这类很大程度上是作为艺术审美理论的变种而蓬勃发展的艺术开始出现，无疑这种艺术和这类理论的扩张是相辅相成的。

正因为如此多的现代艺术设计的主要意图是支持审美经验，因此有一种将当前的倾向普遍化，将其投射到过去的诱惑。可能有人提议，我们应该以对待很多现代主义艺术的方式去看待所有艺术——作为沉溺于宣称（如对艺术品的形式设计）具有内在固有价值的经验的理由。

当然，这是一种解读艺术审美理论的方式——作为一种要求我们把所有艺术品都当成主要旨在成为审美经验契机的"建议"。当然，这是一种应对我在本文中罗列的那类反例的方法。但是它也使艺术审美理论成为一种极具修正主义色彩的理论。它把艺术家们从未有过的意图强加给我们。事实上，它漠视艺术家的意图，支持鉴赏家随心所欲地使用艺术品的意愿。

照这样看来，艺术审美理论至多成为一种不太可靠的关于使用艺术品的最佳方式的建议。也就是说，它成为一种关于"我们把所有艺术品都当成伟大的现代主义艺术品来对待"的提议——也就是尽情享受关于作品形式的具有内在固有价值的经验的机会。

但这并不是艺术审美理论典型的存在方式。它在一般情况下并不是提出一种推荐性的艺术理论，而是作为分类或描述性的理论（尽管它们的材料显然有问题）。然而，当实际的推动变成了概念性的强令，它们显然实际上成为关于我们应该如何对待所有艺术的真正建议，而不是对每一件艺术品的永恒特质的发现。太多曾经的和未来的艺术品并不是以产生审美经验为首要意图而生产出来的，而艺术审美理论仍然存在。

因此，问题是：这么多英语世界的哲学家如何在像艺术的审美定义那样受到实际挑战的理论中找到希望——一个至多是具有说服力或赞美性的艺术理论却可疑地假扮成一个真正的或分类性的定义。

马克思列宁主义哲学家在这里给出了一个有益的回答。艺术审美理论对于英语世界的哲学家来说具有可信性，因为它（不妨说）系统地总结了英语世界哲学家所生存的艺术世界的特定假设。具体说来，该理论反映了消费者/鉴赏家对艺术品的取向——作为当代资本主义艺术世界的休闲商品。艺术审美理论突出了这种跨越所有历史和文化的审美交流的模式。英语世界的艺术哲学家无法看清他自己正在做的事，因为它在很大程度上是他自己文化的一个极具主导地位的艺术实践的一部分——正如水对于鱼来说是无形的——视而不见。因此，我们无法看到为什么英语世界的美学家们不断回到同一个问题以及同样不令人满意的解答。但是正是在这个问题上，马克思列宁主义哲学家可以提供帮助，并且可以将这一神经官能症导致的麻痹症诊断为一种潜意识中对市场经济试图将艺术品的功能重新规定为一种休闲商品的认同。当英语世界的哲学饱受痛苦之时，马克思列宁主义美学可以提供治愈方案。

（原载《文学评论》2012 年第 3 期）

何谓社会主义现实主义？

林精华

　　不可否认，1991 年 8 月叶利钦下令终止苏共活动、11 月下令取缔苏共，接着戈尔巴乔夫宣布辞去苏共中央总书记职务，马克思主义在苏俄迅速失去了国家意识形态的地位，此后随着俄国先是尝试西方化，而后转为以帝国化方式重建俄国的进程，重新合法化的俄共一直只能以反对党身份活动，并在一次次大选中越来越失利。然而，这只是事情的一个方面：标示着作为意识形态的马克思主义之衰落的情形，却未妨碍俄共报刊《真理报》、《政治教育》、《对话》等继续坚持马克思主义，并以此理解当代现实问题，尤其是俄共一直是杜马最大的反对党，其总统候选人久加诺夫先后成为叶利钦、普京、梅德韦杰夫的最重要竞争对手，并且 20 年来始终如此。爱丁堡大学俄国研究中心副主任马奇（Luke March）博士在《后苏联俄国共产党》（2002）一书中总结 1991 年以来俄国选举情况时说，俄共所推行的马克思主义有相应变化，俄联邦国力的提升以民主减少和公平缺失为代价，颠覆了公平与正义这类深入俄国人心的社会价值观，导致马克思主义在俄国没有消亡，而是继续成为俄共政治诉求、知识界不少人的追求和社会大众的情愫，消除贫困、扩大再生产和再就业等马克思主义主张，得到政府的实施①。六年后，俄国学者斯拉维（Борис Славин）博士在《寻求意识形态的俄国》（2008）一书中总结后苏联社会说："目前占主导地位的基本意识形态乃保守主义、自由主义和社会主义，它们乃几个世纪思想之混合，这是和大部分社会团体及其政治组织的变化和改革相适

---

　　① Luke March: *The Communist Party in Post-Soviet Russia*. Manchester University press, 2002, pp. 24 – 26.

应的诉求。"① 此其一；其二，2004 年华沙举办"苏俄招贴画展"、2006年上海举办苏联社会主义现实主义艺术展，分别震惊了不同语境下的观众——同是社会主义国家却选择不同方式转型，但不同国民都被苏俄马克思主义美学指导下的艺术品所感动；2009 年赫尔辛基举办题为《退回到苏联》（назад в СССР）的画展，以其明朗色调、正面形象、乐观向上的意蕴等，给观众留下深刻印象，一批苏联时代常见的意识形态化美学产品吸引了来自欧洲不同类型观众，——曾极力排斥苏联的西欧、现在加入北约和欧盟的东欧，有不少人在后冷战时代被苏俄马克思主义艺术成就所触动。相应地，在国际艺术市场上，苏联社会主义现实主义艺术品竞拍价格屡创新高，如盖特曼和梅拉穆德《斯大林画像》（1940）、B. 伊凡诺夫《在名叫希腊的咖啡馆》（1974）等在伦敦艺术拍卖行创下 6 万、4 万英镑新高（2006），2008 年以来这种行情居高不下。不仅如此，苏联时代拍摄的许多影片，常出现在后苏联的电视中、流行在世界音像市场上。对此，里德（Susan E. Reid）在《艺术市场与社会主义现实主义史》（2003）一书中声称，社会主义现实主义不再是现实，而是一种历史回忆，其产品的不可复制性，现在已为艺术市场所青睐，今后更会如此。对这种苏俄马克思主义理论指导下的艺术遗产，从苏联独立出来的独联体国家也并非排斥的：阿塞拜疆巴金斯拉夫大学著名教授、作家和批评家艾利钦（ЭфендиевЭльчин），其《社会主义现实主义给了我们什么？》（2011）如是说道，苏联时期阿塞拜疆践行社会主义现实主义诗学，在文学上取得了在后苏联空间所无法企及的成绩，使阿塞拜疆文学能作为苏联文学的一部分进入世界视野，虽然社会主义现实主义主导下的阿塞拜疆作家用俄语创作，损失了阿塞拜疆身份、没能充分表达自己的民族认同，但后冷战时代英语主导世界文化走向，阿塞拜疆语言创作的文学无可避免地被严重地边缘化。无独有偶，苏联重要作家、后任吉尔吉斯斯坦驻俄大使的艾特玛托夫（Чынгыз Айтматов，1928—2008）经常在不同场合提出类似主张，从而成就他在后苏联俄国一直是著名的俄罗斯语言文学作家。

正因苏联及其马克思主义是巨大的历史存在，以及马克思主义在后苏联仍有人在实践，苏俄马克思主义美学指导下的艺术遗产有不可替代的价值，外加近二十多年来资本主义在俄国发展始终不顺利、在发达国家也遇

---

① Борис Славин, Россия в поисках идеологии. //Свободная мысль 2008 No. 5, C. 23.

到很多问题，促成俄国和国际人文研究界重新关注马克思主义理论、检讨马克思主义苏俄化的历史、马克思主义在后苏联命运等问题。其中，俄国社会主义学者协会、科学院马克思主义研究中心，连同1991年易名为《自由思想》的杂志（原为1924年创刊的《布尔什维克》、1952年易名为《共产党人》，目前由后工业社会研究中心主办）、1992年创刊的《新文学评论》，以及《哲学问题》、《历史问题》、《文学问题》等传统大型学术杂志，时常讨论马克思主义及其俄国化的历史问题，或用马克思主义观点讨论俄国现实问题。并且因中国是深受苏俄影响成长起来的，而与去苏俄化相关联的改革开放历程，使中国取得了巨大进步，由此俄国自然关注苏俄马克思主义之于中国的意义问题：2005年5月24—28日第四届俄国哲学大会"哲学和文明的未来"，包括"马克思主义：过去、现在、未来"议题，斯米尔诺夫《中华人民共和国现代化的政治意识形态根据》、康德拉舍娃《中国：社会主义的艰难抉择》等大会报告，就显示了俄国学界的这种动向。

社会主义现实主义如此引人关注，是因为情形诚如在苏联解体伊始、俄国盛行否定苏联及其国家意识形态之际，37岁就成为莫斯科大学语言文学系教授的格鲁勃科夫（Михаил Голубков，1960—）在《失去了的选择：1920—1930年代苏维埃文学一元论概念之形成》（1992）中所声言的，"不考虑社会主义现实主义流派，就不可能有完整的20世纪艺术发展图景"①。但是，来自苏联时代的著名马克思主义美学家鲍列夫（Юрий Борев）在《社会主义现实主义：当代人的观点和当代观点》（2008）中证实，作为马克思主义美学苏俄化成果的社会主义现实主义在后苏联受到三方面冲击：市场经济潮流把社会主义现实主义所反对的对象合法化了——市场经济推崇资本主义竞争，这是社会主义现实主义所无法挑战的；反对社会不公正的左翼思潮变得日趋激进，这种情形抵消了社会主义现实主义所拥有的现实价值；后现代主义在俄国合法化和普及化以后，各种非现实主义潮流汇成巨大的颠覆社会主义现实主义的思潮②。问题来了：有其无法否定的客观存在和历史影响，越来越显示出特有艺术价值的社会主义现实主义，在后苏联俄国重建历程中究竟遭遇了怎样的挑战，俄国人

---

① Михаил Голубков, Утраченные альтернативы: Формирование монистической концепции советскойлитературы. 20 - 30 е годы. М.: Наследие, 1992, C. 20.
② 14—18、Юрий Борев, Социалистический реализм: взгляд соврменника и совреиенный взгляд. М.: АСТи Олимп, 2008, C. 58.

又是如何认识苏联马克思主义美学向中国和世界扩展问题的，成了我们应该面对的论题。

一

实际上，正如列宁主义作为马克思主义苏俄化的实践性成果一开始就遭遇来自俄国社会民主党内外的质疑一样，社会主义现实主义自诞生之日起就隐藏着危机，尤其是斯大林去世之后、解冻思潮到来，怀疑它的声音在苏俄境内外更甚嚣尘上。而这种怀疑，与现实主义文学在第二次世界大战结束以后的欧美诸国明显衰退的情势相一致，如法国理论家加洛蒂的《无边的现实主义》（1963）问世，原本是要挽救现实主义，却使现实主义文艺陷入更严重危机——失去了稳定性和边界。在这种情形下，解冻思潮以后的苏俄知识分子在境内外激烈抨击社会主义现实主义，如著名的持不同政见者西尼亚夫斯基（Андрей Синявский，1925—1997）选用巴别尔早期作品中海上一走私犯"阿勃拉姆·特尔茨"（Абрам Терц）为笔名发表的《何谓社会主义现实主义?》（1959）、列昂尼德·波格丹诺夫（Леонид Богданов）的《没有社会主义现实主义》（1961）等，大胆指出社会主义现实主义是苏共意识形态对审美领域的侵袭。而苏俄境内外知识分子如此变化，意外呼应了冷战中西方苏联学者对马克思主义苏俄化的批判，如曾以《苏联共产党》（1960）一书而著称的伦敦经济学院教授沙皮罗（Leonard Schapiro，1908—1983），在后人整理的文集《马克思主义在俄国》（1986）中就批评说，所谓苏俄马克思主义实际上是苏共领导人的马克思观点，从马克思思想中为其专制主义实质寻找合法性，甚至布哈林在新经济政策时期所谓发展马克思主义，是基于社会变革的世俗化潮流，不得不扩大产业工人和市民的权利，而马克思和恩格斯对俄国问题感兴趣，是因为发现俄国既是欧洲的又是整个人类进步趋势的大敌（archenemy），他们并未深入研究1861年改革之前的俄国（马克思1869年才开始学俄语），只因寻找解决资本主义问题的出路，就强烈关注本质上必然会和资本主义冲突的俄国村社命运（是这种阴差阳错，激起了普列汉诺夫和列宁等人要在俄国实践马克思关于批判资本主义思想的热情）①。如此局

---

① Leonard Schapiro, *Russian Studies*, London: Collins Harvill, 1986, pp. 133–134.

势，迫使苏共在斯大林去世不久举行第二次全苏作家代表大会（1954 年
12 月），就社会主义现实主义问题展开辩论，会议最后被迫大幅修改 1934
年第一次作协大会确定的定义，删除原表述中后半部分，"同时，艺术描
写的真实性和历史具体性，必须与用社会主义精神从思想上改造和教育劳
动人民的任务相结合"。令当时苏共疑惑的是，此举居然无助于解决马克
思主义美学苏俄化的危机，甚至有越来越多的知识分子加入质疑甚至反对
社会主义现实主义体系的行列中，并且否定之声的社会影响力急剧增加，
嘲讽苏俄马克思主义美学的"地下刊物"和"境外刊物"如星星之火，在
苏联各大城市和俄侨在西方集聚地燎原起来。更为令人惊奇的是，1981 年
被迫流寓西德的苏联批评家格罗伊斯（Борис Гройс，1947—），1989 年在
法兰克福组织苏联东欧主流艺术展，社会主义现实主义被讽刺性地模拟成
"社会—艺术"（Соц-арт）——把"社会—艺术"和"社会主义现实主义
艺术"放在同一个展厅并置展出，产生奇特魅力——社会主义现实主义正
面描写的对象变成了恐惧、幽默讽刺、伤痛、报复的内容，并通过苏联
"地下文学"和"境外文学"展示出来，这种对比有效颠覆官方马克思主
义的艺术活动。由此启发著名作家维克多·叶罗菲耶夫（ВикторЕрофеев，
1947—）在苏联存续时就发表《追悼苏联文学》（1990 年 7 月《文学
报》），预言社会主义现实主义会随着苏联马克思主义意识形态的瓦解而终
止，反对苏联体制的批判文学，也因社会主义现实主义体系的终结而消
亡。然而，这种轰动一时的论述，不仅在形式上极大地推动了 1950 年代
以来官方对社会主义现实主义进行退却性修改的发展态势，而且肇始了苏
联末期到整个 20 世纪 90 年代对包括社会主义现实主义在内的苏俄马克思
主义问题的激烈否定。

在后苏联到来不久就成为国际著名的苏联文化研究专家、现在是英国
谢菲尔德大学教授的杜波连科（Евгений Добренко），在苏联尚健在的
1990 年就公开出版了震惊全苏文坛和文学艺术研究界的重要论文集《拯救
出海市蜃楼：今日社会主义现实主义》——汇集了不同时期激烈批判社会
主义现实主义的篇什。姑且不论杜波连科本人的《不是根据其言论，而是
按照其所做的事情》，后苏联成为著名文学史家的莱杰尔曼（《活生生的传
统和僵死的教条》）等否定苏俄马克思主义美学的篇章，仅苏联时代一些
普通作家、批评家而言，如作家秋帕《难以抉择的现实主义》认为，"在
激烈争论中，社会主义现实主义这个概念早就显示出瓦解的趋势，同时变

得更烦琐而不切实际";另一位作家谢尔盖耶夫《几个根深蒂固的问题》断言,"维持社会主义现实主义的官方地位,妨碍了我们文学发展并导致其与世界隔绝",作为一种临时的方法在 20 世纪 60 年代它就已自我耗尽了;尤其是苏联时代较早合法地去西德学术访问的科学院哲学所教授古雷加(《生活超过了表述》)更声称,社会主义现实主义包含斯大林神话,后来又先后被赫鲁晓夫和勃列日涅夫神话所替代;批评家沃兹德维仁斯基(《通往兵营之路》)声言,"在苏维埃文学史上,能充分满足社会主义现实主义要求的作品是如此之少",超出社会主义现实主义框架的作品却很多;苏联末期著名文学批评家乌尔诺夫(《历史乐观主义的艺术,抑或 30 年之后》)主张,"是给文学史家和理论家提出这样问题的时候了,即苏维埃文学的边界和苏联历史的疆域并不吻合,苏维埃文学是广泛的社会主义现实主义,但苏联社会主义文学并非全在社会主义现实主义概念下发展的"。需要特别指出后苏联才成为著名作家的莫罗佐夫之作《乌托邦之终结》(1995):"社会主义现实主义这个术语现在引人关注,是因为它类似于奇异的古物,是继 1910—20 年代的先锋派之后出现的人类崭新历史上的文化断层",还引证说,1920—1930 年代的苏俄现代主义文学艺术作品,如 A. 舍甫琴科的油画《带着玩具的少女》(1933)(阴暗画面暗示苏联花季少女并不是鲜花)、C. 尼科利金的油画《人民法庭》(1934)(一个个法官只有人的轮廓而没有人的面孔),等等,已显示出苏俄马克思主义美学作为乌托邦正在终结,社会主义现实主义艺术品和苏联社会主义制度一样是没有前景的乌托邦①。此外,艺术家和批评家格列勃·普罗赫诺夫(《社会主义现实主义控制下的艺术:1930—1950 年代苏联绘画》)(1995),直接把其间苏联绘画发展历程视为社会主义现实主义操控下的意识形态活动,"若我们试图理清作为意识形态文本的社会主义现实主义艺术形式,我们就应该直接观察这种艺术的特殊欲望是如何开始消退的;罩在意识形态身上的这件长袍是如此诱人,但若是没了意识形态,社会主义现实主义这一魔鬼般的诱惑就不可能产生,会立即坠落于地"②。此类表述,和此前那些关于社会主义现实主义的正统经典论述相比,相去甚远,

---

① Е. А. Добренко (Сост.), Избавление от миражей: Соцреализм сегодня. М.: Советский писатель, 1990, С. 9 – 16.

② Gleb Prokhorov, *Art under Socialist Realism*: *Sovietpainting*, 1930 – 1950, Roseville East: Craftsman House, 1995, p. 34.

甚至严重对立：此乃时代之差别，更是认知之巨大分野。

其实，这种否定社会主义现实主义的声浪，是俄国电影联盟、电影中心国际有限公司和科学院合作编辑的大型论文集《自由言论：知识分子编年史（1985—1995）》（1996）所分析的"马克思主义在俄国死亡"社会思潮的一部分，"在苏维埃社会中，文化和艺术从未超越政治去独立思想，而它们本来是能超越意识形态的……社会主义现实主义纯粹是意识形态的，它使不同类型的艺术家及其创作服务于正统目的"①。整体上，1990年代苏俄兴起的检讨社会主义现实主义浪潮，既是解冻思潮以来质疑甚至否定苏联马列主义美学的延续、升级，符合现代性反思赋予"现实"概念主体性意蕴、现实主义在全球退潮的趋势，又是后苏联到来过程和重建过程中颠覆苏联制度和意识形态的潮流在文坛和人文学界的自然反应。当然，其间的讨论，少有文字肯定社会主义现实主义的积极意义，某种程度上是后冷战初期全球抛弃苏联情怀、信仰西方价值观的折射，也和时代对苏联的体验、认知有关。这样一来，随着时间延伸，"苏联"渐行渐远，自然会改变对社会主义现实主义的认知：20世纪90年代末以来，后苏联俄国对苏联态度发生了转变——"苏联"不仅仅是俄国历史发展的一个阶段、被颠覆的制度，还是俄国曾经存在的一种方式，并因对当下变革过程及其结果的失落，"苏联"由批判对象转向怀旧寄托的记忆。进而，苏俄马克思主义美学作为对苏联记忆的思想、学说、理论，也就得以被正视，正视其历史性和事实性、其艺术产品的审美意义和商业价值。这也就是莫斯科大学哲学系美学教研室主任雅科夫列夫（Евгений Яковлев，1927—）《美学》教材（1999）、鲍列夫《美学》（2002、2004）等，照常引用马克思主义经典作家言论和苏联社会主义现实主义美学成果的原因；还出现国立叶卡捷琳堡大学哲学系克鲁格洛娃（Татьяна Круглова）的博士学位论文《作为文化人类学和艺术交际体系的社会主义现实主义艺术：历史基础、话语特性、社会文化作用》（2005），国立下诺夫哥罗德沙加尼洛夫（Никита Шаганилов）的副博士学位论文《俄罗斯文学中的社会主义现实主义及其问题起源》（2006）等，冷静地把它当作学术论题，学理性地探讨其各种成因、成效、特点、其作者和读者角色、对历史资源的利用和拒

---

① А. А. Гусейнов и др. (Ред.), Свободное слово: Интеллектуальная хроника десятилетия, 1985 – 1995. М.: Школа Культурной Политики, 1996, С. 269.

绝等一系列具体问题，论述中少有意识形态评判色彩。

在这样的变化中，俄国艺术科学院院士契戈达耶娃（Мария Чегодаева）教授在后苏联致力于研究社会主义现实主义问题，其《社会主义现实主义：神话与现实》（2003）逐年叙述 1929—1953 年社会主义现实主义文学艺术的进展，揭示马克思主义美学苏俄化过程中的意识形态诉求，并未能妨碍社会主义现实主义催生出积极的成果。随后的力作《作为人民鸦片烟的社会主义现实主义》（2004），虽立足点是要否定社会主义现实主义，但不认为它是单纯的意识形态产物，而是"上层"话语和"下层"意愿的某种统一，"吸取人民性的社会主义现实主义，不是简单的来自上层指使的需求，而是大众强大意愿的自动转换，是大众经验和权力话语相遇的文化空间"。更有甚者，伊凡诺夫（С. В. Иванов）的《鲜为人知的社会主义现实主义：列宁格勒流派》（2007）有效重建了苏联时代一个地区的绘画史：按年代展示 1920—1980 年代 105 位画家的 337 幅不同题材的社会主义现实主义画作，其艺术实践表明实际存在着社会主义现实主义艺术体系下的列宁格勒画派①，并且正因这种马克思主义美学追求的独特性，使之在后冷战时代被艺术市场发现了无可替代的价值。

与这种从历史和现象上客观描述社会主义现实主义不同，文化学研究所布拉夫卡（ЛюдимлаБулавка）教授的《社会主义现实主义：方法的失败》（2007），从理论上讨论马克思主义美学思想苏俄化问题，认为社会主义现实主义之存在并非意外，也非独立现象，"而是俄国和世界历史长期发展的逻辑结果"，如 19—20 世纪初的科技革命，证实了人的智慧和创造力之大，为社会主义现实主义之出现提供了可能性，而在这种革新基础上出现的苏俄马克思主义美学，（1）促使苏联体制的文化和意识形态相互作用得到最大限度发挥；（2）也使其自身成为苏维埃文化中的最重要问题，需要精确地确定研究视角；（3）还使其至今仍是苏维埃文化理论上最复杂的问题②。正是这样的定位，哪怕社会主义现实主义仍然遭到深刻否定，但已经是学理上的论述，并非情绪的表达。更有甚者，1990 年就开始任美国埃默里大学教授的爱泼斯坦（Михаил Эпштейн，1950—），其《反对

---

① С. В. Иванов, Неизвестный соцреализм: Ленинградскаяшкола. СПб. : ООО НП - Принт, 2007, С. 8.

② Людимла Булавка, Социалистический реализм: превратности метода. Философский дискурс. М. : Культурная революция, 2007, С. 21 – 22.

意识形态控制的理念：俄罗斯思想的柏拉图式戏剧》（2010）从思想史上观察社会主义现实主义：俄国思想史存在着两种乌托邦，共产主义和马克思主义以及对其实践的列宁主义、斯大林主义、反对共产主义和马列主义的东正教，这两种相互矛盾的柏拉图式思想，共同促成了绵延不断的激进主义思潮，苏联时代苏联马列主义战胜了东正教，成为无所不在的国家意识形态，导致一些知识分子只能用观念主义消极抵抗，在地下或境外出版物上发表借助社会主义现实主义概念符号的文本，瓦解社会主义现实主义，这构成了苏俄特有的后现代主义哲学，一种不同于在主流媒介上迎合市场的西方后现代主义，"迄今为止，俄国从未在世界哲学上扮演重要角色，但哲学的确在俄国，尤其是二十世纪俄国起了巨大作用"，"随着哲学在俄国社会所起作用降低，物质、经济重要性增加，俄国哲学家要反思其自我否定和自我解放的独特经验，这可能反而能在国际背景下扮演更重要的角色"①。这样强调在思想史上深入反思社会主义现实主义及其之于俄国意义问题，显示出俄国认识苏俄马克思主义美学的深化。

正是在这种反思潮流中，杜波连科在域外冷静观察俄国和东欧对苏联时代反复检讨的历史进程，并研究苏联文化及其和马克思主义关系等重大问题，推出了一系列发人深省的成果，尤其是出版了震动了国际学界力作《社会主义现实主义经济学》（同时有英文版，2007）。作为后苏联反思马克思主义美学苏俄化问题的杰作，作者从经济学角度深刻分析道："社会主义现实主义的基本功能并没有简化到宣传状态，而是把文学艺术缩减成经由其美学的现实性生产；社会主义现实主义是最卓越的激进的美学实践……美化，意味着再造世界，按美与和谐的规律改变世界。这就是为何社会主义现实主义最终应该视为是一种独特的美学现象"，"社会主义制度必然担当着美学功能，但不是因此就使社会主义现实主义成为艺术（审美功能是伴随实现的，例如衣服、鞋或家具，不因为家具艺术、服饰艺术或鞋艺术就替代了家具生产或衣服或鞋生产的基本功能）。社会主义现实主义的基础性功能是建立社会主义，这是苏维埃现实，而不是艺术事实（артефакт）"，"社会主义现实主义乃变革社会主义苏维埃之现实的机器。因为其基本功能不是宣传，而是美学和革新……社会主义现实主义生产的

---

① Costica Bradatan & Serguei Alex. Oushakine（ed.），*In Marx's Shadow：Knowledge，Power and Intellectuals in Eastern Europe and Russia*，Lanham：Lanham：Lexington Books，2010，p. 34.

不是'谎言'，是经由感觉而变成现实的一些社会主义形象。若是这个生产用马克思公式'商品—金钱—商品'来描写，那么我们可以说是'现实—社会主义—现实'。这只是经由社会主义弥赛亚考验过的新现实，即已经是社会主义……为了创建这种社会主义现实，苏维埃现实就需要艺术。正是在艺术中——经由社会主义现实主义——苏维埃现实变成了社会主义。换句话说，社会主义现实主义是苏维埃社会主义现实的升华。这种艺术方法就是苏联社会主义的现实的政治经济学。社会主义现实主义不仅应该因此视为生产了某种象征符号，而且是生产了视觉和口头上的现实替代者"，更意味深长的是，"疆域的波动性是社会主义现实主义突出特点之一：社会主义现实主义的艺术事实，始终是在美学意图和政治参与、艺术功能和宣传之区域中变动。我们是在艺术现实之内或之外的问题，传统答案是这样的：社会主义现实主义与意识形态和政治之间没有特殊的关系，社会主义现实主义整个就是政治的（宣传、意识形态）。但是，与这种逻辑相一致，可以肯定地说，社会主义现实主义有别于政治，即政治—意识形态和文艺创作的最广泛领域，原本未必相关，是社会主义现实主义的生产和需求使它们发生了关联"，"社会主义现实主义不仅主导着经济，而且给予经济以思想。这不是社会主义体系的一个简单方面，而是社会机器的最重要方面，扩展到生活的所有方面——从工厂到长篇小说、从制造厂到歌剧、从集体农庄到艺术大师。社会主义现实主义是一种高级的被美化的文化，它激进地改革世界"①。可以说，这种从政治经济学角度认识社会主义现实主义，远不只是避免了感情化因素的介入，对苏俄马克思主义美学的认知有了新的学术理据，更重要的是有效揭示了原本是美学行为、文艺活动何以能成功转化为社会行动，或者意识形态的要求如何经由审美中介产生神奇的艺术效力。

二

在对马克思主义文艺思想苏俄化的这种矛盾性论争中，曾经的苏联主流美学家、现任俄联邦科学院世界文学研究所文艺理论室主任鲍列夫教

---

① Евгений Добренко, Политэкономия соцреализма. М. : Новое лит. обозрение, 2007, С. 14 – 29.

授，在后苏联的有关论述需要特别关注。

在杜波连科主编的《社会主义现实主义经典》论文集中，鲍列夫是少数极力维护社会主义现实主义的学者。在他看来，"在社会主义现实主义框架里，并不妨碍那些我们已存在的艺术"，"在社会主义现实主义理论和艺术实践中，许多人盲从地去粉饰现实，许多来自阴间的天堂被搬到美妙的未来"，这种病症从 1920—1930 年代就开始了，如拉普的辩证历史唯物主义的艺术方法、阿·托尔斯泰那纪念碑式的方法、卢纳察尔斯基的社会主义方法、库里克的革命社会主义现实主义方法等，这种情形在苏维埃文学第一阶段（1917—1932）就存在，甚至影响到第二阶段（1932—1956）苏联文学的多元化，此后苏联文学在社会主义现实主义思想体系下转向人文主义，"我们的艺术方法是建构艺术现实的手段，它吸取了 20 世纪美学经验，并体现了社会积极的、人文主义取向的和个体价值自足的艺术观念"①。这种替社会主义现实主义开脱责任的论述，至少说出了马克思主义美学苏俄化过程、苏联文学发展过程很复杂，在此基础上推出了重建苏俄社会主义现实主义美学理论和实践发展史的巨著《社会主义现实主义：当代人的视点和当代视点》：按编年史方式，论述 20 世纪俄国的语言艺术（文学）、影视艺术、造型艺术、音乐等，在马克思主义美学影响下的发展历程及其巨大成就，"社会主义现实主义在俄国占据 70 余年统治地位。起初是表达了千千万万下层人的希望。后来变成了极权政治的表达。再然后，其自身就崩溃了，留下了关于其业绩和成就的回忆，以及损伤和失望。社会主义现实主义作为 20 世纪主流思潮之一，无论怎样地令人想起极权主义和不公正的三驾马车，但不可能把它从历史中删除掉。正如古典主义不能从法国被不公正地勾掉一样。作为新艺术的唯一方法，被帕斯捷尔纳克、普拉东诺夫、阿·托尔斯泰、卡塔耶夫和法捷耶夫等不同类型作者所热情接纳"②。令人惊奇的是，鲍列夫创造性地发现，社会主义现实主义危机在解冻思潮之后就出现了，认为《阿尔巴特街上的孩子们》《生存与命运》《古拉格群岛》《日瓦戈医生》《地槽》等直接反对社会主义现实主义的小说，以及马卡宁的非现实主义小说、科马尔和梅拉米德的社会—

---

① Ханс Гюнтер и Евгений Добренко （реда）, Соцреалистический канон. М.: Академический проект, 2000, С. 387.

② Юрий Борев, Социалистический реализм: взгляд соврменника и совреиенный взгляд. М.: АСТи Олимп, 2008, С. 10 – 11.

艺术（绘画）、普里戈夫等观念主义诗歌等，从不同方面表明马克思主义美学苏俄化已经遇到了强大挑战。如是论述，深刻揭示了社会主义现实主义危机和瓦解并非肇始于戈尔巴乔夫改革。

同样重要的是，鲍列夫系统论述马克思主义美学苏俄化的产生、发展和变革等一系列问题，其中包括重新辨析了马克思主义美学苏俄化的一些重要概念。在他看来，"人民性"作为社会主义现实主义的关键性概念，并非只是苏俄意识形态强加的产物，"它是一个表达艺术创作和人民之相互关系、反映艺术实质和根源的美学范畴。它最早出自维科的《新科学》、卢梭、洪堡特和施莱格尔等欧洲前浪漫主义理论家的有关论述，19世纪开始许多政治人物和理论家注意到人民作为历史的力量。普希金及其论敌都曾先后为这个概念辩护过，如曾是帝国科学院院长和教育部长的乌瓦洛夫提出专制、东正教和人民性三原则，果戈理及批评他的别林斯基，列宁及其思想的继承者斯大林和日丹诺夫等，都积极使用'人民性'概念。它具体内涵包括：1. 人民乃艺术创作的目的；艺术人民性完全不是书写农夫、牧人等下层人物，还写他们的生活。2. 反映人民的利益和世界观乃艺术人民性的必然层次。3. 人民不仅是艺术的目的，也是艺术的主体，参与艺术创作过程本身。4. 人民是语言和文化的创造者、体现者、保护者，并且唯有如此方可深入艺术创作过程，如马雅可夫斯基说，人民是语言创造者，而诗人是语言的潜在大师。5. 人民性即艺术创作之思想的民族特征、智性—情感的方法，如普希金认为俄罗斯精神的体验方法在于纷纷扰扰的喧嚣集中了许多苦闷或忧郁。艺术目的是要满足人民的"[①]。而这种通过筛检关键性概念的做法，对重新认识马克思主义美学苏俄化问题，很有理论上的启示。

在他的论述中，社会主义现实主义不仅有历史观念的基础，还有现实性诉求：除了列宁倡导文学艺术活动的党性原则、布尔什维克政党意识形态支持左翼文学观念之外，俄国正面追求马克思主义的传统在19—20世纪之交演化成社会思潮，"社会主义现实主义是一种艺术思想类型，它建基于20世纪迅速发展的生活实际、历史主义和辩证理解存在的世界观，仰赖俄罗斯和世界的现实主义艺术传统"，这种美学实践化过程具有很强

---

① Юрий Борев, Социалистический реализм: взгляд соврменника и совреиенный взгляд. М.: АСТи Олимп, 2008, С. 205 – 208.

的时代性，"艺术进程与时代主流并不充分吻合，它更丰富了时代主潮。时代有许多不确定性因素。潮流抓住的只是已稳定下来的部分。就其意义和历史延续性而言，就其席卷不同民族国家的艺术文化范围而言，就有时候优秀作品的数量和高质量而言，就引导艺术家的理想而言，就作品的宏大风格而言，就影响读者、听众和观众的力度和广度而言，社会主义现实主义是二十世纪最重要的文学艺术流派"①。他就这样重建马克思主义美学苏俄化的发生学情景，还原了社会主义现实主义在苏俄出现的可能性，也指出了这种潮流的俄罗斯性——它并非仅仅是苏联官方意识形态的延伸。

鲍列夫在此历史性地审视社会主义现实主义，自然就会涉及其向世界扩展，尤其是影响中国的问题："在中国艺术中，社会主义现实主义的苏联艺术文化的美学原则产生了显而易见的直接影响。中华人民共和国创立之后，马克思主义成为其全部生活的意识形态基础，马克思主义美学则规定着国家艺术的发展。其实，1920年代初就把马克思主义许多经典作家作品译成汉语，中国知识分子就已掌握了马克思主义。1930年代初，中国作家已接触了苏联进步的长篇小说。1930—1940年代深入研究苏维埃艺术的理论和实践。1933年周扬《论社会主义现实主义和革命的浪漫主义》首次使用社会主义现实主义概念，认为革命浪漫主义就预示着要赞成社会主义现实主义。建国后，社会主义现实主义成为国家艺术的最主要方法"②。在这样的框架下，重建社会主义现实主义在中国的发展历程：1919—1931年是第一阶段，社会主义现实主义在中国出现，鲁迅、郭沫若、茅盾、田汉、瞿秋白、叶圣陶等作家在五四新文化运动及其后的创作，具有追求社会主义的性质，《渔光曲》、《一江春水向东流》、《十字街头》等电影深刻再现了帝国主义和封建主义的罪恶，也有这种趋向；1931—1949年为第二阶段，1942年毛泽东《在延安文艺座谈会上的讲话》确定了社会主义现实主义原则在中国主流的地位，要求知识分子在文学艺术创作上的主要任务是为工农兵塑造新世界里的正面形象，在文学艺术各个领域都出现了很有成就的社会主义现实主义力作，赵树理《小二黑结婚》、丁玲《太阳照在桑干河上》等小说即是代表；1949—1966年为第三阶段，社会主义现实

① Юрий Борев, Социалистический реализм: взгляд соврменника и совреиенный взгляд. М.: АСТи Олимп, 2008, С. 35 – 37。

② Ibid., С. 378 – 387.

主义被宣布为新中国的文学艺术创作的理论纲领，因为新民主主义革命结束，意味着艺术中的革命现实主义之终结、社会主义现实主义在中国之开始，此后毛泽东形象在文学、歌曲、电影和民间文学中开始盛极一时，农民主题得到延续，但有了新中国的马克思主义性质；1966—1976 年为社会主义现实主义发展的第四阶段——蜕变为意识形态工具时期；"第五阶段，1976—1989 年为新启蒙运动，社会主义现实主义得到官方支持，重新主导艺术过程，艺术的任务是描写社会主义建设中产生的新现象、出现的新形象，邓小平同志说的'艺术活动应该服务于社会主义和人民'。社会主义艺术文化获得了新的品质。从 1985 年开始，艺术变得多元起来，艺术注意力集中于个性及其和周遭环境的关系"，其间电影上出现了第五代导演，并从这时期开始出现了偏离社会主义现实主义的文学艺术——现代主义和大众文学迅速盛行起来，宣传人文主义的现象很普遍，西方文化流行，但主流仍然是社会主义现实主义，如 1985 年"文代会"提出社会主义现实主义新任务是围绕建设有中国特色的社会主义而展开；1990 年代以来属于第六个阶段，社会主义现实主义失去了主流地位，艺术发展多元化，后现代主义和大众文化持续发展，由此文学艺术不再是生活的教科书，没有教育功能并回避意识形态，普通人和小人物排挤了英雄，作家不再尝试写宏大历史，只对小事情感兴趣，写当代社会的个人主义和性欲望，幻想小说、侦探小说、色情文学、文献文学等流行。不过，这时期宣传党和国家政策的社会主义现实主义并没有消失——社会主义现实主义作品继续得到国家的支持。

然而，鲍列夫视社会主义现实主义为苏俄社会共同话语和官方意识形态共同建构的最大的美学和文学艺术潮流，在此基础上重建了苏俄社会主义现实主义史、向世界扩展的历程，但论述缺乏与世界各种马克思主义比较的视野，更未深入检讨这个流派所涉及的那些理所当然的主张、概念、思想等，立足于维护苏联马列主义美学基础上讨论社会主义现实主义，就显露出四种不足：

1. 因为出于苏联情怀，把社会主义现实主义视为普遍的马克思主义美学，而未顾及各国马克思主义的不同特色、马克思主义在当代世界变化、国际学界对马克思主义研究的新趋势，甚至没有充分关注马克思主义在苏俄变化的事实、知识界重新探讨马克思主义理论的成果。

2. 不是从正视苏俄马克思主义局限性的大格局中重新认识社会主义现

实主义，而是单方面地在传统的现实主义发展史框架内为苏联马列主义美学辩护，仍坚称"社会主义现实主义艺术不仅不是'照相式的复制现实'，而且也不是'镜子式的'反映现实。它创立了观念式的艺术现实。但是，正如用生活本身的形式再现生活的任何现实主义艺术，社会主义现实主义的艺术现实是经由细节、现实本身的材料创造出来的"①。而如此论述，无法有效说明电子媒体时代逼真虚拟现实并出现庞大虚拟经济的事实；不能辨析苏俄马克思主义美学的意识形态性，与苏联意识形态倡导的科学社会主义之间的矛盾，即意识形态是阶级、政党、团体的意识，不是"普遍知识"，而科学是寻求普遍真理的，社会主义现实主义作为马克思主义美学苏俄化的成果，要去追求真理，彼此间显然相互矛盾；还难以面对现实变化，后冷战已不再需要暴力革命，而是议会政治时代，俄国工人运动不再是要去展开争取政权的政治斗争，而是争取就业、福利、保障等经济斗争。

3. 对马克思主义文艺思想中国化的论述，除了重复中国学界对五四新文化运动以来的一般性意见之外，少有对马克思主义文艺思想中国化复杂过程的深入分析、欠缺马克思主义批判的力度，尤其是把马克思主义美学中国化的积极结果，大多归结于苏联社会主义现实主义影响，并对这种影响持赞赏态度，出现了许多知识性错误和矛盾。而这种把马克思主义美学中国化问题，简化为社会主义现实主义理论体系对中国的影响，是与后苏联俄国理论界尚未认真理解到中国社会观念变革，和发展马克思主义之间关系问题，因为后苏联中国问题研究专家更多地是把中国变革归之于实用主义地运用马克思主义。

4. 不愿意正视苏俄社会审美变革已经越来越远离社会主义现实主义、后苏联社会进程就是切实颠覆作为国家意识形态的苏俄马克思主义的事实与趋势，由此带来下列诸多矛盾：对 1970 年代出现沙特洛夫《以革命的名义》（1957）、《革命的练习曲》（1979）和《我们这样取得胜利》（1982）等批判斯大林体制之作，鲍列夫既认为它们体现了社会主义现实主义的危机，又认为是在维护苏联社会主义；对 20 世纪 80 年代末以来失去官方新闻报刊审查制度限制的文学，他认为仍然有社会主义现实主义作

---

① Юрий Борев, *Социалистический реализм: взгляд соврменника и совреиенный взгляд.* М.: АСТи Олимп, 2008, С. 299.

品问世, 并认为国家—布尔什维克党文学、社会主义自由主义文学、流氓无产阶级文学和农民文学、索尔仁尼琴和西尼亚夫斯基等成就的集中营文学、卡列金《可怜的墓地》(1987) 等新自然主义文学、新侨民文学, 组成了后社会主义现实主义, 其实这些文学之所以批评后苏联社会、对苏联有怀旧之情, 是因变革并未带来改革家和当局所宣扬的那种美妙未来, 和社会主义现实主义的关系相去甚远, 而且这些文学彼此之间和现实主义关系不甚密切, 如国家—布尔什维克党是极端民族主义党团, 其文学多为政论和自传。

　　总之, 马克思主义美学和文学批评及其苏俄化问题, 在后苏联仍旧得到积极关注, 是由俄联邦社会不断对苏联进行批判、否定性再解释、清理、重温等社会潮流促成的, 而非纯粹的学术行为: 随着苏联从现实成为历史, 并且这一历史渐行渐远, 俄国人越来越认识到, 那种以为摧毁苏式社会主义制度、幻想资本主义会比社会主义更能解决俄罗斯问题的改革, 正如十月革命中断西化历程而转向布尔什维克的苏维埃方式治理一样, 都是理想主义的, 甚至是乌托邦的, 由此对苏联马克思主义美学理论和实践也经历了批判、否定和颠覆, 转变为怀旧、反思、检讨。在这一变化过程中, 学界看到马克思主义美学苏俄化及其成果, 作为一种历史遗产是难以否认的, 但也留下太多疑惑, 如若社会主义现实主义作为马克思主义苏俄化的美学体系, 何以终究是国家意识形态的表达? 若社会主义现实主义是意识形态的延伸, 何以能产生世界性影响并涌现许多至今还保留其意义之作 (如斯大林建筑成为当时苏联地区许多城市的标志性艺术)。在这种认知变化中, 杜波连科试图从现代性反思角度讨论社会主义现实主义问题, 而鲍列夫则在不放弃维护社会主义现实主义的前提下, 满怀苏俄马克思主义情意来反思苏联时代文学艺术历史进程, 没能更深入辨析苏俄马克思主义美学体系及其在苏俄实践、对中国影响的复杂性问题, 这和俄共及其领袖继续从政党意识形态上维护马克思主义, 没有随着时代变化而发展马克思主义一样。如此矛盾, 诚如文化学研究所教授布拉夫卡 (Л. А. Булавка) 的《社会主义现实主义: 方法的失败》(2007) 所说, "苏联解体和苏维埃制度之终结引发这样的认知: 苏联及其历史和文化永远离去了。作为一种完整现象和特殊文化类型的苏维埃之瓦解, 引发了两种对立的浪潮, ——既要继续全力否定此前文化遗产的意识形态, 又教条主义地捍卫整个苏维埃。然而, 在新的历史语境下, 文化遗产本身, 既不可能被单方面否定，也不能简单保存的。我们国家转型过程已经证实，对社会、对国家的危险程度是根据维护文化传统的绝对力量来判断的"①。

（原载《文学评论》2012 年第 3 期）

---

① Людимла Булавка, Социалистический реализм: превратности метода. Философский дискурс. М. : Культурная революция, 2007, C. 5.

西方马克思主义批判理论的
当代走向与当代延展

西方马克思主义之所以成为 20 世纪最重要的哲学思潮之一，主要在于其批判理论的开启和建构。目前，学界很多人认为西方马克思主义已经退潮，甚至终结。然而，我们也必须承认，这一直接而鲜明地以批判理论为主旨的哲学思潮，其影响在当代仍在继续和延展。这主要表现为：以霍耐特为代表的第三代法兰克福学派向"承认理论"的转向，后现代马克思主义对空间批判理论的建构，后马克思主义与正统马克思主义的决裂，第二代女性主义对男权主义的穿破，以及情境主义的马克思主义对景观社会的批判。应该看到，霍耐特的承认理论没有将黑格尔的意识哲学进行转型，而直接使用黑格尔的承认理论，且限于对社会冲突的道德维度进行分析；而其他四种流派对批判理论的延展，大多立足于当代西方社会的新状况，仅仅从各自较为微观的特定角度开辟了新的视角。

一　西方马克思主义的当代走向：转向承认理论

霍耐特作为法兰克福研究所的第三代领军人物，并不认可哈贝马斯以语言为基础的规范的交往理性的建构，他认为，要解决批判理论的问题，唯一的出路就是回到黑格尔的承认理论而不是黑格尔的辩证法理论，从而开始了向承认理论的转向。向承认理论的转向构成西方马克思主义批判理论的当代主要走向。

霍耐特认为，所有此前的批判理论都有一个基本的判断：社会是病态的，这种病态的社会需要改变，批判理论所做的工作就是建立一门理性的社会病理学。① 这些理论的共同来源就是黑格尔在其《法哲学》中所阐释的社会结构和发展理性逻辑。而霍耐特认为，从前的西方马克思主义批判理论家所倡导的上述理念在今日已经无法坚持。因为他们在批判中凭借的普遍理性正是他们批判传统启蒙哲学的对象，所以，必须进行概念的重构。如何重构？霍耐特不仅将黑格尔作为批判理论的鼻祖之一，而且作为批判理论的拯救者。他认为，黑格尔提出的社会团结、社会规范基础，不是别的，而是承认。

1802 年，黑格尔在耶拿大学担任哲学讲师时的著作《论自然法的科学研究方法》和《伦理体系》中阐述了自己的承认理论。在这个时期，黑格尔不满足于马基雅维利、霍布斯和康德将个体主体孤立起来的做法，希望能够通过提出一种主体间性的统一力量来突破这个范式。他认为，人和人之间内在具有一种彼此必然联系的关系，这种关系的形成不是契约，不是利益的驱动，而是承认。承认对于个体来说是构成性的，是承认构成了自己的真正的存在，他人和我是整体，依靠彼此的尊重。这种存在不是单纯的意识，而是一种本体性的。黑格尔用主体间关系取代马基雅维利、霍布斯和康德的以单一主体为基础的社会关系。然而，我们又必须看到，承认的含义很容易在辩证法、认识论、本体论等几个范畴中联系和转化，因为在黑格尔的理论中，辩证法、认识论、本体论这几个领域是一体的，承认在唯心主义世界内的转化也是必然的。

值得注意的是，霍耐特不认为黑格尔的出发点有什么不妥当，相反，他在《为承认而斗争》中将黑格尔的承认理论直接作为出发点。正如弗雷泽所说，从术语的一般起源看，"'承认'术语来自黑格尔哲学，特别是精神现象学。在这一传统中，承认指明主体之间的一种理想的相互关系，其中每一主体视另一主体为他的平等者，同时也视为与他分离。这一关系被认为对主体性是建构性的：一个人只有凭借另一主体的承认和被承认才称为一个独立的主体"②。

同时，霍耐特的承认理论更多的是对社会冲突的道德维度的一种解决办法的探索。他所理解的承认似乎和心理学联系更多，他把承认当作蔑视

① ［英］弗雷德·拉什编：《批判理论》，绘者译，生活·读书·新知三联书店 2006 年版，第 339 页。

② ［德］霍耐特、［美］弗雷泽：《再分配，还是承认？——一个政治哲学对话》，周穗明译，上海人民出版社 2009 年版，第 7 页。

的反义词使用。他认为，马克思的劳动范式不能解决社会冲突中的道德方面，比如异化劳动的道德意义在马克思的劳动范式、阶级斗争分析中并不明确。霍耐特指出，马克思从来没有把他的理论核心——社会阶级冲突理解为一种具有道德动机的冲突形式，而是对所有的道德作功利主义的考虑。霍耐特试图对马克思进行道德维度的补充。

承认的机制究竟如何，如何才是承认，如何是不承认？霍耐特主要依据两个方面加以区分：第一，把承认和蔑视对立起来；第二，把承认和再分配区别开来。如果还要进一步深入具体地追问，霍耐特的承认理论究竟怎么理解？可能这种理论还需要霍耐特自己作出更加具体的发展。

霍耐特承认理论的缺点在于：第一，黑格尔与当代哲学话语之间存在很大的差别，哲学从意识哲学到主体哲学发生了一个转变。这种转变使得，如果从黑格尔出发而没有将黑格尔的意识哲学进行转型，直接使用承认理论，那么可能导致哈贝马斯所说的，所有的努力依然在意识哲学的范围内转圈子，而一个社会的规范基础不应在这种主体性中而应在一个主体之间的关系上确立。第二，承认在黑格尔那里是一个认识论、辩证法和本体论统一的概念。这个统一以精神哲学为基础。在当代条件下，我们几乎无法做到这种内在的统一。第三，霍耐特给自己的承认理论挑选了一个比较有限的角度和范围——对社会冲突的道德维度进行分析。比如，面对女性主义的质问，他认为那些已经超越了自己的专业范围。因此，我们一方面尊重霍耐特的努力，但是另一方面又觉得这种努力的意义非常有限。

2001 年入主法兰克福社会科学研究所以后，霍耐特提出了 21 世纪承认结构的转型问题。2005 年，他提出要对承认理论进行具体化的探索，似乎更加自觉地遵循黑格尔传统。因此可以认为，他在承认理论中对黑格尔的批判远远小于对黑格尔的继承。今天，在承认理论受到重视的同时，其现代局限性也越来越受到关注。

二　西方马克思主义的当代延展

当代，后现代马克思主义、后马克思主义、第二代女性主义的马克思主义、情境主义的马克思主义等，沿着批判理论的指向和方式，分别从当代状况和各自视角出发，继续着批判理论的思考和延展。

（一）后现代马克思主义：走向空间批判

在当代西方马克思主义批判理论研究中，对现代性的批判思路即后现代占据着主导地位，其中，后现代马克思主义较为引人注目，其主要代表人物有列斐伏尔、哈维和苏贾，他们提出的方案是走向空间批判。

列斐伏尔认为，马克思的研究以及后来的一些研究，对资本主义社会中资本存在的时间性存在给予了关注，但没有注意到资本、商品也是一种空间性的存在。他在 1974 年出版的《空间的生产》一书中对空间的新价值和意义以及空间辩证法进行了探索。他指出，以往的马克思主义者没有认识到空间也是一个充满意识形态的概念，而不仅仅是一个自然的概念。社会生存空间都是人们有意识地生产出来的，这种生产是在资本的控制下进行的，空间的生产遵循着资本的逻辑。① 空间的自然属性逐渐社会化，空间甚至包括了社会生活的各个方面。②

大卫·哈维在其《社会公正与城市》一书中追随列斐伏尔，直接将资本主义的经济发展同对空间和时间的改造联系起来。③ 通过把《共产党宣言》中的地理学问题结构化，哈维强调："《共产党宣言》存在着一种具有潜在危险的低估。而且《宣言》同样低估了下述问题：劳动力通过领土的组织形式聚集起来，在这一过程中建立束缚于位置的忠诚。"④ 他重提"全世界无产者，联合起来"这个著名口号，并基于不平衡的地理发展描述了争取乌托邦空间的斗争。

爱德华·苏贾（W. E. Soja）在其《后现代地理学》、《第三空间》和《后大都市》等著作中，阐明了什么是"社会空间辩证法"，认为社会空间辩证法包含以下三个基本方面：第一，社会关系中的事件是通过空间而形成的；第二，社会关系中的事件受到空间的限制；第三，社会关系中的事件受空间调解。⑤

空间问题受到重视，与以往西方马克思主义者对空间问题的忽视有关

---

① Henry Lefebvre：Key Writigs，*Continuum*，New York，2003，p. 206.

② Henry Lefebvre：*The Production of Space*（1974），trans. by Nicholson-Smith，Danold，Oxford：Blackwell，1991，p. 30.

③ Harvey：*Social Justice and the City*，Edward Arnold Publishers，1973，p. 12.

④ 哈维：《后现代状况》，商务印书馆 2003 年版，第 440 页。

⑤ 苏贾：《后现代地理学——重申批判社会理论中的空间》，商务印书馆 2004 年版，第 130—135 页。

系。但是，仅仅从空间角度来探索，显然并不能找到所有问题的解决方案。不过，作为一条理解未来批判理论发展的路径，对空间问题的研究的确具有积极意义和启示。

（二）后马克思主义：摆脱正统马克思主义

20 世纪 80—90 年代，由于苏东剧变，经典马克思主义在世界范围内受到严重冲击，要求摆脱正统马克思主义、走向新的未来的呼声也逐渐高涨。这种愿望和要求直接促进了约在 20 世纪 60 年代就已经出现的后马克思主义思潮的兴盛。

随着以生产逻辑和阶级逻辑代替其他社会发展方向的可能性在当代西方发达社会现实中日益退隐，鲍德里亚等人对马克思的生产主义范式进行了探索。他在 1975 年发表的《生产之镜》一书中认为，马克思的探索并没有根除资本主义的可能性，而是继续沿着资本主义的生产逻辑前进。他要破除根植于资本逻辑、将自己作为一个同质化的统一体强加给全世界的那种现代性，极力倡导完全的异质性、异于现实主导历史的绝对的他者，寻求断裂意义上的真正的革命。

拉克劳和墨菲等人则明确打出了"后马克思主义"（post-Marxism）的旗号，自称不仅"是马克思主义者，更是后马克思主义者"①，并承接和结合后阿尔都塞与新葛兰西的观点，意欲建立一种非还原主义的、反本质主义逻辑的统治权理论，倡导异质的、差异的、多元的文化政治。在批判性上，他们认为自己比马克思更加马克思。

詹姆逊则直接提出了所谓的《后马克思主义五条论纲》，认为传统的马克思主义已经到了尽头，出路在于后马克思主义。因为，现时代的重要变化是文化的重要性增加了，同时，消费主义盛行。而在马克思的时代，这种情况并不明显。②

后马克思主义者为了应对马克思主义发展中遭遇的困难，强调面对新时代推进马克思主义，具有积极的意义。但是，后马克思主义显然并没有提出替代传统马克思主义的成熟理论和整体观点。

---

① E. Laclau and C. Mouffe: *Hegemony and Socialist Strategy: Toward a Radical Democratic Politics*, London: Verso Books, 1985, p. 4.

② 王逢振主编：《詹姆逊文集》第 1 卷，中国人民大学出版社 2004 年版，第 314—315 页。

(三) 第二代女性主义：穿破男权主义

在第二代女性主义中，马克思主义的女性主义普遍强调男权社会对于女性的决定意义，认为需要对此进行批判和改造。

至今仍然很活跃的激进女性主义代表人物麦金农认为："女性主义和马克思主义的关系就像马克思主义和古典经济学的关系一样：需要的是它的最后结论和永远的批判。"① 她强调一个经过修正了的马克思主义对于女性主义的决定性："我的意见是，没有方法论上的后马克思主义，就没有什么女性主义能够配得上女性主义这个名称。""我所称呼的女性主义包括了激进女性主义的内容，不是生物决定论的，而是社会决定论的。这种女性主义在方法论上是后马克思主义。从方法论上来讲，后马克思主义把女性作为一个社会群体来对待。"②

西方马克思主义研究中一直缺乏女性主义视角。过去对马克思主义的理解认为，生产力和生产关系是核心，只要生产力发展到一定程度，生产关系必然与之适应，一切剥削和压迫的现象必将终止。其实，社会发展是复杂的。最近，女性主义者弗雷泽也提出所谓的正义的三个维度问题，即经济上的再分配、文化上的承认、政治上的代表权，把女性主义追求的男女平等作为一个复杂的行为来认识。

(四) 情境主义的马克思主义：走向对景观社会的批判

情境主义的马克思主义起因于 1957 年一些先锋派艺术家聚集在意大利，以情境主义为名组织起来，尝试运用艺术等干预现代社会，研讨现代文化和生活的危机问题。他们的基本判断是，当代社会正在由生产结构优先性向消费结构优先性转变，从而根本改变了权力的性质，使物质社会走向景观社会。景观是情境主义的核心概念。"在其直接意义上，它是少数人演出、多数人默默观赏的某种杂技或表演。这多数人在观赏此演出时是处在一种痴迷和惊诧的全神贯注状态的。它意味着控制和默从、分离和孤

---

① C. A. MacKinnon: "Feminism, Marxism, Method, and the State: An Agenda for Theory ", in The Feminist Social Thought: A Reader, Diana Tietjiens Meyers, Routlege, 1997, p. 77.

② C. A. MacKinnon: *Feminism Unmodified-Discourse on Life and Law*, Harvard University Press, 1987, p. 60.

独。"① 在德波看来："在现代生产条件无所不在的社会，生活本身展现为景观的庞大堆积。""在其全部特有的形式——新闻、宣传、广告、娱乐表演中，景观成为主导性的生活模式。"② 人们要在日常生活平面上展开文化批判活动，批判的方式就是生活的艺术化改变，即过有文化的生活。文化能够使得社会思考自身、证明自己。艺术能够启发人们，使人们在生活中体会到激情。

　　总之，当代以后现代马克思主义、后马克思主义、女性主义马克思主义和情境主义马克思主义为代表的对批判理论的继续思考和延展，大多立足于当代社会的新状况，从各自较为微观的特定角度开辟了新的视角。

（原载《国外理论动态》2012 年第 1 期）

---

① ［美］罗伯特·戈尔曼编：《新马克思主义传记词典》，重庆出版社 1990 年版，第 767 页。
② ［法］德波：《景观社会》，南京大学出版社 2006 年版，第 1、3—4 页。

对话性阐释：政治与艺术之间

——伊格尔顿马克思主义文艺批评观的符号学阐释

赵光慧　张　杰

在提及马克思主义文艺批评时，学界已经习惯于把它归入社会历史和政治批评，尽管也涉及马克思主义的美学批评，但是重心显然是前者。这一方面是因为马克思等人首先是政治家，而不是作家，另一方面尽管马克思主义体系非常丰富，但其核心是政治化的。政治又是与现实生活紧密联系的，直接作用于社会发展。在 19 世纪至 20 世纪，几乎没有人怀疑过马克思主义对人类历史与文化产生的极其广泛而深刻的影响。然而，到了 21世纪的今天，东欧剧变、苏联解体等事实，使得具有后现代批判意识的人们不禁感叹马克思主义过时了。作为文学批评方法之一的马克思主义文艺批评，在很大程度上也遭到了冷遇。

然而，当代著名的西方文学理论批评家特里·伊格尔顿，于 2011 年由耶鲁大学出版社出版的新作《马克思为什么是正确的》，恰恰就是要表明马克思主义在今天的各个领域依然具有实际的指导意义，尤其是在文艺批评方面。在该著作中，伊格尔顿用他一贯的风趣、幽默及清晰的风格，驳斥了一些对马克思主义的偏见与歪曲。这是伊格尔顿在 2003 年出版了《理论之后》一书后，又一部引起学界很大争议的学术力作。佐治亚高地大学的教师摩根·亚历山大·布朗评论说，对此书感兴趣的自由论者，极有可能在读完此书后更加确信马克思是不正确的，伊格尔顿的泛马克思主义正因为马克思的无关性而颤抖。① 也有的读者认为，伊格尔顿没有用经济学的术语来解释资本主义的矛盾，并验证马克思主义在今日社会的可行

---

① Brown, Morgan A. "Review of Terry Eagleton's Why Marx Was Right", *Libertarian Papers*, 2011, No. 3.

性，这削弱了全书的论证基础。究竟应该如何看待伊格尔顿对马克思主义的申辩呢？他的新作与文艺批评的联系又是怎样的？

在众多对伊格尔顿新作进行抨击的批评中，大都是从某一个视角或话语层面出发的，或者是从社会学的视角，或者是从经济学的层面，等等。因此，如果从俄罗斯著名符号学家巴赫金的"对话"理论出发，把话语符号的意义确定在不同层面的话语符号的对话之间，也许不难发现伊格尔顿关于马克思主义论述的意义所在。巴赫金指出："存在就意味着进行对话交往。""一切都是手段，对话才是目的。单一的声音什么也结束不了，什么也解决不了。两个声音才是生命的最低条件，生存的最低条件。"①

其实，伊格尔顿对马克思主义的肯定是超越某一具体层面的，是思想性与方法论上的肯定。他在《马克思为什么是正确的》一书中，虽然似乎并未直接论述马克思主义对文学与艺术的影响，但是却从思维和方法论层面，在不同话语的对话之间，为学界重新认识政治与艺术、马克思主义与其他思潮之间的关系，提供了极有价值的思考路径。

一　思想性：艺术与政治之间

"政治"与"艺术"往往被视为文学批评衡量文学作品的两个标准，作家也因其创作目的究竟是围绕着社会生活及政治状况的反映，还是独特艺术形式的追求，而被归入不同的类型，被冠以现实主义作家或唯美主义作家等头衔。确实，革命民主主义者别林斯基、车尔尼雪夫斯基等就是以文学作品对现实生活的反映程度及其政治思想内涵，作为首要因素来评价文学作品的，而俄国形式主义的作家们则强调，文学作品不应该反映政治堡垒上旗帜的颜色。长期以来，人们在对待艺术与政治的关系上往往受到二元对立思维模式的束缚，不是过分强调了艺术的政治功能，就是倡议艺术要远离政治，"为艺术而艺术"。

其实，从符号学的理论出发，任何符号的意义都来自符号系统本身的制约。巴赫金就强调，一个话语说明不了什么，意义产生于话语与话语的"对话"之中。文学作品的思想性和艺术价值源自作品自身的体系，是政

---

① ［苏］巴赫金：《巴赫金全集》第二卷，钱中文主编，河北教育出版社 2009 年版，第 335 页。

治性话语与艺术性话语的融合，很难把思想内容与艺术特色相分离，而且，甚至作品的思想性、政治性还可能在很大程度上增强作品的艺术性。伊格尔顿认为，即便艺术家不去涉足政治，政治也会在下意识中出现在艺术家的脑海里和作品中。艺术与政治是互相促进、融为一体的。[①]

显然，提及政治性，就难免会联想到阶级斗争。在《马克思为什么是正确的》第三章中，伊格尔顿反驳了那些把马克思主义看成一种宿命论的观点，即封建主义注定将孕育出资本主义，而资本主义总有一天也必将会为社会主义让路。伊格尔顿指出，阶级和阶级斗争的观念都不是马克思所独创的。马克思思想的独特之处在于他将阶级斗争和生产方式这两个概念结合起来，从而创造了一种全新的历史观。马克思从来就没幻想过社会主义会自然到来。[②] 事实上，马克思对阶级斗争的关注的确是引人注目的，虽然阶级与阶级斗争不是马克思的发明。

那么文学创作中反映的阶级斗争或曰政治性，是怎样与艺术性相互融合，甚至相互促进的呢？实际上，文学创作的主要思想内涵是反对权力话语系统，优秀的文学经典几乎都是与权力话语相抗衡的，因为新世界总是要取代旧世界的。马克思通过生产力与生产关系之间的矛盾，阐明了人类社会发展的必然趋势，这与文学创作的内驱力是一致的。更何况，文学本身就具有反映和揭露现实的功能。

伊格尔顿在《马克思为什么是正确的》一书中，举出《荒村》、《科马斯》及《李尔王》的例子加以解说。在《荒村》中，奥利弗·戈德史密斯用整齐的对句"惰躯裹锦袍，勤者半岁饱"[③] 既描写了一位富有地主的形象，也对比了劳苦人民饱受剥削和压迫的事实。诗句所描写的正是阶级冲突。从这句诗里，读者不难体会作者的政治倾向。惰懒与勤劳这一对意义相对的词表明了诗人对贫苦大众的同情和对剥削阶级的鄙夷。与此类似的是我国伟大诗人杜甫的诗句"朱门酒肉臭，路有冻死骨"。文学艺术中的政治性表达，对其艺术性不仅没有削弱，反而极大地增强了，该诗句流传至今已然证明了这一点。约翰·弥尔顿在《科马斯》中也表达了均贫富的思想。"如果每个困苦不堪的正直之士都能分到哪怕一丁点那唯有少

---

① 蒋显璟：《论特里·伊格尔顿的批评观》，《文艺理论与批评》2010 年第 4 期。
② Eagleton, Terry: *Why Marx Was Right*, Yale University Press, 2011, p. 36.
③ Ibid., p. 32.

数人才能享有的富足与奢侈，天之福佑方能不偏不倚地遍洒人间。"① 伊格尔顿指出这种文学的政治性在莎士比亚、伏尔泰、让－雅克·卢梭那里都得到了表现。

伊格尔顿运用马克思主义的文学批评方法，深入解析了莎士比亚的悲剧《李尔王》。他认为，莎士比亚在这部悲剧中，似乎表现了从剩余观念和良知发展到社会主义理念的路径。当李尔目睹到衣不蔽体、孤弱无助的穷人时，他被这种非常陌生的景观所震撼，情不自禁地感叹道："啊，我一向太没有想到这种事情！安享荣华富贵的人们啊，袒露着身体到外面来体味一下穷人所忍受的痛苦吧，分一些你们享用不了的福泽给他们，让上天知道你们不是全无心肝的人！"李尔要表达的是，使得富人感觉钝化的是物质财富的剩余物，这些东西隔绝了人的恻隐之心。因此，对于富人而言，关键是摆脱多余的脂肪，并将其给予穷人，那么这种做法一定会既改善穷人衣不蔽体的悲惨状态，又会使富人自身去重新感觉自我，恢复人性。这里表现的似乎与马克思的《1844 年经济学哲学手稿》的观点非常相似。该书也以类似方式寻求从物质身体到共产主义，从肉体到社会主义的路径。马克思也认为，如果我们要重新感知我们的身体，那么，社会主义就是必要的。②

显而易见，文学作品的政治性不会导致其作品艺术性的降低。因为任何社会都是政治社会，只要有差异就会有冲突。不同身份和阶层的读者在阅读作品时总会被与自己身份类似的角色所吸引，并与作者产生共鸣。因此，文学经典能够在不同的国家流传百世，绝不会因为时空的差异及其政治性特征而失去其艺术性。如果用巴赫金的话语来说，在文学文本中，思想性往往来自政治性与艺术性的"对话"与"交融"之中。

二　文学性：题材与体裁之间

文学创作的思想性与政治性关系密切，那么作品的文学性是否与政治性无关，仅仅是艺术形式的问题吗？伊格尔顿的回答当然是否定的。从巴赫金的对话性符号学思想出发，文学性也只能够显现于思想内容与形式结

---

① Eagleton, Terry：*Why Marx Was Right*，Yale University Press，2011，p. 32.
② ［英］伊格尔顿：《文化与社会主义》，强东红译，《文艺理论与批评》2010 年第 1 期。

构的"对话"之中，而且仅仅"艺术形式"一个话语是没有意义的。巴赫金在自己《文艺学中的形式方法》一书中，就彻底批判了唯艺术形式的俄国形式主义。①

伊格尔顿在自己论述马克思主义文艺批评理论的有关著作中，鲜明地揭示了，文学创作的文学性源自文学作品的题材选择与体裁表现的融合之中。一个作家选择什么样的题材，就表明了他自身的政治态度，哪怕是他竭力回避，也是一种政治态度。当然，一定的题材又需要有相应的体裁来表现。19世纪俄罗斯著名作家果戈理在长篇小说《死魂灵》中，以乞乞科夫收购"死魂灵"企图发家致富的活动为主线，描绘了俄国农奴制社会中地主的群丑图。为了强化小说的批判性，作家采用了讽刺、夸张等一系列艺术手法和小说体裁。显然，艺术形式增强了作品的思想性，而小说的政治思想性又是其成为文学经典的重要因素。

如果说《死魂灵》直接揭露了地主们的丑恶心态，那么《嘉莉妹妹》则描述了一个农村姑娘在进入大都市后被生活扭曲的变化过程。主人公先是追求最低层次的生理需求，找工作养活自己。后被有钱人包养，继而成为明星，一步一步实现更高层次的心理需求。在这一个人奋斗史中，读者不难看出社会环境对一个淳朴女性的腐蚀。这种对现实社会的批判，既表明了作者的政治倾向性，也提升了作品本身的艺术价值。

在世界文学的百花园中，族裔文学更是以自身独特的政治思想内涵而得以存在的。以美国黑人文学为例，美国黑人的祖先被从非洲大陆贩运到美国，不仅身体上饱受摧残，精神上也被斩断了与故土的联系。这一主题在许多美国黑人文学作品中均有所体现，如阿历克斯·哈利的长篇小说《根》。主人公被当作奴隶贩运到美国，多次逃跑未果，饱受惩罚，最终脚被剁去一半。半只脚这一意象就象征着黑人与故土被迫诀别的关系。《根》显然不仅仅是关于寻根的作品，更重要的是让读者感受到美国黑人当时所受到的压迫和精神与身体的双重痛苦，尤其是黑人文化身份的缺失所带来的局外人的感觉。作者或许无意表达政治上的倾向，但作品一经出现，读者就难免会在阅读时感受到作品的政治性。也正是这种政治性与《根》的长篇小说体裁的融合，才使得《根》成为美国黑人文学的重要作品之一。

---

① [苏]巴赫金：《巴赫金全集》第二卷，钱中文主编，河北教育出版社2009年版，第105—336页。

　　美国黑人文学经过了强烈抗争、温和的反抗到融合民族文化、自省的阶段，每一个阶段的作家都有不同的表达方式，即独特的艺术体裁形式，或明白尖锐或含蓄曲折，但无论如何，作品的政治性总是在字里行间闪现出来，只不过不同时代、不同社会的作品反映的政治性有所差异而已。可以说，没有独特的题材与体裁的融合，就不可能有美国黑人文学，美国黑人文学的文学性，或曰艺术价值，不是其艺术体裁或形式的专利，而是与其独特的题材分不开的。

　　同样，华裔文学与犹太文学的创作中，也明显地展示出由其题材与体裁"对话"，显现出的政治性特征。在《中国佬》中，作者描述了华裔在美国的生活，他们既要适应新的环境，又要使得中国传统得以延续。文化身份的不同导致美国华人地位低下。这种与白人文化的深刻对立也是作者意欲表达的主题之一，类似的作品不胜枚举。

　　可以说，文学题材与体裁的"对话"所形成的艺术作品的政治性特征，有时无论从哪个视角分析，都无法回避。戴·赫·劳伦斯的作品曾经引起过评论界从不同的视角去批评，从心理分析到生态环境分析，无论采用何种分析方法，都无法抹去劳伦斯作品的阶级性特征。

　　劳伦斯的父亲是矿工，母亲受过教育、家境良好。父母之间文化身份的冲突在劳伦斯的作品中得到了体现，最明显的就是《儿子与情人》。在这部作品中，母亲看不起父亲，以致儿子们也与父亲深有隔阂。在《查太莱夫人的情人》中，作者亦表明了自己的阶级倾向。男主人公梅勒斯代表了下层阶级，但他身上的优点和品行却深深吸引了贵族太太康妮。最终康妮决定离开残废的贵族丈夫，她怀着情人的孩子期待新生活的到来。

　　伊格尔顿在自己的专著《马克思为什么是正确的》中明确指出，在今天这个世界，阶级与阶级的界限似乎已不再明显。就工资和工作条件而言，服务业人员几乎与制造业工人没有任何差别。在呼叫中心工作的人跟在煤矿中辛苦劳作的人一样，都受到了剥削，[①] 工人阶级的消亡被大大夸大了。有些人深信阶级已经如冷战一样寿终正寝，并把关注的焦点转移到了文化、身份、种族和性别等问题上。伊格尔顿批驳这种观点的错误性。他认为，在当今世界，这些事物依然像过去那样，跟社会阶层紧密交织在一起。在任何时候，艺术的政治性都是不言而喻的。

---

① Eagleton, Terry: *Why Marx Was Right*, Yale University Press, 2011, p. 172.

因此，文学创作的文学性并非仅仅存在于体裁、形式等艺术构造之中，也隐含在题材、内容等思想内涵方面。索尔仁尼琴的集中营文学创作就是政治性增强文学作品艺术性的有力例证，作家也"因为他在追求俄罗斯文学不可或缺的传统时所具有的道义力量"，[①] 获得了诺贝尔文学奖。一部文学经典的文学性往往产生于题材与体裁的"交织"和"融合"之中，甚至有时很难区分，而是"你"中有"我"，"我"中有"你"。

三　批评的对话：马克思主义与其他

人类社会在过去的数十年间，确实涌现出许多激进的运动，如生态主义、女权主义、同性恋及种族政治、动物权利、反全球化及和平运动等。反马克思主义者们认为，这些思潮或运动都与马克思主义无关，取代了过时的阶级斗争，代表着新形式的政治激进主义，把马克思主义远远抛在了后面。伊格尔顿在《马克思为什么是正确的》一书中，提出了迥然不同的意见。他认为，马克思主义是在与其他思潮的"对话"中不断发展的，与任何一种文学或文化运动的关系都是密不可分的。

在马克思、恩格斯生活的年代，还没有什么严重的环境污染，可是他们却具有超前的意识。"围绕如何主宰环境这个复杂问题"，马克思的著作代表了"十九世纪社会思想中最深远的眼光，其贡献是之前的著作都无法比拟的"。恩格斯与马克思的生态观点类似。他写道："地球对于我们来说是唯一的，也是我们的所有、我们存在的根本条件，出卖地球就是出卖我们自己。"[②] 显然，马克思、恩格斯一方面反对破坏环境，另一方面又在利用环境。保护环境是为了人类的生存。他们关于环境的言论与后来的生态主义形成了"对话"，也影响着生态主义的发展。在女权主义的理论和实践领域，马克思主义更是为妇女解放、世界和平、反法西斯斗争与殖民地民族解放运动等一系列政治运动，作出了无法比拟的巨大贡献。当然，马克思、恩格斯并没有像女权主义那样走向极端，也正是在这一点上与女权主义展开了间接的"对话"。

---

① 刘文刚：《1901—1995 诺贝尔文学奖名著总解说》，春风文艺出版社 1996 年版，第 562 页。

② Eagleton, Terry: *Why Marx Was Right*, Yale University Press, 2011, p. 228.

也许马克思、恩格斯并不知道，其实，后来的各种文化理论思潮都与马克思主义有着千丝万缕的联系。伊格尔顿在《理论之后》中指出：新兴文化理论多半产生自与马克思主义所进行的创造性对话。① 伊格尔顿反对那些对马克思主义忽视种族、民族、殖民主义或族群的指控。他认为，在20世纪初期，只有共产主义运动才会系统性地提出关于民族主义与殖民主义的问题，并加以讨论。

伊格尔顿非常清楚马克思主义与各种文化理论的"对话"。德里达宣称自己的解构理论，是一种激进化的马克思主义。阿尔都塞的学生福柯是个后马克思主义的狂热分子。虽然他认为马克思在关于权利、疯狂与性欲的问题上实在太欠缺说服力，然而，他自己也承认，是在马克思主义的氛围里展开研究的。在伊格尔顿看来，布尔迪厄尽管对马克思主义持怀疑的态度，但还是偷取了马克思主义的理论资源，从而产生诸如"符号资本"的概念。

在伊格尔顿看来，理论的功能不仅仅是为了阐释作品，理论有时是高于作品的，它可以阐释作品，有时它远比要阐释的艺术作品更让人兴奋。他认为，弗洛伊德要比西索·戴·路易斯更令人感兴趣。福柯的《事物的秩序》要比查尔斯·金斯利的小说更加吸引人，且更具原创性。② 此外，理论具有明确的政治意义。文化理论的各个流派（生态主义、女权主义、结构主义、精神分析、马克思主义、符号学等）没有任何一个是仅仅只能谈论艺术的。

在《马克思主义与文学批评》中，伊格尔顿指出，大多数马克思主义文艺批评家都表示，在文学创作中，政治立场应该通过艺术手法婉转地再现，政治也必须具有艺术性。在《剩余价值理论》一文中，马克思就曾强调，政治若想长久、持续地在潜移默化中影响人们的意识形态，就必须具有高度的艺术性，否则，其宣传效果不佳，而且不具有生命力。作家政治观点的表达必须诉诸高度的艺术性特色，采用文学艺术的修辞手段，以隐晦、含蓄或时空置换的方式来委婉地表述。政治观点的艺术性表达，不仅可以更好地延长作品的生命力，也可以起到保护作者本人安全的作用，从而创作出更多、更

---

① Eagleton, Terry: *After Theory*, New York: Basic Books, A Member of the Perseus Books Group, 2003, p. 35.

② Ibid. , p. 86.

好的作品。《伊索寓言》《红楼梦》《安娜·卡列尼娜》《死魂灵》《双城记》等中外脍炙人口的作品流传至今，便可证明这一点。

艺术的政治性内涵只要处理得当，不仅不会损毁艺术的高雅性及审美性，反而会加强艺术的生命力。它既可以丰富文学作品的思想内容，又能够增强文学作品的现实感。政治的艺术性同样能够加强政治的影响力及生命力，甚至可以产生意想不到的效果。

在众多的文学理论著作中，《马克思为什么是正确的》以新颖的艺术表现方式、明显的人文关怀、独特的理论建树，呈现出令人耳目一新的感觉。此书看似结构松散，每一章与其他章节的逻辑关系并不强烈，而且颠倒其顺序也不会有任何阅读障碍，读者从任何一章阅读都不会觉得思维不清，这正如后现代小说的实验效果，可谓是伊格尔顿对理论的创新之一。乍看此书，读者可能不会认为这是一本文学理论或文化理论书，或许本书看上去更像一本马列主义理论书籍。或许图书馆的管理员也会困惑究竟应该把此书归在哪个门类。这一点又是伊格尔顿对理论作出的创新贡献。理论已越来越远离其当初被界定好的学科门类，逐步走向一种泛理论。正如伊格尔顿所说："知识分子并不仅仅只是偏狭的专家而已。""知识分子所关切的，是关于社会与人性整体所提出之意念的旨趣。"① 在诸如威廉斯、苏珊·桑塔洛、哈贝马斯、克里丝蒂娃或福柯等学者身上，也许不能够贴上什么标签，事实上，我们也很难给伊格尔顿本人贴上任何标签。

实际上，也正因为如此，用巴赫金社会符号学的"对话"方法，来阐释伊格尔顿的马克思主义文艺批评观，显然是非常合适的。建立在现代符号学基础上的研究，就是要阐释研究对象的多元意义，跨学科意义。经历过"解构"危机的资本主义社会，尤其是"9·11"之后人们在所面临的心理危机及世界危机面前，伊格尔顿重新研究马克思主义，或许可以探索出一条走出危机的途径。

（原载《俄罗斯文艺》2012 年第 4 期）

---

① Eagleton, Terry: *After Theory*, New York: Basic Books, A Member of the Perseus Books Group, 2003, p. 81.

经典马克思主义的回归

——詹姆逊之马克思主义基本原理研究

李世涛

在詹姆逊的马克思主义研究中，马克思主义基本原理的研究占据着重要的地位，它不仅是对这些原理的认识，也影响了他对马克思主义的其他问题甚至马克思主义的整体的认识，本文主要关注詹姆逊对马克思主义的历史唯物主义和辩证法的研究。

一 历史唯物主义

马克思主义对历史唯物主义的经典论述是："人们在自己生活的社会生产中发生一定的、必然的、不以他们的意志为转移的关系，即同他们的物质生产力的一定发展阶段相适合的生产关系。这些生产关系的总和构成社会的经济结构，即有法律的和政治的上层建筑竖立其上并有一定的社会意识形式与之相适应的现实基础。物质生活的生产方式制约着整个社会生活、政治生活和精神生活的过程。不是人们的意识决定人们的存在，相反，是人们的社会存在决定人们的意识。社会的物质生产力发展到一定阶段，便同它们一直在其中运动的现存生产关系或财产关系（这只是生产关系的法律用语）发生矛盾。于是这些关系便由生产力的发展形式变成生产力的桎梏。那时社会革命的时代就到来了。随着经济基础的变更，全部庞大的上层建筑也或慢或快地发生变革。"① 由此我们可以总结出历史唯物主义的基本观点：（一）历史唯物主义把历史条件和社会关系作为研究人及其历史活动的出发点，物质生活资料的生产是人类社会存在的前提，也是

---

① 《马克思恩格斯选集》第 2 卷，人民出版社 1995 年版，第 32—33 页。

社会历史得以存在和发展的基础；（二）社会是由生产力与生产关系、经济基础与上层建筑构成的有机统一的整体，一定社会的生产力与生产关系组成了该社会的生产方式，生产关系的总和构成了经济基础，经济基础之上存在着社会的上层建筑和社会意识形态；（三）生产力与生产关系的矛盾、经济基础与上层建筑的矛盾是社会的基本矛盾，也是社会历史发展的内在动力，生产力决定生产关系，经济基础决定社会的上层建筑和意识形态，但它们之间并不总是平衡的，作为生产方式中最活跃的因素，生产力的发展必然导致生产关系的滞后和变革，进而使经济基础和上层建筑发生或快或慢的变革。生产力与生产关系之间的矛盾，在阶级社会中表现为经济利益对立的阶级之间的对立和斗争，也只有通过阶级斗争才能解决其矛盾，在生产资料公有制的社会中则表现为人民内部矛盾。同时，生产关系对生产力、上层建筑与社会意识形态对经济基础具有反作用，这种反作用是其能动性和相对独立性的表现；（四）社会历史的发展受到不以人的主观意志为转移的客观规律的支配，是一种与自然界运动相似的物质运动，生产方式的状况及其发展决定了社会形态的不同和社会由低到高的发展趋势，即社会发展呈现出从原始社会向奴隶制社会、封建社会、资本主义社会和共产主义社会发展的过程与趋势，这也是人类社会发展的一般规律，这种发展趋势说明人类社会的发展是一种自然历史的过程；（五）存在决定意识、社会存在决定社会意识，社会的物质生活决定社会的精神生活和政治生活；（六）人是历史的主体和创造者，但人不是抽象的，而是被各种社会关系制约的实际存在的具体的人，人的创造活动不能脱离其既定的条件、一定的生产力与生产关系，物质生活条件决定了人们的活动及其性质；（七）历史是各个个体共同活动的产物，尽管他们的活动有其目的和动机，但历史的发展不以他们的主观意志为转移，是其力量的合力，杰出人物对历史的推动作用虽大，但并不足以改变历史发展的方向。历史唯物主义揭示了社会发展的一般规律，依据唯物史观对资本主义的分析，则揭示了剩余价值规律，唯物史观与剩余价值规律的结合使社会主义获得了坚实的理论基础，使空想社会主义发展成为科学社会主义。

马克思主义是由历史唯物主义、辩证唯物主义和科学社会主义组成的有机联系的整体，任何马克思主义研究都必然涉及对这些组成部分的理解，也可以说，对这些问题的不同的理解，形成了马克思主义与非马克思主义、反马克思主义的区别，以及马克思主义内部的差异。詹姆逊同样对这些问题作出了自己的回答。

詹姆逊对唯物主义、历史唯物主义及其当代发展发表了自己的看法。关于唯物主义，他首先肯定了唯物主义的优势。一方面，这种优势是通过它自身表现出来的，它致力于揭示物质与意识的关系，有利于揭示思想、文化、观念等精神现象的物质基础和最终来源，也有助于建立起精神现象与社会现实之间的联系；另一方面，这种优势也是在它与唯心主义的比较中表现出来的，唯物主义打破了精神自律（或半自律）的幻觉，克服了唯心主义把精神封闭在自己的领域、以意识解释意识的局限。同时，詹姆逊也指出了唯物主义的局限："所有迄今为止的唯物主义的主要缺陷在于，它被认为是一系列关于物质的命题——尤其是关于物质与意识的关系，这像是在那种所谓的人文科学中说自然科学的事情——而不是一组关于语言的命题。唯物主义的语言哲学不是一种语义主义——不管是原始的还是别样的——因为它的基本宗旨在于严格区分所指（这是语义学的领域，是阐释的领域，是研究文本的表面意义的领域）——和指称对象。研究指称对象，不管怎么说，是研究它的意义的界限，它的历史的先在条件以及那种同个人的表达无法通约公度的东西，而不是研究文本的意义。在我们目前的讨论中，这意味着同客观知识的关系（或换种说法，同那种在其巨大的构造秩序上与个别主体迥然不同，以至后者作为有限的词语保留下来的生活经验永远也无法充分予以'表现'的东西的关系）只有为那种能正确对待尖锐的不连贯性的思想所设想出来……"① 而且，唯物主义在当代又有了新的变化。晚期资本主义社会引发了当代理论的变化，这些变化也同样影响了唯物主义的发展，詹姆逊及时地指出了这种变化，并分析了其弊端。20 世纪 60 年代的一个重要变化就是理论的普遍化，当代理论取代了哲学、文学理论、社会学理论等具体理论成为支配性的话语，它不再致力于提出新的主张、真理，而呈现出了当代理论的自足、半自足的特征："哲学文本或体系（不免出错地）企图表述一切，但就是不表述其本身，即真理或意思。如今真理或意思误把体系中的'所指'（the signified）当作'能指'（the signifier）对待。"② 受这种变化的影响，唯物主义逐渐远

① ［美］詹明信：《晚期资本主义的文化逻辑》，张旭东编，生活·读书·新知三联书店 1997 年版，第 253—254 页。

② 同上书，第 368 页。

离现实、物质世界、真理、所指，成为文本斗争的场所："……唯物主义则意味着（在'意思'或者在人们认为远离其语言表述的意念或概念的'所指'中）信念的消亡。就这一点来说，无论'唯物主义者'哲学是多么的似是而非，其真理论还是会将'理论'本身的功能与操作明显地转型，因为它开辟了这么一个能动局面，即我们从中不再能找到意念，只能找到文本，相互不断争斗的文本。"① 当然，詹姆逊并没有肯定唯物主义的这些变化。

关于历史唯物主义，马克思主义的历史唯物主义认为，生产力决定生产关系，经济基础决定上层建筑，上层建筑反作用于经济基础并具有能动性，存在决定意识。阿尔图塞提出了"多元决定论"来纠正其"缺陷"，即上层建筑的变化受制于政治、经济、法律、文化等多个层面，是由这些层面共同决定的，这些层面不存在谁决定谁的问题。詹姆逊基本上肯定阿尔图塞提出的多元决定论："多元决定的概念告诉我们必须考虑所有的原因，包括那些看起来极不相关的东西。当我们找到了足够的解释之后，便需从结构的角度来理解它们。所有的决定因素都是必然的，但并不能够解释完整。……历史的解释只有通过具体、复杂的多元决定而获得。这是阿尔图塞派历史学家们爱使用的语言。"② 但应该清楚的是，虽然詹姆逊赞同阿尔图塞的理论抱负，希望以此克服一些马克思主义者夸大生产力与经济基础的作用、忽视生产关系与上层建筑作用的错误，也希望突出文化、政治等层面的作用，但他没有完全肯定"多元决定论"，也没有把生产方式的各个层面等量齐观，并且还批驳了阿尔图塞对马克思主义的攻击。

马克思主义的历史主义曾经被后结构主义批判为"目的论"模式和"本原"模式，持"共时论"的阿尔图塞对马克思主义也有过类似的攻击，詹姆逊否认了这些指控。

詹姆逊认为，尽管马克思主义存在着"目的论"的痕迹，但不可否认的是，马克思主义曾经批判过资产阶级的"进步论"，马克思主义关于未来的观点不同于资产阶级的"进步论"，二者有着本质的区别。因此，应该清理马克思主义与"目的论"的关系。他认为，"目的论"设想现在是堕落

---

① ［美］詹明信：《晚期资本主义的文化逻辑》，张旭东编，生活·读书·新知三联书店1997年版，第368—369页。

② ［美］杰姆逊：《后现代主义与文化理论》，唐小兵译，北京大学出版社1997年版，第75—76页。

的、混乱的、有缺陷的，还设想现在一定会被美好的未来所取代，"目的论"模式在马克思主义批判资产阶级的"进步论"时就有了一定的体现，它信奉"实证"的历史和"历史的终结"，并具有种种表现，诸如"以'历史的终结'为名义来说服人们为'未来'而牺牲自己的现在"、"救世主、'人文主义'或斯大林主义对'未来'所编造出的欺骗性意象"都是"目的论"的表现，而且，它们"从根本上是宗教（和专制主义）思维模式的病症。"① 在詹姆逊看来，这些"目的论"在理论上是错误的、在实践上是有害的，应该清除马克思主义中的任何资产阶级的"进步论"的痕迹，也应该把它们与马克思主义关于未来的观点区别开来。同时，我们又不能放弃马克思主义关于未来的观点，如果这样，将会导致泼水弃婴的恶果："在清除马克思主义关于未来的观点过程中，马克思主义本身也将被逐渐地消除掉。"② 事实上，我们也不可能完全地清除马克思主义关于未来的观点。因此，我们对待未来的正确态度应该是："只要我们在对过去进行阐释时牢牢地保持着关于未来的理想，使激进和乌托邦的改革栩栩如生，我们就可以掌握过去作为历史的现在。"③ 詹姆逊不加分析地把这些观点笼统地放在一起，难免有简单化的倾向，但他否认马克思主义的历史主义是"目的论"模式及其提出的对待未来的态度则是正确并值得我们借鉴的。

詹姆逊还否认马克思主义是本原论的历史主义的指控。本原论的历史主义假设存在着一个始源性的、实际存在过的、曾经被进化的过去，我们也能够通过历史发现人类社会经历过的真实的事件。实际上，这样的过去只是想象的产物，并非实际存在的。马克思主义区别于本原论历史主义的地方在于其阐释的主符码（master code）"生产模式"。在詹姆逊看来，马克思主义划分了以下几种生产模式：以狩猎和采集为主的原始共产主义、新石器时代的农业、亚细亚生产模式、城邦、奴隶制、封建主义、资本主义和共产主义，这些生产模式不是以线状或进化论意义上的"阶段"展开的；任何一种生产模式都必须区别于其他的生产模式；任何一种生产模式都包含了其他生产模式的因素，它包含了现在的生产模式、过去的生产模式的残余和新的生产方式的萌芽；这些生产模式不仅指经济意义上的生

---

① ［美］詹明信：《晚期资本主义的文化逻辑》，张旭东编，生活·读书·新知三联书店1997年版，第155页。

② 同上。

③ 同上。

产、劳动过程和技术等这些具体而独特的因素，而且还指与前述因素相联系的文化、语言符号（或者说诸如政治、法律等经典马克思主义所说的上层建筑）的生产模式；在马克思主义视野中，历史主义不仅应该处理过去与现在的关系，而且也应该处理过去与未来的关系、现在与未来的关系，马克思主义的"生产模式"概念具有把过去、现在和未来贯通起来的阐释力量；马克思主义是一种历史主义，但不是本质主义或"目的论"的历史主义，而是"绝对历史主义"，即马克思主义历史观的要义是"现在的客观境遇"与"过去的客观境遇"之间的关系问题，而不是其他问题，马克思主义通过"生产模式"克服了历史主义的困境；历史唯物主义主要着眼于生产方式和社会变革的观念，以达到最终实现社会变革的目标："在这个意义上，马克思主义包含了生产方式的理论，包含了社会主义生产方式及其内涵的理论。这关系到马克思主义的根本作用，即创造一个社会变革的观念的问题。"①

基于这些原因，我们认为，詹姆逊一直肯定历史唯物主义，并且肯定马克思主义是一种历史唯物主义的观点。此外，詹姆逊还积极地把历史唯物主义运用到具体的研究中，我们也能够从这些研究中发现它所发挥的巨大作用："真正的历史唯物主义和辩证唯物主义对于理解现实是必不可少的，正是通过詹姆逊坚持的观点，我们认识到了晚期资本主义对我们经历的日常生活现实的影响，对社会的、文化的形式和实践这些我们进行理论化的对象的影响，以及对理论自身的种种假设和要求的影响。"②

二 辩证法

马克思主义认为，辩证法是关于自然界、人类社会和思维的运动和发展的一般规律的科学，它既是客观事物发展的客观规律，又是认识的普遍规律。辩证法包括客观的辩证法和主观的辩证法，客观的辩证法是指客观世界本身所固有规律，主观的辩证法指的是对这些客观规律的反映、是对客观辩证法的反映。唯物辩证法既坚持物质第一性、意识第二性、物质决

---

① 《访谈录：詹姆逊》，载李泽厚、刘康、王逢振编《新马克思主义》，中国人民大学出版社2004年版，第354页。

② Jameson：Critique, Douglas Kellner, ed., *Postmodernism*, Washington：Maospmmeive Press, 1989：102.

定意识、世界统一于物质的基本原理，又承认意识、社会意识的反作用；唯物辩证法强调普遍联系和建立在矛盾基础上的永恒运动，质量互变规律、对立统一规律和否定之否定规律是其基本规律；唯物辩证法还包括形式与内容、现象与本质、原因与结果、偶然性与必然性等揭示物质运动的重要范畴。辩证唯物主义把辩证法建立在了唯物主义的基础之上，使辩证法获得了科学的内容和形态，并成为无产阶级的世界观和方法论。

　　在自然界是否存在辩证法、辩证法和辩证唯物主义等问题上，詹姆逊明显地受到卢卡奇和萨特的影响。后来，他逐渐纠正了此前的一些错误。詹姆逊认为，马克思主义在恩格斯、斯大林那里出现了断裂，应该把马克思主义与辩证唯物主义区别开来。他否定了辩证唯物主义，也否定了辩证唯物主义的马克思主义的属性。1985 年，在北京大学的演讲中，詹姆逊就持这种观点，甚至在 1994 年的一次访谈中，他还提及西方马克思主义的这个传统："对于西方马克思主义传统来说，马克思主义是一门有关社会，而不是有关自然的科学，自然辩证法的问题不是我们现在考虑的问题。"① 但他同时也指出："我仍然要继续捍卫辩证法思想，我觉得这是马克思主义最根本的特征。所以，我一直认为马克思主义包含了黑格尔。'矛盾'概念是整个马克思辩证法的重要组成部分。"② 这也是我们从汉语文献中看到的他最早改变先前看法的文字。2005 年 6 月 25 日，在华中师范大学召开的"文学批评和文化批评国际讨论会"上，詹姆逊重拾这一话题，提出了辩证法、马克思主义和社会主义三位一体的看法，并严肃地指出："辩证法与马克思主义是不可分割的，就像马克思主义与社会主义不可分开一样。"③ 应该说，这标志着他的思想的重大变化，虽然我们目前无法断定他思想转变的具体时间，但从他的发言和论文《什么是辩证法》中我们可以确认这种转变。实际上，在《什么是辩证法》一文中，詹姆逊还在驳斥当前理论对马克思主义的指控时郑重地说："辩证法是不是一种叙事——且不说是'宏大的叙事'？"④ 他实际上否定了辩证法的虚构性，从另一个方

---

　　① 《访谈录：詹姆逊》，载李泽厚、刘康、王逢振编《新马克思主义》，中国人民大学出版社 2004 年版，第 354 页。

　　② 同上书，第 354—355 页。

　　③ 《詹姆逊的发言详见》，《社会科学报》2005 年 7 月 7 日。

　　④ ［美］弗雷德里克·詹姆逊：《什么是辩证法》，王逢振译，《西北师范大学学报》（社会科学版）2005 年第 5 期。

面辩护了辩证法的科学性。

具体来说，此前的詹姆逊主要从目的论和自然界不存在辩证法两个方面否定了辩证唯物主义，结果马克思主义仅仅成了历史唯物主义，不但缩小了马克思主义的适用范围，而且还从整体上歪曲了马克思主义。后来，他也是从这两个方面修正了其原来的观点，下面我们就这两个方面分而述之。

关于前者，詹姆逊曾经说过："在黑格尔那里，关于历史的诡计或理智的诡计这一概念是十分重要的。黑格尔认为人类世界存在着一个最终的目的，而某些马克思主义者也相信这个；例如恩格斯就相信存在着最终的目的，这表现在他的自然哲学中。斯大林的辩证唯物主义也是这样一个完整的体系，认为人类历史和自然界都存在着目的，而且这两种东西都遵循同样的规律，虽然发展速度可能不一样。区别西方马克思主义与传统的辩证唯物主义（包括恩格斯、斯大林）的方法之一，就是看是否将这二者区分开来。西方马克思主义传统的大部分（我把我自己归为这一类），认为在自然、存在与人类历史中并没有相同的规律。自然是无意义的，这是达尔文意义上的无意义，人类生命中也没有目的，只不过是些偶然事件罢了，而历史是有意义的。因此我们同时存在于两个层次上。个体的存在是荒谬的，是毫无意义的纯偶然事件，这里可以借用存在主义的观点，而集体的生命却和历史一样，是有意义的，有其自身的目的。……西方马克思主义受了维柯很大的影响，这也是存在主义的主要观点之一，即我们存在是无意义的、荒谬的，而只有我们的行为才有意义，才能被理解。"① 也就是说，在詹姆逊看来，人类社会存在着最终的目的或终极目的，但自然界则无所谓终极目的；人类社会的发展规律与自然界的发展规律不同；人类社会的发展是有意义的，但自然和人的生命则是无意义的。实际上，这些观点主要来源于西方马克思主义（特别是卢卡奇和萨特的存在主义），并不是詹姆逊自己的创造。

关于后者，詹姆逊认为，自然界不存在辩证法，辩证法仅仅存在于社会领域，但辩证唯物主义把辩证法运用于自然界，是错误的。因此，应该把马克思主义与辩证唯物主义区分开来，辩证唯物主义并不是马克思主

---

① ［美］杰姆逊：《后现代主义与文化理论》，唐小兵译，北京大学出版社 1997 年版，第89—90 页。

义。他曾经反复地强调过这个观点，具体来说就是："马克思主义当然是唯物主义，但是历史唯物主义，而不是辩证唯物主义。我说过在西方马克思主义看来，辩证唯物主义企图把辩证法同时运用于解释历史的自然，而这是和斯大林、恩格斯的思想联系在一起的。……恩格斯在《反杜林论》中提出了他自己的说法，这本书也就成了苏联马克思主义的基础。《反杜林论》区分了历史唯物主义和辩证唯物主义，——一整套完整的世界观和形而上学，将辩证法看成了自然界'永恒'的规律。"① "历史唯物主义则是关于历史的，和形而上学、存在、自然等没有关系，辩证法只是在历史发展中起作用，在自然界中则不能说有辩证法。"② 实际上，正是西方马克思主义制造了恩格斯与马克思断裂的"神话"，詹姆逊只不过是不加分析地借鉴了这种说法而已。因此，我们只要研究清楚西方马克思主义的错误，也就同样明白了詹姆逊的错误。恩格斯阐述其自然辩证法思想的主要著作为《反杜林论》《费尔巴哈与德国古典哲学的终结》和《自然辩证法》，但马克思没有出版过类似的著作，这就给西方马克思主义留下了话柄。如果尊重事实的话，有两个事实可以否定这种"断裂说"。实际上，中国学者毛崇杰在20世纪90年代中期就质疑过这种观点，他从两个方面反驳了这个观点。其一，关于《反杜林论》，恩格斯在《〈反杜林论〉第三版序言》中说明，在这部著作出版前，马克思曾经听过"全部书稿"，他还说"这部著作如果没有他的同意就不会完成"。由此可见，即使自然辩证法是恩格斯的独创，起码也征得了马克思的同意。其二，马克思在写于1853年的《中国革命和欧洲革命》一文中，把"对立统一"视为万应的原则，"万应"当然也应该包括自然界。而且，马克思在这篇文章中赞许黑格尔"思想极其深刻"，并在评论他的"对立统一"说时说："在他看来，'两极相联'这个朴素的谚语是一个伟大而不可移易的适用于生活一切方面的真理，是哲学家离不开的定理，就像天文学家离不开开普勒的定律或牛顿的伟大发现一样。"③ 由此可以说明，马克思本人也是赞成自然辩证法的，并不是由于恩格斯的缘故才同意的。此外，我们从恩格斯的看法中也可以间接地了解马克思对辩证法的态度："马克思和我，可以说是

① ［美］杰姆逊：《后现代主义与文化理论》，唐小兵译，陕西师范大学出版社1986年版，第243页。

② 同上书，第93—94页。

③ 《马克思恩格斯选集》第1卷，人民出版社1995年版，第690页。

把自觉的辩证法从德国唯心主义哲学中拯救出来并用于唯物主义的自然观和历史观的唯一的人。"①

综上所述，毛崇杰先生提供了确凿的材料，他的论证也比较有说服力。西方马克思主义有意地把恩格斯与马克思分裂开来，把自然辩证法歪曲为恩格斯独有的思想，并把辩证唯物主义排除在马克思主义之外，是不能成立的。实际上，马克思主义不但承认人类社会历史的发展与自然历史的发展都充满了辩证法，而且还承认前者是后者的进一步的发展。如果按照这样的思路来对待马克思主义，就可能产生许多副作用，这也是西方马克思主义潜在的危险："以上这些问题搞得不好就把马克思主义的整个性质改变了，即变成唯心主义了。也就是从唯物主义的物质第一性的本体论，变成形形色色人本主义本体论，即精神的东西（名谓实践本体实质是精神本体）。因为不承认自然辩证法，必然导致否认人类同样要受自然规律支配，进而否定社会的总体性规律是不以主体的认识与意志转移的'外部规律'，而走上主体'自律论'，即人的本质不是由人以外的社会关系的总和所决定的，而是由'人自身'的理性、欲望、心理的情感的东西，即杰姆逊所批判的'利必多'东西规定的：走到萨特的'存在先于本质'、'存在是不能规定'上面去。而这种主观唯心的人本主义正是现代主义与后现代主义种种反意识形态，非社会、非历史、非政治批评的根源。这也正是杰姆逊所批判的'在局部上是正确的'种种'多元'理论。"②

转变后的詹姆逊认为，辩证法是马克思主义的"最根本的特征"；马克思主义既包含又发展了黑格尔的辩证法思想；"矛盾"概念是马克思辩证法思想的重要组成部分。从这些观点看，詹姆逊确实转向了经典的马克思主义。虽然我们并不清楚詹姆逊在辩证法问题上转变的具体原因和细节，但他确实抛弃了西方马克思主义在这个问题上的偏见，修正了自己的错误观点，实现了向马克思主义的回归。但他仍然缺乏学理上的论证，至少目前我们还没有读到他从理论上说明这种转变的必然性的著述，所以仍然需要我们进一步地观察他转变的彻底性如何。而且，他的转向还可能影响到当今新马克思主义的发展。其影响的结果究竟如何，尚需实践的进一步的检验。

---

① 《马克思恩格斯选集》第 3 卷，人民出版社 1995 年版，第 349 页。
② 毛崇杰：《论杰姆逊文化阐释学的哲学基本点》，《哲学研究》1996 年第 1 期。

不少人认为，辩证法是一个体系或方法。但詹姆逊认为，尽管辩证法包含着方法的因素，但又不能把它完全地视为方法论，也不能由此深信，一旦拥有了这种方法，就能够掌握真理。因而，辩证法不是纯粹的思维运动或思辨活动，它是思维与历史、现实、具体环境和个人的意识形态之间的搏斗，以及从这种冲突中对真理的洞察。詹姆逊的原话是："成功的辩证法所带有的标记是震惊，是讶异，是固有观念的颠覆。你可以在一瞬间洞察真理，但你自己的意识形态会卷土重来，把你淹没在有关世界的种种假象以及你自己的主观愿望之中。于是你又被逐出了真理。"① 如果这样理解辩证法，辩证法就是对不可能被再现的真理的一次次的接近，它也不能成为传统意义上的哲学。因为哲学不但肯定真理的存在，而且还肯定真理是可以被表达并见诸文字的。这样看来，辩证法主要是一种关于未来的思想模式，它从来没有被实现过；辩证法表现为多种形式。辩证思想的特征是：第一，重视环境的逻辑，即重视环境变化的恒常性、首要性，及其导致的可能性和不可能性；第二，从哲学或历史辩证法的角度看，辩证思维总是寻求颠覆各种定论和历史叙事并将其非神秘化，或者说"瓦解已为人接受的叙述形式和历史因果律"，它颠覆的对象也包括诸如社会发展的必然性等在内的各种历史叙事；第三，重视以联系、整体性和矛盾看待自然、社会、历史等各种现象，并重视特殊经验的多重性。正如戴维·格罗斯所发现的，辩证法在詹姆逊的思想中主要表现为：既强调"事物是联系的"和"真理是整体的"，又强调"无论如何，在解释资料与事实时都要坚持矛盾、相互作用、冲突和变化"。② 或者也可以表述为："马克思主义辩证法包括用想象去联系和发现鸿沟、破裂、断裂和矛盾。"③

辩证唯物主义是马克思主义的重要组成部分，研究马克思主义必然会涉及辩证法的意义。在詹姆逊看来，辩证法的意义主要表现在：第一，辩证法与马克思主义之间的关系，就像马克思主义与社会主义之间的关系一样，是不可分割的。因此，反对、攻击辩证法，也就等同于反对社会主义；如果重视社会主义，就有必要重新重视辩证法，并回应、反驳对辩证

① 詹姆逊、张旭东：《马克思主义与理论的历史性》，王逢振编《新马克思主义》，中国人民大学出版社2004年版，第155—156页。

② Jameson：Critique，Douglas Kellner，ed.，*Postmodernism*，Washington：Maospmmeive Press，1989：101—102.

③ Ibid.，p. 102.

法的各种非难和攻击。第二，辩证法有利于我们全面地认识事物，并同时从积极与消极的方面把握事物："因为现在，作为一种新的、原创性的思维方式，辩证所告诫的是把好运气和坏运气合并，把历史境遇同时理解为幸福和不幸。"① 它们就像一枚硬币的两面，是不可分割的，仅仅强调任何一方都是不全面的。辩证法有助于我们克服狭隘的、单一的思维方式，从而树立整体的、全局的观点。实际上，马克思在《共产党宣言》中对资本主义的描述就充满着辩证法精神，他同时从积极与消极两个方面看待资本主义，资本主义也由此成为最具建设性和最具破坏性的生产方式。第三，重视辩证法是时代（具体为校正时代精神）的需要。在当前的时代中，时代精神存在着许多消极的因素，诸如冷嘲热讽、对失败经历的念念不忘、对未来失去了信心，以及绝望、悲观的情绪等，这些因素的负面作用是显而易见的，也是亟待克服的。作为"希望和修复的信息"的辩证法既可以为人们提供精神的动力，还具有颠覆时代精神的能量："因为辩证法总是指责时代精神：它是一种对抗和矛盾的原动力量，它总是具有对抗和颠覆时代精神的倾向。"② 因此，辩证法恰好可以纠正和克服时代精神的缺陷。

纵观詹姆逊的学术研究，马克思主义不但作为其最重要的信仰、学术资源和一以贯之的分析方法统摄了其学术研究，而且也是其重要的研究对象，并成为其整个学术研究的有机组成部分。因此，研究詹姆逊对马克思主义基本原理的研究，既有助于从整体上认识其学术研究，又有利于借鉴其得失，并服务于我国的马克思主义研究。

（原载《甘肃社会科学》2012 年第 1 期）

---

① ［美］弗雷德里克·詹姆逊：《什么是辩证法》，王逢振译，《西北师范大学学报》（社会科学版）2005 年第 5 期。

② 同上。

西方马克思主义在当代美国的
理解及其传播

——道格拉斯·凯尔纳教授访谈录

张秀琴

道格拉斯·凯尔纳（Douglas Kellner）系美国加州大学洛杉矶分校（UCLA）终身教授，以研究马尔库塞和鲍德里亚等人物而见长。2011 年 1 月至 7 月，本文中文译者与凯尔纳教授进行了数次访谈，现将访谈要点整理如下，以飨感兴趣的中文读者。

张秀琴：您好，凯尔纳教授。您一直在美国致力于西方马克思主义特别是法兰克福学派的研究，并有很多相关成果见诸英语学界。根据上述研究，您如何看待和评价今天的"西方马克思主义"的理论贡献及其实践旨趣？

凯尔纳：你好，秀琴，很高兴我们又可以有时间在一起聊天了。你知道，在考察近代社会的源起与形成时，马克思和恩格斯提出了关于社会与历史的新唯物主义理论，即引入生产方式、生产力、生产关系、分工、意识形态和阶级斗争等核心概念来理解社会和历史。他们认为，历史发展是建立在生产方式的不断更迭基础之上的，正是生产方式的更迭导致了近代资产阶级社会的产生，而生产方式的更迭必然会导致资本主义社会向未来共产主义社会的过渡。马克思和恩格斯的这一社会历史观特别明显地表现在 1848 年的《共产党宣言》中，在那里，他们以鲜明的叙事风格勾画了资本主义和资产阶级社会的兴起以及工业无产阶级将以革命的方式推翻资产阶级社会的统治。而在《资本论》等其他经典文献中，马克思恩格斯则提出了一种资本主义批判理论，以及表现在一种现代化理论和全球化理论之中的社会主义观和革命设想。其所涉及的理论学科包括政治经济学、社会理论、哲学、历史和政治学。

然而，在马克思恩格斯身后，却基于上述不同的理论视角，出现了各种对马克思恩格斯思想的不同解读版本。第一代马克思主义者即第二国际理论家和活动家倾向于聚焦经济和政治；以后在俄国革命后的欧洲出现的西方马克思主义则关注的是文化理论、国家、社会制度、社会心理等主题，以期用更新后的马克思主义来解释论者所处的时代。诸多20世纪的西方马克思主义者，无论是卢卡奇、柯尔施、葛兰西、布洛赫、本雅明、萨特、马尔库塞、阿尔图塞，还是詹姆逊和齐泽克都无不致力于用马克思主义理论来分析文化、政治、经济以及社会形式的过去与未来，分析它们的生产、它们与经济和历史的错综复杂的关系以及它们作为社会生活之构成要素对社会生活的影响。

其实，"西方马克思主义"这个术语本身，最初是被苏联官方用来斥责西欧出现的黑格尔主义化的和具有批判形式的马克思主义的一个贬义语。但它却很快被卢卡奇和柯尔施等人用来指代一种更加独立的和更加具有批判精神的（术语）。佩里·安德森（1976）曾将这一从经济和政治分析到文化理论的转向视为20世纪20年代西方马克思主义面对欧洲革命运动失败和法西斯主义兴起时所经历的一种挫败感的理论表达。不过，有必要指出的是，他们中很多人一直都保持着对社会和文化现象研究的兴趣，如卢卡奇、布洛赫、本雅明、阿多尔诺等人。

张秀琴：所以就像上次交谈时您说到的，您所从事的是一种"批判学派的马克思主义"研究，且是在美国开展这样的研究，您认为自己的研究与法兰克福学派在美国的"学术移民"马尔库塞之间有关系吗？我知道，您是六卷本的马尔库塞著作和生平文集的主编。

凯尔纳：是的，我属于"左派"也即批判学派或激进派，实际上它也被称之为人道主义学派。你知道，在我们加州大学洛杉矶分校（UCLA），我的合作导师罗伯特·布伦纳是"右派"或传统派，也称之为科学主义一派。刚才对西方马克思主义进行评价的佩里·安德森则属于中间派（笑）。

说到马尔库塞，实际上，在20世纪七八十年代，我都一直在致力于研究马尔库塞以及他与马克思主义之间的复杂关系。我们知道，马尔库塞是一个在第二次世界大战期间移民到美国的法兰克福学派的哲学家、社会理论家和政治活动家，被誉为20世纪60年代的"新左派之父"。当然，他也是一个有着很多著述的大学教授。他因其对新左派的影响和捍卫而成就了其在美国和欧洲的影响力和地位。实际上，他也因其对当代资本主义社会的单向度性的批判而成为 20 世纪六七十年代美国学术界最有影响力的知识分子。就在其最有影响力的这段时间，他来到了加州大学圣地亚哥分校任教（从 1965 年直到 70 年代退休）。在加州，无论是他的著述还是他的课程都受到了青年人和学生的热烈追捧。他不仅在全世界讲学，而且也成了大众媒体热议的人物，这在美国学术界是很少见的现象。他本人也一生都没有放弃马克思主义理论及其革命观，并影响了一代美国青年学者，今天他的学生们已在美国形成了一个不小的研究力量，每两年召开一次的"马尔库塞双年会"就是一个例证。

我在《马尔库塞和马克思主义的危机》（1984）一书中就介绍他的生平和他对批判的社会理论以及今天的激进政治的影响。1979 年马尔库塞去世后不久，受他家人的委托，将他生前未发表的著述整理成集出版，这就是你说到的六卷本马尔库塞文集，其中前五卷分别是《技术、战争与法西斯主义》《走向一种批判的社会理论》《新左派与 60 年代》《艺术与自由》以及《哲学、心理学与解放》，我不仅是它们的编者，也给每卷都写了导言，而第六卷也即最后一卷目前正在整理中，其主题是"马克思主义与革命"。但愿这些文集（还有我自己写的其他一些关于马尔库塞的研究性文章）能引起国际马尔库塞研究同行们的兴趣。

张秀琴：如何理解您在美国语境下所从事的法兰克福学派式的"批判的"马克思主义研究呢？

凯尔纳：实际上，我在另外一本专著《批判理论、马克思主义和民主》（1989）中就总结了自己与法兰克福学派批判理论之间的渊源关系。20 世纪 60 年代，我和许多和我同代的美国和欧洲新"左派"激进知识分子转向由霍克海默、马尔库塞、阿多尔诺、弗洛姆、洛维特以及哈贝马斯等法兰克福学派所引领的理论和政治观，因为他们的新的马克思主义"批判理论"有助于说明我们这一代人正在经历的压抑的社会状况和问题，并为我们拒斥资本主义社会和要求激进的社会变革提供了有说服力的理由。其结果就是，批判理论推动了一代激进知识分子和活动家的诞生。到了 20 世纪 70 年代，法兰克福学派的著述开始在美国被翻译成英语传播，批判理论也成为这一时期美国新"左派"理论和政治论争的话题，而且，我认为重建后的批判理论也一定能够继续成为激进社会理论和政治的核心话题。

你知道，我的这本书写作时（20 世纪 80 年代）正值美国以及其他西方国家保守主义气氛十分浓重的时期，而对批判理论的深入研究则有助于在那样一个时代保持一份与主流意识形态相对抗的激进立场，也为那时占主导地位的全球新自由主义论调和保守主义霸权提供了批判的武器。进入20世纪90年代以后，出现新的变化，但我依然相信批判理论可以为新时代下的"左派转向"提供理论和政治视角，即既能重新激活60年代的政治理想，又能克服80年代的失落。这也是我一直努力的目标。

具体说来，我感兴趣的是法兰克福学派介入马克思主义的方法，以期提供一种现代的或当代的理论。法兰克福学派提供的是一种马克思时代以来的资本主义社会变革理论，特别是从市场资本主义向国家资本主义过渡的理论。20世纪30年代，国家资本主义的发展，向马克思主义政治经济学提出了新的挑战，由此也产生了一批对马克思主义基本思想进行重新阐释的学界热潮，德国法兰克福学派的社会研究所正是在此时提出系列新理论，如新工业国家理论、技术和大公司在垄断资本主义国家作用问题、大众文化和交往在重建当代社会中的关键性功能、消费社会的兴起以及个体的受压抑等理论。构成批判理论之思想资源的，不仅有马克思主义理论，也包括了黑格尔的辩证法以及尼采、弗洛伊德和韦伯等人的相关理论。他们力图在困难时期以跨学科的方式重新激活激进的社会理论，即以一种新的马克思主义的方式来解释和批判变化了的时代和社会状况。

基于此，法兰克福学派在20世纪30年代所致力的"文化研究"指的是对规模或批量生产的文化工业化过程以及其商业驱动力的揭示与批判，即指出文化工业化就是要为现存的资本主义社会及其所倡导的个人生活方式提供意识形态的合法化外衣。可以说，法兰克福学派是最先开始考察大众文化和消费社会的兴起对工人阶级所产生的影响问题的新马克思主义群体。他们甚至还为抵制和变革这一负面影响提出了政治斗争目标。此外，他们也是对消费社会进行批判的肇始者，并因此与后现代理论有了丰富的话语链接。这就是上次我们交谈时你提到的已经有了中文版的我对后现代主义进行评论和研究的那些著述的写作初衷。为在英语世界传播和介绍法兰克福学派的批判理论，我还和另外一位同行合作编辑了一本《批判理论和社会读本》。我很高兴我的那本《批判理论、马克思主义和现代性》将有中文版面世，我希望对这本书感兴趣的中国学者能了解批判理论在当今时代的必要性。

张秀琴：所以，您这是在完成马尔库塞"未竟的事业"，在美国推广欧陆特别是德国的马克思主义观，就像佩里在 20 世纪六七十年代借助于《新左派评论》在英国"历史的"马克思主义传统中所尝试的突破性努力一样，只不过佩里更感兴趣的是意大利的葛兰西，而不是马尔库塞。您刚才提到了批判理论的"文化研究"主题，那似乎更是英国"文化唯物主义"的兴趣领域。

凯尔纳：是的，佩里曾在英国致力于推广和介绍法国和意大利的马克思主义思潮。关于文化研究，近些年，这个领域出现了好几个不同的版本。就在其全球扩张急剧的 20 世纪八九十年代，文化研究常被等同于英国伯明翰当代文化研究中心所从事的文化和社会研究。然而，其社会学式的、唯物主义的和政治的文化研究路径，不过是文化马克思主义传统的思想遗产。这里所说的文化马克思主义的思想遗产，包括刚才我们谈到的 20 世纪许多西方马克思主义者（从卢卡奇到詹姆逊和伊格尔顿），他们都曾用马克思主义的方法来分析文化形式、现象及其生产过程和对人类生活的构建和影响等。因此，文化马克思主义传统对于追寻文化研究的踪迹和了解其在当代所表现出来的各种样式和类型来说十分重要。

我们知道，尽管马克思和恩格斯很少涉及对社会文化现象的详细论述，但在马克思的笔记中我们还是可以发现他对文化问题的关注，如曾提及小说、大众媒介以及英语的和其他非德语世界的媒体等，而且在其《政治经济学批判大纲》中，也指出荷马史诗表达的是人类的幼年期等，这似乎是在告诉我们文化文本与社会和历史发展之间的重要关系。20 世纪 20 年代，在以卢卡奇为代表的新一代马克思主义者那里出现了佩里·安德森所说的文化理论转向。正是这一转向的上述诸多引领者所构成的文化马克思主义传统深深地影响了欧洲乃至整个西方世界，特别是在 20 世纪 60 年代这个马克思主义思想在欧洲传播最为鼎盛的时代。罗兰·巴特斯在法国开展的文化研究、科莱蒂等在意大利进行的相关研究以及詹姆逊和伊格尔顿在英语世界所从事的相关探索等，都为 60 年代的研究高潮推波助澜。随后，全球很多理论家都纷纷开始用文化马克思主义的方法来开展文化研究，即在具体的社会历史条件下来分析文化制品的生产、阐释和接受。而伯明翰学派不过是其中最具有影响力的一个文化研究学派而已，它同样也直接受文化马克思主义传统的巨大影响。

如果说法兰克福学派主要致力于讨论国家垄断资本主义阶段或福特主义阶段的文化状况，即文化产品批量生产和消费问题的话，那么，伯明翰文化研究则出现在 20 世纪 60 年代，此时先是出现了全球性的对消费资本主义的抵制以及革命运动的兴起，接着又出现了资本主义的新阶段，也即后福特主义或后现代主义阶段，这都要求对更为复杂和更具有争议性的社会和文化形态进行新的解释和界定。实际上，我们不难发现，英国文化研究学派在 20 世纪五六十年代初期所提供的文化理论，明显地反映了当时英国乃至大部分欧洲国家相关学界依然纠结于以工人阶级为基础的旧文化与以批量生产为基础的新文化之间——而后者正是美国文化工业所导致的大众文化的模型和典范。最初由霍加特、威廉斯和汤姆森所发起的文化研究事业旨在反对工业文化，维护工人阶级文化。汤姆森对英国工人阶级现状及其斗争状况的调查、霍加特和威廉斯对工人阶级文化的捍卫，以及他们对大众文化的指责等，都构成了他们的以工人阶级为导向的"社会主义"文化事业的一部分，其基本宗旨就是认为产业工人阶级是一支进步的社会变革力量，可以动员和组织起来与现存资本主义社会的不平等现象作斗争，从而争取建立一个更加平等的社会。为此，威廉斯和霍加特积极投身于工人阶级教育工作，引导并在工人阶级中建立一种社会主义政治观，并把他们的文化研究视为推动社会进步变革的有力工具。

但与法兰克福学派不一样，英国文化研究学派并没有适时地参与到现代主义和先锋派审美活动中来，这就在很大程度上限制了其对媒介文化产品以及"大众"的应有关注。而法兰克福学派则积极参与到现代主义以及先锋艺术的诸多形式中来，这样的做法显然要比英国文化研究内部多数人忽视现代主义并把它视为一种与"来自下面"的工人阶级相对立的"来自上面"的高雅文化观更加具有建设性。在急于赋予大众研究以合法性及其参与媒介文化生产的过程中，英国文化研究学派似乎为了支持大众而离开了所谓的高雅文化。但这一转向却让他们失去了洞察各种文化形式的机会，重蹈了将文化划分为"精英"和"大众"的二元论覆辙。更重要的是，这还切断了文化研究与"历史先锋派"相关的文化研究诸样式之间的关联性。如表现主义、超现实主义和达达主义等先锋派运动都旨在发展一种变革社会的艺术，因此它们完全可以用来作为反对当代主导文化霸权的工具。

英国文化研究学派坚持认为，必须在文化得以产生和消费的一定的社会关系和体系中来开展文化研究，因此文化分析总是与社会研究、政治研究以及经济研究密切相关的。葛兰西的霸权概念引导着英国文化研究开始调查媒介文化是如何把主导价值观、政治意识形态以及文化样式链接到旨在将个人整合到消费社会和诸如里根或撒切尔主义这样的政治霸权活动中的。这样的努力在很多方面和法兰克福学派类似，从整体来看，两者都是从一种元理论的视角、在社会批判理论的框架下来综合性地开展政治经济学研究、文本分析以及受众接受研究的。此外，英国文化研究和法兰克福学派也都立足于一种跨学科研究方式，反对壁垒森严的学科划分和由此造成的不合理学术分工。事实上，他们从交叉学科的视角来批判那种将文化从其社会政治语境中抽象出来的错误做法，而后者往往是更加倾向于以单一学科为导向的研究，其所导致的不良后果包括：相信文化的自主性而放弃对其进行社会的或政治的解读。与这种学术形式主义和分离主义相反，文化研究坚持要在其得以产生和消费的社会关系和体系中来进行研究，因此文化分析是与社会研究、政治研究以及经济研究密切结合在一起的。由此，文化研究沿用葛兰西的霸权和反霸权模式以寻求分析"霸权的"或占统治地位的社会和文化主导因素，同时也找寻抵制和斗争的"反霸权"因素。这项工作旨在推动社会变革，也试图将统治和抵制力量具体化以便有助于政治斗争和人类解放。

然而，20世纪80年代以后的很多文化研究样式出现了一种所谓的后现代主义转向，更加强调享乐、消费和个人身份建构，麦克奎根称此为"文化大众主义"。根据这一视角，媒介文化为身份认同、享乐和授权提供了物质素材，并因此借助人们对文化产品的消费将受众构建为"大众"。这一时期（从80年代中期至今），英国和北美的文化研究将焦点从先前的社会主义和革命政治学转向后现代的身份政治以及对媒介和消费文化的较弱的批判态度。要点越来越聚焦于受众、消费和接受，而文本的生产和分配活动以及其如何在媒介工业中被制造出来的过程则被忽视了。与更早阶段相比，20世纪70年代末期至今的文化研究的理论范式也从先前的垄断资本主义或福特主义转向了哈维所说的后福特主义或詹姆逊所说的后现代主义，后者强调的是在新的信息—娱乐社会中的多元化、差异性、折中主义、大众主义和消费主义特点。据此，媒介文化、后现代建筑、大型综合性购物中心以及后现代景观文化的大量激增，不断推动和构建着新的技术资本主义的天堂。实际上，文化研究的这一后现代转向是对全球资本主义新阶段的一个反应。麦克奎根认为它是将文化研究从政治经济学和社会批判理论转移开来的一种"新修正主义"，因为后现代主义的文化研究过于去中心化，甚或为强调部分快感和消费而忽视了整体、经济、历史和政治，并力图从大众素材中构建一种杂交的身份。

这种文化大众主义又复制了后现代主义理论转向，将其从马克思主义那里转移开来，并宣称马克思主义是一种还原论、一种关于自由与控制的宏大叙事和一种历史目的论。近年来文化研究领域出现的大规模合并和统合的发展态势，说明大型跨国混合经营的媒体业态对信息和娱乐的控制在日益加强。可以想象，在以单个民族国家或地方性文化占主导地位的极端情况下，媒介文化的全球化是不太可能实现的，因为无论是 BBC、CNN、NBC、MTV，还是默多克频道，这些国家电视台和无线传媒网络的传播范围和覆盖率都是有限的，尽管它们已经超越了一国之界限。因此，文化研究的重要传统就是综合社会理论、文化批评、历史和哲学分析以及具体的政治干预，以克服标准的专业和学科分工所带来的研究局限性，利用跨学科的话语优势来对上述新文化现象进行剖析和研究。无论是法兰克福学派、英国文化研究还是法国后现代主义理论，都在从事着这样的努力。对于文化研究来说，这样的跨学科研究不应该只停留在文本的边缘，而是要深入到文本生产的系统内部，以便发现它们是如何被塑造为整个系统的一部分的，以及在特定的社会历史时刻是如何构建一种跨文本的话语链接的。

由此，文化马克思主义充实了文化研究的武器库，为后者提供了批判和政治视角，使得个体可以分辨出主导文化形式的意义、信息和后果。而通过赋予个体以抵制媒介操纵的意识和增强他们的自由意识与个体性，文化研究也成为批判的大众传播的一部分。这将为人们主宰自己的文化能力并为推动政治变革提供助力。所以，文化研究不仅是一种学术时尚，更是为美好社会和幸福生活而斗争的一部分。

张秀琴：可见，无论文化研究采取何种形式，它都必然包含意识形态主题，这似乎也是您一直很关注的话题。

凯尔纳：是的，很高兴那也是你的理论研究主题。从马克思主义的视角来看，文化形式总是出现在具体的历史情境之中，为特定社会经济利益提供服务，并承担重要的社会功能。马克思恩格斯认为，某一时代的文化观是为统治阶级的利益服务的，为他们的阶级统治提供意识形态的合法性。因此，对于马克思主义分析范式来说，"意识形态"是一个批判性术语，可用来描述特定阶级的主导思想是如何维护该阶级的利益并帮助其掩盖自己在特定社会中的压迫、不公正等负面行为的。根据马克思恩格斯的分析，在封建时代，虔诚、荣誉、勇敢和尚武等观念都是贵族阶级所借以实现其霸权的主导思想价值观。而在资本主义时代，个人主义、利润、竞争和市场规则成为主流价值观，它们也都是为资产阶级巩固其阶级权力而提供意识形态合法性的话语链接方式。这里的意识形态总是表现为自然而然之物，仿佛它们是一种常识，并因此逃离或规避了批判的视线。

马克思恩格斯没有被意识形态的假象蒙蔽双眼，而是开始意识形态批判，以期揭示占统治地位的思想是如何为特定社会制度和价值观的自然化、理想化和合法性提供服务的。在竞争性的和原子化的资本主义社会，似乎声称人首先是自利的和天生具有竞争性的这样的观念是很自然的事，正如在共产主义社会，声称人本性就具有合作精神一样自然。实际上，人类和社会是十分复杂和矛盾的，但意识形态却缓和了这些矛盾、冲突和负面的因素，将人及其社会特征理想化并升华为主导思想和价值观。

很多后来的文化马克思主义者都曾致力于研究这些被升华后的观念思想体系，尽管他们比马克思恩格斯更倾向于赋予文化更多的自主性和重要性。尽管马克思从未提出一种完整而系统的文化分析理论，但他的确在自己的著述中论及文化和文学问题，并将自己的研究活动的主要精力聚焦于分析资本主义生产方式、经济发展以及政治斗争，并对如今被称为"全球化"和"现代性"的世界市场和现代社会的变迁进行了论述。要知道，正是在这些论述中，他对资本主义社会中的上述意识形态方面进行了大量的至今依然具有意义的批判性研究。

可惜，马克思恩格斯的这一努力并没有在随后的第二国际和第三国际马克思主义者那里得到应有的重视和发展，实际上，包含在文化之中的意识形态问题几乎被遗忘了，因为他们大多过于看重经济的和政治的层面，而将文化（和意识形态）仅仅视为作为"基础"的被动的反映的"上层建筑"。当然，也正是在这一阶段，马克思的意识形态概念具有了另外一种含义。可是，从批判性意识形态概念的角度来看，文化马克思主义则进行了扩展性研究，即由马克思开创的关于意识形态是占主导地位的阶级的思想体系这一观点出发，将对资产阶级意识形态的批判性分析扩展到种族、性别和性等领域。而所有这些又因为新兴媒体的出现，其扩展力度更加迅猛，尽管过去传统的传播媒介如学校、教会和国家等依然在发挥不可忽视的重要作用。

20 世纪 80 年代末，由于众所周知的东欧剧变，马克思主义曾在西方国家一度陷于边缘化，但即便是在那一时刻，人们也不会否认马克思主义关于资本、关于全球化、关于意识形态和霸权、关于社会主义和革命等理论与自己所生活的时代的关系。而这种关系的紧密程度似乎在今天更加明显了。同时，我们也要看到，今天的意识形态批判已经扩展到很多领域，并表现出诸多不同的具体形式，它会和新出现的社会问题和文化现象如种族、性别、性、宗教、民族主义等话语链接在一起，并因此打上了不同的记号，而不仅仅是阶级的记号。但只要统治阶级和集团一日不灭亡，他们就会需要意识形态来为自己的权力和社会控制提供合法性论证，由是，我们的意识形态批判工作也就依然有存在的必要性甚至是紧迫性。

张秀琴：您这也是在为意识形态批判提供合法性论证呢！（笑）今天的讨论很愉快，非常感谢！

（原载《学习与探索》2012 年第 3 期）

自由精神与文化品质

——丹尼尔·贝尔"马克思主义文化矛盾"批判

张三元

美国社会学家和文化学家丹尼尔·贝尔（Daniel Bell, 1919—2011）在其扛鼎之作《资本主义文化矛盾》中提出并论述了"资本主义文化矛盾"这一重要命题，在国内外学界引起了较大反应。但很少有人注意到贝尔在 1996 年版长篇后记中提出的另一个重要命题，即"马克思主义文化矛盾"。其实，在当代中国文化建设过程中，这个命题更加重要，因为它关涉对马克思主义文化理论的理解，进而关涉当代中国文化发展的方向和路径选择。我认为，虽然贝尔的"马克思主义文化矛盾"存在着诸多矛盾，但它却给我们提供了一个梳理、完善和发展马克思主义文化理论的契机和路径。

在贝尔看来，"马克思主义文化矛盾"的表现是：

"当有人问马克思，为什么在科学和产品之新物质形式的时代，我们仍然欣赏希腊绘画和悲剧时，他回答说，那是因为希腊代表了人类的孩童时期，我们被它的丰富艺术性所吸引。"①

一 "人的发展能力"是"由历史限定"的

这个问题是针对马克思在《1857—1858 年经济学手稿》中关于希腊艺术的著名论述提出来的。贝尔通过对这一问题的质疑引发了对历史唯物主义的不满。"在这种历史主义观点里，人不是由自然限定，而是由历史

① ［美］丹尼尔·贝尔：《资本主义文化矛盾》，严蓓雯译，江苏人民出版社 2012 年版，第355 页。

限定的，历史是人的发展能力渐进增长的记录。这种观点的困境在于，它无法解释对过去的持久恋慕，也无法解释我们从历史中获得的新知。如果有人认为特定历史结构形成了一个时代的文化（如果没有这种信念，还算什么历史唯物主义呢？），那么他如何解释希腊艺术和思想跟如今时代相比依然品质不凡，如何解释希腊人写下的诗歌和他们询问的哲学问题，如今依然跟今天相关？如果像马克思那样，说他们的思想代表了我们想要在'更高一个层面'上再现的人类早熟的孩童时期（或换言之，希腊思想被'进化'了），那么问题便接踵而至。"写到这里，贝尔显然有些激动。"历史主义观点是狂妄之见。安提戈涅不是孩子，他伏在亡兄尸身上恸哭也不是人类童年时代的感情。当代人娜洁希塔寻找她亡夫（即在斯大林集中营里失踪的俄国诗人曼德尔斯塔姆）以妥善安葬的故事，也不是'更高层面'上的早熟。"① 不能否认，贝尔的质疑是"犀利"而"独到"的，而且抓住了问题的"要害"。如果这一问题得不到解决，那马克思主义文化理论的存在就是一个问题，更遑论其科学性了。尽管国内学界对希腊绘画、悲剧乃至史诗和神话的神奇魅力之源已作了多方面的开掘，但客观地讲，还没有人直面这一问题。

我们不要像贝尔那么激动。我们得回到文化的沉思与哲学的睿智上来。文化的沉思与哲学的睿智会在彰显历史深度的同时凸显贝尔问题的左支右绌：马克思的历史唯物主义真的是"狂妄之见"吗？

人的自由而全面的发展是马克思主义的最高命题，其中，人的能力发展是关键，是中心，人的全面发展实际上是"全面地发展自己的一切能力"②。正因为如此，国内学界有人提出了"能力本位"的观点。没有人的能力发展，人的全面发展只能是一句空话。特别是在今天市场经济条件下，人的能力甚至成为一个人的命运的决定性因素。然而，任何事物的发展都是一个过程。人的能力发展也是一个过程，一个历史过程。这是呈现在《1844年经济学哲学手稿》和《德意志意识形态》中的一个基本思想。它告诉我们：其一，人直接地是自然存在物。"人作为自然存在物，而且作为有生命的自然存在物，一方面具有自然力、生命力，是能动的自然存

---

① ［美］丹尼尔·贝尔：《资本主义文化矛盾》，严蓓雯译，江苏人民出版社2012年版，第176页。

② 《马克思恩格斯全集》第3卷，人民出版社1960年版，第330页

在物；这些力量作为天赋和才能，作为欲望存在于人身上；另一方面，人作为自然的、肉体的、感性的、对象性的存在物，同动植物一样，是受动的、受制约的和受限制的存在物，就是说，他的欲望的对象是作为不依赖于他的对象而存在于他之外的；但是，这些对象是他的需要的对象；是表现和确证他的本质力量所不可缺少的、重要的对象"。① 其二，人是历史的人，是文化存在物。人一开始就是文化存在物，就像历史一开始就是文化一样。"人不仅仅是自然存在物，而且是人的自然存在物，就是说，是自为地存在着的存在物，因而是类存在物。他必须在自己的存在中也在自己的知识中确证并表现自己。"作为历史存在物，人存在于过程之中。人不是世界既成事物的集合体，而是过程的集合体。"正像一切自然物必须形成一样，人也有自己的形成过程即历史，但历史对人来说是被意识到的历史，因而它作为形成过程是一种有意识地扬弃自身的形成过程。历史是人的真正的自然史。"② 在《资本论》中，马克思还提出了关于人的发展"三个阶段"说，从"人的依赖"到"物的依赖"，再到"自由个性"，充分地展示了人"扬弃自身"的过程。其三，作为文化存在物，人是类存在物。"人是类存在物，不仅因为人在实践上和理论上都把类——他自身的类以及其他物的类——当做自己的对象；而且因为——这只是同一种事物的另一种说法——人把自身当做现有的、有生命的类来对待，因为人把自身当做普遍的因而也是自由的存在物来对待。""正因为人是类存在物，他才是有意识的存在物，就是说，他自己的生活对他来说是对象。仅仅由于这一点，他的活动才是自由的活动。"③ "自由的存在物"是人的本质之所在。其四，"自由的有意识的活动恰恰就是人的类特性。"④ 这种自由的有意识的活动就是劳动。劳动是人之所以成为人的决定性环节，是人类抵达自由之境的"自古华山一条路"。但劳动都是具体的，都是在一定的历史条件进行的，因此，人在发展自身的过程中并不是恣意妄为的，而是要受到历史条件的制约，是受动的，而绝非贝尔所说的"超人"。"他们是什么样的，这同他们的生产是一致的——既和他们生产什么一致，又和他们怎

---

① 《马克思恩格斯文集》第 1 卷，人民出版社 2009 年版，第 209 页。
② 同上书，第 211 页。
③ 同上书，第 161—162 页。
④ 同上书，第 162 页。

样生产一致。因而，个人是什么样的，这取决于他们进行生产的物质条件。"① 马克思关于自然存在物—类存在物—意识存在物—自由存在物的论述，揭示了一个重大的历史秘密：人的发展是历史的产物，或如贝尔所反对的，人不是由自然限定，而是由历史限定。这是唯物史观的基本思想。

但是，贝尔认为，"通过技术，人控制了自然，而且，在这种力量的实现中，在自我意识的增长中，获得了新的需求，新的欲求和新的力量。历史因此是开放的，在从必然王国向自由王国的飞跃中，人将成为超人"。因此，贝尔强调："我想以此修正马克思的答案：人的能力是靠技术扩大的。"② 然而，历史真的是可以"修正"的吗？

其实，把人类生存的所有问题都归结为技术问题，认为所有问题的解决都必须依赖于技术的发展，这并不是贝尔的创新，而是技术主义的核心思想。作为流行于 20 世纪工业社会、支配人们思维方式和生活方式的意识形态，其立论基础是技术的力量，技术意志上升为绝对的、无条件的东西，包括人在内的整个世界都是由技术意志构造出来的，它寄希望于技术的突破带来社会进步、文明跃迁和人的能力发展。显然，真、善、美不是这种文化的法则。其一，它"篡改"了历史，否定了真相。历史的真相是：科学技术只是人的能力展示和本质确证，是人发明了科学技术，而不是科学技术创造了人。科学技术一开始就是一种文化存在，是人精神创造的成果。其二，技术意志无情地扼杀了人的主体性，把人变成了机器，失去了善和美。技术主义看到了科学技术的积极作用并把它推向了极端，对科学技术的消极作用却视而不见。套用马尔库塞的话说，这是一种"病态的思维"或"单向度的思维"，缺少辩证性。人类在进入资本主义以后，由于科学技术突飞猛进极大地推动了工业乃至整个社会的发展，这种"单向度的思维"就日益成为占主导地位的意识形态。这种意识形态遭到了马克思的批判。马克思以其"健康的思维"或"多向度的辩证思维"展现了科学技术的两面性。一方面，科学技术创造了丰富的物质财富，极大地促进了人的能力发展。马克思在《资本论》中对技术的分析，说明他已经认识到自足的技术体系即自我生产的机器体系构成了现代社会的物质基础。

---

① 《马克思恩格斯文集》第 1 卷，人民出版社 2009 年版，第 520 页。
② ［美］丹尼尔·贝尔：《资本主义文化矛盾》，严蓓雯译，江苏人民出版社 2012 年版，第 176 页。

在《共产党宣言》中，马克思尽情讴歌了技术革命对生产力发展和文明进步的极大推动作用。另一方面，科学技术的法则是真而非善。一旦把科学技术推向"神坛"而成为具有绝对统治性的技术意志，人就沦为机器，科学技术异化为对人的统治，人失去了真正的自由。对此，马克思的揭示是深刻的："在我们这个时代，每一种事物好像都包含有自己的反面。我们看到，机器具有减少人类劳动和使劳动更有成效的神奇力量，然而却引起了饥饿和过度的疲劳。财富的新源泉，由于某种奇怪的、不可思议的魔力而成贫困的源泉。技术的胜利，似乎是以道德的败坏为代价换来的。随着人类愈益控制自然，个人却似乎愈益成为别人的奴隶或自身的卑劣行为的奴隶。甚至科学的纯洁光辉仿佛也只能在愚昧无知的黑暗背景上闪耀。我们的一切发明和进步，似乎结果是使物质力量成为有智慧的生命，而人的生命则化为愚钝的物质力量。"① 胡塞尔也认识到了这一点，认为科学技术在发展自身的过程中，越来越"抽象掉了作为过着人的生活的人之本体，抽象掉了一切精神的东西，一切在人的实践中的物所附有的文化特征"②。所有这些分析论述都表明，历史就是历史，是铁一样的东西。

二　艺术以及艺术生产有其自身的发展规律

"人的发展能力"是"由历史限定的"，而艺术的发展当然跟人的能力发展有关，也就是说，一定的文化只能是一定历史条件的产物，或者说，特定历史结构形成特定的文化。根据历史唯物主义这一基本原理，可以认为，在人的发展的三个阶段，即在"人的依赖"、"物的依赖"和"自由个性"三个不同发展时期，人们会创造高低不同层次的艺术以及文化。但必须看到，希腊艺术高峰至今仍然高高矗立，仰之弥高。如何理解这一现象？马克思主义文化理论告诉我们，艺术以及艺术生产有其自身的发展规律。

首先，一定的文化只能生长在一定的历史的土壤之中。或者说，历史就是一种文化存在，文化是流淌在历史血管里的血液，是历史的精魂。不同的土壤适合生长不同的植物，同样，不同的历史适合生长不同的文化。

① 《马克思恩格斯文集》第 2 卷，人民出版社 2009 年版，第 580 页。
② ［德］胡塞尔：《欧洲科学危机和超验现象学》，上海译文出版社 1988 年版，第 71 页。

马克思主义认为，意识形态以及文化的产生、存在及其发展，"必须从物质生活的矛盾中，从社会生产力和生产关系之间的现存冲突中去解释"①。希腊神话是希腊艺术的土壤。希腊神话只能产生在古希腊生产力和生产关系的基础上。"希腊艺术的前提是希腊神话，也就是已经通过人民的幻想用一种不自觉的艺术方式加工过的自然和社会形式本身。这是希腊艺术的素材。不是随便一种神话，就是说，不是对自然（这里指一切对象的东西，包括社会在内）的随便一种不自觉的艺术加工。埃及神话决不能成为希腊艺术的土壤或母胎。"② 不仅是艺术，意识形态的其他领域也大体如此。所以恩格斯说："不论在法国或是在德国，哲学和那个时代的普遍的学术繁荣一样，也是经济高涨的结果。"③ 当然，技术不能成为希腊艺术的土壤。也许贝尔会说，正是因为技术落后的原因，才有了希腊神话和希腊艺术，在技术不断获得突破并日益成为人们控制自然的手段的今天，是不可能产生希腊神话和希腊艺术的。但是，历史不只是技术一维，而是一个多维的系统结构。在这个结构中，技术只是现象而非本质。一个简单的道理是：尽管今天技术总是试图从文化中独立出来，但技术一开始也是一种文化存在。作为一种文化存在，技术也是历史的产物，是由历史所决定的。

其次，一定的艺术只能是一定的文化心理的反映。文化心理亦即社会心理，是自发的、零乱的，是对社会生活初级的多含直觉成分的反映，它表现在人们普遍的生活情绪、态度、言论和风俗习惯之中。艺术作为一种自觉的文化，总是以自发的文化即文化心理为前提和基础的。不同的文化心理会产生不同的文学艺术乃至哲学思想。"答案可能千差万别，问题却永远相同。"贝尔的这个判断用在这里倒是恰如其分的。古希腊普遍的社会文化心理是张扬个性、放纵原欲、肯定人的世俗生活和个体生命的价值。古希腊神话就是这种自由意志、自我意识和原始欲望的象征性表达。在神话中，神的意志就是人的意志，神的欲望就是人的欲望，神就是人自己；神和英雄们为所欲为、恣肆放纵的行为模式，隐喻了古希腊人对自身原始欲望充分实现的潜在冲动，体现了个体本位的文化价值观念。经久而

---

① 《马克思恩格斯文集》第 2 卷，人民出版社 2009 年版，第 592 页。
② 《马克思恩格斯文集》第 8 卷，人民出版社 2009 年版，第 35 页。
③ 《马克思恩格斯文集》第 10 卷，人民出版社 2009 年版，第 599—600 页。

残酷的特洛伊战争，用神话的解释是起因于"金苹果"和美女海伦之争，金苹果象征财富和荣誉，海伦象征爱情，两者的实质是荣誉和尊严。在古希腊人看来，荣誉和尊严比生命更重要。在这种文化心理基础上，产生的只能是古希腊神话，而不是中国古代的鬼神崇拜、祖先崇拜和迷信占卜等等。神和英雄就是古希腊人的图腾。

再次，特定历史时期艺术生产和物质生产具有不平衡性。艺术是美与情感的交融，是人类主体性的充分发挥，是创作者独特的社会心理和艺术个性的呈现，因而，个性或独创性是艺术生产的主要特点。套用贝尔的话说，不能把艺术仅仅看成是将人映入外在象征中的社会"投射"，而在一定程度上，艺术所表达的却是某种超越现实、超越人自身的"超验"观念。而且，这种"超验"观念越强，艺术的价值就越高。因此，艺术生产并不是在任何时候都与物质生产保持一致，而是在大多数情况下都不一致，甚至有时候表现为巨大的反差。马克思指出："关于艺术，大家知道，它的一定的繁盛时期决不是同社会的一般发展成比例的，因而也决不是同仿佛是社会组织的骨骼的物质基础的一般发展成比例的。"① 一个显而易见的事实是，古希腊的生产力水平并不高，但却创造了灿烂辉煌的神话和史诗，相反，当生产力有了更高的发展以后，这些神话和史诗不仅没有得到更大的发展，反而相对地停滞了。马克思认为这种情况并非偶然，而是艺术本身的发展规律使然。这里，马克思有一段极为重要的论述："当艺术生产一旦作为艺术生产出现，它们就再不能以那种在世界史上划时代的、古典的形式创造出来；因此，在艺术本身的领域内，某些有重大意义的艺术形式只有在艺术发展的不发达阶段上才是可能的。如果说在艺术本身的领域内部的不同艺术种类的关系中有这种情形，那么，在整个艺术领域同社会一般发展的关系上有这种情形，就不足为奇了。"② 其中的第一句话往往被人们忽视却特别重要，它给我们以极大的启迪。第一，两个"艺术生产"具有截然不同的意义。前一个"艺术生产"是真正的艺术生产，而后一个"艺术生产"则更多地表现为为生产而生产。艺术是心灵的震颤，是情感的碰撞，是瓜熟蒂落、水到渠成，是不经意间的"妙手天成"，只有这样，艺术才能展现人们最原始的、最真实的情感世界。一旦艺术被当作

① 《马克思恩格斯文集》第 8 卷，人民出版社 2009 年版，第 34 页。
② 同上。

艺术来生产，被复制，艺术就不再是真正意义上的艺术，而被赋予了更多的利益因素和思想色彩。艺术是体现一定思想的，是一定思想的载体，但它又拒绝思想，以思想的方式呈现出来的不是艺术。第二，马克思的论述恰好是对艺术"技术主义"的辩证否定。所谓辩证否定，就是一分为二，即既克服又保留。一方面，必须看到，技术是艺术生产中的一个关键性要素。技术是推动艺术生产力发展的动力。瓦尔特·本雅明就从马克思的艺术生产理论中得到启发，明确把艺术创作看作是同物质生产具有共同规律的生产活动，认为"技巧"对艺术创作的影响至关重要。"当艺术生产关系与艺术生产力发生矛盾、阻碍艺术生产力的发展时，社会会出现艺术革命，新的艺术技巧（技术）就会产生，打破旧的生产关系，把艺术推向前进。"① 所以，在《机械复制时代的艺术作品》一书中，本雅明指出，机械复制技术生产的艺术作品使得传统艺术的本真性、权威性和"光晕"消失了，新奇的艺术形式能引起观众"惊颤"效果，从而达到激励公众的政治目的。另一方面，"艺术生产一旦作为艺术生产出现"，技术因素就无所不在。当然，这里所讲的"技术"与贝尔所讲的"技术"有所不同，它具有更大的普遍性，包括思维方式、方法以及对材料的考究，等等，但有一点却是相同的，即工具性因素。先进技术的应用，可以极大地推动物质生产，也可以使艺术产品在量上剧增，却不一定能使艺术实现质的飞跃。由于先进技术的应用，艺术产品的批量生产成为可能，艺术失去了应有的本真性、唯一性和独有性，其艺术价值大打折扣。本雅明把艺术本真性的消失看成是技术生产的优势，其实，这恰恰是艺术生产的劣势，因为本真性是艺术魅力的重要源泉。失去本真性的艺术只能给人以炫目的效果，却不能给人以心灵的震撼。特别是在市场经济中，艺术（以及整个文化）和经济紧密结合在一起，因为艺术也成了商品，受市场评估，通过交易过程被买卖。因此，艺术被技术所裹挟，只有不断使用先进技术才能生产更多的艺术产品，才能获得更多的经济效益。艺术一旦与经济、技术融为一体，艺术的自主性和本真性就被泯灭了，艺术的本质就被扭曲了，所谓的"艺术精品"也只能是一种奢望。当然，"艺术精品"是相对的，不同的时代有不同的艺术精品。技术时代也可以出现艺术精品，但这种艺术精品往往只有炫目的外观，而没有深沉的本质。真正的艺术精品绝不是技术的产

---

① 朱立元：《当代西方文艺理论》，华东师范大学出版社 2005 年版，第 207 页。

物，而是真情的流露。众声喧哗与众生失语是当下文化状况的真实写照，在某种意义上，这是技术生产的必然结果。

最后，真正的文化具有永恒性。我们推崇文化上的经典。文化上的经典，就是具有永恒性的文化。文化在本质上是沉思的，是生活的沉淀。生活是浪花，有时候还是泡沫，文化则是深沉的本质。在这一方面，贝尔从一个侧面支持了这一观点。贝尔认为："我们看到的是希腊式的艺术观，即文化本质上是沉思的。艺术不是生活，而且，从某种意义上来说，跟生活正好相反，因为生活转瞬即逝、变化不定，而艺术是永恒的。"贝尔的这个观点是颇有见地的。贝尔还援引了阿伦特的话："……这里，最重要的，远不是艺术家的心理状态；而是包含着切实存在之物——书籍和绘画，雕塑，建筑和音乐——的文化世界的客观状况，这种客观状况包含并证实了有史料记载的国家、民族，最终是整个人类的所有过去。因此，鉴别这些特殊文化事物的非社会性的真正标准，只有它们的相对永恒，甚至是最终的不朽。只有那些历经世纪变换仍然保留下来的东西才最终有权成为文化物。"①

三 自由精神赋予希腊艺术以恒久的魅力

必须要涉及回答贝尔问题的核心部分了，那就是："困难不在于理解希腊艺术和史诗同一定社会发展形式结合在一起。困难的是，它们何以仍然能够给我们以艺术享受，而且就某方面说还是一种规范和高不可及的范本。"② 这个问题可以称为艺术的千古之谜。

这个问题是由马克思提出来的，但实际上在马克思以前就存在。从文艺复兴到 19 世纪，西方哲人对这一核心问题洞幽察微，然而真能触及要害者乃凤毛麟角。当然，贝尔的"技术主义"没有，也不可能解决这一问题，甚至，他还没有触摸到这一问题的机关。是马克思的历史唯物主义提供了解决这一难题的正确方法。

"一个成人不能再变成儿童，否则就变得稚气了。但是，儿童的天真

---

① 丹尼尔·贝尔：《资本主义文化矛盾》，严蓓雯译，江苏人民出版社 2012 年版，第 130—131 页。

② 《马克思恩格斯文集》第 8 卷，人民出版社 2009 年版，第 35 页。

不使成人感到愉快吗？他自己不该努力在一个更高的阶梯上把儿童的真实再现出来吗？在每一个时代，它固有的性格不是以其纯真性又活跃在儿童的天性中吗？为什么历史上的人类童年时代，在它发展得最完美的地方，不该作为永不复返的阶段而显示出永久的魅力呢？有粗野的儿童和早熟的儿童。古代民族中有许多是属于这一类的。希腊人是正常的儿童。他们的艺术对我们所产生的魅力，同这种艺术在其中生长的那个不发达的社会阶段并不矛盾。"①

马克思这一段论述极为精彩，特别是连珠炮似的提出的四个问题，振聋发聩，醍醐灌顶，使人们在黑夜中看到了光明。然而，马克思并没有明确地回答这一问题，只是提供了解决问题的方法和途径。我认为，解决这一问题，必须对马克思提问中的四个关键词予以高度重视。什么是"儿童的天真"？什么是"儿童的真实"？什么是"儿童的天性"？什么是"最完美的地方"？这是打开艺术"千古之谜"的四把钥匙，不，是一把钥匙，这四个关键词表达的是同一个意思。那么，如何把握这把钥匙呢？对此，国内学界歧见丛生，莫衷一是。我认为，前苏联著名文艺理论家里夫希茨的一段话为我们把握这把钥匙提供了可能。"马克思问道，一个成人不该在'一个更高的阶梯上把自己的真实再现出来吗（Seine Wahnheitzu reproduzieren）'？这句话给我们提供了一把理解马克思的类比的一般含义的钥匙，'再现'（Reproduktion）这个概念，在包括黑格尔在内的德国哲学中起着巨大的作用。在黑格尔那里，无论在《逻辑学》中或是在其他地方，'再现'这个概念就是类的再现的生命过程。我在儿童的身上再现自己的本质，从而，寓于我的生命中的生命本身的否定，本身也受到否定。我们在马克思那里也可以看到以这个概念来说明人的生命的用法。"② 里夫希茨虽然没有给出具体的答案，但他的分析却颇有见地。"把自己的真实再现出来"，这个"真实"究竟指的是什么呢？再现出来的这个"真实"的东西就是产生希腊艺术无穷魅力的真正根源。抓住了这个"真实"，就抓住了问题的根本。在这段话后，里夫希茨还有进一步的论述，我们不必去管它，因为不能让他的结论左右我们的判断。我们需要的是方法，而不是结论。里夫希茨的思路确实给我们以巨大的启迪：把"类"和"自己的

---

① 《马克思恩格斯文集》第 8 卷，人民出版社 2009 年版，第 35—36 页。
② 《马克思论艺术和社会理想》，人民文学出版社 1983 年版，第 256 页。

本质"联结起来,不正是"人的类本质"吗！循着这一思路,回到历史唯物主义中,答案就十分明了了。

在《1844年经济学哲学手稿》中,马克思对人的类本质有深刻论述。在这些论述中,有一个核心词,即"自由的存在物"、"自由的有意识的活动"以及"自由的活动",都有一个自由,而且是重心。也就是说,人的活动与动物的活动的根本区别在于自由。所以,青年马克思曾有一个重要判断:"自由确实是人的本质。"① 尽管人们对这一判断的态度大不相同,甚至迥异,但一个客观事实是:人类的一切努力都是为了自由。自由是人类的美好理想,是人与生俱来的终极追求,是烛照人类天空的太阳。人类迈出的每一步,都是通向自由的重要的一步。何谓自由？黑格尔第一个正确地论述了自由和必然之间的关系,认为自由是对必然的认识；而马克思认为,"自由不在于幻想中摆脱自然规律而独立,而在于认识这些规律,从而能够有计划地使自然规律为一定的目的服务。……自由就在于根据对自然界的必然性的认识来支配我们自己和外部自然"② 也就是说,自由是对必然的认识和改造。我认为,这是一个总的结论,而不是问题的全部。在马克思主义中,人的自由呈现出多维度、多层次和系统性,其中,有自由精神、自由活动和自由个性三个基本形态③,其中,自由精神既是基础,又是核心,没有自由精神,自由活动和自由个性就是一句空话,或者说,自由精神是最高的自由。所谓自由精神,可以有三个层面:一是精神的实质是自由。精神奠基于物质的基础之上,但又不为物质所累,超然于物质之上,创造性是它的本质特征；二是只有精神自由才有理想。理想是精神自由的产物。没有精神自由,人就只能脚踏实地,而不能仰望星空；三是精神自由意味着头脑解放,只有头脑解放,才有手和脚的解放,才有人的解放。"正是由于头脑的解放,手脚的解放对人才具有重大的意义,因为大家知道,手脚只是由于它们所服务的对象——头脑——才成为人的手脚。"④ 因此,什么是"儿童的天真"、"儿童的真实"、"儿童的天性"和"最完美的地方"？答案有了:自由,特别是自由精神。

有学者认为,希腊文化的一个重要特点是重"天人之别","他们认

---

① 《马克思恩格斯全集》第1卷,人民出版社1995年版,第167页。
② 《马克思恩格斯文集》第9卷,人民出版社2009年版,第120页。
③ 张三元:《马克思关于自由的三种形态》,《学术界》2012年第1期。
④ 《马克思恩格斯全集》第1卷,人民出版社1995年版,第188页。

为，人同自然的划分是知识和智慧的起点，是人自觉其为人的起点"。① 在希腊人看来，"人之为人的最本质的东西就在人有自由，能够独立自主，不受外界和他人的支配和奴役"。② 他们骄傲地把自己称作"自由人"。这种观点是正确的。重视个体的人的价值的实现，强调人在自然和社会面前的主观能动性，崇尚人的智慧和在智慧引导下的自由，肯定原始欲望的合理性，是希腊文化的本质特征。希腊文化存在着理性精神和感性精神两个维度，是理性与原欲的完美结合，尼采将之分别称为"日神精神"和"酒神精神"。顾名思义，"日"代表着理性光芒，"酒"则代表着感性原欲。实际上，"日神精神"和"酒神精神"都是自由精神的体现。或者说，希腊文化中的自由精神是通过感性原欲和崇尚理性两个维度以及这两个维度的高度融合展现出来的，当然，主要是在人与自然力的抗争中展现出来的。一方面，希腊文化是富有理性精神的，相信思想、逻辑和科学是人独立于自然界的重要力量。"希腊人的文化第一次被放在知识为首位的基础上，即以自由探索精神为至高无上的基础上，思想凌驾于信仰之上，逻辑和科学凌驾于迷信之上。"③ 理性精神主要是通过哲学显现出来的，而不是通过文学艺术显现出来的。古希腊哲学是世界哲学的重要出发地，是人类自由精神的重要源头。另一方面，希腊文化最重要的特质是感性精神，或者说，是通过感性精神来体现理性精神的。而感性精神主要是通过文化艺术显现出来的。古希腊文学艺术是原欲型的，偏重于人的感性欲望的表达。马克思指出："任何神话都是用想象和借助想象以征服自然力，支配自然力，把自然力加以形象化；因而，随着这些自然力实际上被支配，神话也就消失了。在印刷所广场旁边，法玛还成什么？希腊艺术的前提是希腊神话，也就是已经通过人民的幻想用一种不自觉的艺术方式加工过的自然和社会形式本身。"④ 希腊艺术展现的正是这种原始的自由欲望——人的觉醒。"儿童的天真"、"儿童的真实"、"儿童的天性"指的就是这种原始的自由的欲望。这正是在本雅明那里由于技术生产而消失了的本真性。本真性的消失，在一定程度上，就意味着艺术魅力的丧失。自由是人的本真性最深刻、最集中的体现。因此，研究希腊艺术必须研究希腊神话，希腊

---

① 杨适：《中西人论的冲突》，中国人民大学出版社1999年版，第101页。
② 同上书，第99页。
③ 李秋零、田薇：《神光沐浴下的文化再生》，华夏出版社2000年版，第19页。
④ 《马克思恩格斯文集》第8卷，人民出版社2009年版，第35页。

神话把我们带回到那个天真的人类孩童时代。

在古希腊文学中，标志着人的自由——"人"的觉醒和人的诞生的是普罗米修斯造人与盗火的神话故事。从普罗米修斯造人的故事中，可以看到西方文化中关于灵魂与肉体二元对立之观念的萌芽，意味着人类在痛苦和无奈中对灵魂永恒与精神自由的苦苦追求。在普罗米修斯盗火的故事中，普罗米修斯出于直接与宙斯之天律相对抗的明知不可为而偏要为之的叛逆行为，表现出强烈的主体意识、行动意识和反抗精神。可以说，这是在世界文学史第一次提出了"自由"这一伟大命题。这则神话生动地展现了原始人类在战胜毒蛇猛兽乃至整个自然时的豪情壮志，也表现了人从自然中站立起来后的自尊与自豪。这说明，在古希腊人那里，人的自由首先是从同大自然抗争的过程中取得的。① 因此，古希腊文学的深层激荡着人的原始欲望自由外观的强烈渴望，蕴藉着人的生命力要求充分实现的心理驱动力。正是在这种意义上，马克思把古希腊人称为"正常儿童"。

在文学艺术史上，希腊文学艺术对自由的理解与探索具有原创性和唯一性，是不可复制的，而且，这种理解与探索体现了一种共同的人性——人类对自由的崇尚和追寻，因而能引起强烈的共鸣。正因为如此，希腊文学艺术超越了时空，走向时代，走向世界，日益成为时代的文学、时代的艺术和世界的文学、世界的艺术。

（来源：特约稿）

① 蒋承勇：《西方文学"人"的母题研究》，人民出版社 2005 年版，第 23 页。